管理信息系统

张才明　编著

企业管理出版社

图书在版编目（CIP）数据

管理信息系统／张才明编著．-- 北京：企业管理出版社，2019.5

ISBN 978-7-5164-1949-6

Ⅰ．①管… Ⅱ．①张… Ⅲ．①管理信息系统 Ⅳ．①C931.6

中国版本图书馆 CIP 数据核字（2019）第 077837 号

书　　名：管理信息系统
作　　者：张才明
责任编辑：韩天放　田　天
书　　号：ISBN 978-7-5164-1949-6
出版发行：企业管理出版社
地　　址：北京市海淀区紫竹院南路 17 号　　邮编：100048
网　　址：http：//www. emph. cn
电　　话：编辑部(010)68701638　　发行部(010)68701816
电子信箱：qyglcbs@ emph. cn
印　　刷：北京虎彩文化传播有限公司
经　　销：新华书店
规　　格：170 毫米×240 毫米　　16 开本　　32.25 印张　　432 千字
版　　次：2019 年 5 月第 1 版　　2019 年 5 月第 1 次印刷
定　　价：98.00 元

前　言

《管理信息系统》是工商管理专业乃至经济管理类专业的基础核心课程，又是一门实践性很强的课程。由于学生普遍接触企业实践很少，加上经济类、管理类相关专业学生管理类学科知识基础较好，但计算机语言能力技术基础较薄弱，导致对于管理信息系统的业务模型和系统开发原理理解都存在很大障碍。如何立足工商管理专业培养环境与社会需求变化，结合学生本身的特征，创新专业特色课程内容便成为一大挑战。

本书在中国劳动关系学院专业特色课程群建设项目的资助下，结合工商管理专业学生特点和课程教学的需要，在既有的课程或教案基础上，融入创新要求的内容，为使专业学生具备管理信息系统的基础知识、思维、能力和素质等，作者编著了本教材。本教材每章从案例导入开始，引入具体问题，进行理论阐述，在每章理论和方法阐述后，设计本章小结和练习题目，帮助巩固本章知识。最后每章还设计一个案例分析，帮助学生提高应用能力。

本书在编写过程中，参考了国内外大量的信息管理与信息系统文献资料，主要参考书籍及研究论文在参考文献中列出，在此对相关文献作者表示感谢。另外，祁明烨、李彩桥、张艺、张弘扬、史曼飞、阮含含、崔彦娟等参与了本书的资料收集等工作，在此一并表示感谢！

本书主要作为高等院校工商管理专业、信息管理与信息系统专业、经济类及管理类相关专业本科生和研究生专业基础课的教材，也可作为信息管理及管理信息系统技术的专业培训教材，对信息系统的管理决策人员、管理信息系统相关领域应用和设计开发的研究人员和工程技术人员都有学习参考价值。本书难免有错误或不妥之处，恳请不吝赐教。

编者

2019 年 4 月

目　　录

第 1 章　管理信息系统概述

自计算机发明以来，就在不断地影响人们的生产生活。跨入 21 世纪，计算机和网络技术已经广泛应用于企业、事业单位的生产经营和管理，也在日益影响着人们的思维方式，逐渐成为人们生活中不可缺少的一部分。

在所有技术中，信息技术（Information Technology，IT）始终是影响全球经济的强大的力量。如何充分利用 IT，提高我国企业、事业单位和各种组织的信息化水平，是我国经济发展所面临的重要课题。

中远集团管理信息系统的应用

中远集团是一家应用 IT 技术的全球化企业，业务覆盖物流、造船等领域，是世界第二大的物流企业，航线遍布全球 160 个国家和地区的 1300 多个港口。中远集团的物流、货运、经营管理和集装箱团队、散货团队等分布在沿海各大城市，如天津、香港、青岛等，同时在日本、韩国、新加坡、美国、欧洲、澳大利亚、南非八大区域建立了海外的区域公司网络，形成了遍及世界各主要地区的跨国经营网络。

中远集团的特点和全球化的布局，决定了信息化在中远集团改革发展中不可或缺的地位，比如说从世界各地每天收回的运费，如果在当天就看到，没有信息化是绝对做不到的。信息技术的广泛应用，支撑了中远集团全球业务的平稳较快发展，集团各个成员公司在世界资本市场获得了高度认可。

中远集团在世界各地的集装箱有600多万个，管理信息系统在中远集团的生产经营中发挥了非常重要的作用。第一，中远集团完成了全球集装箱经营管理系统的重大课题，现在总裁每天都可以看到全球集装箱运作状况信息。第二，有效地引进中远集团财务信息系统。他们利用SIP完成全球业务的信息化财务整合，这样总裁通过计算机就可以看到每天运作经营的财务数据。第三，他们推动了中远信息的功能拓展。1998年以来，中远集团一直在致力于建设信息化系统，可以坐着调度，每天能看到800多条航行在世界各国的中远船舶，在什么地方，装什么货物。第四，在管理信息系统运用方面，取得了明显的经济效益和社会效益。他们开发了具有在线交易特点的电子商务系统，使客户通过网络上传、询价、查看班轮、定仓。

现在中远集团的总裁无论走到全球哪个地方，中远的指挥部就可以设在哪里，总裁不仅可以看到运营信息、处理邮件，还可以批阅日常文件，信息化给中远集团的现代化做出了极其重要的贡献。

1.1 信息

1.1.1 信息及其特性

1. 数据

为了理解信息的本质，先来了解另一个术语——数据（Data）。数据是指那些未经加工的事实，是对一种特定现象的描述。例如，当前的温度、影碟出售的价格以及人们的年龄等，这些都是数据。而信息是指在特定背景下具有特定含义的简单数据。例如，你要决定穿什么衣服，那么当前的温度就是信息，因为它正好与你即将做出的决定（穿什么）相关。

数据是事实或观察的结果，是对客观事物的逻辑归纳，是用于表示客观事物的未经加工的原始素材。数据是信息的表现形式和载体。数据的表现形式多种多样，可以是符号、文字、数字、语音、图像、视频等形式。例如，当前的温度、个人的身高和体重等。数据只是一个描述，没有特定的背景和意义。例如，单独地看“19491001”就只是个数字，不具有任何特定的含义，既可以将它视为日期，也可以视为门牌号码。数据是可识别的、抽象的符号。例如，描述 5 个人可以用 5、伍、101、five、☆或条形码等符号来表示。

2. 信息

简单的事物往往是最伟大的，人们对其熟视无睹，却又无法给出一个完整的定义，信息就是如此。现代信息概念奠基人香农（Shannon）认为“信息是用来消除随机不确定性的东西”，这一定义被人们看作是经典性定义并加以引用。控制论创始人维纳（Norbert Wiener）认为“信息是人们在适应外部世界，并使这种适应反作用于外部世界的过程中，同外部世界进行互相交换的内容和名称”，它也被作为经典性定义加以引用。据不完全统计，有关信息的定义有 100 多种，它们从不同的侧面、不同的层面揭示了信息的特征与性质。在管理信息系统领域，一种被普遍接受的观点认为，“信息是经过加工的数据，它对接收者有用，对决策或行为有现实或潜在的价值”。参照这些定义，我们可以辨识出信息有 3 个方面的特征。

第一，信息是对客观世界中各种事物的运动状态和变化的反映。信息是客观世界各种事物都在不停运动和变化，呈现出不同的特征。这些特征包括事物的有关属性状态，例如，时间、地点、程度、方式等。信息的范围极广，例如，气温属于自然信息，遗传密码属于生物信息，企业报表则属于管理信息等。

第二，信息是可以通信的。信息是构成事物联系的基础。由于人们通过感官直接获得周围的信息极为有限，因此，大量的信息需要通过各种仪器设备获得和传输。

第三，信息形成知识。人们掌握了一定的信息就可以消除不确定性，更好地认识事物，区别事物并改造世界。

3. 知识

知识是以某种方式把一个或多个信息关联在一起的信息结构，是客观世界规律性的总结。知识是结构化的经验、价值观念、关联信息及专家见识的流动组合，是有一定环境的信息，加上对于怎样运用它的理解，它为评估和吸纳新的经验和信息提供了一种架构。知识产生并运用于知识工作者的大脑。

知识分为隐性知识和显性知识两种。隐性知识是指高度个性化而且难于格式化的知识，例如，主观的理解、直觉和预感都属于这一类。显性知识是指能用数字和文字表达出来，容易以数据的形式交流和共享，并且经编辑整理的程序或者普遍原则。

一个组织的知识包括以人为中心的资产、知识产权资产、基础结构资产和市场资产。在组织机构里，知识不仅仅存在于文件或文件库中，也大量存在于员工的头脑中，并根植于组织机构的日常工作、程序和规范中。

4. 智慧

智慧是富有洞察力的知识。人在了解多个方面的知识后，能够预见一些事情的发生并采取行动。例如，大家都觉得五一去杭州旅游的车票非常紧张（知识），但你已经非常有预见性地购买了车票，领先一步（智慧）。智慧是把知识应用于产生新的知识的一个动态过程，即创新能力。

商务智能就是信息，但它又是一种知识——有关于你的客户、商业合作伙伴、竞争环境以及内部运作的知识，它使你有能力做出有效的、重大的，通常也是战略上的商业决策。商务智能使组织能够挖掘出信息的真实价值，从而采取创造性和有利的步骤来获取竞争优势。因此，商务智能不只是产品目录，它能将产品信息、广告策略信息以及客户统计信息结合起来，从而帮助确定不同的广告媒介对于按地域划分的客户群的有效性。

1.1.2　信息的属性

信息的属性是指信息所具有的本质上的特性。具体包括以下一些重要的属性。

1. 客观性

信息的客观性是由信息源的客观性特征决定的。信息是事物变化和状态的客观反映，其实质内容具有客观性，事物变化和状态都是客观存在的，它的反映也是客观的，所以其实质内容具有客观性。

2. 扩散性

信息的扩散性是其本性，它力图冲破保密的非自然约束，通过多种渠道和手段向四面八方传播。信息的浓度越大，信息源和接收者之间的梯度越大，信息的扩散能力就越强。越离奇的消息，越耸人听闻的新闻，传播得越快，扩散面越大。俗话说“没有不透风的墙”，正说明了信息扩散性的威力。信息扩散存在两面性：一方面，它有利于知识的传播，加快信息的扩散；另一方面，扩散可能造成信息的贬值。不利于保密，可能危害国家和企业利益，不利于保护信息所有者的积极性。因此，有必要区分不同信息其扩散的不同作用，然后采取措施。

3. 传输性

信息可以在时间上或在空间上从一点传递到另一点，它的传输成本远远低于传输物资和能源。信息可以通过各种各样的手段传输到很远的地方，既可以通过报纸、杂志等传统的手段进行传输，也可以通过网络、视频等现代的技术传输。因而，我们应尽可能用信息的传输代替物质的传输，通过信息流来减少物流。信息的可传输性加快了资源的交流，也加快了社会变化的步伐。

4. 层次性

信息是和相应的主体相关的，即不同的主体会有不同的信息偏好和需求。根据管理学的基本理论，组织的管理一般分为战略管理层、战术管理层、运作管理层和执行管理层四层，处在不同的管理层有不同的职能。

战略管理层，为组织提供整体的方向和指导。

战术管理层，根据企业战略，开发下一级的目标和战略。

运作管理层，管理和指挥日常的运作并实施企业目标和战略。

执行管理层，由非管理层的普通职工构成，他们每天在做诸如命令处理、开发并生产产品和服务、为顾客提供服务之类的具体工作。

以大学为例，战略管理层一般由校领导组成，战术管理层为各学院的院长，运作管理层则由系主任和各教研室主任构成，执行管理层则是授课教师。

5. 增值性

一方面，信息在使用过程中会增值，对信息的持有人有利；另一方面，信息在传播过程中会不断丰富，产生有利的变化。

6. 共享性

信息很难独占。信息可以复制，可以共享。因此，信息的扩散常导致知识产权保护的困难，这在信息时代是一个社会难题。

7. 不完全性

因为对事物的认识总是有局限性的，故信息总是不完全的。信息的不完全会产生许多不良现象，如价格欺骗等。因此，当前信息咨询已经成为非常热门的行业。

1.1.3 信息的维度

为了运用信息工作，并且把信息作为一种产品来生产，可以从信息的三个维度——时间、内容和形式来说明信息的价值。

1. 信息的时间维度

信息的时间维度包括两个方面。

（1）及时性。及时性的含义是指在人们需要的时候能够拥有信息。及时的信息对人们做出正确的决策有着非常重要的作用。信息都具有一定的时效，过了时效就不再具有价值或者价值大幅度下降。例如，对股票交易来说，如果你想当天交易，则当天的股票价格对交易者来说最有价值，历史的信息只有参考价值。

（2）新颖性。新颖性的含义是获得最近和最新的信息。一般来说，具有新颖性的信息比具有及时性的信息更有价值。如果说及时性能够帮助企业把握住机会的话，那么新颖性则可以为企业带来新的机会。例如，若想今天进行股票交易，就需要知道现在的股票价格，如果你的股票价格信息总是滞后的，你就会被市场淘汰。因此，只有描述了适当时期的信息才是有用和相关的。

2. 信息的内容维度

信息的内容维度主要包括信息的准确性、完整性和相关性 3 个方面。

（1）准确性。准确性也被称为信息的事实性。不符合事实的信息不仅没有价值，而且可能其价值为负。俗话说“输入的是垃圾，输出的一定也是垃圾”，意思就是说如果输入的数据是错误或者没有意义的，经过处理和输出的信息也一定没有参考价值。因此，信息应该是基于正确数据的处理结果，必须具备准确性。

（2）完整性。完整性是指是否包括与信息使用者要做的事情相关的所有信息。信息的完整性是与接收信息者的目的密切相关的。例如，天气预报、股票价格等，只有提供给需要的相关主体才有价值和意义。

（3）相关性。相关性是指信息与信息使用者要做的事情的相关程度。显然，相关性越高的信息价值越大。例如，同样一条原材料价格变化的信息，它对一个需要决定产品价格的企业决策者的相关性比较高，而对运输原材料的运输公司则相关性较低。在“信息爆炸”的时代，如何甄选出相关性高的信息成为人们关注的重点。

3. 信息的形式维度

信息的形式维度是指信息的提供应采取与信息接收主体偏好吻合的形式，主要包括详尽性、呈现性等方面。

（1）详尽性。详尽性是指信息概括的程度。随着目标的不同，对信息概括的程度和要求也不一样。例如，对于生产管理者来说，他需要知道每一位工人每天每件产品的生产量；但对于财务管理者来说，只要知道每天产量汇总情况就可以了。

（2）呈现性。呈现性是指信息的提供方式是多种多样的，包括硬拷贝、软拷贝等方式。信息提供时，需要针对不同的接受主体选择不同的信息表现形式。例如，对教育程度不高的主体可以采取多媒体的方式，对孩子采取生动活泼的提供方式，对企业等组织来说采用正规的报告形式等。

以上 3 个维度如果运用得当，在正确的时间、以正确的方式提供正确的信息，那么将大大提高信息使用者成功的机会。

1.1.4 人是一种重要资源

任何组织中最重要的资源就是人。人（也就是知识工作者）订立目标、执行任务并服务于顾客。特别是 IT 专家，他们还为组织提供了一个稳定可靠的技术环境，使组织能平稳运作并在市场竞争中获得优势。

1. 精通信息和技术

在企业中，最有价值的财产不是技术，而是人的头脑。IT 是一种能帮助人们加工、处理信息的工具，但它只能在人的大脑支配下工作。例如，电子制表软件能帮助人们快速生成一张商品质量的图表，但它既无法告诉操作者该建立条形图还是饼状图，也不能帮助决策者决定是采用区域销售还是人员销售，这些都是需要人来完成的任务。这也正是在经济管理类专业中，包括人力资源管理、会计学、金融学、市场营销学等，设立生产运作管理等课程的原因所在。

尽管如此，技术对我们来说也是一个相当重要的资源。技术能提高人们的工作效率，帮助人们更好地理解、剖析问题。因此，学习如何运用技术对我们来说十分重要。同样，理解所处理的信息也相当重要。

一个精通技术的知识工作者懂得如何运用技术、何时运用技术，即懂得应该购买什么技术，如何开发利用应用软件的优点，以及把各个企业连接起来需要怎样的技术基础等。

精通信息的知识工作者应当做到：

- 确定自己的信息需求；
- 知道如何获得信息以及在哪里获得信息；
- 理解信息的含义（例如，将信息转变为商务智能）；
- 能够在信息的基础上采取适当的行动，以帮助组织获取最大利益。

2. 人的社会责任感

一名精通技术与信息的知识工作者，不仅要学会如何运用技术和信息来为组织获取利益，同时还必须认识到自己的社会责任，这就是道德的重要所在。道德是一系列帮助指导人的行为、行动和选择的原则或标准。道德同法律的影响一样，但道德又不同于法律，法律会明确要求或禁止人们的某些行为，而道德则更多的是对个人或文化的诠释。因此，一项决策或行动可能的结果或期望的结果对不同人来说可能会有对有错。所以，道德方面的决策是复杂的。

对于一项行为，在道德方面所做决定的复杂程度，由于合法但违背道德的现象的存在，我们希望总能既遵守法律又合乎道德，因为这是一种对社会负责的方式。但是，人们可以更加方便、快捷地获取、发送和使用信息，所以信息技术又增加了社会中道德的复杂程度。

对于保护个人和组织的网络资源的重要性，我们现在强调的还不够。在信息时代，作为一个富有社会责任感的人，符合道德的、不符合道德的，合法的、不合法的，不仅要约束好自己的行为，而且还会涉及其他人的行为，所以在面对计算机犯罪时要学会保护自己。

1.1.5 信息技术

信息技术作为高新技术中的代表性技术，是现代人类文明的技术基础。信息技术是信息管理的重要手段，它极大地提高和推动了信息管理的效率并创造了大量建立在“知识经济”基础上的新型商业机会。同时，信息技术也加快了经济运行节奏，使企业面临着更为激烈的外部竞争以及日益上升的组织内部调整的压力和挑战。

1. 信息技术的概念

信息技术指的是以现代计算机及通信技术为代表的，对信息的产生、收集、处理、加工、传递、使用等各个环节提供支持的技术。信息技术是一个由若干单元技术相互联系而构成的整体，又是一个多层次、多侧面的复杂技术体系。信息技术大致可归纳为 3 个相互区别又相互关联的层次。

主体层次，这部分是信息技术的核心部分，包括了信息存储技术、信息处理技术、信息传输技术以及信息控制技术。

应用层次，是信息技术的延伸部分。

外围层次，是信息技术产生和发展的基础。

2. 信息技术的发展

信息技术的发展历程经历了 3 个时期：以人工为主要特征的古代信息技术、以电信为主要特征的近代信息技术和以网络为主要特征的现代信息技术。

（1）现代信息处理技术。信息处理技术的基本功能相当于人脑的思维功能，是信息技术的核心。20 世纪 80 年代以后，人们广泛地利用计算机来处理和分析信息，随之出现了数据库、管理信息系统、决策支持系统、人工智能与专家系统、自然语言分析与处理系统等信息处理和分析技术的发展。

（2）现代信息表述技术。计算机是一个自动化的信息加工工具，其指令与处理的数据都是采用二进制数字系统。计算机只能识别二进制数字，因此，需要其处理的所有数字、字母、符号等均要用二进制编码表示。在计算机用于信息表述的数制及码制中，常用的数制有二进制、八进制、十六进制等。

（3）现代信息传输技术。20 世纪中期，计算机技术、卫星技术、光纤技术等的发明和普遍应用，使通信技术进入了高速化、网络化、数字化和综合化时代。进入 20 世纪 90 年代，通信技术领域出现了 Internet 和信息高速公路。Internet 就是一个计算机信息传输网，它能向用户提供丰富的信息资源和信息传送服务，实现全球范围的信息资源共享；信息高速公路则是一个覆盖全世界各地的高速信息传输网络。

（4）现代信息存储技术。随着传统图书之外的微缩品、磁盘、光盘等的出现，信息存储技术又发生了翻天覆地的变化。

3. 信息技术的主要表现形态

信息技术有两种基本类型：硬件和软件。硬件通常是指组成计算机系统的物理设备；软件就是用来完成某个特定的任务，由计算机硬件执行的一系列指令。例如，PDA 本身是硬件设备，它包含一些软件，可以用来安排日程、更新地址簿等。

（1）硬件。

硬件可以分为六类：输入设备、存储设备、中央处理器（CPU）、远程通信设备和连接设备。

输入设备是获取信息和指令的工具，包括键盘、鼠标、触摸屏、游戏杆、条形码阅读器和读卡器（用于读取信用卡及其他卡）。

输出设备是用来看、听或其他接收信息处理结果的工具，包括打印机、显示器和扬声器等。

存储设备是用来存储信息以备日后使用的工具，包括硬盘、闪存盘和 DVD（数字化视频光盘）等。

CPU 是解释并执行软件指令、协调其他硬件设备共同工作的硬件。流行的个人计算机的 CPU 包括 Internet Pentium、Xeon 产品线以及 AMD Athlon 系列。RAM 是临时保存正在处理的信息和 CPU 当前需要的系统和应用软件指令的存储器。

远程通信设备是用来与其他人或区域之间收发信息的工具。例如，上网使用的调制解调器就是一种远程通信设备。

连接设备包括连接打印机的并行端口、打印机与并行端口之间的连接线和内部连接设备等。

（2）软件。

软件分为两大类：应用软件和系统软件。

应用软件是帮助用户解决特定问题或完成特定任务的软件。例如，Microsoft Word 能帮助用户写学期论文。工资处理软件、协作软件（如电视会议软件）和库存管理软件等都是应用软件。系统软件负责处理像技术管理与协调所有技术设备之间交互工作这类特定任务。系统软件包括操作系统软件和工具软件。操作系统软件是一种控制用户应用软件并管理硬件设备如何协调工作的系统软件。流行的个人操作系统软件包括 Microsoft Windows、Linux、Mac - osx，以及 UNIX 等。工具软件是一种能为客户操作系统提供附加功能的软件，包括防病毒软件、屏幕保护软件、卸载软件、文件保护软件（通常包括加密软件），等等。

4. 普适计算：分布式计算、共享信息、移动计算及其他

全球商业经济在任何时间、地点及任何语言或文化环境下都持续运作。对于任何一个想成功的企业来说，都必须构建一个技术平台和基础构架，并以同样的方式运作，这就提出了普适计算这一观念。普适计算是有关计算技术的一种观念，它强调通过技术，应该能在任何时间和地点工作，获取所需的组织内外的商业合作伙伴的信息。为支持这一观念，分布式计算、共享信息、移动计算就显得尤为重要了。

（1）分布式计算。

分布式计算是将计算功能分布到企业各职能部门和知识工作者的计算机上的一种环境。由于价格低廉、功能强大的小型系统（如智能手机、上网本、笔记本电脑、台式计算机、小型计算机和服务器）的出现，分布式计算变得更加可行。技术架构也是十分重要的，如集成中间件可以使不同的计算机和网络彼此之间交流并共享信息。

（2）共享信息。

共享信息是指组织将信息放置在一个集中地点，允许任何人获取并使用的信息。例如，在企业，销售部门的员工可以获取在制品的制造信息，以确定产品何时能够发货；在学校，教务部门可以获取财政部门的信息，以确定通过奖学金或贷款某学生可以少付多少学费。为了支持共享信息，大多数企业都将信息保存在数据库中。事实上，数据库已成为企业组织信息并向所有人提供信息的标准。

（3）移动计算。

移动计算是一个广义的术语，它描述了实用技术进行无线连接以及集中式的地点信息和应用软件的能力。移动计算就是无线连接。例如，移动商务描述了利用移动电话、PDA、上网本、笔记本电脑等无线设备进行的电子商务。利用这些无线设备，用户在飞机场候机时也能买卖股票、查看天气预报、下载音乐、阅读电子邮件等。如今的商业是全球化的，已经打破了地理界限。我们所需要的是，无论在哪里都能移动计算和无线获取信息及软件。

1.1.6　信息化

信息化已经成为全世界普遍关注和竞争的焦点。

1. 信息化的概念

信息化是指通过提高信息资源的管理和利用水平，在社会和经济的各个方面形成深刻的变革，达到人类社会新的物质和精神文明水平的过程。我国的信息化工作分为6个部分：

（1）信息资源。信息资源与材料资源及能源资源为人类三大资源。材料资源和能源资源是有限的，绝大多数是不可再生、不可共享的；而对信息资源的开发利用不但不产生新的污染，而且会大大减少材料和能源的消耗，减少污染。

（2）信息网络（信息高速公路）。国家信息网络是国家的重要基础设施，是信息资源开发利用和信息技术应用的基础。信息网络分为电信网、广电网和计算机网，三网的发展方向是互相融通、取长补短，努力达到新的辉煌，融合共性，实现三网合一。终端融合的方向是电信终端和广电终端的智能化、计算机终端的家电化，业务融合的方向是电子商务、影视点播、网络教学、远程医疗等。

（3）信息技术应用。信息技术应用是国家信息化建设的主阵地，集中体现了国家信息化建设的需求和效益。要抓紧、抓好重大信息化工程，特别是电子商务等跨部门、跨行业、跨领域、跨地域的信息化工程。

（4）信息技术和产业。我国的国家信息化必须立足于自主发展。为了国家的主权和安全，关键的信息技术和装备必须由我们自己研究、制造、供应。所以，我们必须大力发展自主的信息产业，才能满足信息技术应用、信息资源开发利用和信息网络建设的需求。随着我国国民经济快速持续的发展和信息化进程的不断加快，各行各业对信息基础设施、信息产品与软件产品、信息技术和信息服务的需求急剧增长，这也为信息产业的发展提供了巨大的市场空间，从而带动我国信息产业的高速发展。

（5）信息化人才队伍。人才是国家信息化成功之本，对其他各要素有决定性影响。必须增强全民信息化意识，广泛开展信息技术和信息能力教育，提高广大劳动者素质，造就多门类、多层次、高水平的专业人才队伍，建立精干的信息化管理队伍。

（6）信息化政策法规和标准规范。信息化政策法规和标准规范是国家信息化快速、有序、健康、持续发展的根本保障。我国在与信息化有关的政策法规方面，既存在大量空白，也存在束缚发展的过时法规。与信息化有关的法律法规包括：信息法、电信法、广播电视法、电子信息产业振兴法、信息资源管理办法、计算机信息网络管理办法、互联网络域名注册管理办法、计算机信息网络安全管理办法等。

2. 信息化的层次

信息化的层次包括“产品信息化”“企业信息化”“产业信息化”“国民经济信息化”和“社会生活信息化”5 个层次，这 5 个层次存在后面依次包含前面的关系。

（1）产品信息化。产品信息化是信息化的重点，也是信息化基础的基础。产品信息化包含两个层次的意思：一是产品所含各类信息比重日益增大，物质比重日益减小，产品日益由物质产品的特征向信息产品的特征迈进，例如，各类软件等；二是越来越多的产品中嵌入智能化元器件，使产品具有越来越强的信息处理功能，例如，智能微波炉、智能洗衣机等。

（2）企业信息化。企业信息化是信息化的基础。企业信息化是指企业在产品的设计、开发、生产、管理、经营等多个环节上广泛利用信息技术，装备信息设备，大力培养信息人才，完善信息服务，加速建设企业信息系统的过程。

（3）产业信息化。产业信息化是指农业、工业、服务业等传统产业广泛利用信息技术，大力开发和利用信息资源，建立各种类型的行业信息数据库和网络，从而实现产业内各种资源、要素的优化与重组，促进产业结构的进一步合理化，并向更高级的产业结构迈进，从而实现产业的升级。

（4）国民经济信息化。国民经济信息化是指在经济大系统内实现统一的信息大流动，使金融、贸易、投资、计划、通关等组成一个大信息系统，使社会经济的4个环节——生产、流通、分配和消费通过信息进一步连成一个整体。

（5）社会生活信息化。社会生活信息化是指包括经济在内的科技、教育、军事、政务、人们日常生活等整个社会体系采用先进的信息技术，建立各种信息网络，例如，局域网、Internet等，大力开发有关人们日常生活的信息内容。

1.1.7 道德、安全和隐私

随着信息系统的发展，道德、安全和隐私问题已经得到越来越多的关注，这些问题也成了管理信息系统必然要涉及的十分重要的问题。

信息技术对社会产生影响，从而产生的信息道德问题主要有隐私问题、犯罪问题、健康问题、工作条件问题、个性问题、雇用问题等。在所有这些方面，信息技术均存在有利的一面和不利的一面，例如，生产过程的计算机化能改善工作条件、提高职工满意度，但又面对如何保证就业、保证产品高质量和降低成本的问题。所以应当考虑使负面影响最小化，而使收益尽可能的大。

在处理信息技术以及其他新技术所带来的道德问题时，有4条道德原则：

- 匀称原则。新技术所带来的好处必须超过其危害或风险，不能再有别的比它的好处多而危害少的方案。
- 获许原则。对新技术的影响应当事先知道，并同意接受风险。
- 公正原则。必须公平地分配技术的利益和风险。得到利益就应当承担风险的公平份额，没有得到利益，就不应当承受重大的风险。
- 风险最小原则。即使以上3条原则均被接受，技术的实现也应尽可能地避免不必要的风险。

一些信息专业组织制定了自己的道德准则，例如，DPMA（Data

Processing Management Association，数据处理管理联盟）建立的专业标准由 3 个部分组成，具体如下。

面向业主的专业标准：

· 努力学习最新的知识和正确地总结经验，以适应工作的需要。

· 避免利益上的冲突，并保护业主已意识到的任何潜在矛盾。

· 保护业主委托的信息的隐私性和机密性。

· 不能错误地表达和删除源于实情的信息。

· 不能利用业主的资源获得自己的好处，或做任何未经证实批准的事情。

· 不能利用计算机系统的缺陷得到个人的好处或达到个人的目的。

面向社会的专业标准：

· 将技术和知识传播给公众。

· 尽最大努力，保证产品得到社会的信任和应用。

· 支持、尊重、服从地区、州和联邦的法律。

· 不能错误地表达和删除公众关心的源于问题与实情的信息，也不允许这种已知的信息搁置作废。

· 不能利用个人性或秘密性的知识以任何非法的形式得到个人的好处。

面对同行的专业标准：

· 忠于自己所有的专业关系。

· 当看到非法的、不道德的事件时，应采取合适的行动。然而当我反对任何人的时候，必须坚信自己是有理的、正确的、负责任的，并不带任何个人情绪。

· 尽力与人共享专业知识。

· 与他人合作，以达到了解和识别问题的目的。

· 在没得到特殊许可和批准的情况下，不利用信誉去做其他工作。

· 不利用他人缺乏经验或缺乏知识去贪图别人的便宜，以得到个人的好处。

1.2 系统

“系统”这一术语早已被广泛地使用，例如，计算机系统、神经系统、教务系统等。正确地理解“系统”对理解信息系统有重要的意义，下面从管理信息系统设计者的角度讨论“系统”的一些概念。

1.2.1 系统的概念

1. 系统定义

系统是由一些相互联系、相互制约的若干组成部分结合而成的，具有特定功能的一个有机整体。系统的判别特征如下。

系统由若干要素组成。单一要素组不成系统，只有由多个要素组成且相互有关联的才能称为系统。在该定义中需要强调“有机”，即系统各要素之间不是杂乱和混沌的，而是有机地组合在一起，相互作用、相互影响。

系统具有一定的结构。一个系统需要完成特定的功能，需要有一定结构的要素协调进行。例如，教育系统有管理部门、教育机构和教育资源等，这些要素之间相互作用、相互影响，缺一不可。

系统拥有功能和目的。每个系统都拥有一定的功能和目的，特别是人造系统必须具有一定的目的性，否则没有存在的必要。例如，教育系统的目的是培养人才，生产系统的功能是生产产品，卫生系统的功能是提供健康保障等。

系统应有环境适应性。系统是有规模和大小区分的。系统的概念是相对的，一个系统在另外的系统中可能就是一个子系统或是一个组成部分，因此，它必将受到其他系统或组成部分的约束和影响，所以一个系统必须有良好的环境适应性才能稳定地存在与发展。

2. 系统模型

对于开放系统而言，系统一般由以下几部分组成。

系统环境：提供输入或接收输出的场所，既与系统发生作用，但又是包括在系统之内的其他事物的总和。环境和系统相互有一定的影响。

边界：系统与环境分开的假想线，在此实现物质、能量、信息的交换。

输入/输出：与环境发生联系，系统接收的物质和信息称为系统的输入；系统经变换、处理后产生的另一种形态的物质、能量和信息称为系统的输出。

组成要素：完成特定功能必不可少的工作单元。

系统结构：系统的组成要素和要素之间的关系。

子系统：存在于系统之中的系统。

接口：子系统之间的信息交换。

控制要素：一个比较特殊的要素。某些最简单的系统可以没有控制要素。控制要素的功能是对整个系统各个环节的运行情况进行监测、检查，进而及时发现与实现系统目标相悖的问题，并做出适当的调整。系统的目标一般是以比较抽象概括的方式描述的，不能直接应用于控制过程中，因此人们倾向于以更具体和明确的方式来表达目标，并以此作为控制要素中应用的要求，这就是标准。

1.2.2　系统的特性

一般来说，系统具有以下几个方面的特性。

1. 整体性

一个系统由多个要素组成，所有要素的集合构成一个有机整体，每个要素都要服从整体，追求整体最优，而不是局部最优，这就是所谓的全局观念。一个系统中即使每个部分并非最完善，但通过综合、协调，仍然可使整个系统具有较好的功能；反之，如果每个要素都追求最好的结果，而不考虑整体利益，也会使整个系统成为很差的系统。

2. 目的性

系统的发生和发展有着强烈的目的性，是系统的主导，决定着系统要素的组成和结构。例如，学校的目标是培养人才；工厂的目标是生产社会需要的产品和服务。因此，在建设系统的过程中首先要明确系统的目标，然后再考虑运用什么功能来达到这个目标。

3. 关联性

系统各要素之间存在着密切的联系，这种联系决定了整个系统的机制，它在一定时期内相对稳定。例如，一个生产企业，计划部门依据企业的生产能力、市场需求等因素制订出生产计划；供应部门按照生产计划、生产状况以及原材料等的库存情况提供供应服务和销售处理；而生产部门则要根据生产计划组织生产，其生产能力又是计划部门制订计划的依据。由此可见，企业的计划子系统、供销子系统、生产子系统和库存管理子系统按照一定的分工各自完成其特定的功能，但彼此之间又是相互关联和相互制约的。

4. 层次性

一个复杂系统可以分解为若干个组成要素，其要素本身也可能是一个子系统。子系统也可以进一步划分为更小的部分，依次类推，可以将一个系统逐层分解，体现出系统的层次性。利用系统的层次性，可以将系统分解为若干个功能相对独立的子系统，然后给予分别实施。

5. 环境适应性

任何一个系统都不是孤立存在于社会环境中的，它与社会环境有着千丝万缕的联系。系统与环境相互作用、相互影响，进行物质、能量、信息交换，不适应环境变化的系统没有生命力。对于一个企业系统来说，主要有 8 个隐秘环境要素，即供应商、客户、工会、金融界、股东、竞争者、政府、区域社会。

1.2.3　系统工程方法

系统工程是系统思维方法的具体体现，是系统科学转化为现实生产力的桥梁。系统工程的方法是美国贝尔公司在 20 世纪 40 年代研究和发展微波通信网络中形成的一套实用的工程方法。

1. 系统工程的基本思想

系统工程将一系列规范化的做事方法与科学的表达和分析手段融为一体，把工业时代形成的标准和信息时代所需要的多样化，灵活性结合起来，把“实事求是”和“具体事物具体分析”这些一般性的理念，以切实可行的、可操作的方式落实到具体行业的操作层面。钱学森认为：系统工程是组织和管理系统的规划、研究、设计、制造、试验和使用的科学方法。1969 年，美国学者霍尔提出了系统工程的三维结构。系统工程的三维结构就是将系统工程的活动分为前后紧密连接的 7 个阶段和 7 个步骤，同时考虑到为完成各阶段和步骤所需要的各种专业知识。这样为解决规模较大、结构复杂、涉及因素众多的大系统，提供了一个统一的思想方法。

2. 系统工程方法论的基本特点

系统工程方法论的基本特点可以归纳如下：

（1）研究方法上的整体化。

这种系统科学的思想集中表现在两个方面。

把研究对象看作一个整体。人们把系统作为若干子系统有机结合而成的一个整体来设计，对每个子系统的技术要求都首先从实现整个系统技术协调的观点来考虑，对研制过程中子系统与子系统之间的矛盾或者子系统和系统整体之间的矛盾，都要从整体协调的需要来选择解决方案。同时，把系统作为它所从属的更大系统的组成部分来进行研究，对它的所有技术要求都尽可能从实现这个更大系统技术协调的观点来考虑。这种实践体现了一种科学方法，它是组织管理“系统”的规划、研究、设计、制造、试验和使用的科学方法。

把研究过程也看作一个整体。系统工程还要考虑把大系统的研制过程也作为一个整体来考虑，及分析整个过程是由哪些工作环节所组成的，而后进一步分析各个工作环节之间的信息以及信息的传递过程、反馈关系等。从而编制出系统研制全过程的模型，把全部过程严格地连接成一个整体，全面地考虑和改善整个工作过程，以便能实现整体最优化。

（2）技术应用上的综合化。

系统工程致力于综合运用各种学科和技术领域内所获得的成果。

现有的复杂大系统都是技术综合体。所谓技术的综合运用，并不是将各种技术进行简单的堆砌，而是从系统的总体目标出发，将各有关的技术协调配合、综合运用。系统工程师对于环境的分析、对于各项技术理解的深入程度和运用水平、研究设备的完善情况、组织管理的效能以及系统工程师本身的经验和创新能力等因素，决定了综合运用各项技术的能力水平。往往是具有同样效能的工程系统所采用的技术方案截然不同，所花费的代价相差也很大。这表明研究各种技术的综合应用是一门很重要的学问。

努力创造新型的技术综合体。一个新型技术综合体的出现，有时并不一定是基础理论的突破，而是综合运用各种技术的成果。例如，管理信息系统就是当代先进的技术综合体，它是综合应用了信息技术和管理科学的成果所获得的成就。

（3）管理手段上的科学化。

复杂的大型工程往往有两个并行的过程，一个是工程技术过程，一个是管理控制过程。后一过程包括规划、组织、计划、控制、分析、比较、决策等环节，我们又称为管理过程。管理工作对促进科学技术的发展、提高工作效率、合理利用资源具有十分重要的意义。英国著名科学家贝尔纳把科学的组织和管理称为“科学中的科学”。管理工作涉及组织结构、管理体制、人员配备和工作效率的分析，工作环境的布局，程序步骤的组织，以及工作进程的计划、检查与控制等一系列问题的研究。管理信息系统就是在信息化条件下管理科学化的一项值得注意的重大成就。

在信息建设过程中，系统的观点是系统开发的基础，它揭示出系统的开发必须首先明确目标，划分出系统的边界，然后由上到下、由粗到细地分析系统的每个组成部分所应完成的功能，弄清各个组成部分的信息交换关系，最后再进行系统的详细设计。另外，还要为将来系统的发展留出接口。

1.3　信息系统

信息系统是一个人造复合系统。它由人、硬件、软件和数据资源组成，目的是及时、准确地收集、加工、存储、传递和提供信息，实现组织中各项活动的管理、协调和控制。

1.3.1　信息系统的概念和功能

1. 信息系统的概念

信息系统就是对数据进行采集、处理、存储、管理、检索和传递，必要时能向有关人员提供有用信息的系统。实际的信息系统因为实际问题的不同而表现出不同的形式，例如，信息传输通道部分，可以是人工传输，也可以是电话、网络传输等。从信息系统的概念可以看出，信息系统由信息源、信息处理器、信息用户、信息存储器、信息管理者和传输通道等部分组成。在信息系统中，信息管理者起着主导作用。

2. 数据的采集和输入

数据采集，就是把分布在各部门的相关数据收集起来，转化成信息系统所需的形式。在数据采集时应注意数据的准确性、及时性和完整性。

（1）信息识别：数据采集所遇到的第一个问题是确定信息需求或者叫作信息的识别。确定信息的需求要从系统目标出发，根据客观情况结合主观判断来确定需要哪些数据。常用的识别方法如下：

由决策者进行识别：决策者是信息的用户，其最清楚系统的目标，也最清楚信息的需要。向决策者调查可以采用交谈和发调查表的方法。与用户交谈有利于阐明意图、减少误会，最容易抓住主要的要求。但谈话一般不够严格和确切，因而应进行采访纪要整理，并经受访者确认签字。

系统分析员亲自观察识别：指系统分析员不直接询问信息的需要，而是到工作现场了解工作。对管理工作的描述越到下级越容易、越具体；越到上级其职能越广、越全面、越复杂。很多情况只靠外来人员是很难了解透的，因而选派一些管理人员参加系统分析会有很大好处。

两种方法的结合：由系统分析员观察基本信息要求，再向决策人员进行调查，补充信息。这种方法虽然浪费一些时间，但了解的信息需求一般比较真实。

（2）数据采集：识别出所需信息后就可以开始采集数据，常用的采集数据的方法有以下 3 种：

· 自上而下的广泛收集：它服务于多种目标，一般用于统计，例如，国家统计局每年公布的经济运行数据。这种收集有固定的时间周期、固定的数据结构，一般不随便改动。

· 有目的的专项收集：例如，我们要了解企业利润的留成情况，应有意识地了解相关信息。有时可以全面调查，有时只能抽样调查。样本最好由计算机随机抽样得到，这样才能真实地反映情况。

· 随机积累法：调查没有明确的目标，或者是目标很宽，主要是“新鲜”的信息就把它积累下来，以备后用，今后是否有用，现在还不十分清楚。

· 数据表达：数据收集的最后一个问题是数据的表达，常见的表达形式，有文字表述、数字表述、图形表述和表格。

3. 数据处理

通常对数据进行各种运算：对非数值数据进行排序、转换、提取等，另外，查询、统计、预测等也是数据处理。数据存储和传输存储，即用物理介质保存数据和信息。传输应保证不失真，并且要注意传输的及时性。

1.3.2　信息系统的主管

信息系统的建设与应用，不仅能有效提高组织的效益，更重要的是能实现一种先进的管理理念和管理思想。要达到这个目的，从管理者的角度出发，必须要有一个能够对信息系统资源进行合理组织和有效配置，把信息系统建设与组织经营管理的目标紧密结合起来的高层管理人员，这个管理角色就是人们常常提到的 CIO（Chief Information Officer），其中文意思是“首席信息官”或“信息主管”。

1. CIO 的产生

事实上，CIO 这个职位是随着信息资源管理热潮的兴起而诞生的。20 世纪 80 年代，为保证信息资源的充分开发和有效利用，人们对信息资源管理问题给予了高度重视。为了从组织机构上保证和加强联邦政府各部门的信息系统资源管理活动，美国政府要求各部门都要设立 CIO 这一新职位，并委派副部长和部长助理级官员来担任此职，从较高层次上全面负责本部门信息资源的开发利用。

CIO 的出现，有效地改善了美国政府部门宏观层次的信息资源管理，其成功经验促使一些大公司将这一职位连同其名称一起引入到企业管理中。1981 年美国波士顿第一国民银行经理 William R. Synnott 和坎布里奇研究与规划公司经理 William H. Cruhe 两人在其著作《信息资源管理：20世纪80年代的机会和战略》中强调了在企业中设立CIO的必要性，并首次给CIO下了一个明确的定义：CIO是负责制定公司的信息政策标准程序方法，并对全公司的信息资源进行管理和控制的高级行政管理人员。之后，企业CIO开始出现在美国的一些大公司和企业集团里。由于设置合理、成效显著，其他企业也竞相效仿，并很快在美国、日本等发达国家普及开来。在西方工商企业界眼中，CIO是一种新型的信息管理者。他们不同于一般的信息技术部门和信息中心的负责人，而是已经进入公司最高决策层，相当于副总裁和副总经理地位的重要官员。CIO的产生，标志着现代企业管理从传统的人、财、物三要素管理走向了人、财、物、信息四要素管理的新阶段，从战略高度充分开发信息资源。科学管理信息资源和有效利用信息资源已是现代企业能够在日益激烈的市场竞争中克敌制胜的公开秘密。

2. CIO在组织管理中的地位和作用

CIO这个职位的地位随着信息技术在企业中的价值而提升。其实，CIO的概念本身已经告诉我们，这个职位是那些重视信息技术，并把信息技术作为发展企业核心竞争力的企业必须设立的。这些企业要在信息化方面做出战略发展的定位，以长远发展的眼光来规划和实现自己的信息化目标。在一个组织中，CIO是全面负责信息工作的主管，但又不同于以往只是负责信息系统开发与运行管理的单纯技术型的信息部门管理者。作为组织高级管理决策层的一员，CIO直接向最高管理决策者负责，并与总裁或首席执行官（Chief Executive Officer，CEO）、财务主管（Chief Financial Officer ，CFO）一起构成组织的“CEO - CFO - CIO”三驾马车。换言之，CIO是既懂信息技术又懂业务和管理，且身居要职的复合型人物。推动组织信息化的复杂性告诉我们，信息系统的实施应用往往是一把手工程，CIO只有在成为CEO的左膀右臂时才能协调信息技术与业务部门的合作，帮助企业提升信息化水平。

按照这个要求，CIO的基本职能应该是：

（1）参与高层管理决策，引导企业在信息社会中保持竞争优势。CIO 作为组织管理决策的核心人物，自然有权参与组织的高层管理决策活动，但其参与高层决策具有自身的特点，即运用自己掌握的信息资源武器帮助最高决策者制定组织发展战略规划，通过充分有效地利用组织内外信息资源，寻求组织的竞争优势，或强化组织的竞争实力。同时，CIO 不应只是负责信息资源管理范围内的决策活动，而且必须参与讨论组织发展的全局问题。为此，要求 CIO 必须对影响整个组织生存与发展的各个方面问题都有相当全面和清楚的了解。

（2）发掘企业信息资源的战略价值。这也是 CIO 的首要任务。作为统管整个组织的信息资源的最高负责人，他应该根据组织发展战略的需要，及时制定和修改组织的信息政策与信息活动规划，以实现行政管理的战略意图。

（3）管理组织的信息流程，规范组织信息管理的基础标准。作为信息管理专家，CIO 要主持拟定组织信息流程的大框架，建立信息管理的基础标准，如数据元素标准、信息分类代码标准、用户视图标准、概念数据库标准和逻辑数据库标准等，改造杂乱无章的数据环境。实践证明，一个组织，只有以数据集成为基础，以总体数据规划为中心，面向信息流程进行应用系统开发，才能取得好的结果。

（4）负责组织的信息系统建设规划与管理。作为组织信息系统建设的直接领导者，CIO 对信息系统的开发计划、运行管理安全、管理人员配备、经费预算等，要进行宏观控制和协调统筹，考虑系统建设的硬件、软件和应用问题。还要代表本单位与专业的信息系统开发者、技术设备提供商打交道，建立与技术服务商的“战略协作伙伴关系”，并根据组织的业务管理需要，对他们提出的信息技术“全套解决方案”进行审议。

（5）为组织经营管理提供有效的信息技术支持。管理和技术是当今组织发展的两大关键，管理问题相对而言是比较稳定的，而技术热点在迅速变化。作为信息专家，CIO 必须密切注意信息技术的发展变化，分析新技术对组织经营管理与竞争战略的影响，以便及时做出快速反应。

（6）评估信息技术的投资回报问题。面对眼花缭乱的信息技术，CIO 必须注意研究信息技术对企业的价值回报问题，在信息技术投入和组织管理效益之间寻求某种平衡，这是一个 CIO 能够在现代组织日趋激烈的技术竞争中立于不败之地的重要条件。信息技术的先进性和可用性都是毋庸置疑的，但如果脱离本单位的实际情况，盲目而片面地追求引进和实施一些新技术，不考虑其成本效益关系，就会把自己置于被动地位，丧失在高层管理决策中的地位。

（7）组织内部的宣传、咨询和培训。作为分管信息技术部门和信息服务部门的最高负责人，CIO 在行政管理层次上要宣传信息部门及人员的作用，让组织的高层领导充分认识到信息资源对组织发展的重要性，同时应指导高层管理人员更有效地利用组织内部和外部的信息资源为他们提供信息和信息技术咨询服务。在运作层次上，CIO 要帮助信息技术人员以及所有用户转变观念和认识，对其意见、询问和求助给予很好的反馈，同时还要认真做好各级信息系统使用者的培训工作。这实际上就是要求 CIO 积极维护组织的信息化环境。

（8）信息沟通与组织协调。CIO 作为一个跨技术跨部门的高层决策者，应充分利用组织内外可以控制的信息资源来不断完善组织的信息基础结构，并注意协调好组织管理与信息技术的关系。在传统的组织体制下，管理与技术是相对封闭的，管理者大都不知道信息技术究竟能给管理带来什么，而信息技术人员也只是从技术标准和设备性能上来考虑问题，不清楚组织的目标，也不能有效地支持决策。CIO 则从组织管理的角度有意识地选择和运用信息技术，通过对信息资源的充分开发和有效利用来促进组织管理机制的变革和业务结构的调整甚至重组，从而提高组织的管理决策水平，增强组织的市场竞争力。

必须注意的是，上面讨论的是严格按照 CIO 本身的定义确定的职责范围，而眼下国内相当多的企业，虽然也宣传拥有了自己的 CIO，但其仍然主要在履行一个信息部门经理的责任，并无真正参与组织高层战略规划的权力，这与国外真正意义上的 CIO 还有不少距离，一方面可能与组织最高管理层的认识和观念有关，另一方面也可能与 CIO 人选本身的素质缺乏有关。

3. CIO 的素质要求

美国信息产业协会在 20 世纪 70 年代末，曾为 CIO 制定明确的职业标准要求。其中规定，CIO 一般工作职责包括“规划、设计、完善、安装、运行、维护及控制人工信息系统和自动化信息系统，在不同管理层次上为团体用户和个人用户提供信息管理方面的建议和帮助”。

为此，要求 CIO 应具备的素质包括：

（1）管理经验。

作为一个高层管理者，CIO 必须具有多学科和交叉领域的职业技能，能运用信息科学的理论基础为各种层次的管理者和用户服务；对本行业的发展背景有全面的了解，对企业管理的目标有明确的认识，对经营决策和竞争环境的基本情况有充分的掌握，并且有丰富的管理实践经验。实践证明，一个成功的 CIO 至少需要 5 ~ 8 年的管理经验积累。

（2）技术才能。

CIO 应具有一种或多种信息技术专长，具备为企业经营管理与竞争战略发展的需要推荐新技术与开发新技术的能力，对信息技术的发展动向及其对企业的影响有敏锐的洞察力，富有远见和技术创新精神。

（3）经营头脑。

CIO 的工作必须以提高企业的效益和竞争力为目标。因此 CIO 应具有经济方面的全面基本知识，以及在各种竞争性组织资源之间及内部进行权衡的能力；要有商业经营头脑，应了解信息技术何时、何地、何种情况下，在哪些方面能为达成这一目标起到关键作用，能够把信息技术投资及时转变成对企业的回报，这样自己方可在企业中树立起公认的有重大贡献的角色形象。

（4）信息素养。

CIO 应具有强烈的信息意识和较高的信息分析能力，能够为企业高层的战略决策发挥信息支持作用，特别是对来自外界环境的大量模糊、零碎而杂乱的信息，应具有高度的判别能力和挖掘信息价值的艺术才能，使自己的决策能力达到战略决策的水平。

（5）应变能力。

面对日新月异的信息技术和急剧变化的竞争环境，CIO 要有较强的应变能力，能够抓住一瞬即逝的机遇对各种变化做出迅捷及时的反应。CIO 还应具有良好的心理素质，能承担得起来自技术和环境变化的压力，具有敢于迎接各种困难和挑战的勇气。

（6）表达能力。

CIO 必须具备良好的口头和文字表达能力，能够把看起来是高深莫测的信息技术向高层管理决策者和基层业务人员都解释清楚，消除企业中的“高技术恐惧症”。特别是对于非技术型用户，要尽量避免采用技术性术语。

（7）协调能力。

作为企业信息流的规划者，CIO 要善于协调企业内部各层次、各部门、各环节的关系以及与其协作伙伴的关系，要有良好的人际关系和亲和力，善于对话和沟通，能够适应企业的文化和传统，使信息技术与企业管理体制相得益彰。

（8）领导能力。

CIO 要有领导威信和支配企业信息资源的权力，能建立一个有效的信息资源管理班子，既能指挥信息部门的工作，也能对企业的信息政策和策略起到领导作用。

CIO 在企业管理中的地位和职能决定了其应该具备比信息经理要高

得多的素质要求。一个合格的 CIO 必须是管理与技术两方面的全能型人物。而且总的来说，CIO 组织管理水平比其信息技术才能更重要。这也是与其所处的管理地位相对应的，毕竟 CIO 职能与一般中层的信息部门经理是不同的。

1.4　管理信息系统

什么是管理信息系统？简而言之，管理信息系统就是为管理的目的，采用计算机和网络技术对管理信息进行统一管理的一套人机系统。信息技术、管理学、系统论的相关理论，面向统计分析和决策支持所建立的数学模型是其发展的理论基础。

1.4.1　管理信息系统的概念

任何企业的运营活动都会产生大量的数据和信息，这些数据和信息反映特定交易活动的发生和处理结果，而且是决策的依据。从交易的原始信息转化为适用于管理决策的信息需要经过特定方式的处理，这一过程包含资料输入、处理和信息输出，构成特定的管理信息系统。

1. 管理信息系统的含义

管理信息系统（Management Information System，MIS）是以现代计算机科学、信息科学、管理科学和系统科学为基础建立的一个由人、计算机等组成的能进行信息收集、传输、储存、加工、维护和使用的社会技术系统，涉及企业的技术管理组织等方面。

互联网的发展、经济全球化和信息经济的出现，使管理信息系统在现代社会经济生活中，特别是在企业经营管理决策中发挥着日益重要的作用。例如，可口可乐公司的管理者利用 MIS 检查日常的运作，能够快速准确地找到在遍及全球的任何一家超市里所卖的 500 毫升可口可乐是哪家瓶装厂生产的、通过哪个销售渠道销售的。美国波音公司在波音

777 的研制中通过采用先进的集成制造技术，把开发周期由原来的八九年缩短到四年半，成本降低了 25%，出错返工率降低了 75%。

2. 管理信息系统的特征

（1）人机系统。

管理信息系统是一个将人的现代思维与管理能力和计算机强大处理存储能力融合为一体的协调、高效的人机系统。系统中执行管理命令，对企业的各种资源以及资金流、物流、信息流进行管理和控制的主体是人，计算机是一个辅助管理的工具，可以为人的管理活动指明方向。

（2）综合系统。

管理信息系统是一个综合系统，涉及企业的管理、组织及技术等方面。从管理的角度来看，管理信息系统是企业管理者应付环境挑战的一种解决方案，管理者需要借助管理信息系统进行决策和完成业务操作。从企业组织的角度来看，管理信息系统是组织的一个组成部分或自然延伸，组织的营销、制造、财务、人力资源等都离不开管理信息系统的支持。从技术角度来看，管理信息系统实际上是企业组织的管理者为了解决面临的各种问题，而采用的一种集成了计算机硬件、软件技术的工具。

（3）面向管理决策的系统。

管理信息系统从企业管理的总体出发，综合考虑保证各种职能部门共享数据，减少数据的冗余度，保证数据的兼容性和一致性。因此，具有集中统一规划的数据库及功能完善的数据库管理系统是 MIS 成熟的重要标志。管理信息系统处理的对象是企业生产经营全过程，通过反馈为企业管理者提供有用的信息。管理信息系统利用信息来分析企业和生产经营状况，利用各种模型对生产经营活动进行分析和预测，通过集中统一规划的中央数据库的运用实现系统中数据的一致性和共享性，控制可能影响企业目标实现的因素，以科学方法最优地分配各种资源、合理地组织生产。

（4）融进现代化的管理思想和方法。

管理信息系统要发挥其在管理中的作用，就必须与先进的管理手段和方法结合起来，在开发管理信息系统时融进现代化的管理思想和方法。

（5）数据驱动。

在管理信息系统中，在信息处理模型和处理过程相对确定的情况下，数据就是驱动系统工作的动力。

3. 管理信息系统的任务

管理信息系统的任务可归纳为以下几个方面：

（1）对企业内部数据和与企业相关的外部数据收集和传输。管理信息系统最基本的任务是收集和管理企业内部各个部门在生产和服务环节中所产生的数据，并对所掌握的数据进行加工、分析，再将数据用于对企业各生产和服务部门的管理。

（2）对整个企业的数据进行分散的或集中的存储和管理并建立相应的数据库系统。数据是企业的宝贵资源。随着企业的发展，规模和经营都在扩展，并可能出现跨地区、跨国家的经营规模和分散的经营场地。因此，数据的存储方式将根据企业或组织的物理分布状态来设计，并建立起与此相适应的数据库系统。

（3）按业务需求对数据进行加工和整理是为了从数据中获取信息，以支持对企业的有效管理。对数据的加工和整理的方法与企业管理的方式和方法相关，不同的加工和整理方法，可能得到不同的结果。

（4）对数据和信息的有效利用并尽可能地应用于决策支持。建立管理信息系统的目的是为了有效地利用经过处理的数据，并在效率、效能和支持决策等方面有较大的改进。衡量管理信息系统成败的最重要标准就是能否在管理和决策中，最大限度地利用其所获得的数据。

1.4.2 管理信息系统的要素与结构

1. MIS 的要素

（1）系统的观点。

管理信息系统处理的信息不是孤立存在的，信息之间是相互联系、相互影响的。所以人们对客观事物的认识，既要关注客观事物自身的特点，还要充分注意系统整体对客观事物的影响。只有这样，人们对客观事物的认识才不会因为枝节问题而陷入不可知论的泥潭。

（2）数学的方法。

在管理信息系统萌芽时期，管理信息系统的主要职责是解决企事业单位内部的日常事务处理，实现单位内部多名管理人员的数据共享。但随着管理信息系统的发展，在系统涵盖数据面逐步增强的基础上，管理信息系统增强其辅助决策的功能，即系统一方面能够为决策者提供基础数据，另一方面可通过知识库并依托一定的数学模型为决策者的管理活动提供决策模型，成为决策者的重要助手。上述功能的实现都必须建立在严格的数学模型基础上。

（3）计算机和网络技术的应用。

管理信息系统是计算机科学和网络科学在管理领域的重要应用，如果没有网络和计算机，则数据处理只能通过手工方法解决，那么也就谈不上 MIS 的建设了。

2. MIS 的综合结构

综合结构是指将层次结构和功能结构按一定的方式结合而形成的一种结构。管理信息系统的综合结构的构成方式通常有以下几种。

职能式结构：按照系统中各部门的职能划分系统结构，并对其中的数据和模块进行综合的一种结构形式。例如，将学校管理中的学籍管理模块、成绩管理模块和住宿管理模块等综合而构成学生管理系统。

横向综合结构：指把系统中隶属于同一层次上的几种功能的数据予

以综合而形成的一种结构。在学校管理中，就是把各个部门的管理活动中所有相似的功能结合在一起考虑，进而形成一种结构形式。例如，学校管理活动中的综合查询，综合了对各部门数据的查询功能，能够实现各类数据的查询。

纵向综和结构：指把系统中属于不同层次上的同一功能的数据进行综合而构成的一种体系结构。例如，在学校的学生管理过程中把校长办公室、教务部门、学籍管理部门和院系教务相关部门对学生信息的管理和控制统一起来进行管理，通过该结构，可以把上至校长、下到具体学生的管理活动进行有机组合，从而形成上下畅通的信息通道。

总体综合结构：指把组织中的数据，按纵向和横向进行综合而形成的一种体系结构。

1.4.3　管理信息系统的类型

根据对管理信息系统的不同划分，管理信息系统有多种类型。按组织职能，管理信息系统可以划分为事务处理系统（TPS）、管理信息系统（狭义）、决策支持系统、知识管理系统等，如图 1 – 1 所示。

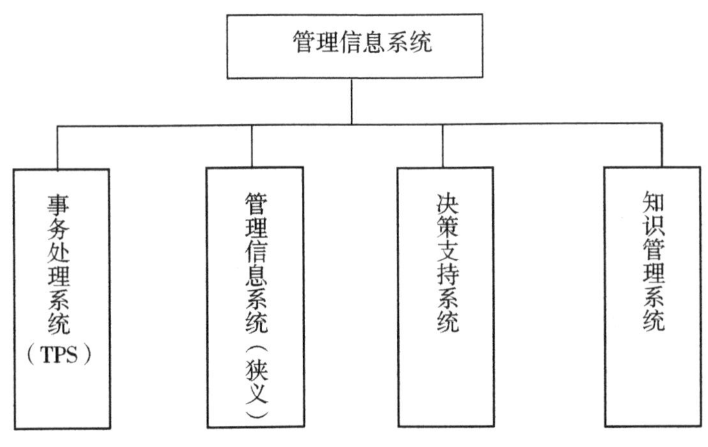

图 1 – 1　管理信息系统

1. 事务处理系统

为企业基层即生产运作层服务的系统，称为事务处理系统。事务处理系统是面向数据的处理，其数据主要为结构数据。事务处理系统处理有关事务如记录、分类、排序、计算、汇总、存储和显示，包括业务处理系统和过程控制系统两部分。

（1）业务处理系统。

业务处理系统的目标是迅速、及时、正确地处理大量信息，提高管理工作的效率和水平。操作层的很多工作流程比较规范，可以采用程序化固化下来，就是业务处理系统。比如，售票系统就是一个典型的业务处理系统。

（2）过程控制系统。

过程控制系统主要指用计算机控制正在进行的生成过程。比如，自来水水厂自动化控制系统采用工控机（其上运行组态软件）对现场进行实时监控，实现自动加药、加氯、排泥、滤池控制、回用水控制、给水和污水控制。

2. 管理信息系统（狭义）

为企业中层即中层管理服务的系统，称为管理信息系统（狭义）。从系统角度来说，此类系统在事务处理系统基础上增加了可供中层管理决策之用的部分系统，并为决策支持提供信息。信息需求可以预先知道。

（1）行政类管理信息系统。

随着我国政府行政管理制度改革的不断推进及加入世贸组织（WTO）后面临的新兴经济管理秩序，我国政府的行政管理将从目前以降低政府行政管理费用和社会办事成本，促进政府行政管理行为高效廉洁的方向向为社会服务为主的方向转变。

（2）企业类管理信息系统。

信息化对于改进企业的工作效率、生产方式、销售方式，促进企业的产品质量提高，降低成本都是非常有效的。

制造企业的计算机处理系统是从 CIM 起步的。CIM 是英文 Computer Integrated Manufacturing 的缩写，译为计算机集成制造。这一概念是 1973 年提出的，强调的一是整体观点，即系统观点，二是信息观点。二者都是信息时代组织、管理生产最基本、最重要的因素。可以说，CIM 是信息时代组织、管理企业生产的一种哲理，是信息时代新型企业的一种生产模式。按照这一哲理和技术构成的具体实现便是计算机集成制造系统（Computer Integrated Manufacturing System，CIMS）。

CIMS 是自动化程度不同的多个子系统的集成，如管理信息系统（MIS）、制造资料计划系统（Manufacturing Resource Planning，MRP II）、计算机辅助设计系统（Computer Aided Design，CAD）、计算机辅助工艺设计系统（Computer Aided Process Planning，CAPP）、计算机辅助制造系统（Computer Aided Manufacturing，CAM）、柔性制造系统（Flexible Manufacture System，FMS）以及数控机床（Computer Numerical Control，CNC）、机器人等。

物料需求计划（Material Requirement Planning，MRP）是以物料计划人员或存货管理人员为核心的物料需求计划体系，是一种保证既不出现短缺，也不积压库存的计划方法。这一思想早在 20 世纪 40 ~ 50 年代就已产生，只是到了 20 世纪 60 ~ 70 年代，随着计算机技术的发展才逐步走向应用。MRP 解决了企业物料供需信息的集成，但没有说明企业的经营效益。

MRP II 采用管理会计的理念，实现了物料信息和资金信息的集成。MRP II 是以 MRP 为核心的企业生产管理计划系统。在 20 世纪 70 年代末到 20 世纪 80 年代初提出的。MRP II 的基本思想是：基于企业经营目标制订生产计划，围绕物料计划组织制造资源，实现按需要按时进行生产。MRP II 不是单纯的计算机技术，它是一个以管理人员为中心的人机交互式的管理系统。MRP II 软件的功能全面覆盖了市场预测、生产计划、物料需求、能力需求、库存控制、车间管理、产品销售的整个生产经营过程，以及所有相关的财务活动。

企业资源计划（Enterprise Resources Planning，ERP）是由美国Gartner Group公司于20世纪90年代初提出的，是信息时代的现代企业向国际化发展的更高层次管理模式。ERP管理思想主要体现了供应链管理（Supply Chain Management，SCM）的思想，还吸纳了准时生产（Just In Time，JIT）、精良生产（Lean Production，LP）、并行工程、敏捷制造等先进的管理思想。ERP实称上已经超越制造业的范围，成为具有广泛适应性的企业管理信息系统。

（3）行业类管理信息系统。

很多行业的工作流程比较规范，具有很多共同之处。因此，一些企业或组织的信息系统可以泛化为行业类信息系统，如医院管理信息系统。

3. 决策支持系统

帮助管理人员处理相对非结构化的决策、为企业高层即高层管理服务的系统，称为决策支持系统（Decision Support System，DSS）。决策支持系统是以管理科学、运筹学、控制论和行为科学为基础，以计算机技术、仿真技术和信息技术为手段，针对半结构化的决策问题，支持决策活动的具有智能作用的人机系统。

4. 知识管理系统

知识管理系统（Knowledge Management System ，KMS）是组织内部的内容管理系统。知识管理指的是企业有能力收集知识，或从信息中归纳产生知识、利用知识，并在此基础上有效地开展企业信息管理活动。知识管理系统允许异构数据源、文本检索与内容智能管理。企业信息管理已经发展多年，许多企业已有较全面的信息系统。但针对企业内外运作和决策知识以知识系统形式的收集、整理和利用才刚刚开始，与此有关的新方法、新手段也正在开发中。目前，如何开发和利用企业知识管理成为企业竞争性的一个标示。

知识管理的目的之一是从企业的无形资产中创造价值。在具体实施时，知识管理都有具体的目标和对象。比如说知识管理用于企业规划制定。知识管理可促生创新思路，促成企业策略的实施，改进企业生产管理过程并加强在企业范围内的知识传播。目前信息系统的设计正在朝如何有利于集成和分享知识的方向发展。

1.4.4　管理信息系统的开发

管理信息系统的开发是一项大的系统工程性质的工作，一般的系统工程均要有 3 个成功要素，这就是：①合理确定系统目标；②组织系统性队伍；③遵循系统工程的开发步骤。所有这些要素均要在坚强的领导下才能完成。

首先谈谈领导问题。由于信息系统耗资巨大，历时相当长，并且是涉及管理方式变革的一项任务，因而必须主要领导亲自抓才能成功。美国的经验是，信息系统之所以失败，其关键原因是主要管理者不是参加者，而是旁观者。我国这几年的实践也证实了这一点。因而可以说主要领导者参与是管理信息系统开发成功的先决条件。因为主要领导者最清楚自己企业的问题，最能合理地确定系统目标，他拥有实现目标的人权、财权、指挥权，他能够决定投资、调整机构、确定计算机化水平等，这是其他任何人都不能替代的。现在我国许多企业领导较缺乏管理信息系统的知识，这实际上构成了大多数信息系统不成功的主要原因。

作为领导人员，怎样领导管理信息系统的开发工作呢？首先领导人员应有一些管理信息系统的基本知识，能大概地知道计算机原理和其功能，以及它包括的主要设备；其次，领导人员应有提高自己企业管理水平的设想和运用现代管理科学的设想；再次，领导人员要懂得管理信息系统的开发步骤和每步的主要工作；最后，领导者要会用人，会组织队伍。

领导者推动管理信息系统的第一步是建立一个信息系统委员会。信息系统委员会是领导者的主要咨询机构，又是信息系统开发的最高决策机构，其人员包括对信息系统要求较多的各级管理组织的主要负责人，如财务科、计划科、销售科等。还包括一些有经验的管理专家，例如掌握预测技术和计划技术的专家。还应包括信息系统的系统分析员。信息系统委员会的主要工作是确定系统目标，审核和批准系统方案，验收和鉴定系统以及组建各种开发组织。

在信息系统委员会的领导下要建立一个系统规划组或系统分析组，简称系统组。系统组应有各行各业的专家，如管理专家、计划专家、系统分析员、运筹专家、计算机专家等。这支队伍可以由本单位抽人组成，如宝钢这样的大企业可以做到这样。也可以请外单位的人，如请科研单位、大专院校、咨询公司派出专家和本单位专家结合组成。这样既可以摆脱主观偏见，吸收新鲜思想，又可以避免系统建成后人浮于事而造成负担。

建成队伍后，如果是进行整个企业/组织信息系统的开发，则应首先进行全系统的规划，系统规划是全面的长期的计划，在规划的指导下就可以进行一个个项目的开发，如图 1－2 所示。

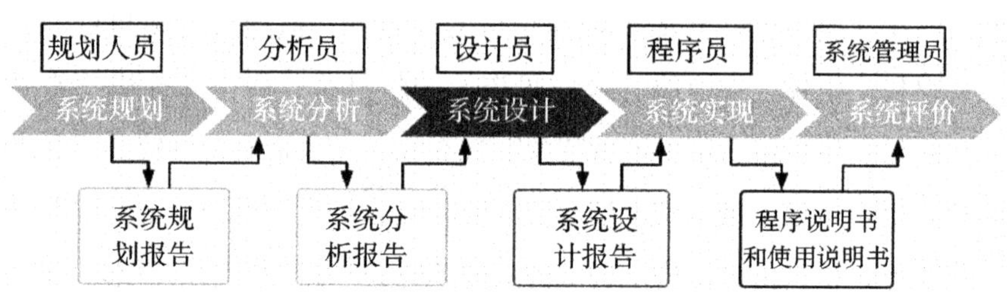

图 1－2　系统开发步骤

系统规划制定完成后，就可根据规划的要求组织一个个项目的开发。每个项目的开发均可由四个阶段来完成，即系统分析、系统设计、系统实现和系统评价。这四个阶段组成一个生命周期。这个周期是周而复始进行的，一个系统开发完成以后就不断地评价和积累问题，积累到一定程度就要重新进行系统分析，开始一个新的生命周期。一般来说，不管系统运行得好坏，每隔 3~5 年也要进行新一轮的开发。当然对过几年以后的系统规划也要修订。

系统规划的主要内容包括企业目标的确定、达到目标的方式的确定、信息系统目标的确定、信息系统主要结构的确定、工程项目的确定及可行性研究等。

系统分析的内容包括数据的收集、数据的分析、系统数据流程图的确定以及系统方案的确定等。

系统设计包括计算机系统流程图和程序流程图的确定、编码、输入输出设计、文件设件、数据库设计以及程序设计等。

系统实现包括机器的购买、安装、程序调试、系统的切换以及系统的运行和维护等。

系统的评价包括建成时的评价和运行后的评价，发现问题并提出系统更新的请求等。

在这些步骤中值得注意的有以下几点：

（1）系统分析占了很大的工作量，在系统分析阶段技术人员的人力耗费是很多的。只有分析得好，计划得好，以后的设计才能少走弯路。那种不重视分析，只想马上动手设计的做法是不明智的。

（2）开发信息系统不应当把买机器放在第一位，因为只有在进行了系统分析以后，才知道要不要买计算机，买什么样的计算机。尤其对于大的系统开发可能长达 3 年，现代计算机差不多 5 年换一代，微型机 3 年一换代，或者说 3 年以后的价格要比原来的少一半，如果一开始就买机器，没等用上就折旧了许多，实在不划算。

（3）程序的编写要在很晚才进行。程序编写要在系统分析和设计阶段以后，在弄清楚要干什么和怎么干的情况下，而且有了严格的说明时才好进行。若一开始就编程序，可能会编得不合要求，以后改不胜改，反而会大大浪费人力和时间。

某些企业领导对花钱买设备感兴趣，觉得能看得见，摸得着；而投资搞规划搞软件，却舍不得。随着信息社会的到来，硬件的价格在下降，软件价格在上升，已逐渐达到对等的地步。开发人员的费用已大大提高了。1997 年年初，国内正规公司一个开发人员的年产值已经达到 10 万元。就是说，如果一个软件要 10 个人一年才能完成，则这个软件的价值为 100 万元。这是对单件生产而言，如果是软件产品，当然每个产品的价格将大大下降。

管理信息系统的开发往往要和企业的变革同时进行，尤其现在，这个趋势更加明显。集企业变革和系统开发于一体的是最近兴起的“企业过程再工程”（Business Process Reengineering，BPR）的高潮。BPR 这个名称的翻译有许多争议，大致有“重构”“重组”“重整”等，我们认为翻译应有两个目标：①忠于原意；②转换容易。译为“重构”“重组”“重整”等虽有原意，但逆向翻译易错，“重构”易翻译为 Restructure，“重组”易翻译为 Reorganization，而“重整”易翻译为 Reintegration。而如果学懂了“再工程”中文词以后，再看到英文 Reengineering，很容易理解它们是同一词。基于这点我们就把它翻译为“再工程”。BPR 是以过程的观点来看待企业的运作，对企业运作的合理性进行根本性的再思考和彻底的再设计，以组织和信息技术为两个使能器（Enabler），以求企业的劳动生产率等关键的指标得到巨大的改善和提高。这就是说，在进行信息系统的规划和系统分析时，我们首先要考虑管理思想、管理方法和管理组织以及管理系统的变革，充分考虑信息技术的潜能，以达到系统的开发效果，使之合理性最大。以 BPR 为指导思想进行管理系统的变革，才能更好地进行信息系统的规划与开发，因此现在的信息系统开发，趋向与企业进行 BPR 相结合。

本章小结

本章以从宽泛到具体的方法逐层递进深入，介绍了管理信息系统的基本概念，包括信息、系统、信息系统、管理信息系统。

信息是现代工作中至关重要的部分，是管理信息系统的处理对象。信息系统在结构上是一个由人、硬件、软件和数据资源组成的人造系统，其目的是及时、正确地收集、加工、存储、传递和提供信息，实现组织中各项活动的管理、调节和控制。一个组织的管理职能的四个方面，即计划、组织、领导、控制等，都离不开信息系统的支持。管理信息系统是个不断发展的概念，目前，它正依托互联网从企业内部向外部发展，其重要性不断体现出来，愈加受到企业高管们的重视。

章节练习

一、思考题

1. 什么是信息？信息和数据有什么区别？
2. 信息的特点是什么？
3. 设计、分析系统的方法是什么？
4. 管理信息系统的逻辑结构是什么？
5. 作为一门学科，管理信息系统是什么时候出现的？背景是什么？
6. 管理信息系统是如何支持管理的？
7. 研究管理信息系统的方法有哪些？

二、分析题

试述信息系统对人类生活与工作方式的有利和不利影响。

海尔集团：信息化助力创造世界名牌

1. 海尔集团简介

海尔集团成立于 1984 年，由一个亏损 147 万元的集体企业成长为国家特大型企业集团，成为中国家电行业销售额最大、产品品种和规格最多、出口量最大的企业集团之一，是名副其实的中国家电行业的排头兵。海尔集团在发展的过程中，之所以能够一年一个新台阶，是和海尔集团高度重视、运用、推广、发展信息化工作分不开的。

2. 海尔信息化：三个阶段上三个台阶

海尔的信息化建设，从最初起步到现在大致经历了基础应用、总体架构和优化调整三个发展阶段，其中每个阶段都会根据当时企业的实际需求而有不同的侧重点。

第一个阶段是基础应用阶段：企业自发地提出了信息化应用的需求，搭建海尔集团的骨干网络和基础的办公应用，主要代表是构建的基础网络和 OA 应用。海尔集团当时已经构建了千兆位的企业内部网，覆盖 40 多个销售公司和 30 多个电话中心，实现数据、视频、IP 电话三网合一。

第二个阶段是总体构架阶段：加入世界贸易组织之后，由于在中国市场上国际化竞争对手的大量进入，中国的制造业面临着越来越多的挑战。为了应对激烈的市场竞争和企业内外部的各种挑战，海尔集团开始实施以市场链为纽带的业务流程再造，同时改造海尔集团的信息化应用系统，提高企业的整体管理水平。从 1998 年到 2003 年，海尔进行了 40 多次结构调整，企业在发展过程中不断探索业务流程再造的最佳模式。为了适合集团的战略发展需求，突出了流程再造成果，加速了企业管理的现代化，海尔集团系统地设计和建立了信息化应用框架和系统，配合业务管理的需求，主要实施了以下几个方面的应用：

（1）建成电子商务平台：形成以信息流带动物流和资金流的业务应用平台，使海尔的供应链运行在信息化高速公路上。2000 年，海尔成为国内率先发布和建立 B2C 电子商务平台的企业，并实现网上支付。

（2）建立全球领先的网上协同交易平台（B2B）：2000 年到 2001 年，建立了海尔集团的电子协同商务平台，2005 年 1 月到 4 月实现网上交易 250 亿元。

（3）集成的同步供应链管理平台：2000 年，在集团范围内实施了销售、生产、采购、仓储、财务与成本等应用。

(4) 生产的跟踪与控制：2000年到2004年，在集团各产品事业部实施了MES全程跟踪生产质量。

(5) 一站到位的顾客服务系统：从1998年到2005年，分四期构建了集中的海尔顾客服务管理系统，主要包括覆盖全国超过500个座席的呼叫中心、超过10000个服务网点和全国42个大中城市的备品备件管理。

(6) 具有国际水平的产品设计与模具加工系统：应用了业界领先的PRO/E、UGII、Cimatron、C－Mold等，可以为用户提供从产品概念设计到制造的全过程服务。

(7) 先进的第三方物流管理系统：2001年到2003年，海尔集团构建了第三方物流管理系统，为海尔及其他知名品牌提供服务。

第三个阶段是优化调整阶段：2003年到2005年，海尔集团进入了业务流程再造的第二个阶段，目标是对人的再造，是定义每个SBU（战略事业单位）的买入、卖出、成本、费用、增值和损失。为了满足企业的流程再造、市场链和SBU的需求，必须以采用信息化的手段来实现，也就是企业如何应用电子商务手段来体现出SBU的经营效果。信息化的目标是推进SBU的电子损益表，是搭建一个集团化业务绩效平台。

总而言之，海尔集团通过采用信息化的手段，不仅提高了生产效率，更重要的是提高了管理流程化、业务标准化的水平，最终提高了企业的竞争力水平。

3. 海尔信息化——向"零标准"看齐

作为对传统企业管理的革命，海尔的企业全面信息化管理以实施市场链为纽带的业务流程再造为基础，以先进的信息化技术为手段，以订单信息流为中心，带动物流和资金流的运动，通过整合全球供应链资源和全球用户资源，实现零库存、零运营资本以及与用户零距离的目标。

海尔之所以实施企业全面信息化管理，主要是针对目前网络经济的巨变、海外市场的挑战以及海尔作为国际名牌运营商的要求。基于国际化发展思路，海尔过渡到市场链管理模式，形成了以订单信息流为中心的业务流程。

该流程的具体做法是：把原来各事业部的财务、采购和销售业务全部分离出来，整合成商流、物流和资金流推进本部，实行全集团统一营销、采购和结算，这是海尔市场链的主流程；对集团原来的职能管理资源进行整合，形成创新订单支持流程3R（RD即研发、HR即人力资源开发、CR即客户管理）以及保证订单实施完成的基础支持流程3T（TCM即全面预算、TPM即全面设备管理、TQM即全面质量管理），3R和3T支持流程是以集团的职能中心为主体，注册成立独立经营的服务公司；海尔市场链还有两个非常重要的基础，即“海尔文化”和“OEC”管理法。

整合后海尔业务流程运作如下：全球的商流（商流本部、海外推进本部）负责搭建全球的营销网络，从全球的用户资源中获取订单；产品本部在3R开发支持流程的支持下，通过新品的研发、市场研发以及提高服务竞争力，不断地创造用户新的需求和新的订单；产品事业部在3T接触支持流程的支持下，对商流获取的订单和产品本部创造的订单执行实施，在海尔流程再造下的制造，从过去的大批量生产变为大批量定制，采用CIMS（计算机集成制造系统）辅助，实现柔性化生产；物流本部利用全球供应链资源搭建全球采购配送网络，实现JIT（Just In Time，准时制生产方式）订单加速流；资金流搭建全面预算系统。这样就形成横向网络化的同步的业务流程，实现了企业内部和外部网络相连，使企业形成一个开放的，而不是封闭的系统。

海尔集团于2000年3月投资成立海尔电子商务有限公司，全面开展面对供应商的B2B业务和针对消费者个性化需求的B2C业务。海尔通过电子商务采购平台和定制平台，与供应商和销售终端建立起紧密的互联网关系和动态企业联盟，并使企业和供应商、消费者实现互动沟通，使信息增值。在业务流程再造的基础上，海尔形成了“前台一张网，后台一条链”(前台的一张网是海尔客户关系管理网站 haiercrm. com，后台的一条链是海尔的市场链) 的闭环系统，构筑了企业内部供应链系统、ERP 系统、物流配送系统、资金流管理结算系统、遍布全国的分销管理系统以及客户服务响应 Call Center 系统，并形成了以订单信息流为核心的各子系统之间无缝连接的系统集成。

海尔信息化最大的创新是电子商务化，包括内部流程咬合的市场链，也包括与用户、业务伙伴之间的供应链。信息化建设为信息化管理服务，并提升信息化管理的效果，最终实现三个“零”标准的目标。

4. 信息化建设为海尔插上腾飞的翅膀

目前，海尔通过企业流程再造实现企业信息化，已实现了三个“零”的目标，即：“零”距离，实现用空间缩短时间，从大批量生产到大批量定制，快速满足用户的个性化需求；“零”库存，实现用时间缩小空间，以过站式物流解决库存采购和生产的问题，把仓库建立在高速公路上；“零”资金占用，实现产品的即时变现，形成有现金流支持的利润。

此外，信息化同时为海尔带来了以下几个方面的效果：

(1) 遏制价格战，卖出有价值的产品：过去各产品事业部各自为战，现在应用电子商务平台，实现了资源共享，统一营销运作平台，直接降低了交易费。此外还遏制了价格战，消除了产品越卖越低，降低附加值的问题。

(2) 缩短市场响应时间，提高客户满意度：企业内外部终端都能做到信息即时上网，并根据预算要求自动生成所要的数据，而终端也可从网上分享信息，并能得到订单的指令，以便对市场做出最快的反应。订单时间由原来的 36 天缩短为目前的 10 天，大大提升了对市场的响应速度。

(3) 仓库的减少：减去43 个足球场大的仓库，降低了供应链成本，呆滞物资降低73.8%，周转天数降低60%，库存资金降低67%。

（4）零部件价格降低，质量上升：用电子商务平台集中采购，发挥集体采购优势，降价幅度逐年增加。

（5）吸引供应商建厂并参与前端设计：请世界优秀的供应商参与前端设计，获取有价值的订单。目前很多国际化的供应商在海尔周边设厂，以快速满足市场的需求，如爱默生、三洋等。

（6）赢得了更多的客户，提升了海尔在国内外的品牌形象。

2011年11月15日世界权威市场调查机构欧睿国际发布最新的全球家用电器市场调查结果显示：海尔在大型家电市场的品牌占有率提升为7.8%，第三次蝉联全球第一。海尔同时拥有“全球大型家电第一品牌、全球冰箱第一品牌、全球冰箱第一制造商、全球洗衣机第一品牌、全球酒柜第一品牌与第一制造商、全球冷柜第一品牌与第一制造商”共8项殊荣。

调查显示，海尔旗下产品的全球份额也节节攀升。2011年，海尔冰箱的品牌和制造商份额分别为13.75%和16.5%，海尔洗衣机的品牌零售量全球份额为10.9%，海尔酒柜品牌和制造商零售全球份额为16.1%，海尔冷柜的品牌与制造商零售全球份额为16.7%和16.8%，上述产品全球份额都较2010年有大幅提升。

截至2011年6月，海尔专利累计申请量达到11315项，其中发明专利3666项，稳居中国家电企业榜首。截至2011年6月，集团申请专利671项，其中发明专利291项，平均每个工作日申请3项发明专利。在自主知识产权的基础上，海尔已参与23项国际标准的制定，其中无粉洗涤技术、防电墙技术等7项国际标准已经发布实施，这表明海尔自主创新技术在国际标准领域得到了认可；海尔主导和参与了283项国家标准的编制、修订，其中267项已经发布，并有10项获得了国家标准创新贡献奖；参与制定行业及其他标准447项。海尔是参与国际标准、国家标准、行业标准最多的家电企业。海尔是唯一一个进入国际电工委员会（IEC）管理决策层的发展中国家企业代表，2009 年 6 月，IEC 选择海尔作为全球首个“标准创新实践基地”。2011 年入选首批“国家技术创新示范企业”。

5. 海尔信息化成功背后的秘诀

看海尔信息化成功的秘诀，首先是海尔集团把 IT 作为整个集团业务流程和体系中的基础之一，没有企业信息化，海尔的业务流程再造和品牌的国际化就不可能实现。在中国家电行业无序竞争加剧的情况下，海尔集团能取得优异的成绩，是和海尔率先实施企业信息化工程分不开的。

海尔自 1995 年就成立了信息中心，专门负责推进企业信息化工作，一直到现在，海尔有专业队伍负责信息化的推进、管理和服务工作。海尔已成功实现了从传统的家电制造企业向现代信息化企业的转变。而在总结信息化应用方面，海尔主要有以下几个方面的经验：

（1）企业高层的支持：企业最高领导的理解和对信息化工作的重视，对信息化的成败起决定性作用。

（2）战略与管理目标：信息化应用是为了完成企业的战略目标，是以管理业务需求为中心的，需要结合行业先进的管理理念才能有效地实现。

（3）总体规划与分步实施：信息化是企业不可缺少的，但不是万能的，在实际应用过程中，为了更好地做到预算的投入和有效的产出，要从系统上对一个应用进行跨流程地规划，并以模块化的方式分步实施，按部就班达到预期目标。

（4）基础工作和数据的准确性是系统成败的关键性因素之一。

（5）重视人才培养和知识转移：信息化不仅是 IT 人员的，而且是全员的。

此外，海尔和政府推动信息化的部门之间互动非常融洽，也是海尔信息化迈向成功之路的关键要素之一。对此，海尔信息化相关负责人称，国家和地方政府多次召开会议，重点强调企业信息化带动工业化的发展思路，并在各种领域树立标杆，组织国际的、专业的行业交流会，同时介绍了很多行业领先者，通过专家讲座等形式传授他们的经验和做法。同时，政府为企业信息化提供了很多机会，如863课题项目、各种政府贷款和免息项目，并授予了很多的奖励，如信息化成果奖等。在各种申报项目中，政府部门非常重视海尔的重点项目投入，特别是作为全国有突出示范意义的超前项目，从国家到省市都给予了很多的支持，都能够与海尔进行互动交流，分析这些项目的代表意义，特别是将国家的重点发展方向、行业的重点发展方向都能够及时介绍给海尔，使海尔能够及时调整战略思路和发展重点。

6. 海尔信息化：再上新征程

谈到未来，海尔将在信息化建设上，继续引进国际先进的应用管理经验，实现企业的国际化，在国民经济和社会发展中发挥越来越多的作用。为此，海尔将十二五计划的信息化重大项目，主要包括物联网应用。

因为领先，所以超越。在历次新技术革命中，凡抢占行业先机者，必占领战略制高点，以致步步领先。作为一种前沿技术，物联网是未来全球家电产业的发展趋势，将引起家电发展史上划时代的变革，家电企业的竞争重点也将发生颠覆性的变化。有专家指出：谁先成为物联网空调的领先者，谁就能成为世界空调业的领袖。海尔空调迅速抢占物联网空调的战略高地，在物联网空调领域已领先全球。

据悉，从2010年4月成功研发全球首台无氟变频物联网空调、9月全面量产、到“十一”前夕在全国同步上市，海尔频频走在行业最前沿，由此也领衔和全球物联网的技术革命。

值得一提的是，海尔的无氟变频物联网空调，将目前领先的物联网技术与无氟变频技术首次完美结合，可实现智能安防功能，让人们实现“人在外，家就在眼前”的舒适智慧生活。2010年“十一”，无氟变频物联网空调订购火爆，非常受消费者欢迎。

由于率先掌握了物联网技术的应用，海尔成功推出的全球首台无氟变频物联网空调，为海尔在新一轮产业洗牌中占尽先机。随着海尔物联网空调的持续畅销，以及海尔物联网家电的全面上市，海尔空调乃至海尔家电在物联网领域的行业竞争力将逐步显现。

海尔的 IT 建设有目共睹。海尔集团首席执行官张瑞敏宣布，要渐渐将 IT 外包，外包给可信任的 IT 服务商，而且要让 IT 产品提供商，尤其是硬件提供商回购他们的机器，以后海尔只按年付租用费。通过这一战略，海尔节省了大量资金，而且海尔和 IT 企业就此可形成一个彼此共融共同成长的合作过程，这对海尔今后的信息化建设大有裨益。

随着海尔集团信息化建设的不断推进和深入，海尔将继续引进国际先进的应用管理经验，实现企业的国际化，并在国民经济和社会发展中发挥越来越重要的作用。

请分析：

（1）海尔的信息化与海尔集团发展战略的关系如何？

（2）海尔是如何借助信息化进行业务流程重组的？

（3）海尔信息化成功的关键要素是什么？

（4）就张瑞敏提出的，海尔要渐渐将 IT 外包。你认为海尔的 IT 外包是否可行？若可行，如何进行外包？若不可行，为什么？

第2章　管理信息系统的三个理论来源

管理信息系统的概念是由三个部分组成，即管理、信息和系统。管理、信息和系统已是发展十分成熟的独立学科。管理信息系统是建筑于其上的系统性、边缘性、交叉性学科。为了理解管理信息系统的概念，首先了解管理、信息和系统的概念是十分必要的。管理信息系统的三个理论来源就是管理、信息和系统理论。

北京第一机床厂

近十年来，世界数控机床的年产量增加了近10倍，目前年产量近15亿台，产值超过200亿美元。面对全球化的统一市场，中国机床产品在国内市场的占有率却从过去80%萎缩到现在低于40%，仅1995年我国进口金切机床就有84518台，其中数控机床占54%，价值约8亿美元。即使在这种情况下，北京第一机床厂仍坚持不懈地应用信息技术提升机床产品，加强数控机床产品研究，提高数控机床产品的质量和数量。

北京第一机床厂自1990年实施CIMS工程以来，以缩短产品开发周期、提高和巩固产品质量、降低成本和提高对用户服务水平为目标，积极推进企业信息化建设。

在推进CIMS工程中，以内联网、互联网、数据库为基础，建设PDM为平台，实施制造过程流程再造，建立精益生产方式，建立精益生产下的质量保证体系；以CAD、CAPP、CAE组成工程设计系统；以柔性制造生产线、加工中心的DNC系统、轴套成组生产系统和半自动化立体仓库组成制造自动化系统；按照 ISO 9001 体系要求，建立了以采购质量、加工质量、装配质量和用户反馈意见为依托的质量管理信息系统。为了便于各分系统间信息集成，在总体设计时尽可能减少异构环境，各分系统都归集到 Oracle 数据库后实现信息共享。

北京第一机床厂将引进与自主开发相结合，以工程设计系统、柔性制造生产线、物流信息系统和质量管理信息系统为整体，紧紧围绕提高产品信息技术含量，推进 CIMS 工程。

2.1　管理理论的回顾

2.1.1　管理的定义

自有人类以来就有了管理，如中国古代就有《孙子兵法》《资治通鉴》等。但真正把管理作为概念和理论来进行大量研究还是在 20 世纪初开始的，因而可以说它还是个很年轻的学科。多年来关于管理的一些较精确的定义和概念已经出现。

美国著名学者罗宾斯（Robbins S. P. ）给管理下了一个定义：管理是通过他人既有效率又有效益地完成活动的过程。效率（Efficiency）是指又好又省地完成工作，可以通俗地想象成单位产品的资源消耗最少，单位时间的产出最大。而效益（Effectiveness）是指很好地达到目标，其产出是有效的、有用的。效益要求我们做正确的事情（Doing The Right Things）；而效率则要求我们正确地做事情（Doing Things Right）。

以上定义是由管理的目标来说明的。如果由另外的角度，我们可以得到另外的说法。例如，可以由功能、角色和技能出发来得出不同的定义。

由功能出发的定义是由著名的法国实业家亨利·法约尔（Henri Fayol）给出的，他在 20 世纪 20 年代所著《一般工业管理》一书中，把管理的职能定义为计划、组织、指挥、协调和控制。计划包括定义目标、建立战略、制订计划。组织包括确定由谁来进行何种工作、应用什么样的组织结构、谁来决策、向谁汇报等。指挥包括向下属发令、激励下属、选择最有效的沟通手段、解决矛盾冲突等。协调包括与外单位的沟通，签订协议和合同，保证各自按时按质完成相关工作，以确保总体任务的完成。控制包括监控工作的进行，不断和已定目标相比，保证实现的工作和计划相符。

由角色出发的定义是由亨利·明茨伯格（Henry Mintzberg）给出的，他在20世纪60年代末经过大量仔细的研究发现，大多数经理经常是处于变化的、无模式的、短期的活动中，其决策不可能是系统的。亨利以管理角色来表示某种管理行为。他把角色分为三类九等。三类是人际关系角色（Interpersonal Roles）、信息角色（Informational Roles）和决策角色（Decisional Roles）。人际关系角色包括三种：一是形象代表者（Figurehead），二是领导者（Leader），三是联络者（Liaison）；信息角色包括三种：一是监视者（Monitor），二是传输者（Disseminator），三是发布者（Spokesperson）；决策角色包括四种：一是创业者（Entrepreneur），二是麻烦处理者（Disturbance Handler），三是资源分配者（Resource Allocator），四是谈判者（Negotiator）。

技能论的代表是罗伯特（Robert L. Katz），他在20世纪70年代初把管理技能分为三种：一是概念技能（Conceptual Skills），二是技术技能（Technical Skills），三是人际技能（Human Skills）。概念技能是对事物从总体上的抽象思考的能力，使之能全面长远地掌握事物的发展。技术技能是指一些科学的管理技术和把IT用于管理的能力。人际技能是指善于做人的工作，具有沟通、激励、领导等能力，善于动员、组织、带领和控制群众去完成既定目标的工作。

综合上述，我们可以知道由不同的角度来看管理，我们可以给出管理不同的定义和不同的分类。我们现在尝试着给管理下一个综合的定义：

管理是为了某种目标，应用一切思想、理论和方法去合理地计划、组织、指挥、协调和控制他人，调度各种资源，如人、财、物、设备、技术和信息等，以求以最小的投入去获得最好或最大的产出目标。

最近有一些人非常同意对管理的一种说法，该说法是“管理是通过他人完成工作（Getting Things Done Through Other People）”。这个定义强调了管理的一个很重要的方面，就是管理是要通过管理他人去完成工作，而不是事事都亲自去做，强调了管理者就是要管理他人，要更加重视人的工作。

2.1.2　管理的性质

关于管理性质的争论已延续了几个世纪。

首先遇到的问题是：管理是艺术还是科学？由于知识的不全面，有人过分强调它是艺术，有人过分强调它是科学。我们说它既是艺术又是科学。任何事物当我们对它们不甚了解的时候，就表现为艺术，例如，孙悟空一个跟斗十万八千里；如果我们对其规律和推理有所知时，就表现为科学，例如，第二次世界大战中的火箭，几百公里甚至上千公里也能射到，可能距离目标很近，也可能差几十公里；如果我们对某种事物完全了解并掌握了它们的规律，那么它就变成一种技术或工程，例如，当今的火箭，发射几千公里误差不超过两米，而且次次灵验。明白了这个道理后，我们就不会片面地强调它的科学面或艺术面了。当某件事物不能科学的时候，就只能艺术；反之，当一件事物能科学的时候不去科学，就是愚昧、落后的表现。也就是说，能用工程时就不用科学，能用科学时就不用艺术，这才是正确的科学发展观。

其次遇到的问题是：管理是定性还是定量？我们说，这个问题和第一个问题有关。当我们对一个事物不了解时只能定性，例如，只要能赚钱这个生意就可以做。定性是表示是或否，做或不做。定性分析往往依赖于经验，但经验有时也不仅给出定性，也可能给出量的估计，如成功率大约为70%等。定量多依赖于科学，依赖于数学计算，管理科学和一般管理的一个主要区别，就是管理科学强调定量方法。随着科学技术的进步，应用科学的方法也可以处理定性的问题。管理科学的定量方法虽然能给出很确定的解答，但这种解答是否一定对，还是个复杂问题。由于原始数据的不准确，或模型的过于简化，往往使结果不可信。从我国甚至世界的实际情况看，管理科学虽然是我们追求的目标，但离完全的科学还差得很远，我们绝不能忽视或轻视管理的经验。

第三个问题是：管理是文科、理科还是工科？在国际上，管理已成为一门独立的学科，我国现在也已把管理学当成一个独立的学科门类，这意味着理、工、农、医、文、法、管都是平行的学科。过去，过分强调分科，而较少强调综合。即使是纯粹的文理科，培养的学生都有片面性，难怪有人说，过去理工科培养的学生呆头呆脑，左脑发达；文科培养的学生滑头滑脑，右脑发达。任何的呆滑都不能成为一个好的管理者，我们需要的管理人才，要左右脑均衡发展，有头有脑，既有智商，又有情商。管理人才应当是能文能武，站得高、看得远、想得深。任何片面的理解都会对管理人才的培养造成干扰。

由此问题派生出来的问题是管理和经济的关系问题。我们说管理不是经济，经济也不是管理。也可能管理是经济的一种手段，经济是管理的一个对象。搞管理的应该懂点经济，搞经济的应该懂点管理，但绝不能把它们视为等同。往往用经济的手段去进行管理，是一放就乱；用管理的思路去指挥经济，是一抓就死。过去我们实行的计划经济，就是错误地用管理的方法去搞经济。今天，我们还有许多领导的概念不是十分清晰，在办管理专业时，以为经济学家就是管理学家，就懂管理；在办管理信息系统专业时，以为电脑专家就是管理信息系统专家，其实是找错了门，均对管理专业的发展产生片面性的影响。

2.1.3 主要管理科学家的论点

与管理信息系统关系最为密切的应当说是管理科学，下面我们就把一些管理科学家的论点进行简单的介绍。

1. 泰勒

虽然在泰勒以前也有一些管理先驱，但因为他们的理论并不系统，所以影响有限。直到泰勒进行了一系列工业管理的实践，并于 1911 发表了《科学管理原理》一书，第一次把科学原则应用于管理领域，同时也把管理带进科学殿堂。因而泰勒被西方广泛认为是“科学管理之父”。泰勒做过学徒、普通工人、工长、技工长以及钢铁公司的总工程师。他还有高速切削工具等的发明专利权。泰勒毕生的主要工作是提高生产效率。他所倡导的动作和时间研究、计时和计件工资、职能管理制度，的确为提高生产效率所必需，但他认为科学管理不只这些，他把科学管理的基本原理归纳如下：

（1）凭科学办事，代替凭粗浅经验办事。

（2）集体行动协调，避免不相合拍。

（3）做到彼此合作，而不是个人主义的混乱。

（4）追求产出最大，而不让它受到约束。

（5）尽最大可能培养工人，使他们和公司都取得更大的成就。

这些思想实际上也都是现代管理的基本思想。他还主张劳资双方不要把注意力放在盈余分配上，而应把注意力转向增加盈余上。这实际上已有了资本主义后期“把蛋糕做大”的思想。泰勒还认为科学管理是一次思想革命，是雇主和工人如何对待工作，同事如何相互对待的一次思想革命。所以可以说科学管理不仅是生产力的革命，也是生产关系的一场革命。

泰勒有许多追随者，最有名的是甘特，他是一位机械工程师，他创立的计划图表法，至今还是一种流行的简易的方法。还有吉尔布雷恩，他进行动作研究，将砌砖动作从 18 个减少到 5 个，从而在不多费力的情况下，将劳动生产率提高了一倍。

2. 法约尔

法约尔是现代经营管理理论的创始人，他在 1916 年出版了《一般工业管理》一书。尽管很晚他的思想还未广泛流行，但现代管理的理论模式和他的思想十分吻合，至今才发现，当时他的论述已达到全面的程度。

他提出了以下对主管人员的品质要求和训练：

体质方面：健康、有活力、有风度。

智力方面：学习、判断、适应和智能活力。

精神方面：干劲、负责、坚定、忠诚、机智、尊严、创新精神。

教育方面：相关知识的广和博。

技术方面：本职工作的熟练掌握。

他认为对工人最重要的是技术，进入主管层，经营才能越显重要。他的论述至今仍是较全面的论述。

法约尔提出了14条一般管理原则：

（1）劳动分工。

（2）职权、职责，权责相关。

（3）纪律，尊重协议、服从、尽力、重视声誉。

（4）命令统一，一个上级。

（5）计划统一，指导统一。

（6）个别服从总体利益。

（7）报酬公平。

（8）集中程度。

（9）等级清晰。

（10）程序，各有其位、各就其位。

（11）公道公正。

（12）使用期稳定。

（13）首创精神。

（14）团结精神。

虽然这些原则显得有些零乱，但的确概括了管理的许多重要方面。

3. 梅奥

梅奥是行为科学学派的主要代表人物，他在 20 世纪 30 年代和西方电气公司合作进行了著名的霍桑试验，结果显示，试验小组无论在照明加强或减弱的情况下，生产率均在提高。其主要原因在于小组成员因试验引人注目而感到自豪。因而士气、关系、社会因素是管理的成功因素。行为科学认为人是社会的人，企业应当为社会做出贡献，应关心职工，应当认为职工有权在产出中获得生活资料。他们甚至还鼓吹工人参加管理。

利用数学和计算机来进行管理是 20 世纪 40 ~ 50 年代的热点。20 世纪 40 年代的苏联，社会蒸蒸向上，工人劳动热情高，干部认真负责，因而他们认为管理的问题主要是计划问题，计划做得好，生产就能搞得好，所以产生了数学管理学派，其代表作是 1940 年康托纳维奇所著《生产组织与计划中的数学方法》一书。在 20 世纪 40 年代的美国，由于大批运筹学专家由军队转到了企业，在企业掀起了应用运筹学的高潮，对生产、计划、市场、运输等均产生了很大的影响。

继 1954 年计算机成功地运用于工资运算以后，计算机在会计、库存、计划等方面逐渐展开应用并掀起热潮。20 世纪 60 年代初期是第一次管理信息系统的热潮。当时的一些论点比现在更激进，甚至认为计算机可以代替一切管理。但在 20 世纪 60 年代末期，由于兴建的许多管理信息系统大约有 50% 不成功，使人们陷入了迷惘。人们进行了更多的研究，也出现了各种派别，出现了各种新名词，实际上使管理信息系统的研究更繁荣、更深入。

20 世纪 70 年代以后，系统科学得到很大的发展，将系统理论用于工程，系统工程繁荣一时，也将它用于管理。其代表作是 1970 年华盛顿大学教授卡斯特所著的《组织与管理——从系统出发的研究》。

后一种学派的产生，一般不是对前一种学派的否定，而相反，是对前一种学派的弱点进行补充，使前者能更好运作。例如，行为科学激励工人更好地完成定额，更便于科学管理的实现。计算机的出现使数学方法的应用更为可能。而系统工程则是集过去所有成就之大成，什么方法合适就用什么方法，并把它们集成综合，达到更加全面、更加合用。在以上所有理论、思想、方法的基础上和影响下，20 世纪 80 年代对管理影响最大的实用技术是 BPR（Business Process Reengineering），它的中文的译法各异，我们将其译为“企业过程再工程”。Reengineering 是再工程的动名词，说明它所使用的方法是工程方法，不是管理艺术法，或管理科学法。工程法的最大特点是它的精确性、可重复性。BPR 所确定的目标应当是百分之百可完成的，至少也有 90% 以上的概率。Reengineering 还是一个动名词，说明它是一个过程，不是一个最后的结论。

BPR 是由一些信息咨询公司为客户构建系统时积累起来的。较完整的概念归纳是由哈佛大学哈默（Michael Hammer）教授提出的。

BPR 以企业过程为对象，从顾客的需求出发，对企业过程进行根本性地再思考和彻底地再设计；以信息技术（Information Technology，IT）和人员组织为使能器（Enabler），以求达到企业关键性能指标和业绩的巨大提高或改善，从而保证企业战略目标的实现。这里有几个关键点。

· 出发点——使顾客满意，企业战略发展。

· 途径——改变企业过程。

· 手段——以 IT 的应用和人员组织的调整为方法。

· 特征——企业性能的巨大提高。

美国在许多企业中推行了 BPR，有 1/3 的显著成功者，其效果就十分显著。它可使企业成百倍地提高劳动生产率。未能得到成功的企业主要的问题在于管理，在于人员组织，只有很少数是由于信息技术问题。而在管理中，组织和激励是最重要的问题。BPR 和管理信息系统的应用是密不可分的。

我们将管理的理论方法做个简单的回顾和总结，对于我们掌握未来的管理是很有意义的，如表 2 -1 所示。

表 2-1　管理科学理论和方法回顾

年份	概念或工具	开发倡导者
1940 前	科学管理理论 一般管理理论 行为科学管理	泰勒 法约尔 梅奥
1940	生产组织与计划中的数学方法	(苏) 康托纳维奇
1947	单纯形法	G. B. 丹齐克
1950—1960	PERT，CPM，OR 模拟计算机	美国管理科学学会、联合王国运筹学学会
1970	车间调度、库存、预测项目管理、MRP 质量、服务中心批量处理	约瑟夫、奥利斯、麦当劳
1980	制造战略，BPR，ERP、PDM（CAD/CAPP/CAM 等）	哈佛商学院、美国计算机技术咨询、Gartner Group Inc
1990	供应链管理、企业信息系统（CIS）、电子商务（ES）	迈克尔·波特

由这个回顾我们可以看到，管理的理论出自于生产，由生产逐渐转到经营，由产品转到服务，由低层转到高层，由运营转到战略决策。但生产的管理至今也未完全解决，用信息技术解决生产管理问题，仍然是很复杂很有挑战性的基础工作。

2.2　信息理论的回顾

信息是管理信息系统的最重要的成分。过去有些人对管理信息系统有些错误的理解，把它看成是计算机系统，过多地强调了其技术面。殊不知，管理信息系统最重要的成分应当是信息。管理信息系统能起多大作用，对管理能做出多大贡献，都取决于有没有足够的和高质量的信息，而能否得到高质量的信息又取决于工作人员对信息的认识。以下将对信息的基本知识做一些介绍。

2.2.1 管理信息的定义和性质

哲学上的唯物论观点认为，物质、能量和信息是物体存在和运动的三种形式。三者缺一不可。本体论承认它们的存在，是最基本的概念，不能用其他概念解释。从认识论角度看，信息是物体运动的一种反映形式，可以相对独立存在。

在我们的日常生活中，信息一词已被滥用，数据和信息也经常是不分的。但在管理信息系统的概念中，信息和数据的概念是不同的。管理信息概念至少包括以下一些意思：信息具有“新鲜”和使人“震惊”的感觉；信息可以减少不确定性；信息能改变决策期望收益的概率；信息可以坚定或校正未来的估计等。

信息系统中常用的信息可以定义如下：信息是经过加工后的数据，它对接收者的行为能产生影响，它对接收者的决策具有价值。

根据这个定义，行驶着的汽车中的里程表上的数据不是信息，只有当司机看了里程表，并据其作了加速或减速决策的那个数据才是信息。

数据是一组表示数量、行动和目标的非随机的可鉴别的符号。它可以是字母、数字或其他符号，如S，也可以是图像、声音或者味道。数据项可以按使用的目的组织成数据结构。

如果把数据比作原料，则信息可看作产品。

与原料和产品的概念相似，一个系统的产品可能是另一个系统的原料。那么一个系统的信息可能成为另一个系统的数据。例如，派车单对司机方来说可能是信息，而对公司副总经理来说，它只是数据。

信息的广义定义至今争论不休，没有定论。有人说信息是消息，有人说信息是知识，有人说是运动状态的反映，当然也有人说是经过加工后的数据。信息是不是物质，信息有无价值，至今也争论不休。总之，信息是一个社会概念，它是人类共享的一切知识、学问以及客观现象加工提炼出来的各种消息的总和。

在管理信息系统学科中认为信息是有价值的。

信息的价值有两种衡量方法：一种是按所花的社会必要劳动量来计算；另一种是按照使用效果来衡量。

按照社会必要劳动量来计算信息产品的价值，其方法和计算其他一般产品价值的方法是一样的。即

$$V = C + P$$

式中：V——信息产品的价值；C——生产该信息所花成本；P——利润。

例如书籍的价值就可以这样计算。把生产书所用的纸张、能源、设备折旧和人工费用等算出，就得到成本。再加上按国家规定的合理的利润率算出的利润，就得出书的价值。提供信息服务的各种学习班也可以这样定价，把学习班所需的教材、请教员、做实验、租用教室及其他服务所花费用，加上合理的收益，即得出办班服务的价值，由此可算出学生应交的学费。

按照使用效果来衡量，是确定信息价值的另一种方法。该方法认为信息的价值是在决策过程中用了该信息所增加的收益减去获取信息所花费用。这里所说的收益是这个意思，如果在设计选择方案时，由于用了信息进行方案比较，在多个方案中选出一个最优的，与不用信息随便选一个方案，两种方案所获经济效益的差额叫收益。

$$P = P_{max} - P_i$$

式中：P_{max}——最好方案的收益；P_i——任选某个方案的收益。

比较合理的是用几种方案的期望收益代替 P_i，再书写严格一些：

$$P = \max\left[P_1, P_2, \cdots, P_n\right] - \sum_{i=1}^{n} \frac{1}{n} P_i$$

如果不是在多个方案中选一个，而是直接利用信息和模型选的最优方案，那么上式应为：

$$P = P_{opt} - \sum_{i=1}^{n} \frac{1}{n} P_i$$

式中：P_{opt}——最优方案收益。

在工厂制订生产计划时，可以用计算机多制订几个计划，从中选择一个最好的计划，其收益也应当这样计算。

值不值得收集信息，或值不值得使用新的信息系统，要用“全情报价值”来衡量。所谓全情报价值是指获得全部情报，对客观环境完全了解，得到最优决策，与不收集情报所得最好收益之差。

举例说明，某个体户由外地向北京运菜，如北京市场好，可按原价卖出 3 车；如市场为中，可卖 2 车；如市场差，只能卖 1 车。每车 6000 千克，每千克赚 1 元。如超过以上市场情况多运，则多运的部分要便宜处理，每千克损失 5 角钱。按照以往的统计规律市场好的概率 θ_1 为 0.3；中的概率 θ_2 为 0.5；差的概率 θ_3 为 0.2。各种方案和各种情况的收益矩阵如表 2－2：

表 2－2 收益矩阵

C ↘		θ_1 好 0.3	θ_2 中 0.5	θ_3 差 0.2	期望收益（EMW）/元
a_1	6000	6000	6000	6000	$0.3 \times 6000 + 0.5 \times 6000 + 0.2 \times 6000 = 6000$
a_2	12000	12000	12000	3000	$0.3 \times 12000 + 0.5 \times 12000 + 0.2 \times 3000 = 10200$
a_3	18000	18000	9000	0	$0.3 \times 18000 + 0.5 \times 9000 = 9900$

表中 a_1，a_2，a_3 表示三种运输方案，即每天运 6000 千克，12000 千克或 18000 千克

全情报价值：

$$EVPI = \sum_{i=1}^{3} P(\theta_i) \max [C(a_i, \theta_i)] - \max E(a_i)$$

此式的第一项是各种方案和各种情况中的最佳方案收益，即运往市场中好运 3 车，中运 2 车，差运 1 车，用（＊）式表示每天均能得到这

种情况下的最大收益，这样卖一段时间的平均收益为：

$0.3 \times 18000 + 0.5 \times 12000 + 0.2 \times 6000 = 12600$（元） （*）式

公式中第二项是按照期望收益 EMW 最大选择一种方案，以此方案坚持一段时间，所得的平均收益即为 10200 元，故：

$EVPI = 12600 - 10200 = 2400$（元）

全情报价值给出了一个界限，如果我们购买市场情报的花费超过这个值，那么购买情报则得不到附加的好处。

上例说明在市场条件下，信息的确可以转化为价值。如果我们把第一种方法计算所得的信息价值叫内在价值，那么我们可以把第二种方法计算所得的价值叫外延价值。随着信息经济的发展，生产信息产品的企业越来越多。由于信息产品的研发成本很高，而复制成本很低，按成本定价已失去意义，在市场经营策略上出现了以顾客期望定价的方法，使定价策略更为复杂，但它仍属于外延价值范畴。

为了更好地发掘信息的价值，我们应当更深地了解信息的性质。信息具有以下一些基本属性：

1. 事实性

信息最早的概念是“关于客观事物的可通信的知识”，通信是把信息用于事实。事实是信息的中心价值。不符合事实的信息不仅没有价值，而且可能价值为负，既害别人也害自己。所以事实是信息的第一和基本的性质。破坏信息的事实性在管理中普遍存在：有的谎报产量，有的谎报利润和成本，有的造假账，这些都会给管理决策带来错误。例如，美国最大的管理咨询公司安达信，帮助安然公司做假账，最后被戳穿，安达信失去诚信，几乎到了破产的边缘。事实性是信息收集时最应当注意的性质。维护信息的真实性，也就是维护信息的真实性、准确性、精确性和客观性等。从而达到信息的可信性。尤其作为生产信息的信息源单位或信息服务单位，这个问题尤为重要。

2. 等级性

管理是分等级的，不同等级的管理要求不同的信息，因而信息也是分等级的。管理一般分为高、中、低三层，相应地，信息也分为高、中、低三层，或者说分为战略级、策略级和执行级。不同级的信息其性质不相同。战略级信息是关系到企业长远命运和全局的信息，如企业长远规划，5～10年的信息，企业并、转、产的信息等。策略级信息是关系到企业运营管理的信息，如月度计划、产品质量和产量情况，以及成本信息等。执行级信息是关系到企业业务运作的信息，如职工考勤信息、领料信息等。

第一，从来源上来说，战略信息多来自外部；执行信息多来自内部；而策略信息有内有外。

第二，我们可以看出战略信息寿命较长，例如关于公司五年规划的信息至少要保存5年。执行信息则寿命较短，例如，关于考勤的详细信息，每月发完工资以后，信息就不再有保存的价值。而策略信息则处于中间状态。

第三，从保密程度来看，显然战略级信息要求最高。公司战略对策是公司的生命线，如果泄露出去，有时不只使公司赚不到钱，而且可能使公司垮台。对再友好的单位，战略级信息也是不可泄露的。例如，生产低油耗汽车在石油危机中大发横财的日本丰田汽车公司，在以后石油危机缓解情况下的战略，是绝对不会告诉别人的，策略级信息保密程度要低一些，但也不会轻易泄露，或者有偿转让，或者推迟一段时间。例如，某厂先进铣床结构的信息就属于这类。执行级的信息很零散，很难从中提取有价值的信息，因而保密要求不高。

第四，关于加工方法。执行级信息的加工方法最固定，例如，会计每月计算工资的方法，仓库发料的手续，都是固定的。策略信息次之。战略信息则最不固定，有时靠人预测一下，有时用计算机模型计算一下，所得信息均只能为决策者作参考，怎么用还要由决策者的水平决定。

第五，从使用的频率上来看。执行信息的频率最高。例如一种质量检查的标准，每天都要用它去衡量加工的产品是否合格。策略信息则次之。战略信息使用频率则最低，例如五年计划的信息可能每年只使用一次。

第六，在信息的精度上，执行信息精度最高。每天会计的结账，要求分文不差。策略信息次之。战略信息则要求最低，有时一个长期预测有 60% ~70% 的精度已很满意，过高地要求战略信息的精度往往会带来假象。

3. 可压缩性

信息可以进行浓缩，集中、概括以及综合，而不至于丢失信息的本质。信息的这种特性很像物质中的液化气、压缩饼干。例如，关于牛顿第二定律的论述可以压缩到一个简单的公式 F = MA 中。人们可以把很多的实验数据组成一个经验公式，把长串的程序压缩成框图，把许多现场运行的经验编成手册。当然在压缩的过程中会丢失一些信息，但丢失的应当是无用的或不重要的信息。无用的信息有两种，一种纯属干扰，像收音机中的杂音，本来就该清除，清除得越干净越好，通常这种清除也叫滤波。另一种是冗余的信息，虽然本质上它是多余的，但在传输的过程中它却能起到补充作用，可以利用它们进行检错和纠错。人们在日常通信中，冗余信息是大量存在的。例如，我们写一句话：A student is reading a book. 在传输中漏掉一些字母，传成：A stud - - t is reading a bo - k. 但我们是照样可以看懂的。这里“ - ”是空格符。冗余信息过多会使人感到啰唆，信息接收者的水平越高，传输的信息越简练。压缩不重要的信息和压缩无用信息，性质上是完全不同的。它是从管理的目标出发，提取和目标相关的信息，舍弃其他信息。例如，根据企业长远战略规划的需要，在业务信息中综合提炼出战略信息。

压缩在实际中是很有必要的。因为我们没有能力收集一个事物的全部信息，我们也没有能力和必要储存越来越多的信息，这叫信息的不完全性。只有正确地舍弃信息，才能正确地使用信息。

4. 扩散性

信息好像热源散出的热流，它总是力图向温度低的地方扩散，它又好像是桂花树散发出的香味，可以香飘数里。信息的扩散是其本性，它力图冲破保密的非自然约束，通过各种渠道和手段向四面八方传播。信息的浓度越高，信息源和接收者之间的梯度越大，信息的势态越高，信息的扩散力度越强。越离奇的消息，越耸人听闻的新闻，传播得越快，扩散的面越大。中国有句古话“没有不透风的墙”，就是说明了没有任何“墙”能挡住信息扩散的威力。

信息的扩散存在两面性：一方面它有利于知识的传播，所以我们有意识地通过各类学校和各种宣传机构，加快信息的扩散；另一方面扩散可能造成信息的贬值，不利于保密，可能危害国家和企业利益，不利于保护信息所有者的积极性。例如，软件盗版不利于软件发展。因此我们又要人为地筑起信息的壁垒，制定各种法律，例如保密法、专利法、出版法等，以保护信息的势态。在信息系统中如果没有很好地保密保安手段，就不能保护用户使用信息系统的积极性，可能导致信息系统的失败。

5. 传输性

信息是可以传输的，它的传输成本远远低于传输物质和能源。它可以利用电话、电报进行国际国内通信。也可以通过光缆卫星传遍全球。传输的形式也越来越完善，包括数字、文字、图形和图像、声音，甚至味道等。它的传输既快又便宜，远远优于物质的运输。因而我们应当尽可能用信息的传输代替物质的传输，利用信息流减少物流，宁可用多传输 10 倍的信息来换取少传输 1 倍的物质。信息的可传输性加快了资源的交流，加快了社会的变化。

信道传输信息的容量用信息熵来描述，信息熵是对不确定性的一种衡量。

按照香农的定义，信息量的公式为：

I = log（后验概率/先验概率）

它实际上就是后验概率和先验概率之比，这里 log 只不过是一种单值变换。这个比值在后验概率越大、先验概率越小时信息量越大。也就是说，如果我们事先对某件事的知识很少，收到信息后能使这种知识增加很多，那么这个信息所传信息量就大。

在无干扰的情况下，传来的信息告诉某件事情发生，则某件事必是发生了，所以上式分子为 1，因而信息源输出第 i 个消息的信息量为：

$$\log \frac{1}{P(i)} = -\log P(i)$$

第 i 个消息可能有 k 个状态，那么输出这个消息的总消息量的期望值为：

$$-\sum_{i=1}^{k} P(i)\ \log P(i)$$

为了说明信息熵的概念，让我们举一个简单的例子。假设我们想由甲地告诉乙地甲地的现状，如甲地共有 8 种状态，每种状态发生的概率是相等的，即 1/8。如甲告诉乙，甲处于某个 i 状态，这时甲传给乙的信息量为：

$$\log_2 \frac{1}{P(i)} = \log_2 \frac{1}{1/8} = 3$$

这个 3 正好是要传 8 种状态的二进制位数，也就是说，我们只需在信道上传送 3 位二进制那么多的信息量，即可告诉乙“甲处于什么状态”。

这个信息量的公式还告诉我们，如甲的每一状态都是等概率的，则总信息量最大，如上例情况：

$$\sum_{i=1}^{8} P(i)\ \log_2 \frac{1}{P(i)} = \sum_{i=1}^{8} \frac{1}{8} \log_2 \frac{1}{P(i)}$$

$$= \frac{1}{8}(3+3+3+3+3+3+3+3) = 3$$

如果甲的各个状态发生的概率不相等，说明我们对甲的状态有些了解。最极端的情况是如果甲地某一状态的概率为 1，其余状态的概率均为 0，则说明我们已知道甲处发生了什么事，此时甲传给乙的信息量为：

$$\sum_{i=1}^{8} P(i) \log_2 \frac{1}{P(i)} = 0 + 0 + 1 \log_2 \frac{1}{1} + 0 + 0 + 0 + 0 + 0 = 0$$

乙不需要甲告诉什么。

如果是某个中间状态，例如甲处 4 种状态的概率全为 0，其余 4 种各为 1/4，那么总信息量为：

$$\sum_{i=1}^{8} P(i) \log_2 \frac{1}{P(i)} = \left[0 + 0 + 0 + 0 + \left(\frac{1}{4}\log_2 4\right) \times 4\right] = 2$$

即只用 2 位二进制即可告诉乙：甲现在处于什么状态。

由于传送这么多的信息量就可以消除乙对甲的不了解，所以信息量就是不确定性的度量。在通信理论中就是用信息量来作为信息的定义的。

6. 分享性

按信息的固有性质来说，信息只能共享，不能交换。我告诉你一个消息，我并没失去什么。不能把这则消息的记忆从我的脑子里抹去。相反物质的交换就是零和的，你的所得，必为我的所失，我给你一支笔，我就失去一支笔，你就得到一支笔，所得与所失之和为零。信息的分享没有直接的损失，但是也可能造成间接的损失。如果我告诉你生产某种药品的药方，你也去生产这种药品，就造成与我的竞争，将会影响我的销路。信息分享的非零和性造成信息分享的复杂性。有时我告诉你信息，我不失你得；有时你得我也得；有时你得我失；有时我不失你也不得。

信息的分享性有利于信息成为企业的一种资源。严格说只有达到企业信息的共享，信息才能真正成为企业的资源。然后，才能很好地利用信息进行企业的计划与控制，从而有利于企业目标的实现。

7. 增殖性

用于某种目的的信息，随着时间的推移可能价值耗尽，但对于另一种目的，可能又显示出用途。例如，天气预报的信息，预报期一过就对指导生产不再有用。但和各年同期天气比较，总结变化规律，验证模型却是有用的。信息的增殖在量变的基础上可能产生质变，在积累的基础上可能产生飞跃。曾有一位学者把全国每天报纸上刊登的新厂投产的消息收集起来，进行提炼和分析，时间一久就能对全国工业有所估计。原来不保密的东西变成保密的了。原来不重要的信息变成重要的了。

信息增殖性和再生性，使我们能变废为宝，在信息废品中提炼有用的信息。

8. 转换性

信息、物质和能源是人类现在利用的三项重要的资源。三者有机地联系在一起，形成三位一体，互相不能分割。有物质存在，必有促使它运动的能量存在，也必有描述其运动状态和预测未来的信息存在。对于一个企业来说，没有材料不能做产品，没有能源不能开工，没有知识和技术也就是没有信息，就不能成功生产。

信息、物质、能源三位一体，又是可以互相转化的。有能源、物质可以换取信息，这是不言而喻的。那么有信息能否转化为物质和能源呢？现在大量的事实已说明了这种转化的可能性。许多企业利用信息技术大大节约了能源。从电网的负荷分配到厂内锅炉汽机的经济运行，从汽车运输的合理调度到汽车上单板机节油器都是用信息技术转化为能源，从而做出巨大贡献的例子。利用信息技术在国际上选择最好的合作伙伴，选择合适的材料源，在国内生产价廉质优的材料源，直到合理的下料，信息都转化为材料，即物质。现在国际经营上有一种说法——“有了信息就有了一切”，就是对这种转化的一种艺术的概括。的确，现在有些公司就是由于掌握了信息，没有钱可以搞到钱，没有设备可以弄到设备，没有人可以招到人，信息使得公司很快发展起来。股市投资更是说明这个问题，只要掌握信息就可搞到钱，有钱就可以买到一切物质和能源。

知识是信息的结晶，因而也有信息的这种性质。“知识就是力量”的说法，也是信息的转换性的一种描述。

2.2.2 信息生命周期的各阶段

信息和其他商品一样是有生命周期的。人的生命周期是出生、成长、工作、退休；一般商品的生命周期是研究、制造、应用和报废；信息的生命周期是要求、获得、服务和推出。

要求是信息的孕育和构思阶段，人们根据所发生的问题，根据要达到的目标，根据设想可能采取的办法，构思所需要的信息类型和结构。获得是得到信息的阶段，它包括信息的收集、传输以及转换成合用的形式，达到使用的要求。服务是信息的利用和发挥作用的阶段，这时还要精心维护信息，使之保持最新的状态，准备用户随时使用，以支持各种管理活动和决策。退出是信息已经老化，失去了价值，没有再保存的必要，就把它更新或销毁。

信息生命周期的每个阶段中又包括一些过程，这些过程支持这个阶段的实现。各种阶段可能有相同的过程，而且可能不止一次。这些过程包括信息的收集、信息的传输、信息的加工、信息的储存、信息的维护以及信息的使用6种。

例如：在信息的要求阶段就可能包括信息的收集、加工、传输和储存。信息的获得阶段也可能包括收集、传输、加工、储存过程。信息的服务阶段可能包括信息的维护、加工等过程。信息的退出阶段也要包括信息的加工等过程。不同的过程组成了不同的生命周期阶段。为了更好地了解各阶段的特点，我们要介绍一下各个生命周期中各过程的特点。

（一）信息的收集

1. 信息的识别

信息收集所遇到的第一个问题是确定信息需求的问题或者叫作信息

的识别。由于信息的不完全性，想得到关于客观情况的全部信息实际上是不可能的，那种“给我全部情况，我好进行决策”的话等于没说，所以信息的识别是十分重要的。确定信息的需求要从系统目标出发，要从客观情况调查出发，加上主观判断，规定数据的思路。带着主观偏见去收集信息固然不对，但无主观思路规定数据的范围，以相等的权重看待所有信息，则只能是眉毛胡子一把抓，丢了西瓜拣芝麻。信息识别的方法有以下三种：

（1）由决策者进行识别。决策者是信息的用户，他最清楚系统的目标，也最清楚信息的需要。向决策者调查可以采用交谈和发调查表的方法。交谈是由系统分析员向决策者采访。这种方法有利于阐明意图，减少误解，最容易抓住主要的要求。调查应从上而下、从概括到具体。先由企业领导开始，然后经中层，再至下层管理人员，甚至还可以扩大到全体职工。这样不仅能了解战略信息需要，而且能了解具体任务的信息需要。这种方法的成功与否主要依赖信息分析员的提问水平。其缺点是谈话一般不够严格和确切，因而应进行采访纪要整理，并经受访者确认签字。

调查表是用书面方式进行调查，它比较正式严格，系统分析员可以节省时间。但当决策者的文化水平不高时，往往填写起来很困难，所答非所问，或者调查表长期交不上来。对这些企业进行调查时，最好要事先对决策者进行培训。

这两种方法都是基于一个前提，即决策者对于他们的决策过程比较了解，因而能比较准确地说明他们所需要的信息。由于大多数管理人员对他们的决策过程不十分清楚，他们可能像经济学基本原理所说的那样，“对某一个现象了解得越少，在描述和解释这种现象时就需要用越多的变量”。因而这些决策人员可能会采取保险的办法，企图收集有关现象的“全部”信息，结果造成信息系统的困难。管理信息系统的效用如何，主要依赖于对信息需要的识别。过多的信息不仅无益，而且可能引起对有效信息的忽视。

(2) 系统分析员分析和亲自观察识别。所需要的信息是由系统分析员根据理论分析和科学设计得到。在收集的时候系统分析员不直接询问信息的需要，而是了解工作。这样管理人员谈论起来往往津津乐道，系统分析员可以由旁观的角度分析信息的需要，并把信息的需要和其用途联系起来，从而收集到所要的信息。对管理工作的描述越到下级越容易，越具体；越到上级其职能越广，越全面，越复杂。很多情况只靠外来人员是很难了解透的，因而选派一些管理人员参加系统分析会有很大好处。

(3) 两种方法结合。先由系统分析员观察基本信息要求，再向决策人员进行调查，补充信息。这种方法虽然浪费一些时间，但了解的信息需求可能比较真实。这里应特别注意，决策者本人对信息的具体要求应当优先考虑，往往这些是重要的信息。

2. 信息的采集

信息识别以后，下一步就是信息的采集。由于目标不同，信息的采集方法也不相同，大体上说有以下三种方法：

(1) 自下而上的广泛收集。它服务于多种目标，一般用于统计，如国家统计局每年公布的经济指标。这种收集有固定的时间周期，有固定的数据结构，一般不随便更改。

(2) 有目的的专项收集。例如我们要了解企业利润的留成情况，有意识地了解几项信息，发调查表或亲自去调查。有时可以全面调查，有时只能抽样调查。样本最好由计算机随机抽样得到，这样才能真实地反映情况。只选几个好的看看，比不调查还坏。

(3) 随机积累法。调查没有明确的目标，或者是很宽的目标，只要是“新鲜”的事就把它积累下来，以备后用，今后是否有用，现在还不十分清楚。如现在有些省市派人每天翻阅全国各地的报纸，发现有什么新产品、新技术、新的经济消息，就把它记下来分类，如判断是有用的，就及时反映给领导。

究竟采用什么方法，与信息源的属性有很大关系。区分信息源有两个标准，一是地点，一是时间。按地点来分可把信息源分为内源和外源，内源数据完全处于自己控制之下，完全可用自己拥有的一切手段去收集，例如定期报表，不定期专项报表，甚至可用计算机联机终端和电子自动化测量装置。外源信息必须依赖外单位，只能从可得到的信息中提取需要的信息。按时间来分，可分为一次信息和二次信息，一次信息是由现场直接采得的信息；二次信息则是各种文件和数据库中存储的信息。二次信息的属性和格式一般不符合系统的要求，因而在使用前一般均要经过变换。

采集信息还要说明信息的维数。信息属性的维数是很多的，但从采集出发我们主要关心三维，即阶段维数、层次维数和来源维数。

（1）阶段维数是说明信息与决策过程的哪个阶段有关，与弄清问题阶段、解决问题阶段有关，还与选择阶段的问题有关。对于管理人员来说，往往使用管理周期来代替阶段，这种周期一般分为两个阶段，即计划阶段和控制阶段。

（2）层次维数说明是企业哪级需要的信息，是高层、中层，还是基层。正如前述，不同层的属性不同，它们的精度、寿命、频率、加工方法等均不相同。

（3）来源维数是内源还是外源，这直接影响到信息的采集方法。

上述三条实际上是在时间、地点和层次的坐标系给信息定标，使得我们对信息性质的了解更深。

3. 信息的表达

信息收集的最后一个问题是信息的表达，信息表达不外是三种形式。一种是文字表述，一种是数字表达，再一种是图像表达。

文字表述是系统分析员的基本功。系统分析的文字要简练、确切、不漏失主要信息，避免使用过分专业化的术语，避免使用双关和二义性的语句，不要让人误解。在接收信息时，要切忌偷换主题概念所产生的错误理解。例如下面两段对话就是不同的主题和概念。

例 2－1 甲问："还有今天 11：45 的飞机票吗？"

乙（售票员）回答："还有，今天下午 1：40 的 4621 航班的机票。"

例 2－2 系统分析员问："要实现我们公司的计算机管理需要 150 万元，这样在你的办公室里就可以用图像显示每天生产完成情况、财务收入情况以及市场情况，你需要吗？"

经理："我愿意每天看到生产、财务和市场情况。"

现在许多管理人员学会一套双关语的本领，听起来他同意你的意见，实际上他又没做出决策。系统分析员不应当使用这种语言，也不应当错误地理解这种语言。

利用数字来表达一般来说是比较严格的，但有时也容易产生错觉。系统分析员要从思想上、技术上防止这种偏向。思想上的偏向是系统分析员把自己的主观推理带进客观的报告中，他滤除了不符合他主观思路的数据，这样虽然容易达到思想上的一致，但只是在虚假信息基础上的一致。利用垄断信息和虚假信息来达到思想上的一致，这在社会现象上是很多的，但系统分析员切记不要自己骗自己。要对信息源的真实性做出判断，防止信息原材料的虚假性。技术不同的数字表达方式也会引起偏见，如表 2－3 所示。

表 2－3　由数据引起的决策偏见

表达方式	由数据引起的决策偏见
按字母顺序 按回收率顺序 在每一部门中按回收率排顺序	第一项将会吸引决策者的注意，中间项或后面项易被忽视； 高回收率的项被更多地注意，而不管它是什么工业部门； 工业回收率均被强调，而规模被较少注意

利用图形表达信息是现在的发展趋势，由于图形能很快地给人以总貌、趋势和比较的信息，使人容易作出判断，因而有人说持续两小时的

会议如用图形来辅助决策，可能缩短到 20 分钟。图形的这种作用，你可以看表 2 -4，对自己感觉的比较即可得出。

表 2 -4　某公司销售记录

年份	月份	产品 1	产品 2	产品 3	总计
1983	10	103	146	13	262
	11	110	150	12	272
	12	101	149	13	263
1984	1	96	158	14	268
	2	112	160	11	283
	3	88	151	12	251
	4	102	160	13	275
	5	114	162	13	289
	6	109	158	14	281
	7	116	166	12	294
	8	115	164	11	290
	9	110	168	12	290

表格表示能给人以确切的总数和个别项目的精确比较。图容易给出总的趋势信息和相对的趋势。图也可能引起一些偏见，例如：

· 比例的选择影响差别的发觉；

· 棒状图较顶线图不易发觉差别；

· 尺寸小，差别难发现，不同的比例画于图上更难比较；

· 用彩色和不用彩色差别很大。

随着计算机水平的提高，在图形上再标以数字则会给出更清晰的表达。最新的计算机图形技术是应用 Image 表达，也就是用图像技术来表达，图形宛如一幅照片或一幅风景画，不仅给人以身临其境的感觉，而且保存了最原始的真实信息，例如签字的笔迹。当然这也对终端的分辨率及存储量提出较高的要求。

（二）信息的传输

信息传输的理论最早是在通信中研究的。它一般遵守香农模型。

信源发出的信息要经过编码器变成信道容易传输的形式。如在电报传输中首先把报文转成数字码，为了防止出错，往往又加上纠错或检错码。变成电码以后，还需加以调制以便于信息传输。现代的信道形式多种多样，有明线、电缆、无线、光缆、微波和卫星等。无论信道怎么好都可能带来杂音或干扰，它或由自然界雷电形成，或由同一信道中其他信息引起。在接收端首先要经过译码器译码，译码器的作用是解调、解码，把高频载波信号恢复成电码脉冲，用检错或纠错码查错纠错以后舍去这些码，由代码译成文字等。经过译码器后的符号接收者即可以识别了，信息的接收者可能是人，也可能是计算机，他们把信息存储起来就转入下一个阶段。

电信中的信息传输模型和人们之间用语言或文字通信的过程十分相似，所以香农又提出了包括人间通信的信息传输的一般模式。

要通过语言表达的语义过程和语言编码的技术过程的交互作用才能产生信息，这个信息经过发送机构的再次编码和变换，产生适于传输的信号，到接收端接收机构把信号进行变换得到信息，信息再经过接收者的技术过程和语义过程的解码，使接收者能理解发送者的意图。在人工的信道中，信息传输的技术噪声和语义噪声是十分严重的，因而信息的歪曲、走漏、阻塞的现象常有发生。古代有人做了一个实验，他向一个人耳语一句话，让此人再耳语另一个人，传到第一百个人时再返回来告诉自己，结果他自己已听不懂是怎么回事了。人工信道的干扰不仅在于客观水平，而且更为严重的是各环节的人的主观歪曲。如顾客反映服务员态度不好，售货组长可能不向上级汇报，怕影响他们全组的业绩。信息系统人员想把旧机器换成新机器，他就说旧机器能力已达不到要求，其实旧机器的能力还远远没有发挥。社会上的小道消息很多，也是干扰和噪声，可能一个人误传，三个人重复，似乎它就是真理，其实根本没有那么回事。

下面我们再从技术上介绍一下信息传输各环节的原理和指标。

(1) 信道。信道可能由各种物理元件组成，如人工传递、邮寄、邮寄软盘、电报、电话、电子邮件、传真等，只有电子信道才是真正的高速通道，现在一般双绞线信道每秒可传几 K 电码，用同轴电缆每秒可传几兆电码，而用光缆的传输速率可达 400 多兆电码，电子情报几秒钟之内即可传遍世界各地。

电子信息传输按功能可分为单工、双工和半双工系统。

(2) 编码和解码。这里主要讲信息传输中的编码。在信息传输中往往用多传几位进行传输码的检错和纠错。最简单的是在传输码后面加一位奇偶校验码，例如我们想传 1101 码，我们实际用 5 位，第 5 位为前面 4 位的半加和。

$C_1C_2C_3C_4C_5C_5 = C_1 \oplus C_2 \oplus C_3 \oplus C_4$

1　0　1　1　1

那么，在接收端我们仍用前 4 位半加，看它等不等于传来的 C_5，如果相等，说明对；如不等，可能有一位错。这种方法只能查出一位错，如有两位错或中间两位易位，它也查不出来。利用多余位数不仅可以检错，而且可以纠错，例如我们可以用下述方程在 4 位信息码后加 3 位纠错码。

$C_1 \oplus C_2 \oplus C_4 \oplus C_5 = 0$

$C_1 \oplus C_2 \oplus C_3 \oplus C_6 = 0$

$C_1 \oplus C_3 \oplus C_4 \oplus C_7 = 0$

根据上式求出 C_5，C_6，C_7，加上 C_1，C_2，C_3，C_4 后，如上例信息码加纠错码为：

1　0　1　1　0　0　1

在接收端我们同样用这三个式子计算，如果①②③式均错，则必然是 C_1 传错，应把 C_1 变为相反状态，即达到纠错目的。如果①②式错，则必为 C_2 错；②③式错则是 C_3 错，①③式错则是 C_4 错；如仅①错则为 C_5 错；②错则是 C_6 错；③错则为 C_7 错。用这种方法可以查出并纠正一位错误。这种码叫作汉明码。

编码是信息论的重要课题之一，我们这里只讲述一点概念，讲述过多将超出本书范围，有兴趣的读者可参考有关专著。在信息处理中的编码，将在以后系统设计的编码中讲。

（3）变换。为了适合信息的发送，信息要变换成合适的形式，其目的是防止干扰、复用通道等。变换也就是调制和解调，主要的几种变换方式。

总之，我们对一个好的信道的要求可以归纳为以下几条：

①信道的容量足够大；

②干扰尽可能小；

③传输延时 Δt 尽可能短；

④具有双工能力；

⑤保密性好。

电子通信经过声音通信、数据通信，逐渐向图像通信过渡，进而向动画通信方式过渡。图像通信的主要形式有闭路电视、会议电视、可视电话、可视数据、传真等，它们和计算机结合起来构成了通信的新方式，可视报刊、可视杂志、可视小说等均以图、文、声、情并茂的崭新面貌出现。

（三）信息的加工

数据要经过加工以后才能成为信息，其过程如下：

$$\begin{array}{ccccccccc} & \Delta t_1 & & \Delta t_2 & & \Delta t_3 & & \Delta t_4 & \\ \text{数据} & \text{——} & \text{预信息} & \text{——} & \text{信息} & \text{——} & \text{决策} & \text{——} & \text{结果} \\ t_1 & < & t_2 & < & t_3 & < & t_4 & < & t_5 \end{array}$$

数据加工以后成为预信息或统计信息，统计信息再经过加工才成为信息。信息使用才能产生决策，有决策才有结果。每种转换均需要时间，因而不可避免地产生时间延迟，这也是信息使用的一个重要特征——滞后性。信息的不可避免的滞后性要求我们很好地研究，以便满足系统的要求。

在批处理和实时处理方式中，信息的滞后情况是不相同的。由于信息的采集也往往是周期性的。这样采集的周期和处理的延迟，造成信息根本不可能反映现实的最新状态，如果我们把信息和现实之间的时间差叫新度的话，那么新度越小，信息越新。信息的新度与信息是条件信息，还是运行信息也有关系。所谓条件信息是指现实过程某一定点数据，例如 12 月 31 日职工上班人数，所以也可以叫定点数据。运行数据是指一个时间间隔内发生数据累计，如 5 月份的存款数，是全月存款积累起来的，或叫累积数据。这两种数据的新度不同。

对定点数据来说，如马上采集，马上处理，则延迟最小为 d，即只有处理时间。如采集到以后放了一段时间才去处理，其存放的最长时间为 i，即采集周期，那么最大延迟为 d + i。对累积数据来说，每一数据是发生在周期内各个时间点的，我们在期末累积时，有的数据刚发生，有的则已有一些延迟，最大可延 i。平均延迟可认为是 i/2，既然在处理以前至少有 i/2 的延迟，那么其最小、平均、最大新度均应加上 i/2。

在批处理时 d 是相当大的，如一天、一个月等。在实时处理的情况我们可以认为处理时间为 0。信息加工应仔细考虑延时的影响。

按信息是否经过加工来分，可分为一次信息和二次信息。未经加工的信息叫作一次信息。经过加工，不管是经过多少次加工，均叫作二次信息。

这里第 1 类是对信息滤波和简单整理，实际加工出的是预信息，但已是二次信息。第 2 类是对信息进行分析，概括综合能产生辅助决策的信息。第 3 类通过应用数学模型统计推断可以产生决策信息。

数据处理所用的数学模型主要有统计模型、预测模型、决策模型等。可能要用到一些标准的软件包，如统计包、数学规划软件包、模拟软件包（如 GPSS 等）。为了使计算机有较强的处理能力，现在许多大的处理系统各有三个库，即数据库、方法库和模型库。方法库中备有许多标准的算法，而模型库中存放了针对不同问题的模型，数据库中备有要用的二次数据。这样应用起来就十分方便。

随着技术的发展给数据处理能力的提高提供了广阔的前景，发展中的“人工智能”科学研究机器能否代替创造性的脑力劳动，如诊断、决策、写文章和创造思想等。正在研究的“自组织机”“自适应系统”“自学习机”“启发式程序”等都给机器以学习的能力，使各种思考的工作自动化，使人们可以摆脱许多烦琐和枯燥的编程工作。

（四）信息的储存

信息储存是将信息保存起来，以备将来应用。信息储存和数据储存应用的设备是相同的，但信息储存强调储存的思路，即为什么要储存这些数据，以什么方式储存这些数据，存在什么介质上，将来有什么用处，对决策可能产生的效果是什么等。

数据存储的设备主要有三种，纸、胶卷和计算机存储器。纸是中国发明的，至今已有几千年的历史，但现在仍然是储存数据的主要材料，用纸存数据的主要优点是存量大、体积小、便宜、永久保存性好，并有不易涂改性。所以现代控制用各种报表、宣传用的报纸杂志、教育用的书刊都用纸做成。纸还有一个优点，就是存储数字、文字和图像一样容易。用纸作为储存信息的材料，看来到 21 世纪末也不会消失。用纸存储的缺点就是传送信息慢，检索起来不方便。所以我们要掌握纸的特点，在信息系统合适的地方恰当地应用纸，扬长避短。用纸传输信息的形式是多种多样的，与电子计算机结合应用，又发展了纸带、穿孔卡等。用纸存储和传递信息，合适的画面是十分重要的，可惜现在尚处于“艺术阶段”，没有很成熟的方法。画画设计得好，既清楚易懂，阅读快，又不容易出错，这在信息系统输入输出设计中是一个主要问题。

胶卷，起初用来作为纸的补充，存储图像，以后也用来存储文字和数字，用它存储文字和数字的主要好处是存储密度大，1 平方厘米胶卷上可存 1024 页 16 开纸面信息。因而它可能代替纸存储书籍上的信息内容，所以许多图书馆把许多书拍到缩微胶卷上存放。胶卷的特点是查询容易。其缺点是人阅读时必须通过接口设备，不方便，且价格昂贵。因而现在也只是把最常用的或最贵重的不常用的书籍存入。

计算机存储器主要用来存储变化的业务和控制信息，随着技术的进步其单位成本在不断地下降。

存储器的单位成本每两年差不多降低一半。单位芯片上的元件数则每年增加一倍。目前，用计算机存储器存储信息的成本已低于纸的成本，只是其读出还不如纸方便。无纸的管理系统已近于实用。但是我们估计它用不着也不可能完全代替纸张。

计算机存储器的形式很多，按其功能主要分为内存和外存。内存放在主机板上，计算机可以只靠电子线路直接存取数据，存取速度极快，而且可随机存取存储器中任何地方的数，且速度一样。内存过去由磁芯做成，现在逐渐为半导体所代替。外存由磁盘、磁带或光盘组成。它存储的数据量大，伴随着机械运动，数据才能被读出，所以读出的速度较慢，而且和数据所在的位置有关。现在一个微机的硬磁盘可以达到60GB，一个光盘可以达到1000MB（1GB）。

数据存储的介质还有软磁盘、磁卡等，软盘是一种由塑料做成的，类似唱片的盘片，由于它携带方便，现在广泛用来在机器之间作离线通信，俗称“跑盘”。许多国家的邮局已开展了邮寄盘片的业务。但软盘不易于作长期存储用，如要长期存储，每半年应重写一次。

磁卡一般是作为便于携带的存有数据的凭证，例如信用卡、电话卡等，实际上它是一种电子货币。

近年来半导体存储器的发展，不能不令人刮目相看，一个大指甲壳那么大的芯片上，装成U盘，可存1G个字节的数据，差不多相当于10本50万字的中文书。价格大约只有200元人民币，比10本精装的书要便宜多了。比利用胶卷，也要便宜了。所以利用数码相机和电子存储，已在大部分情况下可以代替胶卷存储了，只是在分辨率要求很高的情况下，胶卷存储才有意义。因为胶卷存储的分辨率是在银分子级，比现在相当好的500万像素的数码相机的分辨率还要高百倍。

对于数据存储设备的总的要求是存储数据量大，价格便宜。某些情况它有特殊要求，如易改性和不易改性。

信息存储的概念比数据存储的概念广得多。其主要问题是确定要存储哪些信息，存储多长时间，什么方式存储，如何支持目标，经济上怎么合算。

要存什么信息，主要由系统目标确定，在系统目标确定以后，根据支持系统目标的数学方法和各种报表的要求确定信息存储的要求。如为了预测国家长远的经济发展，我们要存储几十年内每年的经济信息。而要了解仓库物品的数量则要存储每种产品现在数量的数据。

信息保存时间的长短也要根据系统的要求确定。当前有两种倾向，一种过长，总认为信息只要保留就有好处，结果柜子放不下，屋子放不下，用时没法找，实际上没什么用。其实一般会计账目保存5~10年已没有什么价值，一般一个人的病历保存50年已没有什么用途，老人的疾病和小孩的疾病即使有联系也是很少的。

信息的存储方式也是由系统目标确定。首先考虑的问题是集中还是分散的存放，对于公用的信息，在有能力提供共享设备的支持下应集中存放，集中存放可以减少冗余。例如图书馆的过期书籍就可以只存一份，国家文件在一个机关中也可以只存一份。应用电子数据库技术更可以减少存储信息的冗余量。而在没有设备和非公用的数据下，分散存储是合理的。分散虽然有冗余和不能共享，但它方便了使用者。所以现在愿意用的方式是既有集中也有分散，了解集中的内容，避免重复，不断综合分散的内容供给集中。最新的信息要分散，老的信息要集中，确定合理的集中与分散的关系是信息存储研究的重要内容。

信息存储应当决定，什么信息存在什么介质上比较合适。总的来说凭证文件应当用纸介质存储；业务文件用纸或磁带、光盘存储；而主文件，如企业中产品结构、人事方面的档案材料、设备或材料的库存账目，应当存于硬磁盘，以便联机检索和查询。

总之，信息的存储是信息系统的重要方面，在今天信息爆炸性增长的时代，那种存得越多越好的概念是不对的。即使将来存储技术高度发展的时代，存储越多越好也是不对的。还是一句老话“只有正确地舍弃信息，才能正确地使用信息”。

（五）信息的维护

保持信息处于合用状态叫作信息维护。从狭义上说它包括经常更新存储器中数据，使数据均保持合用状态。从广义上说它包括系统建成后的全部数据管理工作。

信息维护的主要目的在于保证信息的准确、及时、安全和保密。保证信息的准确性，首先要保证数据是最新的状态，其次数据要在合理的误差范围内。数据不准确的主要原因在于操作过程的不严格，或把错误的数据放进去，或者一种数据放到另一种数据的位置。数据产生错误的主要原因有两个，一个文件报表错，二是转抄数据时产生错误。防止文件报表的错误，主要是靠加强数据收集人员的责任心和采用合适的报表格式。防止转抄错误，要尽量减少转抄，原始材料直送计算机。在键入计算机时，加强校验，如用双人工作台互校，加校验码等。对离奇的数据还可以设一些界限来检验，如某人工资超过异常数值，由程序自动打出提示。保证数据的准确性，还要保证数据的唯一性。应用数据库，容易保证数据唯一性。而应用文件系统，因为一个数据存于几个文件，一个文件修改了，别的文件没有修改，造成不唯一，所以很难判定哪个正确。所以在数据操作时有严格的规程是非常重要的，在程序中放入提示也是重要方法。

保证信息及时性是指信息的维护应考虑能及时地提供信息，常用的信息放在易取的地方，各种设备状态完好，各种操作规程健全，操作人员技术熟练，信息目录清楚。不至于找一个信息半天找不到。保证信息的安全性，是要防止信息由于各种原因而受到破坏。同时采取一些安全措施，在万一信息被破坏后，能较容易地恢复数据。为了保证信息的安全，首先要保证存储介质的环境，要防尘，要干燥，并要维持一定程度的恒温。对于容易丢失信息的介质，如软盘，要定期重录。无论维护得怎样好的数据，总难免因为各种因素而遭到破坏，所以信息维护时往往保存备份，或是保存前几天的业务信息。这样即使今天的信息受到破坏，我们也可以根据前几天的总账和今天的原始记录恢复现在的总账。为了考虑特殊情况的发生，如火灾、地震、战争等，对于一些重要的信息甚至应考虑存放于不同的地方，也许两地相隔几十千米。

信息的保密性是当前十分关心的问题，随着信息越来越成为一种资源，人们也越来越把它当成一种财产来对待，因而被盗的情况也越来越多。信息被盗就是失窃。盗窃信息的方式很多，如电缆窃听、机内安装窃听器发报机，通过厂家以维护为名，把设备拿走，取出录制的信息。或者把你已抹去的磁带读出，通过终端非法查阅数据库更是常用的方法。为了维护信息的密级，信息系统采用了许多技术。在机器内部可采用密码方式，密码的方式主要有换位、替代和成组替代字母等方法。但是没有不能破的密码，只是破码的时间和成本的问题。因而既使用密码，又广泛使用“通过字”（Passwords）。每人自己选设一个通过字，当你要用自己的数据时，机器要问你通过字是什么，如果你回答正确，才能通过。这样就可以保证你的数据不被别人取走。在机器上记录终端试探次数是个好办法，如果谁试探几次就对他进行追究，这样坏人也就不敢多试了。在机器外部也应采取一些办法防止信息失窃，包括应用严格的处理手续，物理上隔绝，不让闲人接触终端和磁带库，整个机房全用铁板屏蔽。所有这些防范的措施均不能防止失窃的根源——人员，所以加强人员的保密教育，慎重选择机要人员，是根本措施。

信息的维护是信息资源管理的重要一环。没有好的信息维护，就没有好的信息使用，就没有好的信息信誉，尤其在当前我国有重使用轻维护这种倾向，信息维护的重要性更要充分强调。

（六）信息的使用

信息的使用包括两个方面，一是技术方面，二是如何实现价值转换的问题。

技术方面主要解决的问题是如何高速度高质量地把信息提供到使用者手边。现代的技术已经发展得相当先进，但远未达到普遍使用的程度。例如，信息的提供已由过去的定期报告，发展到现在的实时检索，提供信息的形式已由过去仅是报告或报表，到现在能提供图形和图像，甚至声景。人机的对话方式也有很大的进展，使得非专业的管理人员可以直接和机器打交道。所以技术可以说已相当先进，当然由于成本问题使其远未普遍使用。

信息价值转化的问题相比之下差得太远。价值转化是信息使用概念上的深化，是信息内容使用的深度上的提高，信息使用深度大体上可分为三个阶段，即提高效率阶段、及时转化价值阶段和寻找机会阶段。

提高效率阶段联系于数据处理阶段，这时使用信息技术的主要目的是提高效率，使手工作业机械化，节省人力。

及时转化价值阶段已认识到管理的艺术在于驾驭信息，已经认识到信息的价值要通过转化才能实现，鉴于信息的寿命有限，转化必须及时。例如某车间可能窝工的信息，知道得早，及时安排插入其他工作，信息就转化为价值。这个阶段可以说信息主要用于管理控制。

寻找机会阶段，每个企业均在信息汪洋大海中游来游去，哪里有航船，哪里有岛屿，全凭企业驾驭信息能力去发现。这时预测和决策的技术对寻找有所帮助，但远未成功。许多企业丢掉了眼前闪过的机会而失败。这个阶段到来的一个特征是信息商品化，信息成为易取易存、易于定价和易于流通的商品，使之不被局部占用。应用信息市场，鼓励采用新技术，放弃过时的技术，应用信息市场化使决策分散化。信息商品化促进信息更好地共享和发挥信息系统的潜力。企业的信息系统在完成本部门的任务后积极提高服务能力，提高信息系统的经济效益。

信息系统是深化信息使用的重要手段，从使用深度上的变化情况看，信息系统的发展经过了6个阶段，叫作诺兰6个阶段。

（1）初装——以公司装第一台计算机为标志。

（2）扩展——由于任务量的增加，公司购买了越来越多的计算机，应用领域也越来越广。

（3）控制——由于扩展信息系统成本越来越高，机种越来越多，造成混乱，公司开始对信息系统的增长采取控制。

（4）整体化——意味着公司由全局出发对全系统进行更新，把过去分散的系统变成相互内聚的一体化的系统。

（5）数据管理阶段——其标志是完全一体化的数据库建成。

（6）信息管理阶段——是指数据处理的技术已经成熟，信息已成为资源，它已为公司各部门所共享，而且为支持公司目标做出贡献。

在控制和整体化阶段之间是一个转折点，它意味着计算机时代的结束和信息时代的到来，这种转换大约发生在1980年。

信息管理阶段要想很好地使用信息，管理要大大加强，管理内容比以前展宽，大致包括以下几个方面：

（1）人力资源管理。主要包括招聘和留住高质量的系统分析员，这些系统分析员要有一定的知识面和一定的工作业绩。另一方面包括怎么考虑和选择信息系统的负责人。

（2）硬件、软件管理。信息经理既要看到企业的需要，又要看到技术的进步，他要善于利用先进的硬软件技术来提高企业的生产率，他要考虑到工作负荷和硬软件资源的能力，决定装设和更新设备的时间。

经常评价机器性能是管好机器的前提，在软件资源管理上，由于软件费用比例越来越高，1980年硬软件费用比是1：4。因而软件应量采用商用软件包，恰当地利用外来人员，把编程任务交给用户，提高专职程序员效率，以降低软件成本。

（3）通信管理。未来的信息服务越来越多地应用于通信技术，信息经理要注意开发通信能力，充分利用企业内的自备通信系统，或租用外界公用通信系统，去获得更多的内外信息资源，并使信息资源得到更好地共享。电话、电报、传真等通信设备应与信息系统很好结合，形成一体化的信息系统。

（4）办公室自动化。信息经理应当为办公室自动化创造条件，从办公机械分散化到电子信件、电子文件管理、业务过程自动化到一体化系统。应把电话、电报、传真，计算机的功能协调好，使经理的部分办公自动化。

（5）规划管理。信息经理要不断地预测未来的需要，然后提出新系统的规划。系统规划一般需 2 ~ 3 年经验的积累，识别和吸收关键用户介入系统是系统规划成功的重要条件。一次规划的实现意味着另一次新的规划的开始，因而实际上规划是信息系统经理经常的工作，而不是暂时的工作。

总之，在信息管理时代，信息管理的广义概念包括三方面。

①面向未来的规划管理。信息管理已成为现代管理的一个重要方面。随着信息资源的重要性的增加，信息管理的规划已和企业的战略规划并驾齐驱，成为企业第一把手的重要工作。规划管理也成为企业信息管理中最重要的工作。

②面向信息系统内部的运营管理。随着系统运行的实时化和社会信息基础设施的不断完善，运营的外包已成为十分重要的方法，也成为运营管理的主要内容。外包的管理也凸显其重要性。企业应设立首席信息官（Chief Information Officer，CIO），由他管理和协调用户使用、内部信息部门服务以及外包协调工作。没有这个处于企业领导核心的职位，企业是很难管好信息系统的运营的。

③面向开发的项目管理。由于软件的商品化，开发工具的成熟，供应商外包业务的推广，现在企业内部的信息部门自主开发项目越来越

少，代之以进行项目管理。把实施项目开发当成促成企业变革的一种活动，去协调好用户开发、外包、信息部门的集成，从更高层、更战略、更宏观的角度进行管理是当前企业的一项很重要的工作，也是 CIO 的一项重要工作。

2.3 系统理论的回顾

系统的概念是管理信息系统三大基础概念之一。什么是系统呢？系统是由一些部件组成的，这些部件间存在着密切的联系，通过这些联系达到某种目的。因而系统也可以说是为了达到某种目的相互联系的部件的集合。这样说，世界上任何非孤立的事物均是系统。

系统的观点最早可以追溯到 20 世纪 30 年代，当时人们在一些学科的研究中，尤其是在生物学、心理学和社会科学中，发现系统的一些固有性质与个别系统的特殊性无关，也就是说，若以传统的科学分类为基础研究，则无法发现和搞清系统的主要性质。在第二次世界大战前不久，路德维希·冯·倍塔朗菲提出了一般系统概念和一般系统理论，系统才逐渐被人们认为是一种综合性的学科。只有到 1954 年才建立了一般系统理论促进协会，系统的研究才进入了一个蓬勃发展的时代。1957 年美国人古德写的《系统工程》一书的公开出版，使“系统工程”一词又被广泛地确认下来。系统工程是由一般系统理论的概念和方法解决许多社会、经济、工程中的共同问题，如能观性、能测性、可控性、可靠性、稳定性、最佳观察等。到了 20 世纪 70 年代随着电子计算机的应用，系统工程的思想有了充分实现的可能性，因而在更多的领域中得到应用，由军事、航天，到水利、电力、交通、通信等系统，由技术工程到企业管理、科技管理、社会管理系统。目前可以这样说，系统工程的方法已渗入到一切领域，甚至渗入到我们的家庭生活中。由于系统工程应用得如此广泛，其他学科也吸取了系统工程的方法和思想，今天运筹学、管理科学和系统工程三个词实际上融为一体，指的是一个东西，甚至可以当成一个词使用，下面我们来介绍一下系统的概念。

2.3.1　系统的定义

如上所述，系统是一些部件为了某种目标而有机地结合的一个整体。这里目标、部件、连接是不可缺少的因素。按照一般系统论的观点，系统应当有五个要素：

（1）系统应有一些主量集合，这些量在一定的时空范围，可以表示成：

$Sn=\{x_1, x_2, \cdots, x_n, t: x_1(t) \in X_1, x_2(t) \in X_2, \cdots, x_n(t) \in X_n, t \in T\}$

（2）系统的主量是随时间变化的，叫系统的活动性。可以表示成：

$Sn=\{x_1(t), x_2(t), \cdots, x_n(t); t \in T, x_1(t) \in X_i, i=1, 2, \cdots, n\}$

（3）系统的主量可以表示于笛卡儿坐标上，叫系统的行为 $p_i(t)=x_i(t+\alpha)$ 写为一一对应关系 $(i, \alpha) \leftrightarrow j$，这样系统可以写为：

$Sn=\{R(xp_j), (i, \alpha) \leftrightarrow j: p_j(t)=x_i(t+\alpha), p_j(t) \in P_j\}$

在随机情况下应加于系统每一元素 e 上一个概率，则

$Sn=\{R(xp_j), (i, \alpha) \leftrightarrow j, e \rightarrow p(e): p_j(t) \leftrightarrow =x_i(t+\alpha), p_j(t) \in P_j, e \in R, 0 \leqslant p(e) \leqslant 1, \sum p(e)=1\}$

（4）每个元素的行为我们用 b_j 表示，行为的集合为 $B=\{b_1, b_2, \cdots, b_m\}$ 叫论域。系统中一对元素 (α_i, α_j) 的耦合，为其元素所含主量之交集，则系统存在论域 B 和耦合 C 之间的关系叫 UC 结构 $\{B, C\}$。

（5）系统的状态和转化结构叫作系统的 ST 结构，记为：

$Sn=\{d_1, d_2, \cdots, d_r, (d_i, d_j): (d_i, d_j) \in E \in D_2\}=\{D, E\}$

则 P = {D，E} 又叫程序结构。

按照上述定义我们来看系统，它有以下特点：①系统是由部件组成的，部件处于运动状态。②部件之间存在着联系。③系统行为的输出也就是对目标的贡献，系统各主量和的贡献大于各主量贡献之和，即系统的观点 1 +1 >2。④系统的状态是可以转换的，在某些情况下系统有输入和输出，系统状态的转换是可以控制的。

2.3.2 系统的分类

从不同的角度出发，系统分类有不同的方法。

1. 按系统的复杂分类

从系统的综合复杂程度方面考虑我们可以把系统分为三类九等，即物理、生物和人类三类。物理类分为框架、钟表和机械三等；生物类分为细胞、植物和动物三等；人类分为人类、社会和宇宙三等，如图2－1所示。

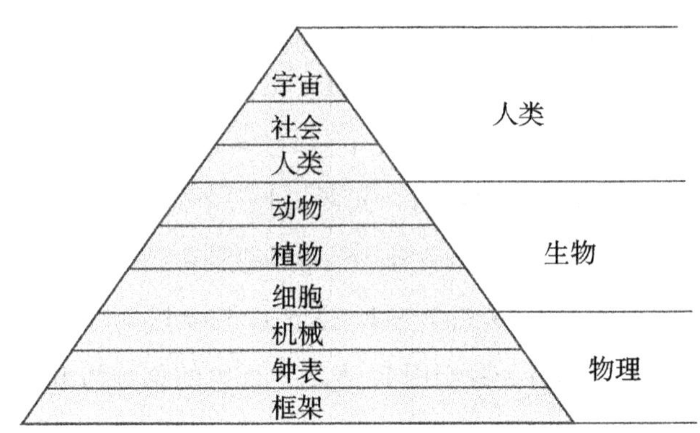

图 2－1 按系统的复杂性分类

由图 2－1 可以看出，系统的复杂性由下向上不断变化：

（1）框架。是最简单的系统。如桥梁、房子，其目的是为交通和居住，其部件是桥墩、桥梁、墙、窗户等，这些部件有机地结合起来提供服务。它是静态系统，虽然从微观上说它也在动。

(2) 时钟。它按预定的规律变化，什么时候到达什么位置是完全确定的，虽动犹静。

(3) 机械。它能自动调整，如把温度控制在某个上下限内或者控制物体沿着某种轨道运行。当因为偶然的干扰使运动偏离预定要求时，系统能自动调节回去。

(4) 细胞系统。它有新陈代谢的能力，能自繁殖，有生命，是比物理系统更高级的系统。

(5) 植物。这是细胞群体组成的系统，它显示了单个细胞所没有的作用，它是比细胞复杂的系统，但其复杂性比不上动物。

(6) 动物。动物的特征是可动性。它有寻找食物、寻找目标的能力，它对外界是敏感的，也有学习的能力。

(7) 人类。人有较大的存储信息的能力，人说明目标和使用语言的能力均超过动物，人还能懂得知识和善于学习。人类系统还指人作为群体的系统。

(8) 社会。是人类政治、经济活动等上层建筑的系统。组织是社会系统的形式。

(9) 宇宙。它不仅包含地球以外的天体，而且包括一切我们所不知道的任何其他东西。

这里前三个是物理系统，中间三个是生物系统，最高层三个是最复杂的系统。管理系统处于什么位置呢？我们说，管理系统是社会系统，它是属于第八等的系统，是很高级的系统。

2. 按系统的抽象程度分类

按照系统的抽象程度分类，可把系统分为三类，即概念系统、逻辑系统和实在系统。

(1) 概念系统。是最抽象的系统，它是人们根据系统的目标和以往的知识初步构思出的系统雏形，它在各方面均不很完善，有许多地方很含糊，也有可能不能实现，但是它表述了系统的主要特征，描绘了系统的大致轮廓，它从根本上决定了以后系统的成败。

（2）逻辑系统。是在概念系统的基础上构造出的原理上可行得通的系统，它考虑到总体的合理性、结构的合理性和实现的可能性。它确信，现在的设备一定能实现该系统所规定的要求，但它没有给出实现的具体元件。所以逻辑系统是摆脱了具体实现细节的合理的系统。

（3）实在系统。也可以叫物理系统，它是完全确定的系统，如果是计算机系统，那么机器是什么型号，用多少终端，放在什么位置等，应当完全确定。这时系统已经完全能实现，所以叫实在系统。

系统的这种分类，帮助我们在构造系统的时候从概念上由浅入深、条理清楚、步骤扼要。

3. 按系统的功能分类

按照系统功能，即按照系统服务内容的性质分类，可把系统分为社会系统、经济系统、军事系统、企业管理系统等。不同的系统为不同的领域服务，有不同的特点。系统工作的好坏主要看这些功能完成得好坏，因此这样的分法是最重要的分法。

4. 按系统和外界的关系分类

按系统和外界的关系分类，可以分为封闭系统和开放系统。封闭系统是指我们可以把系统和外界分开，外界不影响系统主要现象的复现，如我们在超净车间中研究制造集成电路。开放系统是指不可能和外界分开的系统，如商店，若不让货进，不让顾客来买东西就不称其为商店。或者是可以分开，但分开以后系统的重要性质将会变化。封闭系统和开放系统有时也可能互相转化。我们说企业是个开放系统，但如果我们把全国甚至全球都当成系统以后，那么总的系统就转化为封闭系统。

5. 按系统内部结构分类

按系统内部结构分类，可把系统分为开环系统和闭环系统。开环系统又可分为一般开环系统和前馈开环系统。闭环系统又可分为单闭环和多重闭环系统，闭环中既可能包括反馈，又可能包括前馈。

2.3.3　系统性能的评价

判断一个系统的好坏可以由以下四点观察：

（1）目标明确。每个系统均为一个目标而运动的。这个目标可能由一组子目标组成。系统的好坏要看它运行后对目标的贡献。因而目标明确合适是评价系统的第一指标。

（2）结构合理。一个系统由若干子系统组成，子系统又可划分为更细的子系统。子系统的连接方式组成系统的结构。连接清晰，路径通畅，冗余少等，以达到合理实现系统目标的目的。

（3）接口清楚。子系统之间有接口，系统和外部的连接也有接口，好的接口其定义应十分清楚。

例如，世界各国组成的系统，各国之间发生交往均要通过海关进行，海关有明确的人员和货物的出入境规定。再如，工厂和原料供应单位，工厂和运输部门之间接口都有明确规定。例如，一个玻璃厂委托铁路运玻璃，按照铁路规定，玻璃要用木架装好，内填稻草或其他填料，铁路要保证防震达到一定水平。工厂有责任包装好，铁路有责任维护好，如果工厂包装达到了接口条件，因野蛮装卸损坏，责任应由铁路方负，并应赔偿。如工厂包装未达到要求，责任应自负。

（4）能观能控。通过接口，外界可以输入信息，控制系统的行为，可以通过输出观测系统的行为。只有系统能观能控，系统才会有用，才会对目标做出贡献。

2.3.4　系统的计划与控制

任何系统为实现其目标均需要计划与控制。计划是一个预定的行动路线，它表示出目标和为达到这些目标所必需的行动。控制是测量实际和计划的偏差，并采取校正行动。任何组织实际上都有计划，只不过这种计划是否正式而已，非正式的计划容易不一致和不完全。正式计划不仅可作为行动的纲领，而且也是执行结果的评价基础。

设置目标是计划的第一步。计划中所用的名词十分混乱，我们将它们稍加区分，较精确的定义示于表 2－5。

一个企业的目标可能是利润、市场占有率、销售额、库存和产量等。一个企业的目的和目标要经过企业中有关人员的讨论才能达到。这种讨论受到现有组织结构和人员情况的约束很大，企业的内在矛盾影响目标的稳定性，因而留有一定的松弛度，以应付变化，这是很必要的。

表 2－5

名词	定义
计划	成立该组织的根由，如办某名校的根本缘由是培养顶尖人才。
愿景	达到目标后的环境描述，想象的未来的情景。
目的	将要完成什么任务的说明，如不增加人力，又不增加顾客所耗时间的服务。
战略	达到目的的总途径，如改善服务手续。
目标	要达到的能测结果的说明，如缩短接到用户电话请求到服务完成的时间。
计划和预算	达到目标的具体行动和活动的调度进度表和费用，如修改电话预约和服务手续，改善医疗设备的利用率。
政策	伦理道德可接受的行为界限，决策界限和标准，如系统接口原则。

计划是由远至近，由面至点分层进行的。一般来说，一个系统的计划都有以下几层：

（1）战略计划（5 年及以上）。

企业应当进入什么行业领域？如何筹集资金？如何分配稀有资源？

（2）策略计划（1～5 年）。

实现长期计划的投资模型是什么？如何决定设备位置、扩建、停用，以使利润最大？

产品系列中应增加、减少什么产品？最佳产品价格模型是什么？

（3）运行计划（1～12 月）。

原料获得、库存水平、分配系统结构、路线和模式，怎样使运行最优？怎样和长期计划衔接？

（4）调度和发放（现时）。

当前设备运行的顺序是什么？怎样吻合下一周期的运行要求？

对于一个系统来说，其计划过程可以见图 2－2。

系统计划过程本身就是一项系统工程性工作，有时也是耗时耗资最多的工作，往往由于以下一些原因使这项工作不能很好地进行。

①计划是一项很困难的认识活动。

②计划是一项阐明未来不确定性的工作。

③计划减少了行动的自由，受约束者不愿要计划。

④计划是一项很紧张的工作。

⑤计划在计算上是冗长乏味的。

⑥计划做了，常常是放到一边无用。

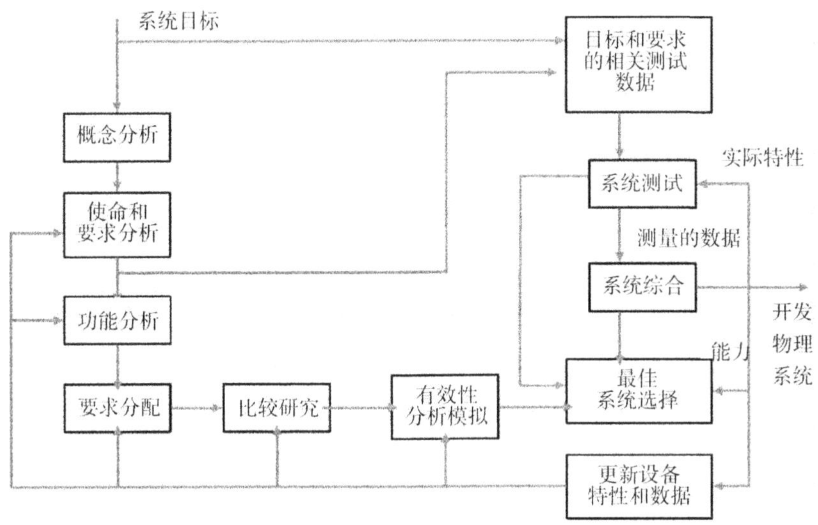

图 2－2　系统计划的过程

因为计划的这些困难，所以用手工制订及维护一个计划是很困难的。大型完善的计划都需要计算机进行强有力的支持。大型系统工程项目成功的重要原因是因为有强有力的计划技术支持。

当前我国部分企业对计划产生了错误认识，因而不重视计划。计划经济不好，不等于管理上不要计划。恰恰相反，在宏观的市场经济环境下，管理的计划更应受到重视。自由经济高度发达的美国，他们还认为“阿波罗”登月的成功主要是计划技术的成功，而不仅是科学技术的成功。他们还说，21 世纪是个计划的世纪，没有计划做不到的事情，也没有没计划做到的事情。管理不是经济，管理上应十分注重计划。

控制是测量实际和计划的偏差，并采取校正行动的过程。这个过程可以表示于图 2－3。

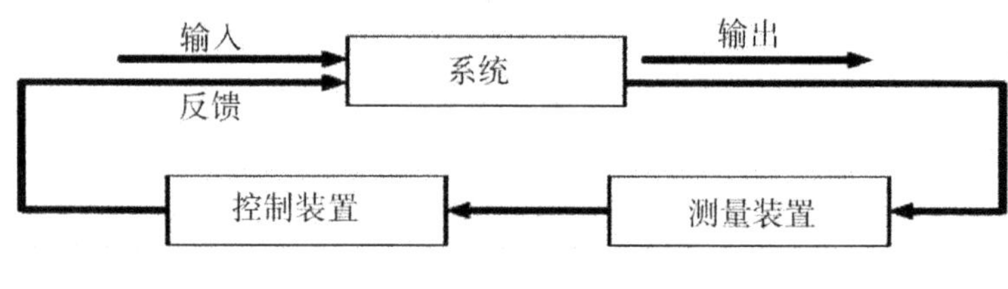

图 2－3　系统的控制模型

由图 2－3 我们看出，这个系统可以通过输入的改变，影响系统的输出。我们通过测量装置得到输出结果，送给控制装置，由控制装置按照一定的规则产生反馈信号，利用反馈信号来改变输入，以达到控制输出的目的。根据系统内部结构的特性和反馈信号产生规律，闭环系统的输入、输出间有一定关系，不同的关系给以不同的名字。

这里比例环节的特性是输入和输出间始终保持比例关系，如在价格一定情况下的产量和产值之间的关系。

延迟环节是指输出只比输入落后一段时间，但完全重复输入的情况。例如，生产上的传送带，上带的产品与下带的产品只差一个时差，其他完全一样。再如固定提前期的订货，订货与到货只存在时差。批处理的信息也差一个批处理的时间间隔。

惯性环节是指输出要随输入而变化。但有个惯性的过程。例如蔬菜降价后销售量的上升，生产的发展与人民生活的改善之间，都有个惯性的过程。

振荡环节是最一般的环节，振荡环节至少是两阶的，但也可能是高阶的。振荡环节输入和输出之间的关系比较复杂。在输入为跃阶情况下，输出的变化大致分为三类。

这里第一种情况是单调增长的情况，如果各项参数配合得好，则接近稳定的时间可达到最短，这叫最佳过渡过程。第二种情况，系统振荡，但能达到稳定，这时输出有一定的超调量，当然我们希望超调量小些，过渡过程短些。超调量小，意味着多余库存空间可以减少。第三种情况是我们最不希望的情况，此时系统输出越振越大，可能产生一会儿脱库，一会儿满库，一会儿停工，一会儿加班的现象。系统究竟是哪种情况，取决于系统本身的参数和反馈环节的参数。因而我们可以改变反馈环节或改变系统本身，以获得好的运行性能。

为了控制系统的性能，对系统结构进行一些改变常常是有效的，在信息系统中经常应用的方法有分解、归并和解耦等三种方法。所谓分解就是把一个大系统按各种原则，把它分解为子系统。所谓归并是把联系密切的子系统合并到一起，减少子系统之间的联系，使接口简化并且清楚。解耦是相互联系很密切的子系统加进一些缓冲环节，使它们之间的联系减弱，相互依赖性减少。

应用缓冲库存可使前后两个子系统相对独立。如在生产线中间有个原料库存，生产就不至于因为原材料输送的问题而停顿。在信息系统中往往用缓冲存储器或暂存文件协调外部设备和主机运行速度的不一致，从而提高了全系统的效率。

松弛资源应用于一个子系统的输出直接作为另一子系统的输入的情况。这种应用可以使两个系统相对独立。这种材料、能力、时间上的松弛使两个系统不会产生不一致的现象，使得数据处理系统提供额外的报告成为可能。系统分析员和程序员合到一起开会交接任务，会产生较好的效果。他们单独通过文件联系会造成一定的松弛。

应用标准可以把系统间的联系切断，前面系统只要产生达到标准的产品，后面系统只要按照标准接受产品，这样就简化了系统的通信。在管理中的质量标准、成本标准等，在信息系统中的标准代码、标准格式等，充分利用这些标准对系统进行控制是很有效的方法。

利用解耦不仅可以减少系统间的物理联系，而且可以减少系统间的通信。利用解耦可以提高系统的能力，如把采购和支付分开，由每天处理200笔卖主支付提高到300笔。解耦也有其缺点，这就是局部的优化，未必是全局的优化，甚至可能是全局的劣化，如过分强调生产线的效率，库存费用大大增加，可能使全局费用升高。因而如何利用解耦，还要根据具体情况分析。但一般来说子系统间联系越紧，对控制要求也就越高，如日本的零库存生产线。子系统之间的联系越松，系统间的通信要求越少，越有利于调动子系统的积极性。

2.3.5 系统的集成

系统集成是为了达到系统目标将可利用的资源有效地组织起来的过程和结果。系统集成的结果是将部件或小系统联成大系统。单个微机一般不能算是系统集成，把多个微机用网络连接起来就可算是系统集成。把CAD（计算机辅助设计）、CAM（计算机辅助制造）和MIS连通，这当然属于系统集成，而且是比微机联网更高级的集成。

系统集成在概念上绝不只是连通，而是有效地组织。有效地组织意味着系统中每个部件得到有效的利用，或者反过来说，为了达到系统的目标所耗的资源最少，包括开始的设备最少，和以后的运行消耗最少。系统集成是要达到系统的目标，这个目标总是要达到1+1>2，即系统的总效益大于各部件效益之总和。事实上对于信息系统而言，集成的系统所完成的效益是每个分系统单独工作所无法完成的，因而是1+1>2。

系统集成为什么当前显得这么时髦，关键在于它的重要性。正像我们前面所述，如果没有系统集成，各部件的效益均无法发挥。所以它成了实现系统效益的瓶颈。另外又在于它是系统上的系统，是复杂的系统，是关系全局的系统，因而它影响面大。我国现在大多数企业的信息系统没有发挥应有的效益，企业买了各种各样的软件、硬件，可是没有发挥系统的作用，只把它当成一个大的打字机使用，这都是因为集成不好所致。

像其他任何对象的分类一样，由不同的角度可以把系统集成分为不同的类型。按涉及的范围可将系统集成分为技术集成、信息集成、组织人员集成以及形象集成。按照系统优化的程度可将系统集成分为连通集成、共享集成和最优集成。按照具体程度分，可将系统集成分为概念集成、逻辑集成和物理集成。

按优化程度，可将系统集成分为连通集成、共享集成和最优集成。

（1）连通集成。顾名思义就是首先保证设备能互相连通。这个要求好像是出自网络的要求。尽管微机桌面处理，用户友好的软件以及一些通信设备能很好地工作，但连通的目标仍然是很难实现的。连通性（Connectivity）是指计算机和计算机基础的设备在无人干涉的情况下相互通信和共享信息的性能。缺乏连通性的情况是很多的。

①微机经常不能从主干机器或其他品牌的微机取得信息；

②有些公司有多种 E－mail 系统，彼此不能通信；

③由于各个国家有自己的通信规范，跨国公司很难建立其全球网络。

连通性不只是联网而已，另外的一些性能也应具有。例如应用程序兼容性，同样的软件可应用于不同的机器上；移置性，由老一代软件移置到新一代软件上；合作处理性，利用主干机、部门机和微型机联网，解决同一个问题；信息兼容性，在不同的硬件平台和软件应用程序间共享计算机文件；互用性，软件应用程序应用于不同的硬件平台，而又维护一样的用户界面和功能的能力。所以在一个大的计算机系统中连通性的要求是很多的，当前的大多数系统均没有达到理想的程度。

（2）共享集成。是指整个系统的信息能为系统中所有用户所共享。这种要求看起来很容易做到，但实际上是很难的。一般来说这里应当有个共享的数据库，其内容为全组织共享，而且要维护到最新状态。除此之外，所有用户的数据在有必要时，也容易接受其他用户的访问。共享集成还可以包括应用软件的共享，在网络上提供很好的软件，用户容易应用或下载，不必要每台机器均独立装设许多软件等。

（3）最优集成。是最高水平的集成，理想的集成，也是很难达到的集成。一般只有在新建系统时才能达到。在新建系统时，很好地了解系统目标，自顶向下，从全面到局部，进行规划，合理确定系统的结构，从全局考虑各种设备和软件的购置，达到总经费最省，性能最好。实际上随着时间的推移，环境的改变，原来最优的系统，后来已偏离最优的了。在开始设计时它是最优的，建成以后已不是最优的了。所以最优系统实际上是相对的。追求最优的努力应该一直继续下去。

按范围分类，可分为技术集成、信息集成、组织人员集成和形象集成。

①技术集成。主要是达到技术上的连通，解决技术上的问题。如合用性、可取性、响应时间、满足要求的功能，以及容易操作等。

②信息集成。要达到数据共享，要解决数据上的问题，如不正确性、过时、不合适的单位、没有索引、不够合用和难以获得等。

③组织人员集成。是将系统融合于组织中，成为相互依赖不可缺少的部分，要解决人的问题。如系统难用、系统难学、系统总是工作不正常、系统总出错、系统难以预料等。系统难用，对组织来说，如不解决实际问题、不能和组织或人员配合解决问题、不能适应变化等。

④形象集成。是要将信息系统集成于企业形象之中，成为企业的骄傲。形象系统本身就是信息系统，信息系统也要注意自己的形象。往往一个企业信息系统应用很成功，但信息系统给人的形象很不好。如企业

的主页没内容或不更新，企业的信息不那么容易得到；企业信息人员的形象不好，服务不好等。这些不好的形象将会给客户一种印象，即企业的管理水平不高，从而使客户对企业的产品失去信心。信息系统也要时刻注意自己的形象，使之和企业的形象在艺术上达到融合。

按具体程度，可将系统集成分为概念集成、逻辑集成和物理集成。形象地说，概念集成是看不见摸不着的；逻辑集成是看得见摸不着的；而物理集成是看得见摸得着的。它们一个比一个更具体，但从重要性来说，概念集成是最重要的，是决定一切的。

概念集成是最高层抽象思维的集成。一般来说，它是定性的、艺术的，它确定了解决问题的总体思路。例如，有个公司想搞自己的办公自动化，有的说照搬IBM，有的说照搬HP公司，至于到底仿照谁，很难用科学公式证明谁最好。这与该公司的环境关系很大，甚至与非技术环境关系也很大。例如，这两家公司关系好、相互信任等。所以构成概念集成的依据是经验和知识。

综上所述，现实问题总要经过人的表达，根据这种表达提取经验与知识，接着就要进行概念的集成，首先是定性地给出解决问题的思路，有可能的话，给出定量的边界，勾画出系统集成的模型或框架。然后再利用深入的知识，包括规则和公式，将其深化成为逻辑集成模型，利用逻辑集成模型和状况表达比较，以确定集成方案能否很好地解决这个问题，然后再进行物理集成和实现。只有由概念到逻辑，再到物理集成这条路，才能真正做到最优集成。

集成策略是进行集成的执行途径。往往由于集成策略的不正确，很好的集成思想无法得到实现。什么是集成策略，我们可以举几个例子说明。例如某个信息系统公司向用户推行其系统，其策略可能有以下几种：

①共同开发。用户介入到起动、开发以及集成各个阶段。

②服务子用户。用户只介入起动和集成。

③推向用户。用户介入开发和集成。

④卖给用户。用户只介入集成。

⑤征用用户。用户只介入开发。

由此我们可以看出不同策略差别会很大，不同策略将导致不同的结果。

集成策略是一个过程，往往包括几个阶段的组合。例如，教育用户、系统装设、应用程序集成等。

2.3.6 系统理论的发展

系统理论不是研究孤立的事物。它研究把孤立事物联系起来所形成的新问题。这些问题是不同于孤立存在的事物的问题。系统理论的学科研究有三个层次：系统思想、系统科学和系统工程。

系统思想是系统研究的最高层次。它是一种思路，一种概念。系统思想，可以说人类很早以前就有了，人们在实践活动中总结了经验，找出了规律，形成了思想、概念。中国古代许多思想家，早就有了系统思想。如大禹治水、李冰修建都江堰等。欧洲早期的哲学家也早就有了系统思想，如古希腊辩证法奠基人之一的赫拉克里特（公元前500年）在《论自然》一书中写道："世界是包括一切的整体。"古代的这些系统思想，至今我们阅读起来，仍感到十分深刻。系统思想和系统科学是不同的。它不要求严格的逻辑推理和实验验证，它主要根据经验归纳、创造性的思维去定性地把握事物的走向。它重视透过事物的表面现象，抽取事物深层面的概念，透过个别事物去抓住整体的特征，从而建立自己的概念框架。系统科学则是利用当代科学的一切成就，把系统工作由艺术、经验变为科学的过程。科学的特点是什么？科学追究原因，科学建立起一套逻辑推理机制，科学推出的结果是可信的，是真实的。科学主要是明因、明理。而系统思想主要是知识和创意，所以系统思想在某种程度上也可以说是系统哲学，是研究科学和工程背后的"科学"。系统思想的重点是在创意和概念框架。因而当代的一些研究就逐渐集中于创意的模式研究上。较有名的如切尔兰德（P. B. Checkland）的软系统思想（Soft System Thinking）。

这里“根”是基因内核的意思。它是形成系统最基础、最根本、最重要的成分。由它发展就可以形成系统。

软系统思想主要研究解决的是非结构化的问题，也就是最随意、最无规则的问题。这类问题只可能凭经验和艺术来解决，而无章可循。这里给出了用系统思想的模型来解决这类问题的步骤。也就是说，它不可能给出问题的解答，而只是给出了如何思考着手解答这个问题的途径。这是一种方法，按照这个方法就能较好较快地接近问题的解答。

通常这类问题的解决步骤是：首先，确定这个问题是非结构性问题，对此问题进行描述。其次，和相关系统的“根”进行比较，并参照其他系统思想形成系统概念，构建出问题的概念模型。这里得到的思想上的概念模型只是初步的。再次，用它和本问题的情景比较，得到可行的方案。最后，去实现可行的方案。

近代的问题越来越复杂，越来越注意问题软的方面的研究。我国钱学森院士提出的综合集成法（Meta - Synthesis），就是这方面的典型代表。综合集成法是在简单集成基础上的综合。它强调把情报、资料、信息、知识和人的经验一起集成起来。它的第一步是提出问题和形成经验性假设，这是最重要的阶段。它强调充分发扬民主、畅所欲言、相互启发、大胆争论，把专家的创造性充分激发起来。这实际上也是一种形式的头脑风暴法。它的第二步就是验证这些假设，可能否定或肯定，也可能修改以后得出新的假设再来验证。在这个阶段中，强调充分利用数学科学、信息科学、控制科学、计算机科学以及系统科学所提供的各种有效方法和手段，如系统建模、仿真、优化等。这种方法实际上是强调了艺术经验和科学方法的混合应用。在这个方法中还应用了研讨厅体系，这实际上是在群体决策支持系统支持下的电子会议室。

系统科学是利用科学方法来解决系统问题的。科学的特点在于明理、演绎、验证和求真。就是说应当知道道理，应当可以进行符合逻辑的推导，应当可以验证，可以求得真实的规律。管理科学是利用当代自然科学的一切成就来解决管理问题的过程，系统科学就是利用当代自然科学的一切成就来解决系统问题的过程。系统科学的大发展时期是20世纪80年代，是在40年代计算机科学、50年代信息科学和控制科学、运筹学和管理科学等基础上发展起来的。随着系统科学的成熟，系统论、信息论和控制论就成为那个时代的软科学的基础——“老三论”。20世纪末，由于系统越来越复杂，也由于自然科学又有许多新进展，复杂系统理论成了研究的焦点，它呼唤着更高级理论的出现，逐渐出现了“新三论”，即耗散结构论（Dissipative Structure Theory）、突变论和协同论（Synergetic Theory）。实际上“新三论”均是研究开放系统中某一组织通过和外界不断地交换能量、信息和物质后，自身内部的控制参量达到某一阈值时，系统可能由无序转化为有序状态，因而“新三论”又称为自组织理论。自组织是在自适应的基础上产生的，复杂系统具有自适应能力，自适应又创造了复杂性。进一步深入研究复杂系统结构的演变，20世纪90年代，西方兴起了非线性科学热。非线性科学中的分形、分维和混沌理论（Chaology），又被称为“新新三论”。不管它是否达到了这种程度，但是混沌开始之处，就是经典科学终止之处。非线性的研究正在消除决定论和概率论两大对立描述体系的鸿沟。

系统工程是用当代工程技术的一切成就来解决系统问题的。工程的特点是按质、按量、按时地完成任务。如果说系统思想主要是定性研究的话，系统科学是定性定量结合的话，系统工程最后一定要定量。系统工程力求100%地达到目标。定量、准确是系统工程区别于系统思想和系统科学的主要特点。系统工程十分重视实施，注意计划。大型系统工程项目，如“阿波罗”登月计划、三峡工程的成功，绝不只是工程技术的成功，更重要的是计划技术的成功。

无论是系统思想、系统科学，还是系统工程，针对的目标都是系统。它们都是从整体出发，综合考虑，全面分析，这很像古代的整体论，但它们也同时使用当代的还原论，把事物分解后，先解决局部再解决整体。在方法上也是综合的。系统理论正朝着综合的知向、明理、精成的方向发展。

本章小结

本章主要介绍了管理信息系统的三个理论来源，即管理、信息和系统理论。首先讲了管理的定义和性质，并简单介绍了主要管理科学家的论点；再讲管理信息的定义和性质，信息的八个基本属性及包括收集、传输、加工、储存、维护、使用的信息生命周期的各阶段；还有系统的定义、分类、性能的评价、计划与控制、集成以及发展。

章节练习

1. 管理的定义是什么？管理和其他学科在性质上的区别是什么？

2. 在管理理论发展的历史中几个主要的关键的论点是什么？其代表人物是谁？当前有什么新的管理论点会对管理产生很大的影响？

3. 根据你自己对管理的理解，可否构思出一幅管理的概念构架？写一篇“论管理”或“管理论”的文章。

4. 什么是数据？什么是信息？试举几个实用的例子加以描述。

5. 信息有哪些基本性质？哪些性质和物质的性质不同？为什么？

6. 信息的价值如何衡量？如何才能正确地实现其价值？

7. 信息是否有生命周期？如何把握生命周期使信息更好地发挥作用？

8. 信息管理有什么内容？试述我国企业在信息管理上的问题。

9. 什么是系统？没有目标的相互联系的事物是否是系统？为什么？

10. 以什么指标来衡量系统的好坏？

11. 管理信息系统是什么样的系统？它有哪些系统的特点？

12. 试论计划与控制对系统的重要性，如何才能正确地实施计划与控制？

13. 参考几本系统科学或工程系统的书，对系统的概念进行再思考，论述系统的性质和特点，阐述系统概念的新发展。

14. 什么是系统集成？信息系统的集成和计算机网络的集成有何不同？

15. 信息系统有几种分类方式？每种方式的长处和问题是什么？当前系统集成分类还存在什么问题？

16. 系统集成的策略应当包括什么内容？如何检验系统集成的成功与否？

17. 你认为管理信息系统的基础理论还有哪些？

“红包”风波

20 世纪 80 年代，东北某煤矿为了学习境外的先进的管理方法，也为了打破“大锅饭”，矿务局领导决定用发“红包”的形式分年终奖。红包是他们从财务处领出一笔钱，根据出勤情况、产煤数量、安全情况与工作表现等计算出每位职工的奖金数放进纸包，并宣布一条纪律：不允许互相打听，违者以破坏改革论处。但是，事与愿违，“红包”发下之后，矿里“沸腾”了。许多工人拥进了矿务局“闹事”。

分析：

为什么香港盛行的发红包在国有企业中难以效仿？如何根据管理的二重性来加以说明？

第3章　信息系统的技术基础

上海贝岭股份有限公司

上海贝岭创建于1988年，是中国微电子行业率先上市公司。该公司自成立以来，相继引进、消化和吸收了国际上先进的芯片工艺技术和设计技术，形成三大类产品：通信专用集成电路，每年支持着500万~600万线交换机；金卡类专用芯片；智能家电类芯片，包括电子电度表芯片、模糊控制专用芯片。

公司大力发展企业信息化管理，每年投入巨资进行全公司管理信息系统的建设，逐步实现了以生产为中心的生产控制信息系统，以财务为中心的企业资源管理系统。目前，正在积极推进ERP/SAP系统，公司实施的重点工程有决策支持系统EDSS、成本管理系统以及基于知识管理的WebOA系统。

企业信息系统建设经历了三个阶段。面向制造应用阶段：建立以生产为中心的生产控制信息系统在制品管理系统CAM；面向管理集成阶段：建立车间流程控制SFC；智能化信息系统建设阶段：建立工程生产决策支持系统（EDSS）。

贝岭微电子企业，在生产中除了必要的净化厂房、生产设备、工艺技术等条件外，要保证产品精度和质量，员工的专业技能好坏对产品质量影响较大，所以贝岭开发了基于知识管理的WebOA系统。它可实时掌握各项生产动态，监视WIP在工序间的运转并实现规模生产。这种建立在实时数据基础上的质量监控，大大加强了工艺的一致性、可靠性，提高了产品成品率，也就是提高了企业竞争力。

3.1 数据通信技术基础

3.1.1 数据通信

数据通信是人—机或机—机的通信，PC 直接参与通信是数据通信的重要特征；数据传输的准确性和可靠性要求都很高；数据传输速率高，要求连续和传输响应时间快；数据通信持续时间差异大、突发度高。

数据通信系统主要包括两个方面的内容：一是系统信道的组成、连接、控制及其使用；二是系统的信号如何在信道上传输与控制。

任何数据通信系统都是由终端、数据电路和 PC 系统这 3 种类型的设备组成的。数据电路由传输信道和 DCE（数据电路终接设备）组成。传输信道又有模拟信道与数字信道之分、专用线路和交换网线路之分、有线信道和无线信道之分及频分信道和时分信道之分等。

数据通信和传统的电话通信的重要区别之一是电话通信必须由人直接参加，摘机拨号接通线路，双方都确认后才开始通话，在通话过程中有听不清楚的地方还可以要求对方再讲一遍等。在数据通信中也必须解决类似问题才能进行有效的通信。但由于数据通信没人直接干预，就必须对传输过程按一定的规程进行控制，以便使双方能协调可靠地工作，包括通信线路的连接、收发双方的同步、工作方式的选择、传输差错的检测与校正、数据流控制及数据交换过程中可能出现的异常情况的检测与恢复，这些都是按事先双方约定的传输控制规程来完成的。

从数据通信系统的电路传输能力来看，数据通信可分为单工、半双工和全双工 3 种工方式。

（1）单工：两地间只能在一个指定的方向上进行传输，一个数据站固定作为数据源，另一个站固定作为数据宿。在二线连接时可能出现这种工作方式。

（2）半双工：两地间可以在两个方向上进行传输，但两个方向的传输不能同时进行，用二线电路在两个方向上交替传输数据信息。由 A 到 B 方向一旦传输结束，为使信息从 B 传送到 A，线路必须倒换方向。这种换向动作是由调制解调器完成的。

（3）全双工：两地间可以在两个方向上同时进行传输。在四线连接中均采用这种工作方式。在二线连接中，采用某些技术（如回波消除、频带分割）也可以进行双工传输。

数据通信系统的传输方式：

（1）并行传输与串行传输。

并行传输指的是数据以成组的方式在多条并行信道上同时进行传输。常用的就是将构成一个字符代码的几位二进制码，分别在几个并行信道上进行传输，如采用 8 单位代码的字符，可以用 8 个信道并行传输。一次传送一个字符，收发双方不存在字符的同步问题。不需要另加“起”“止”信号或其他同步信号来实现收发双方的字符同步，这是并行传输的一个主要优点。但是，并行传输必须有并行信道，这往往带来了设备上和实施条件上的限制，因此，实际的应用受到限制。

串行传输指的是数据流以串行方式在一条信道上传输。一个字符的 8 个二进制代码，按高位到低位顺序排列，在接下一个字符的 8 位二进制码，这样串接起来形成串行数据流。串行传输只需要一条传输信道，易于实现，是目前主要采用的一种传输方式。但是串行传输存在一个收发双方如何保持码组和字符同步的问题，这个问题不解决，接收方就不能从接收的数据流中正确区分出一个个字符来，从而使传输失去意义。如何解决码组或字符的同步问题，目前有异步传输方式和同步传输方式两种不同的解决办法。

(2) 异步传输与同步传输。

异步传输一般以字符为单位，不论所采用的字符代码长度为多少位，在发送每一个字符代码时，前面均加一个“起”信号，其长度规定为1个码元，极性为“0”，即空号的极性；字符代码后面均加上一个“止”信号，其长度为1或2个码元，极性皆为“1”，即与信号极性相同。加上“起”“止”信号的作用就是为了能区分串行传输的字符，也就是实现串行传输收发双方码组或字符的同步。这种传输方式的特点是码组或字符同步，实现比较简单，收发双方的时钟信号不需要严格同步，缺点是对每一个字符代码都需加入“起”“止”码元，使传输效率降低，适用于1200bit/s以下的低速数传输。

同步传输是以同步的时钟节拍来发送数据信号的，因此在一个串行的数据流中各信号码元之间的相对位置都是固定的（即同步的）。接收端为了从收到的数据流中正确区分出各个信号码元，首先必须建立准确的时钟信号。数据的发送一般以组（或称帧）为单位，一组数据包含多个字符，收发之间的码组或帧同步是通过传输特定的传输控制字符或同步序列来完成的，传输效率较高。

3.1.2 数据传输

1. 基带传输

电信号所固有的基本频带，简称基带。数字信号的基本频带由传输速率决定。当利用数据传输系统直接传送基带信号、不经频谱搬移时，则称之为基带传输，这种数据传输系统就称之为基带传输系统。

2. 频带传输

把二进制信号（数字信号）进行调制交换，成为能在公用电话网中传输的音频信号（模拟信号），将音频信号在传输介质中传送到接收端后，再由Modem（调制解调器）将该音频信号解调变换成原来的二进制电信号。这种把数据信号经过调制后再传送到接收端后，又经过解调还原成原来信号的传输，称为频带传输。频带传输不仅克服了目前许多长途电话线路不能直接传输基带信号的缺点，而且能够实现多路复用，从而提高了通信线路的利用率。但是频带传输在发送端和接收端都要设置 Modem，将基带信号交换为通带信号再传输。

3. 宽带传输

宽带是指比频带（音频或视频）带宽更宽的频带（相对而言）。使用宽频带传输的系统为宽带传输系统。它可以容纳全部广播，并可进行高速数据传输。宽带传输系统多是模拟信号传输系统。宽带传输与基带传输相比有以下优点：能在一个信道中传输声音、图像和数据信息，使系统具有多种用途；一条宽带信道能划分为多条逻辑基带信道，实现多路复用，信道的容量大大增加；宽带传输的距离比基带远，因基带直接传输数字，传输的速率越高，传输的距离越短。

4. 数字数据传输

数字数据传输方式是利用数字信道传输数据的方法。采用数字信道，每一数字话路的数据传输速率为 64kbit/s，所以，每一话路可复用 5 路 9600bit/s 或 10 路 1800bit/s 的数据，并不需要采用 Modem，误码率较低，提高了传输的速率和质量。当传输距离较长时，由于数字信道每隔一定距离就要插入再生中继器，使信道中引入的噪声和信号失真不会积累，可大大提高传输质量。当然，采用数字传输要求全网络的时钟系统保持同步，因此这种数字数据传输方式的灵活性不如模拟传输方式。

3.1.3　数据通信网的交换方式

一个通信网的有效性、可靠性和经济性直接受网中所采用的交换方式的影响。对于 PC 和终端之间的通信，交换是一个重要的问题。如果我们想使用任何遥远的 PC，若没有交换机，只能采用点对点的通信。为避免建立多条点对点的信道，就必须使 PC 和某种形式的交换设备相连。这时的交换又称转接，这种交换通过某些交换中心将数据进行集中和转送，可以大大节省通信线路。在当前的数据通信网中，有电路交换、报文交换、分组交换3种交换方式。

1. 电路交换

在数据通信网发展初期，人们根据电话交换原理，发展了电路交换方式。当用户要发信息时，由源交换机根据信息要到达的目的地址把线路接到那个目的交换机，这个过程称为线路接续。是由所谓的联络信号经存储转发方式完成的，即根据用户号码或地址（被叫）经局间中继线传送给被叫交换局并转被叫用户。线路接通后，就形成了一条端对端（主叫终端和被叫终端之间）的信息通路，在这条通路上双方即可进行通信。通信完毕，由通信双方的某一方向自己所属的交换机发出拆除线路的要求，交换机收到此信号后就将此线路拆除，以供别的用户呼叫使用。

由于电路交换的接续路径采用物理连接，在传输电路接续后，控制电路就与信息传输无关。电路交换方式的主要优点是：

（1）信息传输延迟小，就给定的接续路由来说，传输延迟是固定不变的。

（2）信息编码方法、信息格式以及传输控制程序等都不受限制，即可向用户提供透明的通路。

电路交换的主要缺点是电路接续时间长，线路利用率低，目前电路交换方式的数据通信网是利用现有电话网实现的，所以数据终端的接续控制等信号要做到与电话网兼容。

2. 报文交换

20世纪60~70年代，在数据通信中普遍采用报文交换的方式，目前这种技术仍普遍应用在某些领域（如电子信箱等）。当初，为了获得较好的信道利用率，出现了存储—转发的想法，这种交换方式就是报文交换。它的基本原理是用户之间进行数据传输，主叫用户不需要先建立呼叫，而先进入本地交换机存储器，等到连接该交换机的中继线空闲时，再根据确定的路由转发到目的交换机。由于每份报文的头部都含有被寻址用户的完整地址，每条路由不是固定分配给某一个用户，而是由多个用户进行统计复用。

报文交换中，若报文较长则需要较大容量的存储器，若将报文放到外存储器中，会造成响应时间过长，增加了网络延长时间。另一方面报文交换通信线路的使用率仍然不高。

3. 分组交换

分组交换与报文交换一样，也是采用存储—转发交换方式，它首先把来自用户的信息文电暂时存于存储装置中，并划分为多个一定长度的分组，每个分组前边都加上固定格式的分组标题，用于指明该分组的发送端地址，接收端地址及分组序号等。

以报文分组作为存储—转发的单位，分组在和交换节点之间传送比较灵活，交换节点不必等待整个报文的其他分组到齐，一个分组一个分组的转发。这样可以大大压缩节点所需的存储容量，也缩短了网络时延。另外，较短的报文分组比长的报文更能减少差错的产生，提高了传输的可靠性。

3.2　移动通信简介

3.2.1　移动通信概述

所谓移动通信，是指通信双方或至少有一方处于运动中进行信息交换的通信方式。移动通信的发展已经经历了五代。

1. 第一代移动通信系统（1G）

第一代移动通信系统于20世纪70年代末~80年代初发展起来，其最重要的技术特征是采用模拟技术即功能模块使用模拟电路单元实现，采用频分多址（FDMA）、模拟调制（FM）方式和蜂窝结构（同频复用和小区切换）等技术。典型的代表系统有美国的 AMPS 系统和欧洲的 TACS 系统。1G 系统的主要缺点是频谱利用率低、系统容量有限、抗干扰能力差、业务量比固定电话服务差、跨国漫游难、不能发送数字信息等，已逐步被各国淘汰。

2. 第二代移动通信系统（2G）

第二代移动通信系统克服了 1G 的许多缺陷，它是基于数字通信的移动通信系统，即除了传送语音外，还可以传送数据业务。在当今的数字蜂窝移动系统中，最具代表性的是 GSM 系统和 N－CDMA 系统，如今 GSM 移动通信系统已经遍及全世界，即所谓全球通。2G 系统的缺点是系统容量有限，限制了数据业务的发展，也无法实现移动的多媒体业务。由于各国标准不统一，无法实现全球漫游。

3. 第三代移动通信系统（改进后的第二代移动通信系统）（2. 5G）

随着人们对数据通信业务需求的日益提高，人们已不再满足以语音为主的移动通信网所提供的服务。于是，人们在不大量改变 2G 系统的条件下，适当增加了一些网络和一些适合数据业务的协议，使系统可以较高效率地传送数据业务，如目前的 GPRS 系统。改进后的 2G 系统称为 2. 5G 系统。

4. 第四代移动通信系统（3G）

由于 2. 5G 系统没有从根本上解决无线信道传输速率低的问题，因此，它只是作为一个过渡系统，第三代移动通信系统才能基本达到人们对快速传输数据业务的需求。

3G 的目标主要有：

（1）全球漫游。适应多种环境，多种技术，统一频率，统一标准，实现全球无缝覆盖。

（2）综合化。提供多种业务服务，包括高质量的话音、可变速率的数据、高分辨率的图像等，实现多种信息一体化。

（3）3G 化。足够的系统容量，强大的多种用户管理能力，高保密性能和服务质量。

当前3G技术标准主要有3个：欧洲的WCDMA、北美的cdma2000和中国的TD-SCDMA。

5. 第五代移动通信系统（4G）

4G是真正意义的高速移动通信系统，用户速率20Mbit/s。4G支持交互多媒体业务，高质量影像，3D动画和宽带互联网接入，是宽带大容量的高速蜂窝系统。2005年初，NTTDoCoMo演示的4G移动通信系统在20km/h下实现1Gbit/s的实时传输速率，该系统采用4X4天线MIMO技术和VSF-OFDM接入技术。

3.2.2　移动通信的特点

无线通信是移动通信的基础，移动通信的主要特点是：

移动通信利用无线电波进行信息传输。由于无线传播环境十分复杂，这要求在设计移动通信系统时，必须采取抗衰落措施，保证通信质量。

移动通信在强干扰环境下工作。在移动通信中，除了外部干扰，自身还会产生各种干扰，主要有互调干扰、邻道干扰和同频干扰等。

通信容量有限。适于移动通信的频段仅限于UHF和VHF，可用的通道容量是极其有限的，为满足用户需求量的增加，目前常使用频道重复利用的方法来扩容。

通信系统复杂。移动台在通信区域内随时移动，需要随时选用无线通道，进行功频率和功率控制、地址登记、越区切换及漫游存取等跟踪技术。

对移动台的要求比较高。移动台长期处于不固定位置状态，外界影响很难预料，这就要求移动台具有很强的适应能力。

移动通信的应用系统：

蜂窝式公用移动通信系统。该系统适用于全自动拨号、全双工工作、大容量公用移动陆地网组网，可以与公用电话网中任何一级交换中心相连接，实现移动用户与本地电话网用户、长途电话用户以及国际电话网用户的通话接续。与公用数据网连接，可以实现数据业务的接续、这种系统具有越区切换、自动或人工漫游、计费及业务量统计等功能。

集群调度移动通信系统。该系统属于调度系统的专用通信网，一般由控制中心、总调度台、分调度台、基地台以及移动台组成。

无绳电话系统。这种系统由移动终端和基站组成。基站通过用户线与公用电话网的交换机相连而进入本地电话交换系统。

无线电寻呼系统。无线电寻呼系统是一种单向通信系统，既可以用作公用也可以用作专用。专用寻呼系统由用户交换机、寻呼控制中心、发射台寻呼接收机组成；公用寻呼系统由与公用电话网连接的无线寻呼控制中心、寻呼发射台以及寻呼接收机组成。

卫星移动通信系统。该系统利用卫星中继，它在海上、空中及地形复杂而人口稀少的地区中实现移动通信，具有独特的优越性。

无线 LAN/WAN。IEEE802. 11、802. 11a、802. 11b 以及 802. 11g 等标准已经相继出台，为无线局域网提供了完整的解决方案和标准。

未来移动通信网络将向 IP 化的大方向演进。在此过程中，在移动网络上的业务将逐步呈现分组化特征，而网络结构将逐步实现以 IP 方式为核心的模式。未来的移动通信系统将以三大主体结构支撑：设备制造商（负责制造向用户提供服务的移动通信系统设备和终端），服务运营商（负责向用户提供移动通信业务服务）和业务设计商（负责向运营商提供用户需要的业务形式和业务内容）。

3. 3 计算机网络技术

3. 3. 1 计算机网络的主要功能

计算机网络是由计算机系统（主机）、各种终端设备、各种通信控制设备（如调制解调器、集线器、交换机、路由器以及各种接口设备等）和通信线路四部分组成的。其中，主机和终端设备组成资源子网，主要进行数据处理：通信控制设备和通信线路组成通信子网，主要进行数据的传输、转接和各种通信处理，保证可靠地实现数据通信。

计算机网络的主要功能包括：

（1）数据通信。这是计算机网络最基本的功能，主要完成计算机网络各个结点之间的系统通信。用户可以在网上传送电子邮件、发布新闻消息，进行电子购物、电子贸易、远程电子教育等。

（2）资源共享。所谓资源是指构成系统的所有要素，包括软硬件资源，如计算机处理能力、高速打印机和数据库、文件和其他计算机上的有关信息等。受经济和其他因素的制约，这些资源并非（也不可能）所有用户都能独立拥有，所以网络上的计算机不仅可以使用自身的资源，也可以共享网上的资源。因而增强了网络上计算机的处理能力，提高了计算机硬件的利用率。

（3）增加可靠性，提高系统处理能力。一项复杂的任务可以划分为许多部分，由网络内各计算机分别协作并行完成有关部分，使整个系统的性能大大提高。

3.3.2　包交换网

早期的计算机网络大部分是通过租用电话线路来建立连接。电话交换设备选择特定的电话线，或称为线路，并把线路连接起来在打电话和接电话的人之间形成一条通路。这种中央控制的单线连接模式称为线路交换。虽然线路交换模式非常适用于电话，但它对大的网络间或网络群中的子网络之间的数据交换并不适用。在每对发出者和接受者之间建立点到点的连接既不经济又难以管理。

Internet 采用一种既经济又易于管理的技术在两点之间传输数据，这种模式称为包交换。在包交换网络中，文件和信息被分解成包，在这些包上用表示信息源和目的地的代码打上电子标签。这些包在网络中从一台计算机传输到另一台计算机，直至到达目的地。目的地的计算机把这些包集中起来，并把每包中的信息重新集合成原先的数据。在包交换中，每个包从源目的地的最佳路径是由途径的各个计算机决定的。决定包的传送路径的计算机通常称为路由器，确定最佳路径的程序称为路由算法。

最早的包交换网称为 ARPANET，仅连接了几个大学和研究中心。这种实验性的广域网（WAN）在几年内逐渐成熟起来，它采用的是网络控制协议（NCP）。所谓协议是一组规则的集合，它规定网络传输数据的格式和顺序，并检查这些数据中的错误。协议确定了数据的发送设备如何表示已经完成信息的发送，以及接收设备如何表示已经收到（或没收到）信息。在 ARPANET（后来发展成为 Internet）的发展过程中开发出的开放式体系结构思想包括以下四个要点：

（1）独立的网络接入另外的网络时不需要任何变化。

（2）没有达到目的地的信息包必须从其源结点重新传输。

（3）路由器计算机不保留处理过的信息包的信息。

（4）对网络没有全球化的控制。

3.3.3 协议层次模型

为了降低网络协议设计的复杂性，网络设计者并不是设计一个单一的、巨大的协议来为所有形式的通信规定完整的细节，而是把通信问题划分为许多个小问题，然后为每个小问题设计一个单独的协议。这样做使每个协议的设计、分析、编码和测试都比较容易。例如，将计算机网络用一串层次结构来考虑它的各种功能，每一层均有各自的任务。上下层间的关系是：上层发出要求，下层提供相应服务。

1. ISO/OSI 模型

关于计算机网络的划分层次，网络要求互相交流，必须有一个交互双方公认的层次模型。于是，该层次模型逐渐统一到ISO的七层OSI参考模型和TCP/IP系统的四层模型上。

国际标准化组织的开放系统互连基本参考模型（ISO/OSI模型）是一个七层模型。其最高层为应用层，接着是表示层、会话层、传送层、网络层、数据链路层和物理层。

应用层是由在OSI环境中协同工作的应用实体组成的，下面六层和OSI所用的物理媒体逐层地向应用层提供各应用实体间协同工作所需的各种服务。这里的应用实体可以理解为某个应用进程。同样，在其他各个层次均有其相应的实体。上下层之间的关系可以用服务和接口来描述。服务表示下层应向上层提供的什么服务，接口告诉上层实体如何使用下层提供的服务。在不同主机间通信时，对等层次间的关系用协议来规定。对等层协议只处理这一层次自己的事，与其他层次无关，只要求它能完成向其上层提供规定好的服务以及向其下层调用规定好的服务。

2. TCP/IP系统分层模型

支持Internet基本操作的协议是传输控制协议（TCP）和网络协议（IP），它们建立了一些基本规则来确定数据的网络传输方式以及建立和断开网络连接的方式。TCP控制信息在Internet传输前的打包和到达目的地后的重组；IP控制信息包从源目的地的传输路径，处理每个信息包的所有地址信息，确保每个信息包都打上正确的目的地地址标签。

TCP/IP可以用于Internet，也可以用于局域网（LAN）。TCP/IP系统没有具体规定用何种协议来实现网络接口层，可以选用LAN，也可以选用X.25等协议来实现。网络层采用以IP（Internet Protocol）为中心的一组协议来实现，而传输层则采用TCP和UDP。

3. IP

P随着Internet的发展，人们普遍使用TCP/IP而很少使用OSI模型。Internet当前使用的IPv4协议面临着其IP地址资源耗尽的严重问题。由于IPv6基于与传统Internet协议IPv4相同的体系结构原理，因此可以将 IPv6 看作是一个比 IPv4 地址空间更大的版本，它巨大的地址容量能够满足 Internet 发展的需要，被认为是建设移动信息社会的一个重要基石，它集移动性、安全性和服务质量保证于一体，是建设未来的最佳方案。

一个 IPv6 的 IP 地址由 8 个地址节组成，每节包含 16 个地址位，以 4 个十六进制数书写，节与节之间用冒号分隔，除了 128 位的地址空间外，IPv6 还为点对点通信设计了一种具有分级结构的地址，这种地址被称为可聚合全局单点广播地址。

像 IPv4 地址一样，IPv6 地址也用来标识连接在子网上的网络接口，而不是一个站点。IPv6 与 IPv4 的最大不同之处就是，它在常规情况下就能允许每个接口由几个地址来标识，以助于进行路由选择和管理。

3. 3. 4　其他 Internet 协议

TCP/IP 包括很多为用户提供服务的应用层协议。这些服务有时也称为应用服务，包据 WWW 页面显示、网络管理工具、远程登录、文件复制、电子邮件和目录服务等。几种常用协议介绍如下：

1. HTTP

HTTP 是超文本传输协议的缩写，它是负责传输和显示 WWW 页面的 Internet 协议。HTTP 运行在 TCPP 模型的应用层。和其他的 Internet 协议一样，HTTP 采用客户机/服务器模式。即用户（客户机）的 WWW 浏览器打开一个 HTTP 会话并向远程服务器发出 WWW 页面请求。作为回答，服务器产生一个 HTTP 应答信息，并把它送回到客户机（请求者）的 WWW 浏览器。应答包括客户机服务器上显示过的页面，如果客户机确定收到的信息是正确的，就断开 TCP/IP 连接，HTTP 会话就结束了。

如果 WWW 页面含有电影、声音和图像等内容，客户机就对每个对象发出一个请求。这样，一个包含一种背景声音和三种图像的 WWW 页面就要求五个独立的服务器请求信息来检索四个对象（背景声音和三种图像）以及带有这些对象的页面。

2. SMTP、POP 和 IMAP

Internet 上传送电子邮件是通过一套称为邮件服务器的程序和硬件管理并储存的。与个人计算机不同，这些邮件服务器及其程序必须每天24 小时不停地运行，否则就不能收发邮件了。SMTP 和 POP 是两个负责用客户机/服务器模式发送和检索电子邮件的协议。用户计算机上运行的电子邮件客户机程序请求邮件服务器进行邮件传输，邮件服务器采用简单邮件传输协议（SMTP）标准。很多邮件传输工具，如 Eudora、UNIX mail 和 PINE 等，都遵守 SMTP 标准并用这个协议向邮件服务器发送邮件。SMTP 规定了邮件信息的具体格式和邮件的管理方式，SMTP 向联入局域网的用户提供应用层的服务。

POP 是邮局协议的缩写，它负责从邮件服务器中检索电子邮件。它要求邮件服务器完成下面几种行为之一：从邮件服务器中检索邮件并从服务器中删除这个邮件；从邮件服务器中检索邮件但不删除它；不检索邮件，只是询问是否有新邮件到达。POP 支持多用户 Internet 邮件扩展（MIME）。后者允许用户在电子邮件上附带二进制文件，如文字处理文件和电子表格文件等。阅读邮件时，POP 命令所有的邮件信息立即下载到用户的计算机上，不在服务器上保留。

Internet 信息访问协议（IMAP）是一种优于 POP 的新协议。和 POP 一样，IMAP 也能下载邮件、从服务器中删除邮件或询问是否有新邮件。但 IMAP 克服了 POP 的一些缺点。例如，它可以决定客户机程序请求邮件服务器提交所收到邮件的方式，请求邮件服务器只下载所选中的邮件而不是全部邮件。客户机可先阅读邮件信息的标题和发送者的名字再决定是否下载这个邮件。通过客户机的电子邮件程序，IMAP 可让用户在服务器上创建并管理邮件文件夹或邮箱、删除文件、查询某封信的一部分或全部内容，而完成所有这些工作，都不需要把邮件从服务器下载到个人计算机上。

3. FTP

FTP 即文件传输协议，是 TCP/IP 的组成部分，它在 TCP/IP 连接的计算机之间传输文件，采用的是客户机服务器模式。FTP 允许文件双向传输：从客户机到服务器或从服务器到客户机。FTP 既可以传输二进制数据也可以传输 ASCII 码文本，用户可在两种模式中任选一种。二进制数据是包括文字处理文档、电子表格、图像和其他数据的文件；ASCII 码文本是只包含键盘输入字符的文件，不含有排版格式。FTP 还可提供其他一些服务，如显示远程或本地计算机目录、改变客户机或服务器的现有活动目录、创建并移动本地或远程目录。FTP 采用 TCP 及其内置错误控制功能准确无误地把文件从一台计算机复制到另一台计算机。

用 FTP 访问远程计算机时，要求用户登录到这个远程计算机。如果用户在这台计算机上有一个账户，可以向 FTP 提交自己的用户名和口令。FTP 于是同这台计算机建立远程连接并登录到在这台计算机上的账户。这种全权 FTP 权限访问方式可以使用户向远程计算机发送文件，并从远程计算机上下载文件。访问远程计算机的另一种途径是匿名 FTP。匿名 FTP 允许以客户的身份登录，输入匿名的用户名和口令（一般是使用者的电子邮件地址）可以使用户访问远程计算机的部分内容。

3.4 Web 技术和多媒体技术

3.4.1 Web 技术

Web 即网页，Web 的技术是以万维网（WWW）为基础的一种技术。它是一种超文本的广域网络系统，为用户提供交互式查询方式，并集合了 Internet 上的大部分服务功能。

1. Internet 的网络结构

Internet 有分级的网络结构，例如，一般可分三层，最下面一层为校园网和企业网，中间层是地区网络，最上面一层是全国骨干网。

Internet 采用一种唯一通用的地址格式，为因特网中的每一个网络和每一台主机都分配了一个地址，地址类型有 IP 地址和域名地址两种。

（1）IP 地址。

IP 地址采用二进制来表示，每个地址长 32 比特。在读/写 IP 地址时，32 位分为 4 字节，每字节转成十进制，字节之间用“,”分隔。IP 地址由 Internet NIC（互联网络信息中心）统一负责全球地址的规划、管理。通常每个国家成立一个组织，统一向国际组织申请 IP 地址，然后分配给客户。由于网络的规模有较大差别，有的主机多、有的主机少，所以根据网络规模的大小将 IP 地址分为 A、B、C 三大类，除了上述三大类 IP 地址外，还有 D、E 两类特殊 IP 地址。

A 类地址：主要用于世界上少数的具有大量主机的网络，其网络数量有限，故仅有很少的国家和网络才可获得此类地址。

B 类地址：用于适量的、规模适中的网络，但随着 Internet 的迅速发展，也很难分配到此类地址。

C 类地址：主要用于网络数多、主机相对较少的网络，每个网络最多不超过 256 台主机。

D 类地址：特殊的 IP 地址，用于与网络上多台主机同时进行通信的地址。

F 类地址：特殊 IP 地址，暂保留，以备将来使用。

（2）域名地址。

IP 地址是数字型的，一般难以记忆和理解，因此，Internet 还采用另一套字符型的地址方案，即域名地址。它以一定意思的字符串来标识主机地址，IP 与域名地址两者相互对应，而且保持全网统一。一台主机的 IP 地址是唯一的，但它的域名数却可以有多个。

DNS 即域名系统，它是一个分层的名字管理查询系统，主要提供 Internet 上主机 IP 地址和主机名相互对应关系的服务，其通用的格

式是:

第一级域名（地址右侧）往往表示主机所属的国家、地区或网络性质的代码，如中国（cn）、英国（uk）、商业组织（com）等，第二、三级是子域，第四级是主机。

在中国，一级域名为（cn），二级域名有教育（edu）、网络（net）、科研（ac）、团体（org）、政府（gov）、商业（com）、组织（org）、军队（mil）等，各省则采用其拼音缩写，如 bj 代表北京、sh 代表上海等。

由于 Internet 主要是在美国发展起来的，所以美国的主机第一级域名一般直接说明其主机性质，如 om、du、go 等，而不是顶级域名，其他国家第一级域名一般是顶级域名。

2. Internet 的基本应用

Internet 的信息资源非常丰富，信息应用的种类也是多种多样的。

（1）电子邮件（E－mail）。

电子邮件利用计算机的存储、转发原理，克服时间、地理上的差距，通过计算机终端和通信网络进行文字、声音、图像等信息的传递。它是 Internet 的一项重要功能。

（2）远程登录（Telnet）。

在因特网中，用户可以通过远程登录使自己成为远程计算机的终端，即远距离使用对方计算机、运行程序或使用它的软件和硬件资源。

（3）文件传送（FTP）。

文件传送服务器允许因特网上的客户将一台计算机上的文件传送至另一台计算机。一般在 FTP（File transfer protocol，文件传送协议）服务器上存放着大量的资源，用户借助于任何一台因特网终端计算机和相关软件，通过用户名和密码的控制，可以上传和下载各种类型的文件，如文本文件、二进制可执行文件、图像文件、声音文件、数据压缩文件等。FTP 比其他方式（如电子邮件）交换数据都要快得多。

（4）万维网（WWW）

WWW 是 World Wide Web 的简称，它是目前最受用户欢迎的一种服务。WWW 是基于超文本的信息查询工具，把因特网上不同地点的相关数据信息有机地组织起来，供用户查询。

（5）电子公告牌（BBS）

BBS 也是一项受广大用户欢迎的服务项目，用户可以在 BBS 上留言、发表文章、阅读文章等。

（6）网络新闻（USENET）

网络新闻又称电子新闻或新闻组。与 BBS 比较类似，它也是提供一个场所，在对某个问题感兴趣的各个用户之间进行提问、回答、新闻和评论，以及进行其他信息交流。

3. Internet 服务器

Internet 上有很多类型的计算机，包括路由器、客户机和服务器等。其中，用来连接 Internet 并浏览网页的计算机称为客户机。客户机可以是台式机、笔记本、上网本，也可以是一种网络设备、一台 PDA 或者甚至是一个无线电话。

Internet 服务器是 Internet 上提供信息和服务的计算机，主要有四类：Web 服务器、邮件服务器、FTP 服务器和 IRC 服务器。

Web 服务器为上网者提供信息和服务。所以，当我们访问某个网站时，我们就用自己的客户机连接了一台 Web 服务器。大多数情况下，我们都是连接 Web 服务器以获取信息和服务。

邮件服务器提供邮件服务和邮件账号。很多情况下，邮件服务器是作为 Web 服务器的一部分提供给我们的。例如，Hotmail 就是一个免费的由 MSN 提供的电子邮件服务器。

FTP（文件传输协议）服务器存储着下载的文件。这些文件包括软件、屏幕保护程序、音乐文件（大多数以 MP3 的形式存在）和游戏。

IRC 服务器为我们提供多线交谈和聊天室的服务。IRC 服务器是为一些网站如腾讯、新浪提供的大众化计算机群。在这种服务器上，我们可以发表自己关于不同商品和服务的观点、发布自己的博客文件等。

4. WWW 的系统结构

WWW 的系统结构基于客户机/服务器模式（C/S）。在服务器上存放着各种 HTML 编写的超文本/超媒体文件。在客户端，则有各种处理 HTML 文件的浏览器，客户机与服务器之间的通信按照 HTTP 进行。当运行一个浏览器时，用户通过输入一个称为 URL 的 WWW 地址来指定其想要看的 Web 页，然后由浏览器向服务器指定数据类型，服务器取出该页并把数据动态地转换成客户指定的格式。如果转换不成，服务器会反馈回一个信息，这一过程也称“格式协商”。最后，服务器把 Web 页数据以客户指定的方式传给客户，并等待下一个指令。这样，一个服务器就能为多个客户提取 Web 页，并将客户请求排队，按顺序进行。这种模式使 Web 页以一种格式存储、以多种格式发布，使 Web 页与平台和特定的数据格式无关，而客户又能以最佳的方式得到所需的资料。

统一资源定位符 URL 用来唯一和统一地定位在 WWW 上的资源位置。URL 由三部分组成，其格式为 Scheme：Host/path/filename。其中，Scheme 代表取得数据的方法或通信协议的种类，常见的有 HTTP、News、Gopher、WAIS、File 和 Telnet，它们分别代表 WWW 服务器上的文件、News 新闻组服务器上的新闻组、Gopher 服务器上的文件、WAIS 服务器上的文件、自己机器上的文件和 Telnet 登录到另一个主机。URL 的 Host 部分指定存放各种电子数据的服务器的网络地址。URL 的第三个部分为文件或目录的路径名，它指定浏览器所访问的最终目标。

如果相关文件位于同一台主机甚至同一个目录下时，也可使用部分 URL。部分 URL 是以当前计算机上的位置作为指引浏览器的参考路径，所以又称相对 URL。

5. HTML

HTML 是一种文档生成语言，也称超文本标记语言（Hyper Text

Markup Language)，它能方便地将一个文档中的文字或图像与另一个文档连接在一起，而不必考虑这些文档是保存在同台计算机中还是保存在网络中的其他地方。超文本、多媒体、超媒体通过链接方式内嵌在 Web 页中。单击 Web 页上的下划线文字或者高亮度图形，可以激活超文本或多媒体链接，单击超链接可以转到另一文档，该文档可以是其他页的信息或另一个 Web 结点。用户可以在 Web 上通过超链接从某一页跳到其他页中。这就使无数单一存在的信息在 WWW 中形成了统一信息库，并使原来对计算机网络一无所知的人能轻松地运用网络带来的便利。

6. XML

XML（Xtensible Markup Language）也称可扩展标记语言，可以用在自由性的数据库或是各种文件格式上，用来接收与应用各种网页的需求，XML 要比 HTML 强大得多，它不再是固定的标记，而允许定义数量不限的标记来描述文档中的资料，允许嵌套的信息结构。HTML 只是 Web 显示数据的通用方法，而 XML 提供了一个直接处理 Web 数据的通用方法。HTML 着重描述 Web 页面的显示格式，而 XML 着重描述 Web 页面的内容。

3.4.2　网络开发技术

1. J2EE

J2EE 是 Sun 公司推出的一个应用平台、一个规范，它使用了多层分布式应用模型，与传统的 Internet 应用程序模型相比，J2EE 应用模型定义了一种让多层应用程序实现服务的建筑模型，提供了可伸缩、易访问、易于管理的方法。

J2EE 应用程序模型通过在建立多层应用程序中降低其复杂程度，来简化和加速应用程序的开发。J2EE 应用模型把实现多层结构服务的工作划分为两部分：开发者实现商业和表达逻辑，以及由 J2EE 平台提供的标准的系统服务。开发者可以依赖这个平台，为开发中间层服务中遇到的系统级硬件问题提供解决方案，这种标准模型使培训开发人员的费用降为最低。

J2EE 应用程序模型的一个重要目的就是使应用程序最小化。实现这一点的一种方法是提高在 J2EE 平台上运行普通任务的能力，这些普通任务包括强制一个应用程序的安全目标，执行它的交易处理、链接它所需要的组件。J2EE 提供了一种简单的、公开的方式来说明这些行为。这些说明被分散地放在各部分代码中和开发描述中，而开发描述是应用程序包的一部分，这些基于 XML 的说明使应用程序开发者不用修改任何组件就可以改变应用程序的作用。

J2EE 被设计来为顾客、雇员、供应商、合作者提供企业级服务，这样的应用程序天生具有复杂性，它们要访问各种类型的数据并分发于大量的客户端。为了更好地控制、管理这些应用程序，支持各种各样用户的商业功能要在中间层引入，中间层描述了一个被企业的信息技术部门紧紧控制的环境。J2EE 应用程序依靠企业信息系统层来存储企业的商业数据。

2. Web Service

所谓的 Web Service 是封装成单个实体并发布到网络上供其他程序使用的功能集合，是用于创建开放分布式系统的构件，是指由企业发布的完成其特别商务需求的在线应用服务，其他公司或应用软件能够通过因特网来访问并使用这项在线服务。

Web Service 是下一代的 WWW，它允许在 Web 站点上放置可编程的元素，能进行基于 Web 的分布式计算和处理。Web Service 的发展非常迅速，新规范（SOAP、WSDL 和 UDDI）的构建模块刚出现就已经对设计、开发和部署基于 Web 的应用产生了巨大的影响。

Web Service 的特点包括：

（1）互操作性。

任何的 Web Service 都可以与其他 Web Service 进行交互。由于有了

SOAP（Simple Object Access Protocol，简单对象访问协议）这个所有主要供应商都支持的新标准协议，避免了协议之间转换的麻烦。由于可以使用任何语言来编写 Web Service，因此，开发者无须更改其开发环境，就可生产和使用 Web Service。

（2）普遍性。

Web Service 使用 HTTP 和 XML 进行通信，任何支持这些技术的设备都可以拥有和访问 Web。

（3）易于使用。

Web Service 的概念易于理解，并且有来自 IBM 和 Microsoft 这样的供应商提供的免费工具箱，能够让开发者快速创建和部署 Web Service。

（4）行业支持。

所有主要的供应商都支持 SOAP 和周边 Web Service 技术，例如，Microsoft 的 Net 平台就基于 Web Service，因此用 Visual Basic 编写的组件很容易作为 Web Service 部署，并可以被 IBM Visual Age 编写的 Web Service 所使用。

3. 分布式计算

分布式计算能在两个或多个软件间相互共享信息。与其他算法相比，分布式计算具有以下优点：

（1）稀有资源可以共享。

（2）通过分布式计算可以在多台计算机上平衡计算负载。

分布式计算体系从概念上来说，可以分为以下几个部分：

（1）数据库服务器：负责有关数据库的管理工作，包括数据库的建立、数据的组织和查询、对数据进行统计等与数据操作有关的功能。

（2）客户程序：主要实现与用户进行交互的功能，从用户收集信息和命令反馈给系统；从系统得到数据和结果，通过显示或打印机等其他输出设备，反馈给用户。

（3）应用服务器：数据库服务与客户程序之间的桥梁。客户程序通过应用服务器向数据库服务器发送命令、请求数据，数据库服务器通过应用服务器响应命令、返回数据。应用服务器在此过程中对所有的命令和数据进行控制，以实现逻辑运行。

与传统的C/S结构体系相比，分布式计算体系更安全可靠。首先，客户端不和数据库服务器直接相连，甚至可以不在同一物理网络上，充分保证了数据的安全性，保证用户只能通过客户端应用程序来存取数据。其次，只要系统设置有相应权限管理，用户就只能进行与其权限相符的操作，从而进一步保证系统数据的安全性。最后，应用服务器的分布，使相应的商业逻辑的实现由不同的人员管理，使系统更具安全性。

分布式计算体系对客户端的要求更低，可以充分发挥服务器的能力。所有的商业逻辑的实现，都在应用服务器和数据库服务器上实现了，并且大量的统计和计算工作都是在服务器上完成。这样的话，可以充分发挥服务器的功能，并且客户端所要做的工作就只是与用户进行交互，而不需要进行大量的计算工作，对客户端的要求比较低。

使用分布式计算体系，可以很轻易地实现系统的无缝升级。如果商业逻辑变化了，只需对应用服务器进行修改和升级，而不用到用户那里去升级其客户端程序，更方便快捷、省时省力。

4. 网格计算

所谓网格，是指通过局域网或广域网对终端用户或应用者提供的一系列分布式计算资源。网格计算是伴随着因特网而迅速发展起来的一种分布式计算，是专门针对复杂科学计算的新型计算模式，其实质就是组合与共享资源并确保系统安全。网格计算这种计算模式是利用因特网把分散在不同地理位置的计算机组织成一个“虚拟的超级计算机”，其中每一台参与计算的计算机就是一个“结点”，而整个计算是由成千上万个“结点”组成的一张“网格”。网格计算的最大优势在于分散，将需要超级计算机才能进行的计算分给数万台甚至数百万台个人计算机去进行。个人计算机仅仅利用闲置时间（如屏幕保护时间）进行计算，如此，人们在个人计算机上就能完成超大型计算机才能完成的工作。网格扩展了基于标准的开放式集群平台的概念，可以支持任何互连的计算设备之间进行协作，甚至将扩展到全球任何一个角落，网格囊括了台式计算机、部门级服务器、大型SMP系统和大型数据中心服务器，能够以空前的规模效益提供更为经济的资源，网格技术可将计算资源进行“虚拟”组合，将全世界众多的国家实验室、大学和工业实验室连到一起，它将使全球数以百万计的系统作为一个巨大无比的计算资源来运行，全球用户都可以进行高性能的技术计算。

充分利用网上的闲置处理能力是网格计算的优势，网格计算模式首先把要计算的数据分割成若干“小片”，而计算这些“小片”的软件通常是一个预先编制好的屏幕保护程序，然后不同结点的计算机可以根据自己的处理能力下载一个或多个数据片段和这个屏幕保护程序。于是，只要结点计算机的用户不使用计算机时，屏保程序就会工作，这样这台计算机的闲置计算能力就被调动起来了。

3.4.3　多媒体技术

1. 多媒体的含义

“多媒体”一词译自英文“Multimedia”，而该词又是由“multiple”和“media”复合而成的。所谓“媒体”在计算机领域有两个含义：一是指存储信息的实体，如磁盘、光盘、磁带、半导体存储器等；二是指传递信息的载体，如数字、文字、声音、图形和图像等。而多媒体技术中的“媒体”则指的是后者。人类在信息交流中要使用各种信息载体，多媒体就是指多种信息载体的表现形式和传递方式。

人们普遍认为，所谓“多媒体”是指能够同时获取、处理、编辑、存储和展示两个以上不同类型信息媒体（如文字、声音、图形、图像、动画、视频等）的技术。从这里可以看出，我们常说的“多媒体”最终被归结为是一种“技术”。事实上，也正是由于计算机技术和数字信息处理技术的实质性进展，才使我们今天拥有了处理多媒体信息的能力，也使“多媒体”成为一种现实。所以，我们现在所说的“多媒体”常常不是指多种媒体本身，而是指处理和应用它的一整套技术。因此，“多媒体”实际上常常被当作“多媒体技术”的同义语。此外，还应该注意到，多媒体技术往往与计算机联系在一起，这是由于计算机的数字化及交互式处理能力极大地推动了多媒体技术的发展。通常可以把多媒体看作是先进的计算机技术与视频、音频和通信等技术融为一体而形成的新技术或新产品。

2. 多媒体技术的特性

（1）集成性。

集成性不仅指多媒体系统的设备集成，而且也包括多媒体的信息集成和表现集成。

多媒体技术是结合各种媒体的一种应用，并且建立在数字化处理基础上。依其属性的不同，媒体可分成文字、音频及视频等。具有多种技术的系统集成性，可以说基本上包含了当今计算机领域内最新的各项技术，并将不同性质的设备和信息媒体集成为一体，以计算机为中心综合处理各种信息。

（2）交互性。

这是多媒体技术的特色之一，就是可以与使用者进行交互性沟通的特性，这也正是它和传统媒体最大的不同。这种改变，除了使应用者可以按照自己的意愿来解决问题外，更可借助这种交互沟通来帮助学习、思考、进行系统的查询或统计，以达到增进知识及解决问题的目的。

（3）非循序性。

一般而言，使用者对非循序性的信息存取需求要比对循序性的信息存取需求大得多。过去查询信息时，人们要把大部分的时间花在寻找资料及接收重复信息上。多媒体系统克服了这个缺点，使以往人们依照章、节、页这种阶梯式的结构循序渐进地获取知识的方式得以改善，借助“超文本”的观念来呈现一种新的风貌，而所谓“超文本”，简单地说就是非循序性文字，它可以简化使用者查询资料的过程，这也是多媒体强调的功能之一。

（4）非纸张输出形式。

多媒体系统应用有别于传统的出版模式。传统出版模式以纸张为主要输出载体，通过记录在纸张上的文字及图形来传递和保存知识。多媒体系统的出版模式中强调的是无纸输出形式，以光盘（CD - ROM 或 DVD - ROM 等）为主要的输出载体。这不但使存储容量大增，而且提高了它保存的方便性。

（5）实时性。

由于多媒体技术是多种媒体集成的技术，其中声音及活动的视频图像是和时间密切相关的，这就决定了多媒体技术必须要支持实时处理，如播放时声音和图像都不能出现停顿现象等。

（6）数字化。

早期的多媒体技术在处理音像信息时，采用模拟方式进行多媒体信息的存储和演播。但由于模拟信号的衰减和噪声干扰较大，且传播中存在的逐步积累的误差，因此，模拟信号的质量差，而以计算机为中心的多媒体技术以全数字化方式加工和处理多媒体信息，精确度高，播放效果好。

3. 多媒体关键技术

多媒体涉及的技术范围很广，是多种学科和多种技术交叉的领域。目前，多媒体技术的研究和应用开发主要集中在数据压缩技术、光存储技术、音频技术、视频技术、数字图形图像技术以及以下几个方面：

（1）超大规模集成电路制造技术（VLSL）。

超大规模集成电路制造技术的进步，使生产低廉的数字信号处理器（DSP）芯片成为可能，为多媒体技术的普遍应用创造了必要条件。

（2）多媒体网络与通信技术。

多媒体通信技术包含语音压缩、图像压缩及多媒体的混合传输技术。要充分发挥多媒体技术对多媒体信息的处理能力，必须与网络技术相结合。

（3）超文本与超媒体技术。

超文本是一种新颖的文本信息管理技术，也是一种典型的非线性结构的数据库技术。超文本组织信息的方式与人类的联想记忆方式有相似之处，从而可以更有效地表达和处理信息。若这种表达信息方式不仅是文本，还包括图像、声音等形式则称为超媒体系统。

超链接（Hyper link）是指文本中的词、短语、符号、图像、声音剪辑或影视剪辑之间的链接，或者与其他的文件、超文本文件之间的链接，也称为“热链接（Hot link）”，或者称为“超文本链接（Hyper text link）”。词、短语、符号、图像、声音剪辑、影视剪辑和其他文件通常被称为对象或者文档元素，因此，超链接是对象之间或者文档元素之间的链接。建立互相链接的这些对象不受空间位置的限制，它们可以在同一个文件内，也可以在不同的文件之间，还可以通过网络与世界上任何一台联网计算机上的文件建立链接关系。

（4）虚拟现实技术

所谓虚拟现实（Virtual Reality，VR），就是采用计算机技术建立一个逼真的视觉、听觉、触觉及味觉等感观世界。这里包含三层含义：首先，虚拟现实是用计算机生成的一个逼真的实体，逼真就是要达到三维视觉、听觉和触觉等效果；其次，用户可以通过人的自然技能（五官与四肢）与这个环境进行交互；最后，虚拟现实往往要借助一些三维传感技术为用户提供一个逼真的操作环境。由此可见，虚拟现实是多媒体发展的更高境界，具有更高层次的集成性和交互性，它已成为多媒体技术研究中一个十分活跃的领域。

本章小结

本章简单介绍了与管理信息系统的设计、开发和应用有关的各类信息技术，包括计算机的软硬件技术、计算机网络技术、数据库技术，以及几种常见的MIS开发语言。用户从中可以大致了解计算机的主要硬件及工作过程，几种主流的操作系统软件，通用的几类程序设计语言，计算机网络方面的一些基本概念，以及按照不同标准划分的计算机网络的类型；认识一些必要的计算机网络互联设备，对数据库中的一些基本概念进行了简述，特别对目前通用的关系型数据库进行了介绍；最后将目前应用比较多而又相对简单的MIS开发语言VFP、VB、C、C++进行了综述。

章节练习

1. 简述计算机的主要硬件和软件技术。
2. 简述计算机网络的含义和分类。
3. 网络互联设备有哪些？各有何功能？
4. 简述数据库的含义和关系型数据库的特点。
5. E－R图表示什么？其中各个图形的含义是什么？
6. VFP中的文件有何特点？常用的设计工具有几种？
7. VB与VFP有什么区别？VB中至少有哪两种文件需要保存？
8. C语言有哪些数据类型？
9. C语言中的指针有什么作用？
10. 说明值类型和引用类型的区别，并与C语言相应类型进行比较？

德邦的网上信息系统

江苏德邦化学工业集团有限公司（原连云港化肥厂），于1998年建立了MIS系统（管理信息系统），其核心为财务管理局域网，公司还建立了自己的网站，除了网上信息的收集外，还将公司最新的动态及时在网上发布，同时还在主要贸易网站发布求购信息、招聘信息等，这些都收到了很好的效果。

以财务管理为核心的局域网，联结销售部门、供应部门、仓储部门，针对企业销售、供应、库存等情况建立数据库。在数据库中，从供应商到用户都建立了完善的客户档案，工作人员可以随时查询供应商的发货情况、欠款、价格变化情况，还可以分析用户对产品的需求，通过分析需求趋势，预测产品的需求量，从而调整生产。

在系统中，可以对各种数据建立简单的历史变化曲线，使管理人员可以在曲线中发现一些规律，及时调整策略。例如，在1999年下半年，公司根据纯碱销售的变化规律以及其他有利因素，果断地提高了纯碱销售价格。随后几个月内，其他的碱厂也纷纷提高出厂价，纯碱市场全面启动。这个事实让公司更加深切地体会到信息管理为公司决策带来的好处。在信息收集和发布方面，公司于1996年就开始在网上进行信息的搜集和发布。公司建立的网上信息搜集系统，可以自动在网上搜集公司需要的信息，并汇总成报告形式，反馈给公司高层领导，为公司领导决策提供参考，例如，2002年6月，工作人员在网上频繁发现国内煤炭市场升温的信息，作为公司生产的主要原料，煤炭价格的上涨将直接影响生产成本，针对这一情况，在对煤炭市场进行了实地调查后，公司预先储备了足够的煤炭，避免了煤炭价格上涨给公司生产带来的影响。

①德邦公司通过网站，除了为顾客提供方便快捷的服务外，还从网上信息的采集中得到了什么好处?

②系统自动在网上收集公司需要的信息，并反馈给公司高层领导，这对公司领导决策起到了什么作用?

第 4 章　管理信息系统战略规划与开发方法

建设管理信息系统是一项耗资大历时长技术复杂且涉及面广的信息工程。为保证系统的成功建设，必须从战略上研究企业信息化的发展规律，认真制定好发展管理信息系统的战略规划，并按此规划有重点、有步骤地开发系统。本章重点介绍管理信息系统规划的相关概念、方法和内容。

某集团制定企业信息系统战略规划的案例

1. 背景介绍

某集团型企业，拥有多个子公司，集团公司的主要功能，除对投资决策、战略规划等方面进行统一运作外，还对采购、销售、库存、财务等进行统一管理，其目标是追求功能和业务领域的优化和协同性，以求得市场份额的不断增长。各子公司主要以产品项目为中心，开展专业化生产活动，以支持集团公司的多元化产品发展战略。该集团已经制定的企业信息化发展战略是：建立标准规范、统一平台的集约化财务管理，建立集中采购和统一配送的物流和销售管理模式，建立集团化的战略决策支持系统。

2. 信息战略规划要坚持三大原则

高度集成原则——集团的信息化规划要符合集中式管理的集成要求。

总体优化原则——集团的信息化系统要总体规划，统一标准，统一平台。

信息充分柔性原则——集团的信息化系统要考虑企业未来发展的需要和分步实施的要求。

3. 信息应用系统的建设目标

根据企业的发展战略目标，集团信息战略规划为：构造一个支持集团化管理和异地化信息管理系统的信息化管理平台，并在此平台上建立“四个中心三个快速反映体系”“三个 JIT”。“四个中心”是指数据中心、文件中心、结算中心、财务中心；“三个快速反映体系”是指快速营销体系、快速供应体系、快速生产体系；“三个 JIT”是指定时、定量、定点采购，定时、定量、定点送料，定时、定量、定点配送。

4. 信息规划常用的方法

信息规划战略常用的方法有 BSP 业务系统规划法、CSF 关键成功因素法、SST 战略目标集转化法等。BSP 方法的基本思路：要求所建立的信息系统支持企业目标；表达所有管理层次的要求；向企业提供一致性信息；对组织机构的变革具有适应性实质。CSF 方法的基本思路：通过分析找出使企业成功的关键因素，围绕其确定系统需求，进行规划。SST 方法的基本思路：把整个战略目标看成“信息集合”（使命、目标、战略、管理复杂性、环境约束等）。信息战略规划的过程就是把组织的战略目标转化为信息系统战略目标的过程。

不同的企业由于经营战略、企业规模和管理水平的不同，以及处在信息化建设的不同阶段，制定信息技术战略的出发点不同，可能会采取不同的方法，也可能综合运用几种方法。但是，不论采用哪种方法，都要从企业经营战略出发而不是从信息系统的需求出发，避免陷入脱离目标而进行盲目建设的困境，要着眼于引进现代管理理念、模式和方法，从经营管理的变革出发而不是从技术的变革出发，有利于充分利用企业的现有资源来满足关键需求，避免信息系统无法有效地支持组织的决策。

一般信息化战略要根据企业的发展的战略不断地做出调整，以适应企业发展的需要，信息战略的目标、任务、重点可以变，但是企业的基础框架不能有大的改变，对信息资源的基础管理不能变，这样才能保证信息系统的完整性，不至于由于信息战略变化而引起新的信息孤岛。

5. 分三个阶段，开展集团信息化建设

在本案例中，集团的信息化可以分三个阶段来走，每个阶段又有各自的建设重点。第一阶段的建设重点包括五个方面：一是完善基于以制造系统的总体信息构架平台，建成覆盖和各有关子公司通讯的综合管理信息网络和信息系统；二是逐步实现与各子公司局域网挂接，进行信息集成；三是和子公司企业信息系统进行信息交互；四是与驻外分销机构进行信息集成；五是和配套企业针对生产计划和库存情况等方面的信息进行交换，达到在最大限度减少库存的前提下，保证外购配套件的适时、适量、成套供应。

第二阶段的建设重点包括七个方面：一是建立统一的数据中心；二是尽可能利用公司计算机系统原有数据，在对原有数据加工整理的基础上，规范公司的数据管理，统一数据标准，解决企业内部信息源头多、信息重复不一致的问题；三是建立集团统一标准的数据库平台，开发专用接口包、通用接口工具，实现各子公司原有系统和新建系统的信息集成；四是开发出基于数据仓库的OLAP系统，支持全面的多维分析；五是建立统一的文件中心，建立集团公司和下属公司之间的自动办公化系统，实现自动的管理和控制信息流和行政事务工作流，实现集团和下属公司的行政事务办公的自动化、集团化、无纸化、远程化；六是统一结算和财务中心，按照集团化管理的要求，整合和完善现有的财务系统，实现集团资金从各股份公司分散运作改为由集团公司统一调度；七是实现分销机构的成品销售与总部门结算财务的在线管理。

第三个阶段的建设重点包括三个方面：一是按照供应链的思想，建立动态快速供应体系。通过电子商务网站的升级与完善和实施电子化供应链系统，实现供应商的优化管理和网上电子采购；二是定时、定量、定点采购供应；三是根据企业的信息化发展战略制定出配套的集团企业信息资金、人力和时间等方面的计划和安排，以及其他方面的考虑。同时给出分阶段目标和考核指标。

根据集团企业的信息化三个阶段的发展战略，可以制定出企业的基础信息框架结构，并分别制定出配套的资金、人力和时间以及其他有关方面的计划和安排，给出阶段性的考核指标。篇幅所限，不做具体的叙述。

4.1 管理信息系统战略规划

管理信息系统的战略规划是一个组织战略规划的重要组成部分，也是企业管理信息系统的长远发展规划。管理信息系统战略规划是信息系统生命周期的第一阶段，这一阶段的主要目标是制订管理信息系统的长期发展计划，这项工作的开展直接影响了管理信息系统的成败。

4.1.1 信息管理系统战略规划的内涵

规划一般指全面的、长远的发展计划。信息系统规划（Information System Planning，ISP）是信息系统实践中的主要问题，也是当代管理信息系统研究的主要课题之一。

1. 企业信息化建设中存在的问题

随着科技进步和社会经济的快速发展、国际社会和国内信息化进程的不断推进，信息系统建设的需求日益紧迫。尽管信息系统在多年的发展历程中经过多次变革，已经有了一定的发展，但仍不可避免地存在如下一些问题：

系统建设与组织的发展目标不协调；

系统解决问题的效率不高；

系统不能适应环境变化和组织变革的需要；

组织机构陈旧、管理相对落后；

系统操作人员综合素质不高；

系统开发、维护缺少统一的规范和标准。

产生以上相关问题的原因众多，而最主要的影响因素是在建设中缺乏科学、有效的系统规划。信息系统建设作为一项投资大、周期长、复杂度高的系统工程，制定科学的战略规划可以减少系统建设的盲目性，使系统具有良好的整体性和较高的环境适应性；通过有效的规划缩短开发周期，合理分配和开发资源，节约开发成本；通过制定的科学规划，找出系统建设中存在的主要问题，正确识别出为实现系统目标管理信息系统必须完成的任务，更好地促进信息系统的应用，带来更多的经济效益。

2. 管理信息系统的战略规划

管理信息系统的战略规划是关于信息系统长远发展的规划，它是将组织目标、支持和提供组织目标所需的信息、信息系统以及信息系统开发建设等诸要素集成的信息系统方案，是面向组织中信息系统战略在理解企业的发展远景、业务规划的基础上，形成信息系统的远景、信息系统的组成结构、信息系统各部分的逻辑关系，以支撑组织商业规划的目标达成。

（1）战略规划的概念。

战略（Strategy）是企业或组织的长远计划，一般是 3 ~ 5 年，长的有数十年，甚至上百年。

由于战略规划的时间长，不定因素多，因而相对短期计划来说，就显得粗糙了很多。它主要描述企业的高层管理者关于企业发展的一些概念的集合，包括以下几个方面。

企业的环境：包括政治、经济、社会、技术环境，竞争对手和自身的环境，应用优势、劣势、机会、威胁等因素。

企业的方向：包括企业的使命、愿景、目的。使命是企业成立的依据，是企业生存的根本；愿景是对未来的向往；目的则是行动方向位置的相对描述。

企业的目标和达到目标的战略：相对于目的而言，目标是可以量化的，如某炼焦企业年产量目标是500万吨，某商品经销商的年销售量目标是100万件。而达到目标的战略是一种途径的描述，是政策、策略和决策的集合。

（2）战略规划的目标和任务。

信息系统战略规划最主要的目标就是确定信息系统的目标。

在信息系统规划的目标上存在着两种不同的观点：一种是通过更好的硬件和软件来增强信息系统的信息处理能力；另一种是通过组织进行改造，建立更好的组织模式，为组织决策提供良好的信息支持。事实上，这两种观点的目标是一致的，都是为了建立能够为组织的整体发展提供服务的信息系统。但是，对具体的组织而言，由于各自的基础条件不一样，需要采取不同的方式。对在今后相当一段时间内，现有的组织模式能够适应其发展需要的组织，可以采取第一种观点；而对于现有的组织模式如不进行改造，就难以生存和发展的组织，采取第二种观点就是明智之举。这也是目前讨论比较多的重组问题。

信息系统战略规划的任务是指信息系统公开开发的方向，确定开发能够达到的目标；确定系统开发的总体政策和策略；对人、财、物做总体的安排，工作的阶段进度计划等各种计划和安排；建立管理信息系统的总体结构，确保信息系统开发的整体协调性，避免开发的孤独性或重复性；预测未来的发展，提供系统未来的发展、研究方向和准则。

（3）战略规划的特点。

战略规划的有效性包括两个方面的内容：一方面是战略的正确与

否，一个正确的战略应该做到企业的资源与环境的良好匹配；另一方面是战略是否适合于该企业的管理过程，也就是与企业的活动是否匹配。一个有效的战略通常有以下的特点。

方向目标明确：战略规划的方向应当是明确的，不应该有二义性。其内容应当使企业的人员感到振奋和鼓舞，经常用简单的一句话概括，如进入世界 500 强等。目标要先进，但经过努力应该可以达到，其描述的语言要简练，如年产量翻一番。

良好的可执行性：好的战略说明应当是通俗易懂的、明确的和可执行的，它应当是各级管理者的向导，使各级管理者能够确切地了解它，执行它，并使自己的战略与它保持一致。

组织认识落实：制定战略的人往往也是执行战略的人，“宝剑还需英雄用”，一个好的战略计划只有由好的人员执行，它才能很好地实现。因而，战略计划要求各级部门一级一级的落实，直到个人。高层管理者的战略一般应以方向和约束的形式告诉下级，下级接受任务，并以同样的方式告诉再下级，这样进行一级级的细化，做到人人皆知，这样战略计划也就个人化了。个人化的战略计划一方面可以激励大家开动脑筋，努力完成自己的计划；另一方面增强了企业的生命力和创造力。

4.1.2 管理信息系统规划的内容和步骤

1. 管理信息系统规划的内容

管理信息系统规划一般包括三年或更长期的计划，同时还包含一年的短期计划，其内容如下。

MIS 的目标、约束及总体结构。其中，MIS 目标确定了其应实现的功能；MIS 的约束包括 MIS 实现的环境、条件（如管理的规章制度、人力、物力等）；MIS 的总体结构指明了信息的主要类别和主要的子系统。

单位（企业、部门）的现状。它包括计算机软件及硬件情况、产业人员的配备情况、开发费用的投入情况等。

业务流程的现状、存在的问题和流程在新技术条件下的重组。企业流程重组实际上是信息技术的特点，对手工方式下形成的业务流程进行根本性地再思考、再设计。

对影响规划的信息技术发展的预测。这里涉及的信息技术主要包括计算机硬件技术、网络技术及数据库处理技术等。规划中合理地采用新技术，有可能使开发出的 MIS 具有更强的生命力。

近期计划。在战略规划中，应对即将到来的一段时间（比如一年）做出相当具体的安排，主要包括硬件设备的采购时间表、应用项目开发时间表、软件维护与转换工作时间表、人力资源的需求以及人员培训时间安排、财务资金需求等。

管理信息系统的规划应不断地修改。人员变化、技术变革、组织自身的变化都有可能影响到整个规划，甚至一种新的硬件或软件的推出也能影响到规划。除此之外，修改规划的原因还可能来自信息系统之外的事物，如财务约束、政府的规章制度、竞争对手采取的行动等。

2. 管理信息系统规划的步骤

信息系统的战略规划的一般步骤如下。

确定规划性质：明确信息系统规划的期限和具体的规划方法。

收集相关信息：收集来自组织内部和外部环境中的与组织战略规划相关的各种信息。

进行战略规划：对信息系统的目标、开发方法、功能结构、计划活动、信息部门的情况、财务情况、所担风险度和政策等多方面进行分析。

定义约束条件：根据组织和财务资源、人力资源及信息设备等资源方面的限制，定义信息系统的约束条件和政策。

明确战略目标：根据分析结果和约束条件，确定信息系统的开发目标，它是建立在前面四个步骤的基础上，确定系统在服务、质量、功能等方面的内容。

提出未来的战略：选择所要建设的信息系统的思想，勾画出信息系统未来的框架，进行初步的子系统划分。

确定实施进度：在确定每个子系统的项目优先权后，估计项目成本和人员要求等，列出开发进度表。

评估信息系统规划：将规划形成文档，经组织的决策人员批准后生效，并将其作为组织规划的一部分。在信息系统规划文档的形成过程中需要反复听取各方面的意见，如组织决策人员、系统分析人员和有关方面专家的意见，特别要注意用户的意见和建议，使信息系统规划得到各方面的认可。

4.2　制订管理信息系统战略规划的常用方法

管理信息系统的规划是关于管理信息系统的长远发展的计划，其规划的方法很多，如企业系统规划法（BSP），关键成功因素法（CSF），战略目标集转化法（SST），企业信息分析与集成技术（BIAIT），信息工程法（IE），战略棚格法（SG），价值链分析法（VCA），战略一致性模型（SAM），产出/方法分析（E/MA），投资回收法（ROI）等。本节将重点介绍企业系统规划法、关键成功因素法和战略目标集转化法。

4.2.1　企业系统规划法

20 世纪 60 年代中期，IBM 公司为了总结、吸取本公司以及其他公司开发信息系统失败的教训，认为有必要根据某些经过实践检验的原则和理论建立规范的方法，以指导企业信息系统的开发。1966 年，在 IBM 数据处理总部内成立了一个负责该企业信息系统控制和计划的部门，对信息系统的开发方法进行研究和探索，企业系统规划法（Business System Planning，BSP）就是他们的研究成果。此后，许多客户对它产生兴趣，并希望通过学习，更好地安排自己的信息资源。为此，IBM 公司在 1970 年建立了 BSP 项目组来帮助客户开展工作。20 世纪 70 年代以后，该方法趋于成熟，并作为商品出售，受到了社会的欢迎。这种信息系统规划方法，是最早也是影响最深、最广的一种总体规划方法。它能帮助企业形成信息系统的规划和控制机制，改善信息需求和数据处理资源的使用，从而成为企业信息系统总体规划的有效方法之一。

1. 企业系统规划法的基本概念

企业系统规划法（BSP）是指导企业管理信息系统开发的一种规范的方法，是一种对企业信息系统进行规划和设计的结构化方法，它自顶而下地识别系统目标、企业过程和数据以及自下而上地设计系统，是一种支持目标实现的结构化方法。企业系统规划法的主要思想是，用信息支持企业运行，把企业的目标转化为信息系统的规划。它支持企业各个层次的目标，而实现这种支持则需要许多子系统。

BSP 从企业的目标开始，根据约定的处理方法，自顶而下地推导出信息需求。事物处理是数据收集和分析的基础。通过与管理人员的面谈，了解处理过程，并把握企业成功的关键因素，明确决策方法和问题，找出逻辑上相关的数据以及事物处理的关系，利用这些信息可以定义未来的信息结构。而根据当前系统和未来系统的信息结构，就可以建立应用的优先级别，并开始数据库设计。

2. 企业系统规划法的目标和作用

（1）企业系统规划法的目标。

BSP 的主要目标是提供一个信息系统规划，用以支持企业短期和长期的信息需求，其具体的目标如下。

①为管理者提供一个形式化、客观的方法，明确建立信息系统的优

先顺序。

②为具有较长生命周期的系统建设和保护系统的投资进行准备。

③为了高效率和有效地支持企业的目标，提供数据处理资源的管理。

④通过提供用户需求的系统，改善信息系统管理部门和用户之间的关系。

⑤将数据作为一种企业资源加以确定。

（2）企业系统规划法的作用。

BSP 是一种能够帮助规划人员根据企业目标制定信息系统规划的结构化方法，这种方法的作用体现在以下两个方面。

①确定出未来信息系统的总体结构，明确系统的子系统组成和开发子系统的先后顺序。

②对数据进行统一规划、管理和控制，明确各子系统之间的数据交换关系，保证了信息传递的一致性。

③其优点还在于它能保证信息系统独立于企业的组织机构，也就是能够使信息系统具有对环境变更的适应性。即使将来企业的组织机构和管理体制发生变化，信息系统的结构体系也不会因此而受到太大的冲击。

3. BSP 的工作步骤

BSP 是通过全面的调查，分析企业的信息需求，制订信息系统总体方案的一项系统工程，其具体过程如下（见图 4 - 1）。

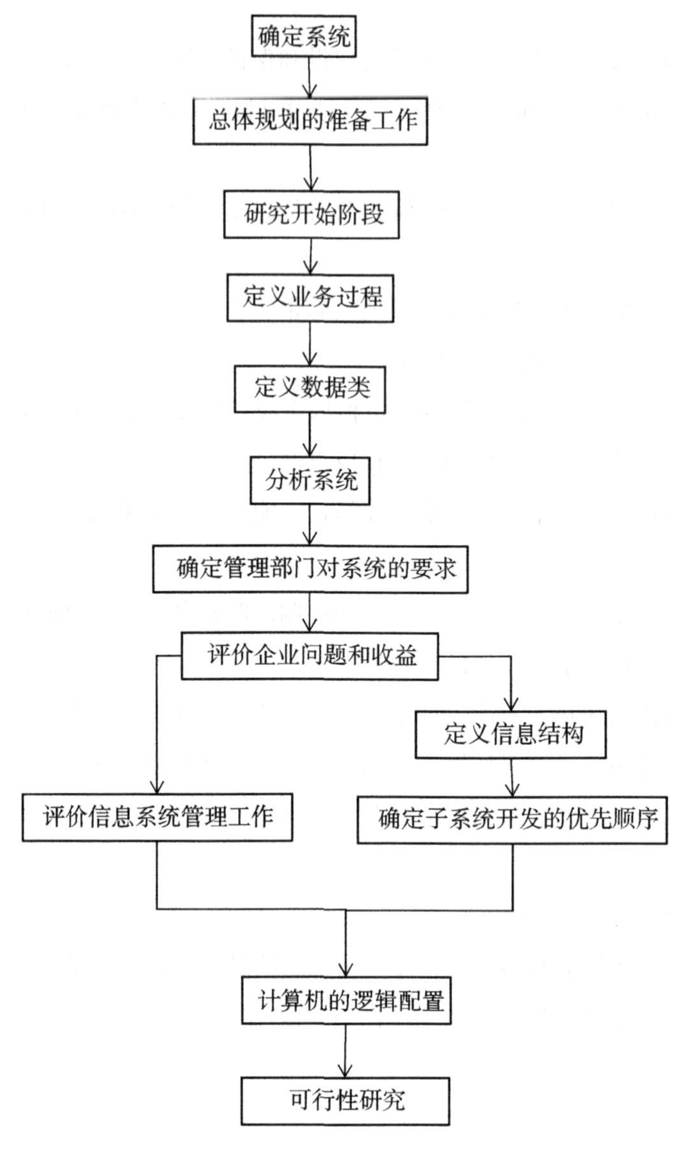

图 4－1　BSP 的工作步骤

确定目标：企业系统规划法必须反映企业最高层次决策人员对信息系统发展的想法，提出的建议也必须要通过他们的批准，得到他们的支持和参与，并对目标达成一致意见。

总体规划的准备工作：成立总体规划小组，该小组应该由企业的最高领导参与，并直接管制，下面再设一个规划研究组。准备阶段的主要任务是制订共组计划，内容包括：研究计划、采访日程、复查时间安排、规划报告的大纲以及所需的资金；规划小组通过查阅资料，深入各个管理层，了解企业的有关决策过程、组织职能、部门的主要活动和存在的必要问题。准备工作阶段任务繁重，大量的工作需要耐心细致地准备，仓促开始规划有百害而无一利。

定义业务过程：即企业过程的确定。这一步是企业系统规划法的核心。企业过程是企业管理中必要的且逻辑上相关的。为了完成各种管理功能的活动，如经营规划、产品预期、库存控制、作业流程等企业处理活动和决策过程，企业过程将作为信息总体结构、现行系统分析、识别数据类以及随后许多工作的基础。在企业过程定义的基础上，通过信息系统的确立，实现对企业过程的重组和优化，即找出哪些过程是正确的，哪些过程效率低下，需要在信息技术的支持下进行优化处理，哪些过程不适合计算机信息处理，然后取消这些过程等。

定义数据类：数据类是指支持企业过程所必需的逻辑上相关联的数据。对数据进行分类是按企业过程进行的，即分别从各项企业过程的角度将与企业过程相关的输入数据和输出数据按逻辑相关性归纳成数据类。

分析系统：对现行企业过程、数据处理和数据文件进行分析，对欠缺的部分提出建议，对冗余的部分也提出意见。

定义信息结构：定义信息结构的目的是描述未来信息系统的框架和相应的数据类，它的主要工作是划分子系统，可利用U/C矩阵来实现。

评价信息资源管理：对于信息系统相关的信息资源的管理加以评价和优化，使其能随着企业战略的变化而改变，目的在于使信息系统能够有效地甚至高效地开发、实施和运行。

确定子系统开发的优先顺序：对信息系统总体结构中的子系统开发的先后顺序进行安排。

计算机的逻辑配置：计算机的逻辑配置是在总体规划的后期，这是从系统需求的角度提出对计算机进行配置的基本要求，而不涉及具体的硬件型号。计算机的逻辑配置方案应该包括客观的约束条件、处理方式、联机存储量、设备和软件五个方面的内容。

可行性研究：可行性研究是任何一项大型工程正式投入开发之前必须进行的一项工作。这对于保证资源的合理使用，避免浪费是十分必要的，也是项目开始能顺利进行的必要保证。信息系统建设是一项投资大、时间长的复杂工程，可行性研究虽然复杂、困难，但是十分必要。

4. U/C 矩阵的应用

企业系统规划法（BSP）实际上是用来划分子系统的，它根据信息的产生和使用来划分子系统。它尽量把信息产生的企业过程和使用的企业过程划分在一个子系统中，从而减少了子系统之间的信息交换。它的核心是定义企业过程，而企业过程在管理企业时所必用的方法是 U/C 矩阵。

（1）U/C 矩阵及其建立。

U/C（Use/Create）矩阵是 IBM 公司于 20 世纪 70 年代初在 BSP 中提出的一种系统化类分析方法。它通过数据由一些功能产生，并被一些功能所使用之间的关系，判断数据产生和使用之间的关系是否正确，对功能进行分类，为系统划分提供数据。

在建立 U/C 矩阵时，首先要进行系统化自顶向下的划分，然后逐个确定其具体的功能（或功能类）和数据（或数据类），最后添加上功能/数据之间的关系，即完成了 U/C 矩阵的建立过程。具体操作为：首先建立一张二维表，将所调查的数据类填入横向方向（的），将功能填入纵向方向（的）；然后按照数据与功能之间的产生（Create）与使用（Use）关系，分别在对应的单元格中填入 C 或 U。

U/C 矩阵是一个以功能结构图、业务流程图、数据流程图的结果为基础，全面反映企业的业务功能与数据间关系的二维表。它是今后设计程序模块与子系统之间调用、处理或交换信息的方式和方法的依据。

（2）U/C 矩阵的正确性检验。

建立 U/C 矩阵后一定要根据“数据守恒”原则进行正确性检验，以确保系统功能数据项划分和所建 U/C 矩阵的正确性。因为 U/C 矩阵中的错误实质上就是一种“错误的”功能/数据关系，所以对它的正确性检验可以指出前段工作的不足和疏漏，或是划分不合理的地方，及时督促用户加以改正。U/C 矩阵的正确性检验可以从如下三个方面进行。

完备性检验。完备性（Completeness）检验是指对具体的数据项（或类）必须有一个产生者（即“C”）和至少一个使用者（即“U”），否则这个 U/C 矩阵的建立是不完备的。只有产生者而无使用者的数据是没有实际意义的，而只有使用者而无产生者的数据是“虚无”的；任何“合理”的功能必须有产生和使用数据发生，否则就是一个无效的功能。这个检验可及时发现表中的功能或数据项的划分是否合理，以及“U”“C”元素有无填错或漏填的现象。

一致性检验。一致性（Uniformity）检验是指对具体的数据项（或类）必有且仅有一个产生者（“C”）。如果没有或者有多个产生者的情况出现，则产生了不一致性的现象。这种不一致性的现象产生的原因可能因为：

没有产生者——没有进行完备性检验，或者是功能、数据的划分不正确；

多个产生者——错填了“C”元素或者是功能划分可以继续细化或者数据定义模糊，或说明错误。

无冗余性检验。无冗余性（Non-verbosity）检验即表中不允许有空行空列，如漏填了“U”或“C”元素，或者功能项或数据项（或类）本身的划分是冗余的。

（3）U/C 矩阵的求解。

U/C 矩阵的求解过程就是对系统结构划分的优化过程。它是基于子系统划分应相互独立，而且内部凝聚性高这一原则之上的一种聚类操作。其具体方法是使表中的“C”元素尽量地靠近 U/C 矩阵的对角线，然后再以“C”元素为标准，划分子系统。采用此方法划分的子系统独立性和凝聚性较好，可以不受干扰地独立运行。

4.2.2 关键成功因素法

关键成功因素法（Critical Success Factors，CSF）也是信息系统开发规划的常用方法之一，于 1970 年由哈佛大学教授 Williamzani 提出。关键成功因素是对企业成功起关键作用的因素，一个企业能否取得成功，总是受到多种因素的影响，但真正起到决定性作用的影响因素并不多，关键成功因素法就是通过分析找出使得企业成功的关键因素，然后再围绕这些关键成功因素来确定系统的需求，并进行规划以获得良好的绩效，实现企业的目标。换句话说，关键成功因素法是以关键因素为依据来确定系统信息需求的一种 MIS 总体规划的方法。在现行系统，总存在着多个变量影响系统目标的实现，其中若干个因素是关键的和主要的(即成功变量)。

通过对关键成功因素的识别，找出实现目标所需的关键信息集合，从而确定系统开发的优先次序。

关键成功因素的四个主要来源如下。

（1）个别产业的结构。不同产业因产业本身特质及结构不同，而有不同的关键成功因素，此因素决定于产业本身的经营特性，该产业内的每一公司都必须注意这些因素。

（2）竞争策略、产业中的地位及地理位置。企业的产业地位是由过去的历史与现在的竞争策略所决定的，在产业中的每一公司因其竞争地位的不同，其关键成功因素也会有所不同，对于由一两家大公司主导的产业而言，领导厂商的行动常为产业内小公司带来重大的问题，所以对小公司而言，大公司竞争者的策略，可能就是其生存的关键成功因素。

（3）环境因素。企业因外在因素（总体环境）的变动，会影响每个公司的关键成功因素。例如，在市场需求波动大时，存货控制可能就会被高阶主管视为关键成功因素之一。

（4）暂时因素。该因素大部分是组织内在某一特定时期对组织的成功产生重大影响的一些活动领域的因素。

常用的关键成功因素确定方法包括环境分析法、产业结构分析法、竞争分析法、突发因素分析法、市场策略对获利影响的分析方法等。

关键成功因素法主要包括以下几个步骤。

（1）了解企业或 MIS 的战略目标。

（2）识别所有的成功因素。

（3）确定关键成功因素。

（4）明确各关键成功因素的性能指标和评估标准。

关键成功因素法优点是能够使所开发系统具有针对性，能够较快地取得收益。应用关键成功因素法需要注意的是，当关键成功因素解决后，又会出现新的关键成功因素，就必须再重新开发系统。

鱼骨图的绘制可以按照如下步骤进行。

（1）查找要解决的问题。

（2）把问题写在鱼骨的头上。

（3）召集同事共同讨论问题出现的可能原因，尽可能多地找出问题。

（4）把相同的问题分组，在鱼骨大骨上标出。

（5）根据不同问题征集大家意见，总结出正确的原因。

（6）逐个拿出所有问题，研究产生问题的原因。

（7）深入分析问题的多个层次，画出中骨、小骨，填写原因。

（8）列出多种解决方法。

4.2.3 战略目标集转化法

战略目标集转化法也叫战略集合转移法（Strategy Set Transformation，SST），它是由 William King 于 1978 年提出的，他将整个战略目标看作一个“信息集合”，由使命、目标、战略和其他战略变量（如管理的复杂性、发展的趋势、重要的环境约束）等组成。信息系统的战略规划过程是把企业的战略目标转变为信息系统战略目标的过程。

战略目标集转移法的第一步是识别组织的战略集合。先考察组织是否有长期的战略计划，如果没有，可以采取以下的步骤去构造组织的战略集合。

（1）描绘出组织中各类人员结构，如生产工人、销售人员、管理人员、用户、政府代理。

（2）识别每类人员的目标。

（3）对于每类人员识别其使命及战略。

第（2）步的主要任务就是把组织的战略集合转化为信息系统的战略集合，包括系统的目标、约束和设计原则，这个转换过程包括对于组织战略集合的每一元素确定所对应的信息系统的战略要素。在此基础上，根据信息系统的战略集合所列举的使命、目标、战略，建立各种供选择的信息系统总体结构，提交管理部门。

战略规划过程是把由组织的使命、目标、战略以及其他组织特性组成的“组织战略集”转换成包括有系统目标、系统约束和系统战略规划的“信息系统战略集”。

1. 组织战略集

组织战略集是指组织的要求和方向等元素，是组织自身战略规划过程的产物，包括“组织的使命、目标、战略以及其他一些与信息系统有关的组织属性”。

组织的属性是描述该组织是什么，为什么存在，以及它能做出什么贡献。简单地说，组织的属性就是描述该组织属于什么具体的行业或部门。

组织的目标就是组织希望达到的目的。当一个组织的目标确定后，就面临着选择目标问题，这些目标可以是定量的也可以是定性的。组织的战略是组织为达到目标而制定的总方针。

其他战略性组织属性，如管理水平、管理者对信息技术了解的程度、组织采用新技术的态度，虽然难以度量，但是对信息系统建设的影响可能极为重要，因此，在实施信息系统战略规划时一定要在组织的战略集内包括这些战略元素。

2. 信息系统战略集

信息系统战略集的构成元素有系统目标、系统约束和系统战略计划。

系统目标主要定义信息系统的服务要求，其描述类似于组织目标，但是更加具体。

系统约束包括内部约束和外部约束。内部约束产生于组织本身，如企业的人员组成、资金预算、财务计划等。外部约束来自于企业的外部，如政府和企业对组织报告的要求、信息系统所需的与其他系统的接口环境等。当然，还有许多其他的相关约束条件，也应该综合考虑。

系统的战略计划是信息系统战略集的重要因素，相当于在系统开发时应当遵循的一系列原则，如在提高管理决策方面的有效性原则，对系统应变能力和安全可靠性方面的要求，以及采用科学的开发方法等。如果缺少这些战略原则，就会导致信息系统开发的失误甚至失败。

3. 信息系统的战略规划过程

信息系统的战略规划过程是将组织的战略集转化成一个适当的与之相关联的、一致的信息系统战略的过程。该过程主要包括以下几个步骤。

（1）识别和解释组织战略集。

组织的战略集的某些元素可能有书面的形式，如组织的战略计划或长期计划。但是，对于这些元素的描述可能是参差不齐的，它们不一定适合管理选择的目的。因此，信息系统规划者就需要一个明确的战略集元素的确定过程。这一过程可以按照以下步骤进行。

勾画出组织的关联集团结构。组织的使命、目标和战略必然同它的不同客户或对该组织有要求的集团相关，故而称之为关联集团。关联集团可以看作是与该组织有利害关系者，如客户、股东、雇员等。他们的要求和观点可能是构成组织使命和战略的基础，对这样的一些关联集团的结构应该进行详细的规划确定关联集团的要求。组织的使命、目标和战略要包括每个关联集团，即使用信息系统或与其直接有关的部门和人群的要求，包括对这些要求的特性做定性的描述以及直接或间接地说明这些要求被满足的程度。

定义关联集团的任务和战略。一旦每个关联集团的要求特性明确后，相应的就要确定这些关联集团的任务和战略，这种联系很明显。

（2）进一步说明和验证战略集。

有了一些关于组织使命、目标和战略的初始描述后，就要送交组织的最高管理者进行审核，收集反馈信息。分析最高管理者满意的程度，然后判断战略集的优先次序，评价其他战略性组织元素。提交给企业最高管理者的形式有两种，一种是全部采用书面材料，另一种是送交评价报表。前者的形式会得到比较真实的反馈信息，而后者则容易得到最高管理者的主观意见，比较容易进行战略集合优先次序的综合判断，有助于评价其他组织的战略属性。

4.3 管理信息系统的开发方式及策略

在管理信息系统开发过程中，采用何种开发方式与策略，是一个信息系统建设能否成功的关键。成功开发一个管理信息系统必须具有正确的指导思想，必要的开发条件保证，科学的组织管理，合理选择开发方式与策略。

1. 管理信息系统的开发方式

管理信息系统的开发方式主要有自行开发方式（也称独立开发方式）、委托开发方式、合作开发方式和外购商品化软件方式四种。这四种开发方式各有其优点和不足，需要根据使用单位的技术力量、资金情况、外部环境等各种因素进行综合考虑和选择。但是，不论哪种开发方式都需要有单位的领导和业务人员参加，并在管理信息系统的整个开发过程中培养、锻炼、壮大该系统的维护队伍。

（1）自行开发。

企业或单位完全以自己的力量进行自主开发。自行开发适合于自身拥有较强的管理信息系统分析与设计人才、程序设计人才、系统维护和使用人才的组织和单位，如大学、研究所、计算机公司、高科技公司等单位。自行开发的优点是开发费用少，实现开发后的系统能够适应本单位的需求且满意度较高，最为方便的是系统维护工作。缺点是由于不是专业开发队伍，容易受业务工作的限制，系统优化不够，开发水平较低，且由于开发人员是临时从所属各单位抽调出来进行管理信息系统的开发工作，这些人员在其原部门还有其他工作，所以精力有限容易造成系统开发时间长，开发人员调动后，系统维护工作没有保证的情况。因此一方面需要大力加强领导，实行“一把手”原则，另一方面可向专业开发人士或者公司进行咨询，或者聘请他们作为开发顾问。

（2）委托开发。

企业或单位将开发项目完全委托给一个开发单位，系统开发完成后再交付企业或者单位使用。委托开发方式适合于使用单位无管理信息系统分析、设计及软件开发人员或开发队伍较弱、但资金较为充足的单位。双方应签订管理信息系统开发项目协议，明确新系统的目标和功能、开发时间与费用、系统标准与验收方式、人员培训等内容。委托开发方式的优点是省时、省事，开发的系统技术水平较高。缺点是费用高，系统维护需要开发单位的长期支持。此种开发方式需要使用单位的技术骨干参与系统的论证工作，开发过程中需要开发单位和使用单位双方及时沟通，进行协调与检查。

（3）合作开发。

企业与外部单位进行合作，双方共同完成管理信息系统的开发任务。合作开发方式适合于使用单位有一定的管理信息系统分析、设计及软件开发人员，但开发队伍力量较弱，希望通过管理信息系统的开发建立完善和提高自己的技术队伍，便于系统维护工作的单位。双方共享开发成果，实际上是一种半委托性质的开发工作。选择合适的开发伙伴，它应该是技术实力雄厚，有类似项目的开发经历，熟悉行业的特点，大多为大专院校和科研院所，也可以通过招标的方式选择最佳开发伙伴。该方式的优点是相对于委托开发方式而言节约了资金，并可以培养、增强使用单位的技术力量，便于系统维护工作，系统技术水平较高。缺点是双方在合作中沟通易出现问题，需要双方及时达成共识，进行协调和检查。

（4）外购商品化软件。

目前，软件的开发正在向专业化方向发展。一批专门从事管理信息系统开发的公司已经开发出一批使用方便、功能强大的专项业务管理信息系统软件。为了避免重复劳动，提高系统开发的经济效益，也可以购买管理信息系统的成套软件或开发平台，如财务管理系统、小型企业管理信息系统、供销存管理信息系统等。此方式的优点是节省时间和费用，技术水平较高。缺点是通用软件的专用性较差，需要有一定的技术力量根据用户的具体要求对软件进行改善，必要时需要在原有软件平台上进行二次开发以满足实际需要。

2. 管理信息系统的开发策略

一般来说，管理信息系统的开发有三种策略：“自上而下”（Top-

Down）开发策略、“自下而上”（Bottom Up）开发策略和综合开发策略。在实际的管理信息系统开发中，根据项目的业务量大小、系统的复杂程序和用户对系统的期望值高低等因素，决定选择某种开发策略。另外，开发策略的选择往往和开发人员的经验、水平和习惯也有较大的关系。

（1）“自上而下”开发策略。

从企业或组织的高层管理者着手，首先考虑企业的总目标，然后确定需要哪些功能去保证目标的完成，从而划分相应的业务子系统，并进行各子系统的具体分析和设计。因此，它是从企业管理的整体进行设计，逐渐从抽象到具体，从概要设计到详细设计，体现出结构化的思想。“自上而下”的策略的整体性和逻辑性较强，但对于一个规模较大的系统来说，可能因工作量太大而影响具体细节的考虑，并且开发费用也较大。

（2）“自下而上”开发策略。

从企业或组织的各个基层业务方系统（如物资供应、财务管理、生产管理）的日常业务处理开始进行分析和设计。当下层子系统的分析与设计完成后，再进行上一层系统的分析与设计，将各自的功能和数据加以综合考虑。该种方法可根据较少的资源边实施边见效，容易开发。但由于在具体方系统的实施时不能很好地考虑系统总目标和总功能，缺乏整体性和协调可能会导致功能和数据的冗余、矛盾。

（3）综合开发战略。

“自上而下”的方法适宜于系统的总体规划，而“自下而上”的方法适宜于系统的分析与设计阶段。因此，最好的策略是将它们结合起来使用，以便发挥各自的优点。在总体规划阶段，应用“自上而下”的策略确定新系统的目标和总体方案，在系统开发的以后各个阶段，就可以在上述系统目标和总体方案指导下，利用“自下而上”策略对一个个业务子系统进行具体功能和数据的分析、分解。这两种策略相结合，通过全面分析和调整之后，就能得到一个比较理想的新系统。

4.4 管理信息系统的开发方法

管理信息系统的开发是一项艰巨的工作，需要大量的人力、财力和时间的投入。系统开发的效率、质量、成本及用户的满意程度，除了管理和技术等方面的因素外，很大程度上取决于系统开发方法的选择。传统的系统开发方法，在编程前不重视系统的分析与设计，不重视开发文档的完善与管理。20 世纪 70 年代以来，西方在经历了“软件危机”以后，开始重视系统开发方法的研究，提出了许多新的系统开发方法。目前，管理信息系统的开发方法常用的有：结构化系统开发方法、原型法、面向对象法、计算机辅助软件工程法以及应用软件包法等。

4.4.1 结构化系统开发方法

1. 结构化系统开发方法的基本思想

结构化系统开发方法（Structured System Development Methodologies），亦称 SSA&D（Structured System Analysisand Design）或 SADT（Structured Analysisand Design Technologies），是前面所讲过的自顶向下结构化方法、工程化的系统开发方法和生命周期方法的结合，它是迄今为止开发方法中应用最普遍、最成熟的一种。

结构化系统开发方法的基本思想是用系统工程的思想和工程化的方法，按用户至上的原则，结构化，模块化，自顶向下地对系统进行分析与设计。具体来说，就是先将整个信息系统开发过程划分出若干个相对独立的阶段，如系统规划、系统分析、系统设计、系统实施等。在前三个阶段坚持自顶向下地对系统进行结构化划分。在系统调查或理顺管理业务时，应从最顶层的管理业务入手，逐步深入最基层。在系统分析、提出新系统方案和系统设计时，应从宏观整体考虑入手，先考虑系统整体的优化，然后再考虑局部的优化问题。在系统实施阶段，则应坚持自底向上地逐步实施。也就是说，组织人力从最基层的模块做起（编程），然后按照系统设计的结构，将模块一个个拼接到一起进行调试，自底向上、逐渐地构成整体系统。

2. 结构化开发方法的特点

结构化系统开发方法主要强调以下特点。

（1）“自顶向下”整体性的分析与设计和“自底向上”逐步实施的系统开发过程，即在系统分析与设计时从整体全局考虑，自顶向下地工作（从全局到局部，从领导到普通管理者）。而在系统实现时，则要根据设计的要求先编制一个个具体的功能模块，然后自底向上逐步实现整个系统。

（2）用户至上。用户对系统开发的成败是至关重要的，故在系统开发过程中要面向用户，充分了解用户的需求和愿望。

（3）深入调查研究。强调在设计系统之前，深入实际单位，详细地调查研究，努力弄清实际业务处理过程的每一个环节，然后分析研究，制定出科学合理的新系统设计方案。

（4）严格区分工作阶段。把整个系统开发过程划分为若干个工作阶段，每个阶段都有其明确的任务和目标。在实际开发过程中要求严格划分的工作阶段，一步步地展开工作，如遇到较小、较简单的问题，可越过某些步，不可打乱或颠倒。

（5）充分预料可能发生的变化。系统开发是一个耗费人力、物力、财力且周期很长的工作，一旦周围环境（组织的内外部环境、处理信息模式、用户需求等）发生变化，都会直接影响到系统的开发工作，所以结构化开发方法强调在系统调查和分析时对将来可能发生的变化给予充分的重视，强调所设计的系统对环境的变化具有一定的适应能力。

（6）开发过程工程化。要求开发过程的每一步都按工程标准规范化，文档资料也要标准化。

3. 系统开发的生命周期

用结构化系统开发方法开发一个系统，整个开发过程划分为五个首尾相接的阶段，一般称之为系统开发的生命周期（Life Cycle）。

系统开发生命周期各阶段的主要工作如下。

（1）系统规划阶段。

系统规划阶段是根据用户的系统开发请求进行的初步调查，明确问题，确定系统目标和总体结构，确定分阶段实施进度，然后进行可行性研究。

（2）系统分析阶段。

系统分析阶段的任务是：分析业务流程图；分析数据与数据流程；分析功能与数据之间的关系；提出分析处理方式和新系统逻辑方案。

（3）系统设计阶段。

系统设计阶段的任务是：总体结构设计；代码设计；数据库/文件设计；输入/输出设计；模块结构与功能设计。与此同时根据总体设计的需求购置与安装一些设备，进行试验，最终给出设计方案。

（4）系统实施阶段。

系统实施阶段的任务是同时进行编程（由程序员执行）和人员培训（由系统分析设计人员培训业务人员和操作员），以及数据准备（由业务人员完成），然后投入试运行。

（5）系统运行与维护阶段。

系统运行阶段的任务是同时运行系统的日常运行管理、评价、监理审计三部分工作，然后分析运行结果。如果结果良好，则送管理部门，指导生产经营活动；如果运行有问题（这种情况一般是系统运行若干年以后，系统运行的环境已经发生了根本的变化时才可能出现），则用户将会进一步提出开发新系统的要求，这标志着老系统生命的结束，新系统的诞生。这一全过程就是系统开发生命周期。在每一阶段均有小循环，在不满足要求时，修改或返回到起点。

4. 结构化系统开发方法的优缺点

结构化系统开发方法是在对传统自发的系统开发方法批判的基础上，通过很多学者的不断探索和努力而建立起来的一种系统化方法。这种方法的突出优点就是它强调系统开发过程的整体性和全局性，强调在整体优化的前提下来考虑具体的分析设计问题，即自顶向下的观点。它强调的另一个观点是严格地区分开发阶段，强调一步一步严格地进行系统分析和设计，每一步工作都及时地总结，发现问题及时地反馈和纠正，从而避免了开发过程的混乱状态，是一种目前广泛被采用的系统开发方法。

但是，随着时间的推移，这种开发方法也逐渐地暴露出了很多缺点和不足。最突出的表现是它的起点太低，所使用的工具（主要是手工绘制各种各样的分析设计图表）落后，致使系统开发周期过长，带来了一系列的问题（如在漫长的开发周期中，原来所了解的情况可能发生较多的变化等）。另外，这种方法要求系统开发者在调查中就充分地掌握用户需求、管理状况以及预见可能发生的变化，这不大符合人们循序渐进地认识事物的规律性，因此在实际工作中实施有一定的困难。

4.4.2　原型法

所谓原型（Prototype），是指由系统分析设计人员与用户合作，在短期内定义用户基本需求的基础上，开发出来的一个只具备基本功能、实验性的、简易的应用软件。原型方法（Prototyping），也称渐进法（Evolutionary）或迭代法（Iterative），是20世纪80年代随着计算机软件技术的发展，特别是在关系数据库系统（RDBS）、第四代程序生成语言和各种系统开发生成环境产生的基础之上，提出的一种从设计思想、工具、手段都全新的系统开发方法，与前面介绍的结构化开发方法相比，它扬弃了那种一步步周密细致的调查分析，然后逐步整理出文字档案，最后才能让用户看到结果的烦琐做法。原型法一开始就凭借着系统开发人员对用户要求的理解，在强有力的软件环境支持下，给出一个实实在在的系统原型，然后与用户反复协商修改，最终形成实际系统。

1. 原型方法的工作流程

原型方法的工作流程如图 4 – 2 所示。首先用户提出开发要求，开发人员识别和归纳用户要求，根据识别、归纳的结果，构造出一个原型（即程序模块），然后同用户一道评价这个原型。如果根本不行，则回到第一步重新构造原型；如果不满意，则修改原型，直到用户满意为止。这就是原型法工作的一般流程。

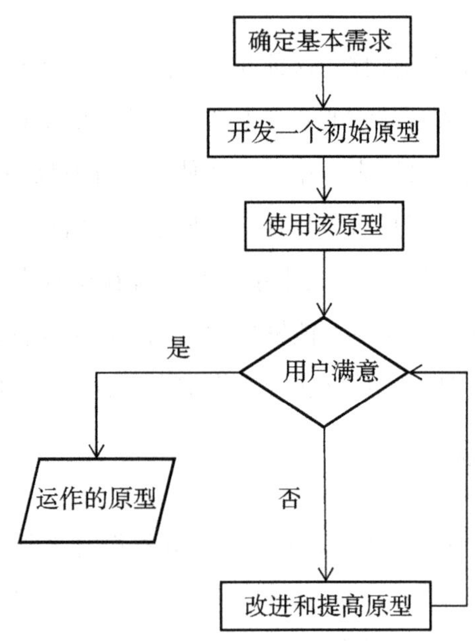

图 4 – 2　原型方法的工作流程

2. 原型方法的特点

从上述流程来看，原型方法无论从原理到流程都是十分简单的，并无任何高深的理论和技术，但为什么会备受推崇，在实践中获得巨大的成功呢？我们认为与结构化方法相比，原型方法具有如下几方面的特点。

（1）从认识论的角度来看，原型方法更多地遵循了人们认识事物的规律，因而更容易为人们普遍所接受，这主要表现在：①人们认识到任何事物都不可能一次就完全了解，并把工作做得尽善尽美；②认识和学习的过程都是循序渐进的；③人们对于事物的描述，往往都是受环境的启发而不断完善的；④人们批评指责一个已有的事物，要比空洞地描述自己的设想容易得多，改进一些事物要比创造一些事物容易得多。

（2）原型方法将模拟的手段引入系统分析的初期阶段，沟通了人们的思想，缩短了用户和系统分析人员之间的距离，解决了结构化方法中最难于解决的一环。这主要表现在：①所有问题的讨论都是围绕某一个确定原型而进行的，彼此之间不存在误解和答非所问的可能性，为准确认识问题创造了条件；②有了原型后才能启发人们对原来想不起来或不易准确描述的问题有一个比较确切的描述；③能够及早地暴露出系统实现后存在的一些问题，促使人们在系统实现之前就加以解决。

（3）充分利用了最新的软件工具，摆脱了老一套工作方法，使系统开发的时间、费用大大地减少，效率、技术等都大大地提高。

3. 软件支持环境

原型方法有很多长处，有很大的推广价值。但必须指出，它的推广应用必须要有一个强有力的软件支持环境作为背景，没有这个背景它将变得毫无价值。一般认为原型方法所需要的软件支撑环境主要有以下几方面。

（1）一个方便灵活的关系数据库系统（RDBS）。

（2）一个与RDBS相对应的，方便灵活的数据字典，它具有存储所有实体的功能。

（3）一套与RDBS相对应的快速查询系统，能支持任意非过程化的（即交互定义方式）组合条件查询。

（4）一套高级的软件工具（如4GL或信息系统开发生成环境等），用以支持结构化程序，并且允许采用交互的方式迅速地进行书写和维护，产生任意程序语言的模块（即原型）。

（5）一个非过程化的报告或屏幕生成器，允许设计人员详细定义报告或屏幕输出样本。

4. 适用范围

作为一种具体的开发方法，原型法不是万能的，有其一定的适用范围和局限性。这主要表现在以下几方面。

（1）对于一个大型的系统，如果不经过系统分析来进行整体性划分，想要直接用屏幕来一个一个地模拟是很困难的。

（2）对于大量运算的、逻辑性较强的程序模块，原型方法很难构造出模型来供人评价，因为这类问题没有那么多的交互方式（如果有现成的数据或逻辑计算软件包，则情况例外），也不是三言两语就可以把问题说得清楚的。

（3）对于原基础管理不善、信息处理过程混乱的问题，使用有一定的困难。首先是由于过程不清，构造原型有一定困难；其次是由于基础管理不好，没有科学合理的方法可依，系统开发容易走上机械地模拟原来手工系统的轨道。

（4）对于一个批处理系统，其大部分是内部处理过程，这时用原型方法有一定困难。

综上所述，我们得出结论，原型方法是在信息系统研制过程中的一种简单的模拟方法，与最早人们不经分析直接编程时代以及结构化系统开发时代相比，它是人类认识信息系统开发规律道路上的“否定之否定”。它站在前者的基础之上，借助于新一代的软件工具，螺旋式地上升到了一个新的更高的起点，它“扬弃”了结构化系统开发方法的某些烦琐细节，继承了其合理的内核，是对结构化开发方法的发展和补充。这种相互补充、相互促进的系统开发方式将会是今后若干年信息系统或软件工程中所使用的主要方法。

4.4.3　面向对象开发方法

面向对象系统的开发方法是从 20 世纪 80 年代各种面向对象的程序设计方法（如 smalltalk，C++等）逐步发展而来的。面对对象方法（Object Oriented，OO 方法）一反那种功能分解方法只能单纯反映管理功能的结构状态，数据流程模型（DataFlowDiagram）只是侧重反映事物的信息特征和流程，信息模拟只能被动地迎合实际问题需要的做法，从面向对象的角度为我们认识事物，进而为开发系统提供了一种全新的方法。

1. OO 方法的基本思想

OO 方法认为，客观世界是由各种各样的对象组成的，每种对象都有各自的内部状态和运动规律，不同对象之间的相互作用和联系构成了各种不同的系统。当我们设计和实现一个客观系统时，如能在满足需求的条件下，把系统设计成由一些不可变的（相对固定）部分组成的最小集合，这个设计就是最好的。而这些不可变的部分就是所谓的对象。对象是 OO 方法的主体，对象至少应有以下特征。

（1）模块性。

即对象是一个独立存在的实体，从外部可以了解它的功能，但其内部细节是“隐蔽”的，它不受外界干扰。对象之间的相互依赖性很小，因而可以独立地被其他各个系统选用。

（2）继承和类比性。

事物之间都有一定的相互联系，事物在整体结构中都会占有它自身的位置。在对象之间有属性关系的共同性，在 OO 方法学中称之为继承性，即子模块继承了父模块的属性。通过类比方法抽象出非型对象的过程称之为类比。

（3）动态连接性。

即各种对象之间统一、方便、动态的消息传统机制。

因此，以对象为主体的 OO 方法就可以简单解释如下。

客观事物都是由对象组成的，对象是在原事物基础上抽象的结果。任何复杂的事物都可以通过对象的某种组合结构构成。

对象由属性和方法组成。属性（Attribute）反映了对象的信息特征，如特点、值、状态等。而方法（Method）则是用来定义改变属性状态的各种操作。

对象之间的联系主要是通过传递消息（Message）来实现的，而传递的方式是通过消息模式（Message Pattern）和方法所定义的操作过程来完成的。

对象按其属性进行归类（Class）。类有一定的结构，类上可以有超类（Superclass），类下可以有子类（Subclass）。这种对象或类之间的层次结构是靠继承关系维系着的。对是一个严格模块化了的实体，称之为封装（Encapsulation）。这种封装了的对象满足软件工程的一切要求，而且可以直接被面向对象的程序设计语言接受。

2. OO 方法的开发过程

按上述思想，可用“OO 方法”的工作过程分为四个阶段。

系统调查和需求分类。对系统要面临的具体管理问题以及用户对系统开发的需求进行调查研究，即先弄清要解决什么问题。

分析问题的性质和求解。在繁杂的问题域中抽象地识别出对象以及其行为、结构、属性、方法等。这一阶段一般被称之为面向对象分析，简称 OOA 整理问题。即对分析的结果做进一步地抽象、归类，整理并最终以范式的形式将它们确定下来。这一阶段一般被称之为面向对象设计，简称 OOA。

程序实现。即用面向对象的程序设计语言将上一步整理的范式直接映射（即直接用程序语言来取代）为应用程序软件。这一程序被称之为面向对象的程序，简称为 OOP。

3. OOA 方法

面向对象的分析方法，即 OOA 方法，它是 OO 方法的一个组成部分。在一个系统的开发过程中进行了系统业务调查以后，就可以按照面向对象的思想来分析问题。但应该注意的是OOA所说的分析与结构化分析有较大的区别。OOA所强调的是在系统调查资料的基础上，针对OO方法所需要的素材进行的归类分析和整理，而不是对管理业务现状和方法的分析（这也正是OOA方法在信息系统开发过程中目前还很少被人实际应用的原因之一）。

（1）处理复杂问题的原则。

用OOA方法对所调查结果进行分析处理时，一般依据以下几项原则。

抽象（Abstraction）。是指为了某一分析目的而集中精力研究对象的某一性质，可以忽略其他与此目的无关的部分。在使用这一概念时，我们承认客观世界的复杂性，也知道事物包括有多个细节，但此时并不打算去完整地考虑它。抽象是科学地研究和处理复杂问题的重要方法。

抽象机制被用在数据分析方面，称之为数据抽象。数据抽象是OOA的核心。数据抽象把一组数据对象及作用其上的操作组成一个程序实体，使得外部只知道它是如何表示的。在应用数据抽象原理时，系统分析人员必须确定对象的属性以及处理这些属性的方法，并借助于方法获得属性。在OOA中属性和方法被认为是不可分割的整体。

抽象机制有时也被用在对过程的分解方面，被称之为过程抽象。恰当的过程抽象可以对复杂过程的分解和确定以及描述对象发挥积极的作用。

封装（Encapsulation）。即信息隐蔽。它是指在确定系统的某一部分内容时，应考虑到其他部分的信息及联系都在这一部分的内部进行，外部各部分之间的信息联系应尽可能的少。封装的原则很像SSA&D中划分子系统或模块时的内部信息聚合度（Cohesion）原则。如果分析人员能在OOA中封装需求分析的各个部分，则当需求改变时，各部分相对独立，系统的维护将对整个系统的影响程度减至最小。

继承（Inheritance）。是指能直接获得已有的性质和特征而不重复定义它们。OOA可以一次性地指定对象的公共属性和方法，然后再特化和扩展这些属性及方法为特殊情况，这样可大大地减轻在系统实现过程中的重复劳动。在共有属性的基础之上，继承者也可以定义自己独有的特性。

例如，计算机和质谱分析仪可以看作是设备管理中设备类的特化。这样，设备管理的一些特征指标可以被计算机和质谱分析仪理所当然地继承了下来。当然为了准确地描述计算机和质谱分析仪，在继承的基础上，还要定义一些特定计算机和质谱分析仪的属性。

相关（Association）。意指联合（Union）或连接（Connection），是指把某一时刻或相同环境下发生的事物联系在一起。

消息通信（Communication With Message）。是指在对象之间互相传递信息的通信方式。

组织方法。在分析和认识世界时，可综合来用如下三种组织方法（Method Of Organization）：①特定对象与其属性之间的区别，如股票与某种股票之间的关系；②整体对象与相应组成部分对象之间的区别，如有价证券与具体某种股票和债券之间的关系；③不同对象类的构成及其区别，如股票与债券等。

比例（Scale）。是一种运用整体与部分原则，辅助处理复杂问题的方法。

行为范畴（Categories of Behavior）。多是针对被分析对象而言的，它们主要包括：①基于直接原因的行为；②时变性行为；③功能查询性行为。

（2）OOA方法。

OOA方法是建立在对处理对象客观运行状态的信息模拟（实体关系图和语义数据模型）和面向对象程序设计语言的概念基础之上。OOA方法从信息模拟中汲取了属性、关系、结构以及对象作为问题域中某些事物的、实体的表示方法等概念，从面向对象的程序设计语言中吸取了属性和方法的封装，属性和方法作为一个不可分割的整体以及分类结构、继承性等概念。面向对象的分析强调如下基本观点：分析和规格说明的总体框架贯穿结构化方法，如整体和局部、类和成员、对象、属性等。

用消息进行用户和系统之间以及系统中实体之间的相互通信。在总体框架中对每个部分提供的方法和性能进行分类。

在用 OOA 具体地分析一个事物时，大致上遵循如下五个基本步骤。

第一步，确定对象和类。这里所说的对象是对数据及其处理方式的抽象，它反映了系统保存和处理现实世界中某些事物的信息的能力。类似多个对象的共同属性和方法集合的描述，它包括如何在一个类中建立一个新对象的描述。

第二步，确定结构。这里所说的结构是指问题域的复杂性和连接关系。类成员结构反映了泛化—特化关系，整体—部分结构反映整体和局部之间的关系。

第三步，确定主题。这里所说的主题是指事物的总体概貌和总体分析模型。

第四步，确定属性。这里所说的属性就是数据元素，可用来描述对象或分类结构的实例，可在图中给出，并在对象的存储中指定。

第五步，确定方法。这里所说的方法是指在收到消息后必须进行的一些处理方法。方法在图中定义，并在对象的存储中指定。对于每个对象和结构来说，那些用来增加、修改、删除和选择一个方法本身都是隐含的（虽然它们是要在对象的存储中定义的，但并不在图上给出），而有些则是显示的，如计算费用等。

4. OOD 方法

面向对象的设计方法是 OO 方法中一个中间过渡环节。其主要作用是对 OOA 分析的结果进一步的规范化整理，以便能够被 OOP 直接接受。在 OOD 的设计过程中，要展开的主要有如下几项工作。

（1）对象定义规格的求精过程。

对于 OOA 所抽象出来的对象—&—类以及汇集的分析文档，OOD 需要有一个根据设计要求整理和求精的过程，使之更能符合 OOP 的需要。这个整理和求精过程主要有两个方面：一是要根据面向对象的概念模型整理分析所确定的对象结构、属性、方法等内容，改正错误的内容，删去不必要和重复的内容等；二是进行分类整理，以便于下一步数据库设计和程序处理模块设计的需要。整理的方法主要是进行归类，对类—&—对象、属性、方法和结构、主题进行归类。例如，在对学校系统的分析中，会抽象出若干个类—&—对象，它们反映的都是学生、职工等，于是设计机制应考虑将它们归类到一起。希望先从人的描述开始，将人的属性通过继承机制加到学生、教师和职工的定义中去。

（2）数据模型和数据库设计。

数据模型的设计需要确定类—&—对象属性的内容、消息连接的方式、系统访问（Access）、数据模型的方法等。最后每个对象实例的数据都必须落实到面向对象的库结构模型中。这个过程类似于后面提到的管理指标体系和基础数据统计指标体系。但不同的是，它不是从管理功能处理过程着手考虑问题的，而是从类—&—对象属性集合角度考虑问题的。

（3）优化。

OOD 的优化设计过程是从另一个角度对分析结果和处理业务过程的整理归纳，优化包括对结构的优化、抽象和集成。对象和结构的模块化表示为 OOD 提供了一种范式，这种范式支持对类和结构的模块化。

这种模块符合一般模块化所要求的所有特点，如信息隐蔽性好，内部聚合度强和模块之间耦度弱等。

抽象表示对明抽象（Abstraction by Specification）和参数化抽象（Abstraction by Parametric）。集成化使得单个构件有机地结合在一起，相互支持。

5. OO 方法的特点和面临的问题

方法以对象基础，利用特定的软件工具直接完成从对象客体的描述到软件结构之间的转换。这是 OO 方法最主要的特点和成就。OO 方法的应用解决了传统结构化开发方法中客观世界描述工具与软件结构的不一致性问题，缩短了开发周期，解决了从分析和设计到软件模块之间多次转换映射的繁杂过程，是一种很有发展前途的系统开发方法。但是同原型方法一样，OO 方法需要一定的软件基础支持才可以应用，另外在大型的 MIS 开发中如果是不经自顶向下的整体划分，而是一开始就自底向上地采用 OO 方法开发系统，同样也会造成系统结构不合理、各部分关系失调等问题。所以我们认为 OO 方法和结构化方法是在系统开发领域相互依存的、不可替代的方法。

（1） CASE 方法。

计算机辅助开发方法也称计算机辅助软件工程法（Comuter Aided-Software Engineering，CASE），它是一种自动化和半自动化的系统开发方法。它集图形处理技术、程序生成技术、关系数据库技术和各类开发工具于一身，全面支持除系统调查以外的每个开发步骤。严肃地说，CASE 并不是真正意义上的独立方法。目前，CASE 仍是一个发展中的概念。各种 CASE 软件也较多，没有统一的模式和标准。

（2） CASE 方法的基本思路。

如果严格地从认知方法论的角度来看，计算机辅助开发并不是一门真正独立意义的方法，但目前就 CASE 工具的发展和它对整个开发过程所支持的程度来看又不失为一种实用的系统开发方法，值得推荐。

CASE 方法解决问题的基本思路是：在前面所介绍的任何一种系统开发方法中，对象系统调查后，系统开发过程中的每一步都可以在一定程度上形成对应关系的话，那么就完全可以借助于专门研制的软件工具来实现上述一个个的系统开发过程。这些开发过程中的对应关系包括：结构化方法中的业务流程分析—数据流程分析—功能模块设计，程序实现；业务功能一览表—数据分析、指标体系—数据/过程分析、数据分布和数据库设计—数据库系统等；OO 方法中的问题抽象—属性、结构和方法定义—对象分类—确定范式—程序实现等。

另外，由于在实际开发过程中上述几个过程很可能只是在一定程度上对应（不是绝对的一一对应），故这种专门研制的软件工具暂时还不能一次“映射”出最终结果，还必须处理其中间过程，即对于不完全一致的地方由系统开发人员再做具体修改。上述 CASE 的基本思路决定了 CASE 环境具有以下特点。

①在实际开发一个系统中，CASE 环境的应用必须依赖于一种具体的开发方法，如结构化方法、原型方法、OO 方法等，而一套大型完备的 CASE 产品，能为用户提供支持下述各种方法的开发环境。

②CASE 只是一种辅助的开发方法。这种辅助主要体现在它能帮助开发方便、快速地产生出系统开发过程中各类图表、程序和说明性文档。

③由于 CASE 环境的出现从根本上改变了开发系统的物质基础，从而使得利用 CASE 开发一个系统时，在考虑问题的角度、开发过程的做法以及实现系统的措施等方面与传统方法有所不同，故常有人将它称之为 CASE 方法。

（3）CASE 的特点。

CASE 方法与其他方法相比，具有如下几方面的特点。

①解决了从客观世界对象到软件系统的直接映射问题，强有力的支持系统开发的全过程。

②使结构化方法更加实用。

③自动检测的方法大大地提高了软件的质量。

④使原型化方法和 OO 方法付诸实施。

⑤简化了软件的管理和维护。

⑥加速了系统的开发过程。

⑦使开发者从繁杂的分析设计图表和程序编写工作中解放出来。

⑧使软件的各部分能重复使用。

⑨产生出统一的标准化的系统文档。

⑩使软件开发的速度加快而且功能进一步完善。

4.5　企业流程重组

20 世纪 80 年代以来，国际管理学术界和企业界兴起了管理改革的热潮。首先兴起的是企业流程改进（Business Process Improvement，BPI），寻求对企业的业务流程的连续、渐进的改进。然而许多企业发现这种渐进的改进并不能从根本上解决企业所面临的挑战问题。1990 年美国管理学家 Hammer 将“重新设计”（Reengineering）的思想引入关联领域，1993 年美国管理学家 Champy 和 Hammer 提出了企业流程重组（Business Process Reengineering，BPR）的概念。BPR 在 20 世纪 90 年代成了西方管理界和企业界的热门话题，被认为是现代管理界的一场革命。一些大企业，如福特汽车、通用电器、IBM 等从 BPR 中获得了巨大的成功。然而据统计，企业流程重组的失败率却高达 70% 以上。这说明究竟是实行 BPI 还是 BPR，需要根据企业面临的具体情况对待。

1. 企业流程重组的基本思想

企业流程又叫企业过程，是指为完成企业目标或任务而进行的一系列跨越时空的逻辑相关的一组活动。由于企业流程比企业的内部组织机构相对稳定，面向企业流程的信息系统在组织机构与管理体制变化时依然能够保持相对稳定的工作能力。20 世纪 90 年代后，企业流程在管理改革和信息系统建设中备受关注。此前，人们更加关注的是企业管理的层次结构和职能结构。企业流程直接体现企业的核心能力，是企业完成其使命、实现其目标的基础。传统的企业管理模式下的企业流程，非增值环节多，信息传递慢，同一流程各个环节之间和不同环节之间的关系混乱。特别是完整的企业流程被不同的部门分割，使企业难以及时捕捉迅速变化的市场机会，致使整个企业的效率与效益不高，竞争力不强，对市场形势与用户需求的变化反应迟钝，应变能力差。必须应用现代信息技术与管理方法，对企业流程进行改革与创新，企业才能在新的经济环境和市场形势下得以生存和发展。

企业系统规划法和关键成功因素法主要是以现行系统为基础，主观上先肯定现行系统的合理性，因此，他们从过程的观点看待企业，考虑更多的是在现行系统过程的基础上通过应用现代管理技术，借助于计算机技术来分析设计系统，虽然也涉及企业过程的改造，但是力度不够。由于企业的外部环境发生了深刻的变化，市场竞争日趋激烈，企业的内部条件也随之变化，它能从市场获得资源的机会处于变化之中，多数情况下，应用企业系统规划法和关键成功因素法无法有效地解决企业面临的问题，难以获得预期的效益，必须重新考虑现行系统的合理性，因而提出了企业流程重组的概念。

2. 企业流程重组的概念

美国学者哈默和杰姆培提出企业流程重组的概念是指对企业流程进行根本的再思考和彻底的再设计，以求企业的关键性能指标如质量、成本、服务、效益等获得巨大的提高。

所谓根本的，是指不是枝节的、表面的，而是本质的。对现行系统进行彻底的怀疑，与企业系统规划法和关键成功因素法不同，它首先认为“现行系统都是不合理的”，强调用敏锐的眼光看出企业的问题，只有看出问题、看透问题，才能更好地解决问题。按照美国的说法是：在管理科学家的眼里，美国现在所有的政府和企业的管理均是“一无是处”。

所谓彻底的，就是要大破大立，不是一般的修补，这样才能为流程重组打下基础。正像我国政府改革那样，先转变政府职能，再精简组织结构，只有这样才能彻底。

所谓巨大的提高，是指成十倍、百倍，甚至千倍的提高，能够快速见到实际效果，使企业在量变的基础上发生质变，产生飞跃点，而不是改革了很长的时间，才提高20%～30%。例如，有的企业人员裁减到原先的10%，产量却提高了10倍，总体效益提高了上百倍。有的企业在2～3年内营业额从几亿元猛增到几百亿元。这种巨大的增长是在原来近似性增长的基础上的一种非线性的跳跃，是质的飞跃。可见，抓住跳跃点对企业流程重组十分关键。

企业流程与企业的运行方式、组织的协调合作、人的组织管理、新技术的应用与融合等紧密相关，因而，企业的流程重组不仅涉及技术，也涉及人文因素，包括观念的更新、组织的改革等，以新型的企业文化代替老的企业文化，以新的企业流程代替原有的企业流程，以扁平化的企业组织代替金字塔型的企业组织。其中，信息技术的应用是企业流程重组的核心，信息技术既是流程重组的出发点，也是流程重组的最终目标的体现者。

3. 企业流程重组的原则

企业流程重组应遵循以下原则

（1）有一个明确的、具有启发性的目标，即共同目标。把企业流程看成是企业战略的对象，将企业流程与企业战略联系起来是流程重组项目成功的必要条件。然而，在一个复杂的大型企业中，战略和流程之间往往存在鸿沟，连接企业战略和企业流程的桥梁是流程远景。因此，流程创新应先从企业的战略开始，所期望的战略定位和流程远景应是企业流程再造的起点。

（2）充分考虑顾客的价值。在当今以消费为导向的时代，对急速变化的市场做出快速反应，有效地提供给顾客满意的产品和服务是企业流程重组的另一个驱动力。

（3）服从统一指挥。企业流程再造必须是一个自顶而下的过程，同时它又是一个跨越部门的综合性的全新的工程，为确保BPR的实施，必须使员工服从统一指挥。同时，要求领导者必须是企业高层的、资历深厚的、有威信的人员。

（4）做好横向和纵向沟通。一方面流程自顶向下推行，管理者必须知道为什么这样做，如何做，还要使员工理解流程重组的方法和目标；另一方面，流程重组会造成中层管理人员减少，这就要求部门之间增加沟通。

（5）树立典范、逐步推进，充分利用变革的连环效应。BPR 在实施过程中，并不可能所有的流程并驾齐驱，这要求精心挑选适当规模的实验项目，使企业的绩效得到明显地增长，向员工们表明流程重组的有效性，树立典范。然后再推广到整个组织，从而引起整个组织的变革，实现连环效应。

4. 企业流程重组的步骤

企业流程重组的过程就是为了寻找出合理的信息流，一般来讲，企业中存在物流、资金流、信息流等，而管理信息系统则是信息流的集中体现。如果一个企业在管理信息系统的开发过程中不进行流程重组，仅仅是用计算机模拟原有的企业流程，就势必会将原来的一些低效、冗余的业务处理过程带入该开发的信息系统中去，从而导致该信息系统的低效性。从这个意义上讲，企业流程重组就是为了寻找合理的信息流。

根据美国 BPR 专家 J. Teng 对众多企业和咨询公司所采用的 BPR 方法进行的归纳和总结可以看出，多数 BPR 方法都可以概括为下面七个阶段的工作。

（1）设计远景：企业高层主管应当从企业战略的高度来考虑 BPR。在项目启动第一阶段，高层主管就应该考虑 BPR 的必要性。过去的流程是否需要做根本性的改变？项目需要达到怎样的目标？只有对这些问题有了清晰的认识，才能推动后续的流程改造有条不紊地进行。

（2）项目启动：在此阶段企业高层主管需要确定哪些流程需要再造，设定清晰的流程再造目标，成立 BPR 项目领导小组并制定详细的项目规划。这里需要强调的是：企业一定要让了解企业业务的高层主管直接加入项目小组并担任主要领导。

（3）流程诊断：对现有流程和子流程进行建模和分析，诊断现有流程，发现流程中的瓶颈，为流程再造定义基准。尽管一些专家认为 BPR 不应当拘泥于当前流程，但在实际工作中，忠实地描述现有流程，在此基础上寻找流程再造的突破口还是最直接的方法。

（4）设计新流程：在分析原有流程的基础上，设计新的流程原型并设计支持新流程的 IT 架构。此阶段的主要任务包括定义新流程的概念模型、设计新流程原型和细节、设计与新流程配套的人力资源结构、分析和设计新的信息系统。

（5）实施新流程：新流程是否可靠、方便、完善，还有待于这一阶段的检验。在实践中得到的经验是：在此阶段，工作方式的变革容易产生一些困惑，需要通过管理层、项目组和员工之间的广泛沟通来消除矛盾。

（6）流程评估：业务流程再造结束后，就可以根据项目开始时设定的目标对当前流程进行评估，看新的流程是否达到了预期目标。

（7）持续改善：一次 BPR 项目的实施并不代表公司改革的任务完成，整个企业的绩效需要持续改善才能实现。这种持续的改善实际上就是不断对流程的分析和改变。

5. BPR 的几种经典方法

对于一个企业来说，BPR 是一个重大而复杂的系统工程，在项目实施过程中涉及多方面的活动和工作。参与企业信息化的成员在整个 BPR 过程中，不但应当知道如何进行 BPR，由谁来进行 BPR，而且还需要了解一些进行 BPR 的方法和工具。参加 BPR 的成员们如果能够有效地利用现代的 BPR 工具，就可以更有效地对企业中的问题流程进行改造，将 BPR 的各个阶段的工作有机地协调起来。在 BPR 中可以用到的技术和方法有很多，下面介绍一些常用的手法。

（1）头脑风暴法和德尔菲法。在讨论公司战略远景规划、决定企业再造时机过程中，头脑风暴法和德尔菲法是两种有用的方法。在运用头脑风暴法进行讨论时，鼓励与会者提出尽可能大胆的设想，同时不允许对别人提出的观点进行批评。运用头脑风暴法有助于发现现在企业流程中的弊病，提出根本性的改造。一些软件也可以用来支持这种讨论，与会者可以同时和匿名者对讨论议题提出他们的建议和意见，以关键字来进行存储、检索、诠释、分类和评价。德尔菲法则经常用来论证企业再造方案的可行性。可以将初步的再造方案发给若干事先选定的信息系统专家，征求他们的意见。然后将各位专家的反馈意见经过整理和分析后，第二次再发给专家，让他们考虑其他专家的看法，对有分歧的地方进行更深入地思考。这样，经过几轮征集，最终可获得比较一致的意见。这对于减少 BPR 的风险、设置正确的信息化战略是十分有用的。

（2）价值链分析法。在对企业的流程进行分析并选择被改造流程时，可以采用哈佛大学波特教授提出的价值链分析法。价值链分析法是辨别某种“价值活动”是否能给本企业带来竞争力的方法。这一理论最早发表在波特的一篇关于如何将价值链分析与信息技术结合起来的论文中，后来被发展成为企业战略分析的重要手段，对企业信息化建设也有很重要的应用价值。波特认为，在一个企业中，可以将企业的活动分为主要活动与辅助活动两种。主要活动包括采购物流、生产制造、发货物流、市场营销、售后服务等，辅助活动包括高层管理、人事劳务、技术开发、后勤供应等方面的活动。以上各项活动因企业或行业不同而具体形式各异，但所有的企业都是从这些活动的链接和价值的积累中产生了面向顾客的最终价值。因此，将一个企业的活动分解开来，并分析每一个链条上的活动的价值，就可以发现究竟哪些活动是需要改造的。例如，可以按照某项业务将有关的活动细分为几个范围（如将产品销售分解成市场管理 + 广告 + 销售人员管理 + ……），从中发现可以实现差别化和产生成本优势的活动。

（3）ABC 成本法又称作业成本分析法。主要用于对现有流程的描述和成本分析。作业成本分析法和上述价值链分析法有某种程度的类似，都是将现有的业务进行分解，找出基本活动。但作业成本分析法着重分析各个活动的成本，特别是活动中所消耗的人工、资源等。

（4）标杆瞄准法。标杆瞄准法可用在设立改革的目标和远景、确定流程再造的基准等方面。在许多行业都有一些成功的企业，这些企业的做法可以为行业中的其他企业所效仿，因此，也可以将这些企业的一些具体的指标作为其他企业的标杆。丰田汽车的投资回报率（ROI）曾被作为日本汽车行业的标杆。当日产公司发现自己的投资回报率还不到丰田的一半时，他们就意识到问题的严重性。通过分析自己的业务流程，他们最后决定关闭了这间工厂。

（5）流程建模和仿真。对企业现有业务流程的分析并提出改造的方案可以用计算机软件的方法来进行，这就是企业信息流程建模。目前已经有许多企业信息流程建模方法和相应的软件系统问世。ARIS（集成化信息系统架构）方法和工具是由德国萨尔大学企业管理研究所所长及 IDS - Scheer 公司总裁 Wilhelm Scheer 教授所提出的。其设计理念是希望提出一个整合性的框架，将描述一个企业流程的重要观念尽量纳入到模型之中。IDEFO 方法是 ICAM Method 的简称，是美国空军 20 世纪 70 年代末 80 年代初在 ICAM（Integrated Computer Aided Manufacturing）基础上采用 SADT 等方法发展起来的一套建模和分析方法。

1990 年初期，用户协会与美国国家标准与技术学会合作，建立了 IDEFO 标准，并在 1993 年公布为美国信息处理标准。目前它是多种国际组织所承认的标准。为了减少项目的诊断和设计新流程，还可以对企业业务流程进行有关成本、效益等方面的模拟和分析。

在上述这些方法中，头脑风暴法、德尔菲法、价值链分析法和竞争力分析法都是经典的管理方法和技术，而 ABC 成本法、标杆瞄准法、流程建模和仿真则是比较新的方法，尤其是流程建模和仿真，为 BPR 项目提供了有力的工具。将上面这些方法和技术综合在一起，就为 BPR 团队提供了一整套有力的工具，可以在整个业务流程再造过程中运用。

本章小结

管理信息系统规划是信息系统实践环节的主要问题，也是现代管理信息系统研究的主要课题之一。信息系统的建设是一个投资巨大、历时较长、复杂度高的系统工程，采取科学的规划可以减少盲目性，使系统有良好的整体性、较高的适应性，建设工作有良好的阶段性，从而做到大大缩短系统开发周期，节约开发费用。

本章从系统战略规划、系统开发方式、方法、策略等几个方面进行了介绍，并详细介绍了几种制定战略规划的常用方法。

章节练习

1. 管理信息系统的开发应当遵循哪些原则？

2. 管理信息系统的开发方式有哪几种？开发策略有哪些？

3. 管理信息系统的开发方法主要有哪些？试简述各种开发方法的基本思想。

4. 结构化系统开发方法有什么特点？有什么优缺点？

5. 系统开发的生命周期分为哪几个阶段？每个阶段主要做一些什么工作？

6. 原型法（Prototyping）的工作流程是什么？其适应范围是什么？

7. 试简述面向对象开发方法（OO 方法）的开发过程。

8. 面向对象分析法（OOA）所依据的基本原则是什么？

9. 简述面向对象设计法（OOD）主要完成的几项工作。

10. 简述计算机辅助开发方法（CASE）的特点。

中铁货代业务操作信息系统案例

1. 背景介绍

中铁国际货运代理有限责任公司［China International Freight AgencyCo. Ltd. 下称中铁货代（RCRIFA）］是铁道部中铁集装箱运输中心下属的、经外经贸部批准、在国家工商行政管理局注册的国际货运代理企业。公司于1996年成立，目前已有17家分公司，2个合资公司，2个办事处，经营代理网络遍及全国主要城市及北美地区，业务涉及海铁联运、大陆桥运输、过轨运输及物流服务等，与多家船公司和货代公司建立了良好的合作关系。

随着中铁货代业务量的增大，以前基于手工作业的弊端表现得越来越明显。特别是到了2001年，情形更加明显，首先是箱号的查询与核对，箱量的统计与报告，应收应付账款的对账变得非常烦琐，有的甚至变得不能为之。另外，每个人掌握的是自己负责的那一块业务，业务信息不能共享，领导为了获得汇总报表，不得不一遍又一遍地手工计算。还有，这些业务信息掌握在每个业务员手中，一旦该业务员出差或休假就会造成工作的停顿，还带来了潜在的风险。因此，此种局面不但造成了日常工作的重复劳动及效率低下，更重要的是已经限制了公司的业务发展，因此，建立一套中铁货代业务信息系统迫在眉睫。

2. 需求分析

中铁货代的主要业务如下。

（1）过境运输，包括过境中国至俄罗斯，过境中国至中亚，过境中国至蒙古，过境中国至朝鲜，过境中国至越南，等等。

（2）过轨（香港）运输。

（3）国际铁路联运，中国到俄罗斯、中亚、朝鲜的货物联运。

（4）进出口运输，海铁联运业务。

（5）国内国际物流服务。

3. 解决方案与实施

中铁通过调研得知，目前市场上没有现成的货代软件可供使用，因此决定委托东方网景信息科技公司为中铁开发一套业务信息系统。东方网景有一套现成的Powerin信息系统，能够比较好地实现企业协同、信息共享，它是完全基于BS的程序架构，能够方便地扩展到分公司使用。但其缺点是没有现成的业务流程。经过研究，决定在Powerin的基础上进行二次开发，满足中铁公司的所有需求。

（1）系统方案。

系统采用BS的程序架构，既要满足何时何地都能办理业务的需要，能够极方便地进行扩展，又能最大限度地减少各个工作站包括各分公司及办事处的维护费用。

（2）实现信息共享、知识管理、商务智能的需要。

实现如下主要功能：①国联部业务操作；②物流部业务操作；③海运部业务操作；④箱管部业务操作；⑤财务的处理；⑥查询统计报表。

按照业务流程不同的部门、不同的员工授予不同的权限，实现对不同的业务信息进行浏览、修改和审批，实现货代业务供应链上的协同。

由于软件系统完全采用BS结构，大大降低了软件公司的开发成本，大部分的工作都可以远程维护和修改。

（3）实施步骤。

为了系统的顺利实施，公司成立了由综合技术发展部经理牵头、各部门经理参加的项目小组，公司领导亲自抓落实，并且制定了系统分三步走的战略。

第一步：先开通邮件功能、BBS功能、公司文件管理、员工管理、客户管理等简单功能。

第二步：业务操作模块试运行。

第三步：系统正式上线试运行。

2002年5月份，系统上线试运行。

（4）系统运行取得的效果。

该系统基本实现了如下目标。

①减少重复劳动，提高工作效率。

②规范公司业务操作流程。

③信息共享，知识管理。

④增强企业协同，增大公司核心竞争力。

⑤服务客户，赢得客户。

通过运行该系统，公司 2002 年业绩取得了惊人的发展，完成箱量 34000TEU，运输收入超亿元，分别比上年增长 262% 和 172%。

专家点评：本系统是一个集中式的信息处理模型系统，业务上可支持中铁国际货代公司的国际、国内货代业务，国际国内铁路、海铁联运业务。管理上可支持员工业绩考核、内部信息互通、外部客户管理等，其特点如下。

基础好。本系统是在原有系统 Powerin 信息系统的基础上针对货代业务开发集成的，原有系统的网站、员工管理、客户管理和邮件功能都有成熟的应用基础，增强了企业内部管理和沟通，有力地支持了业务系统的运行。

信息共享程度高。由于各业务合作伙伴和公司各业务部门在同一个系统中录入、处理业务信息，大量的原始和加工过的信息积淀于数据库中，从而解决了信息孤岛和信息使用混乱的问题，增加了企业内部以及企业与企业间的协同性。

合适的信息交流窗口。本系统的电子商务平台既可以收集内部员工的业务信息，还可以供客户查询货物跟踪信息及与客户进行信息交流，提高了信息服务的及时性和质量，实现货代业务供应链上的协同。

系统采用 BS 的程序架构，既要满足何时何地都能办理业务的需要，能够极方便地进行扩展，又能最大限度地减少各个工作站包括各分公司及办事处的维护费用。

按照业务流程不同的部门、不同的员工授予不同的权限，实现对不同的业务信息进行浏览、修改和审批。

第5章　管理信息系统的系统规划

系统规划是系统开发生命周期的第一个阶段。对任何项目来讲，最初的规划都是非常重要的一步，系统开发也不例外。规划的内容及好坏，直接决定后续步骤的前进方向。规划时失之毫厘，到实施时可能差之千里。因此在进行系统规划时应十分谨慎，做好这一步，将为后续工作带来很大的方便。

缺乏计算机管理的某书社

某高校旁有一家经营图书出租业务的书社，目前该书社还没有使用计算机来进行管理。学生张某经常去该书社租书，看到该书社的日常管理非常混乱，并且员工劳动强度大、工作效率低，所以他希望能够为该书社建立一个管理信息系统，从而找出一条好的途径来改善书社的经营管理，提高书社员工的服务效率和质量，从而提高顾客满意度。张某首先对该书社的经营业务进行了详细调查，他了解到的情况如下：

书社的规章制度要求，任何人要想成为该书社的会员需交纳押金100元（退证时返还），而且在加入时，需将身份证号（若是学生还另外需要学号）、住址、固定电话号码、移动电话号码、电子邮件地址登记在顾客卡片中。成为会员的顾客可得到该书社的一张会员卡，并且可用它来租借书社所有图书。目前的一个问题是，会员个人资料在登记注册后可能会发生变化，但却无法得到及时更新。

放在书社营业厅架子上的图书按类别及书名的字母顺序进行排列展

示，而那些将要被出租的图书存放在收银台后面的库房内。当顾客把展示架上的样本图书拿到柜台时，店员就得去后面的柜台查找。有时返还的图书没有按正确的顺序归档，这就使得查找工作变得非常费力了。

当顾客来到店里还书时，店员首先检查还书是否准时，超期的顾客应交纳过期费。

店员工作繁忙时，来不及把返还的图书重新摆放到库房内，造成图书堆积。当顾客挑选了没有来得及上架的图书后，顾客就租不到他想要看的图书。

有时候一些新出版的或是畅销的图书可能供不应求，尤其是在周末。管理者应当把这些图书多储备些以备租用。另外，由于书社无法跟踪销售趋势以合理安排存货，一些很少被租用的图书时间久了依然被保存在店里。

通过上面的调查分析，张某认为该书社应该结合自身的实际情况建立一个管理信息系统来加强日常工作的管理，将员工从繁忙的、低效率的工作状态中解脱出来，从而改善书社的经营状况。

思考讨论：该书社原有的业务流程中存在哪些不合理的地方?

提示：会员制不方便临时租书的读者。要想成为该书社的会员需交纳押金 100 元，提高了经济困难人士租书的门槛。会员租的书若成本大于 100 元，则押金 100 元太少。会员联系方式若发生变化，书社无法及时知道，因此无法将最新的读者预订图书信息通知读者。传统的手工方式下，日益繁杂的业务，导致书社无法跟踪销售趋势以合理安排存货。读者点名需要某书时，需要去书社营业厅书架上查询，查询效率太低。

5.1　系统规划概述

5.1.1　系统规划的必要性

系统规划是非常必要的。例如，一条船的设计与制造过程首先是进行总体规划，一旦总体规划完成，各种部件的设计与制造工作就可以按照总体规划的要求由不同的设计小组去完成。总体规划不是去详细规定每个部件的设计细节，但是要负责各个小组之间的控制与协调。

与工程制造类似，一个完整的信息系统应由多个分离的模块组成，模块间靠数据联系在一起，即这些数据被模块所共享。如果没有系统规划作指导，想要把分散的设计的模块组合起来，构成一个有效的大系统是不可能的。

系统规划的必要性可概括为：①信息是企业的重要资源，应为全企业所共享；②各子系统除完成相对独立的功能外，相互间还需要协调工作，系统规划的目的就是使 MIS 各组成部分之间能够相互协调；③系统规划使人力、物力、时间安排合理有序，保证各子系统开发顺利进行。

5.1.2 系统规划的目标与任务

从普遍意义上讲，规划是指对较长时期的活动进行总体的、全面的计划。现代社会组织，特别是企业的结构和活动内容都很复杂，实现企业的信息化需要经过长期的努力，因而需要对企业的管理信息系统进行规划，根据企业的目标和发展战略以及管理信息系统建设的客观规律，考虑到企业面临的内外环境，科学地制定管理信息系统的开发战略和总体方案，合理安排系统建设的进程。下面从管理信息系统建设的一些问题入手，讨论系统规划的任务、内容、特点及关键问题等。

1. 管理信息系统建设中存在的问题

随着科学技术的进步和社会经济的发展，国际和国内企业信息化进程不断向前推进，对管理信息系统建设的需求日趋紧迫。尽管管理信息系统已经有很大的发展，但不少已经建成或正在建设的系统仍然面临一系列的问题。其中一些主要的问题可以概括为：

（1）系统功能部分和企业发展的目标和战略不相适应。

（2）已建成的系统解决问题的有效性低，即系统建成后对管理并无明显的改善。

（3）系统不够灵活，不能适应环境变化和管理变革的需要。

（4）组织结构陈旧，管理落后，企业主要业务流程效率与效益低下，信息化基础差。

（5）企业中系统操作人员的素质较低。

（6）系统开发环境落后，技术方案不合理。

（7）系统开发以及运行维护的标准、规范混乱，缺乏统一管理。

（8）资源短缺，投入太少，而对系统的认识不足，期望又过高。

出现上述问题的原因是多方面的，其中一个主要原因就是人们更多地关心怎样建设一个管理信息系统，而对于建设一个什么样的管理信息系统却注意不够。对于系统的具体方案考虑较少，对总体方案与发展战略问题不够重视。总之，在系统建设中，往往缺乏科学的、有效的系统规划。这是很多管理信息系统失败的很重要的原因。

2. 系统规划的任务和内容

系统规划是管理信息系统生命周期的第一个周期，是管理信息系统的概念形成时期。这一阶段的主要目标，就是决定要开发什么样的管理信息系统，制定出管理信息系统的长期发展方案，决定管理信息系统在整个生命周期内的发展方向、规模和发展进程。系统规划阶段要制定系统开发的“大纲”，其主要任务是：制定管理信息系统的发展战略（要符合企业的发展战略）；确定企业的主要信息需求，形成管理信息系统的总体结构方案，安排项目开发计划；制订系统建设的资源分配计划。

上述三项任务也规定了管理信息系统规划工作进程的三个主要阶段：

（1）管理信息系统战略规划。这一阶段的关键是要使管理信息系统的战略与整个企业的战略和目标协调一致。要进行的工作有：评价组织的目标、战略和实现目标、战略的主要企业流程；根据组织的目标和战略确定管理信息系统的使命，对管理信息系统建设或更新提出报告；对目前管理信息系统的功能、应用环境和应用现状进行评价；制定建设管理信息系统的政策、目标和战略。

（2）企业的信息需求分析。这一阶段进行的工作有：确定目前和未来的组织在决策支持和事物处理方面的信息需求，以便为整个组织或其主要部门提出管理信息系统的总体结构方案；制订主要发展计划，即根据发展战略和系统总体结构，确定系统和应用项目的开发次序和时间安排。

（3）资源分配。制订为实现开发计划而需要的软硬件资源、数据通信设备、人员、技术、服务、资金等计划，提出整个系统建设的预算。

3. 系统规划工作的特点

由于管理信息系统的建设耗资巨大，历时较长、技术复杂且涉及面广，系统规划是这一复杂工作的起始阶段，这项工作的好坏将直接影响到整个系统建设的成败。“凡事预则立，不预则废”。因此，应该充分认识这一阶段工作所具有的特点和应该注意的一些关键问题，以提高系统规划工作的科学性和有效性。

系统规划工作是面向长远的、未来的、全局性和关键性的问题，因此它具有较强的不确定性，属于非结构化决策。

系统规划的工作环境是企业总体管理环境，高层管理人员（包括高层信息管理人员）是工作的主体。

系统规划人员对管理与技术环境的理解程度，对管理与技术发展的见识，以及开创精神与务实态度是规划工作的决定因素。这需要系统规划人员具有多方面的知识和经验。目前尚无可以知道系统规划全过程的适用方法，因此必须采用多种方法相互配合，取长补短。

因为系统规划不在于解决项目开发中的具体业务问题，而是为整个系统建设确定一个大方向，即目标、战略、系统总体结构方案和资源计划，因而整个工作过程是一个管理决策过程。同时，系统规划也是技术与管理相结合的过程，它确定利用现代信息技术有效地支持管理决策的总体方案。

系统规划工作的结果是要明确回答规划工作内容中提出的问题，描绘出系统的总体概貌和发展进程，但宜粗不宜细。要给后续各阶段的工作提供指导，为系统的发展制定一个科学而又合理的目标和达到该目标的可行途径，而不是代替后续阶段的工作。它主要是为后续阶段确定方向。

管理信息系统战略规划必须纳入整个组织的发展规划，并应定期滚动。

4. 系统规划工作的关键问题

针对系统规划工作的特点，在对管理信息系统进行系统规划时应注意如下几个关键问题：

战略计划是核心。管理信息系统与企业发展战略的一致是管理信息系统建设成功的关键之一。要面向组织管理问题，在高层领导干部的参与和管理与技术的结合上下功夫。管理信息系统建设是“一把手工程”，离开高层的参与，建设任何系统都是一句空话。

系统的应变能力是瓶颈问题。应变能力是管理信息系统成败的重点之一，也是当前管理信息系统建设与应用的瓶颈问题。管理信息系统的失败，有许多是由于这个因素造成的。

现代企业生存和发展的内外环境变化剧烈，用户需求日趋复杂，企业组织只有进行不断地调整与改革才能适应形势发展的需要。因此，要求管理信息系统本身拥有很强的应变和促进变革的能力，而且要求这项工作的效果应为增强组织的应变能力做出切实的贡献。但现有和曾经有过一些系统经不起环境变化与组织变革的冲击，有的系统甚至可能成为变革的阻力，这类教训应当吸取。所以说，系统应变能力的强弱应成为今后管理信息系统的主要评价指标之一。

解决问题的有效性是衡量系统规划工作的关键。推进企业信息化的工作能够成功并持续发展，关键在于这项工作能否在企业的改革与发展中见到实效。毕竟，提高管理效率才是信息系统的目的。这就需要管理信息系统的具体项目对出现的问题有较强的针对性，在方案评价与技术选择时不求全、不求大，但求有效。同时，由于管理信息系统复杂而庞大，在解决问题的各种可能方案中，应选用其中最经济、最简单的实施方案，方案简洁，才能见效快。每一次开发的应用系统规模不宜过大，由于环境复杂多变，因此系统短小精悍，才能机动灵活。由于整个管理信息系统建设周期长、任务重，只有踏实工作，逐步推进，才能减少延误与损失，急于求成，拔苗助长，只会适得其反。

管理、人与技术应协调发展。人、组织管理与技术是信息化促进生产力发展的三个重要因素，也是管理信息系统建设的三项关键资源。在上述三个要素中，技术的进步、组织管理的变革和人的素质的提高必须相互匹配，协同发展，才能促进组织的发展和生产力的提高。技术进步的幅度越大，组织变革就应越加深刻，因而对人的素质要求就越高，这是现代社会生产力发展的客观规律，也是管理信息系统建设成功的经验。在进行系统规划过程中也应尊重这一规律，把提高人的素质、提高企业管理水平作为整个管理信息系统规划的中心环节，在此基础上再抓技术的提高和管理的改革，使三者之间相互配合，相互促进，以加快管理信息系统的建设进程，使其对企业发挥更大的作用。

5. MIS 系统规划的作用

上面已经详细讨论了系统规划的方方面面，这里对系统规划的作用作一小结。制定 MIS 系统规划的作用在于：

合理分配和利用信息资源（信息、信息技术和信息生产者），以节省管理信息系统的投资。

通过制定规划，找出存在的问题，更正确地识别出为实现企业目标 MIS 系统必须完成的任务，优化信息系统的应用，带来更多的经济效益。例如，存在产品质量问题的某企业在企业战略规划中确定的战略是“为新产品建立全面质量管理控制规程”，由此导出的MIS战略为“建立新产品的全面质量管理控制数据库系统”。

指导MIS系统开发，用规划作为将来考核系统开发工作成败的标准。

5.2　系统规划的内容

在上一节，我们简要介绍了系统规划的内容。本节将对系统规划包含的一些具体内容进行探讨，主要包括战略规划、可行性研究、主题数据库等内容。

5.2.1　管理信息系统的战略规划

1. 概述

战略问题是指关于一个企业生存发展的全局性、关键性和长期性的问题。管理信息系统的战略规划就是针对上述这些问题提出来的，它通常包括主要发展目标、发展重点、实现目标的途径和措施等。管理信息系统的战略规划既可以看成是企业战略规划中的一个专门性规划，也可以看成是企业战略规划的一个重要组成部分。当一个企业制定或调整企业战略规划时，可以看成是企业战略规划的一个重要组成部分。当一个企业制定或调整企业战略规划时，可以借助于已有的管理信息系统提供支持，因为管理信息系统能提供各种必要的信息来支持企业战略规划制定的全过程。因此，要强调管理信息系统战略规划与企业组织的战略规划之间的协调。也就是说，不论管理信息系统战略规划是作为企业战略规划的一部分还是一个专门性的规划，它都应当与企业战略规划有机地配合。正如一些管理信息系统规划专家所指出的，如何使一个组织中的管理信息系统发展战略与组织本身的发展战略保持一致，是管理信息系统战略规划工作的核心问题之一。

2. 系统战略规划的目标和内容

管理信息系统的战略规划一般既包含三至五年长期规划，也包含一至两年的短期计划。长期规划部分指出总的发展方向，而短期计划部分则为作业和资金工作提供依据。一般来说，整个战略规划包含以下主要内容：

了解当前的能力状况。战略规划包括企业当前管理现状，硬件、软件情况，现有应用系统及现有人员状况，各项费用情况、项目进展情况及评价。

对影响计划的信息技术发展的预测。自 1946 年第一台计算机出现以来，信息技术的发展是如此迅速，管理信息系统战略规划无疑要受当前和未来信息技术发展的影响。因此，计算机及其各项技术的影响应得到必要的重视并在战略规划中有所反映。另外，对软件的可用性、方法论的变化、周围环境的变化以及它们对信息系统产生的影响也属应考虑因素。

管理信息系统的目标、约束与结构。管理信息系统战略规划应根据组织的战略目标，内、外约束条件，来确定信息系统的总目标，为信息系统的发展方向提供准则，而发展战略规划则提出完成工作的具体衡量标准。管理信息系统的总体结构规定信息的主要类型以及主要的子系统，为系统开发提供框架。

近期计划。在战略规划使用的最近几年中，就应对即将到来的一段时期做出相当具体的安排，主要包括：硬件设备的采购时间表，应用项目的开发时间表，软件维护与转换工作时间表，人力资源的需求计划，人员培训时间安排，以及资金需求计划，等等。

管理信息系统的战略规划并不是一经制定就再也不发生变化。事实上，各种因素的变化都可能随时影响整个规划的适应性。因此，管理信息系统战略规划总是要做不断修改以适应变化的需要，使之具有足够的适应性。

在管理信息系统规划中，战略规划阶段的目标是制订同企业组织机构的目标、目的和战略相一致的管理信息系统的目标、目的和战略。由于战略规划涉及组织的内、外环境因素较多，不确定性问题较突出，目前还没有一种规范的制定管理信息系统的战略规划方法。一个科学、合理的战略规划更多地取决于规划人员对组织内、外环境及其发展趋势的正确估计和深刻理解，对发展目标及实践目标的途径的智谋和远见，艺术性较高。各种规划方法往往只能起到辅助作用。

3. 可行性研究

不管是国家、社会还是企业，在任何系统开发或工程建设之前对项目进行可行性论证都是非常必要的。花费在这种可行性论证上的精力不会是白费的，只有认真进行可行性论证，才会避免或者减轻项目开发后期可能出现的困境和损失。同时，并不是所有问题都有简单明显的解决办法，事实上，许多问题不可能在预定的系统内解决。如果问题没有可行的解决方法，那么花费在这项系统开发项目上的任何时间、资源、人力和经费都是无谓的浪费。

可行性的含义包括可能性、必要性。系统的可行性研究，只针对开发一个管理信息系统而言。

（1）可行性研究的任务。

可行性研究的目的就是用最少的代价在尽可能短的时间内确定问题是否能够解决，可行性研究的目的不是解决问题，而是确定问题现在是否值得投资去解决。要达到这个目的，必须分析几种主要的可能解决方法的利弊，从而判断原定的系统目标和规模是否实现，系统完成后所能带来的效益是否大到值得投资开发这个系统的程度。因此，可行性研究实质上是要进行一次大大压缩简化的系统分析和设计过程，也就是在较高层次上以比较抽象的方式进行的系统分析和设计的过程。亦可视为系统开发前的一次系统评价。

（2）可行性研究的内容包括：

组织与管理上的可行性。人的因素以及社会对系统开发影响的宏观环境，影响着管理信息系统实现的可能性。因为管理信息系统终究是要由人来使用的。

从一个企业来看，企业高层领导干部的素质，决定他们对企业信息化的认识与支持的程度。有时在实现一个管理信息系统时，最大的阻力来自于人的习惯势力，这些往往成为实现系统最根本的可能条件。当新系统与某些人的既得利益发生冲突时，经常会遇到很大的阻力。如果开发系统没有用户配合开发人员参加开发工作，开发工作将会陷于进退两难的地步，造成系统开发周期拖延，系统很难充分发挥它的功效。

此外，管理基础也是开发一个管理信息系统的基本条件，没有较为稳定、合理的管理制度与管理方法，要想用计算机代替人工的信息处理作业，提高管理的效率，实现管理工作的现代化是不现实的。管理信息系统是管理人员进行决策，管理信息系统归根结底要以易于管理为依托。在管理基础工作中，企业中原始记录的收集与统计又是一个重要方面。如果原始凭证上的数据不齐、不准，这种数据是无法进入计算机系统的，更无法根据这种数据有效地处理业务工作。因而，一定的管理基础工作的水平是实现管理信息系统的必要条件。

技术上的可行性。分析现有的信息技术条件实现管理信息系统的可能性，包括目前市场上提供的计算机硬、软件、通信设备以及计算机网络的条件，同时应了解有关厂商提供维修等技术服务的条件等。

经济上的可行性。经济上的可行性主要包括两个方面：一是初步估算开发管理信息系统需要多大的投资，目前资金有无落实；二是估计系统正常运行时期能带来的效益，其中既包括可以用货币估算的经济效益，也包括不能用货币计算的经济效益，或者将是间接的社会效益。

经济上的可行性研究，并不是要做一个关于管理信息系统的最终的经济评价，因为那是要对一个已经实现的系统所作的经济评价。而经济上的可行性研究是对系统的一次最粗的评估，因而只能估算大致的投资总数与系统的开发费用等。对系统的效益也只能估计系统实现后，系统的主要功能所带来的直接与间接的经济效益。

要实现一个管理信息系统，还有社会、法律、财政上的限制条件与要求。例如，一个企业财务信息系统所打印的会计账簿与财务报表，是否能得到上级的承认，是否符合审计机关的要求，是否符合现行的财政制度与政策。这些社会因素，都是开发一个管理信息系统的约束条件，只有同时满足这些约束条件，才能被认为是可行的系统方案。

（3）可行性研究的步骤。

作为成功的开发系统，必须知道要做的工作的范围，要用的资源，要花的工作量以及应遵循的进度。如果整个系统开发工程可以做并且值得做，那么，分析员就应该推荐一个较好的解决方案，并为工程制订一个初步的计划。可行性研究需要的时间长短取决于系统的规模。典型的可行性研究过程有以下几个步骤：复查系统规模和目标，研究目前正在使用的系统，导出新系统的高层逻辑模型，重新定义问题，导出和评价供选择的解法，推荐方案，草拟开发计划，书写文档提交审查。下面分别进行分析。

复查系统规模和目标。这个步骤的工作，实质是为确保系统分析员正在解决的问题确实是要求他解决的问题。系统分析员访问关键人员，仔细阅读和分析有关的材料，以便对问题定义阶段书写的关于规模和目标的报告书进一步复查确认，改正含糊或不正确的叙述，清晰地描述对目标系统的一切限制和约束。

研究企业目前正在使用的系统。现有的系统是信息的重要来源。显然，如果目前有一个系统正被人使用，那么这个系统必定能完成某些有用的工作，因此，新的目标系统必须也能完成它的基本功能；另一方面，如果现有的系统是完美无缺的，用户自然不会提出开发新系统的要求，因此现有的系统必然有某些缺点，新系统必须能解决旧系统中存在的问题，此外，使用旧系统需要的费用是一个重要的经济指标，如果新系统不能增加收入或降低成本，那么从经济角度看新系统就不如旧系统。

系统分析员应该仔细阅读分析现有系统的文档资料和使用手册，也要实地考察现有的系统。应该注意了解这个系统可以做什么，为什么这样做，还要了解使用这个系统的代价。在了解上述这些信息的时候显然必须访问有关的操作人员。在用户调查访问时分析员和用户之间的关系有点儿类似于医生和病人的关系，用户叙述的往往是“症状”而不是实际问题，分析员必须分析总结所得到的信息，从中找出问题之所在。

花费过多时间去分析现有的系统是一种常见的错误做法。这个步骤的目的是了解现有系统能做什么，而不是了解它怎样做这些工作。分析员应该画出表述现有系统的高层系统流程图，并请有关人员检验他对现有系统的认识是否正确。千万不要花费太多时间去了解和描绘现有系统的实现细节。例如，除非是为阐明一个特别关键的算法，否则不需要根据程序代码画出程序流程图。此外，没有一个系统是在“真空”中运行的，绝大多数系统都和其他系统有联系。应该注意了解并记录现有系统和其他系统之间的接口，这是开发系统时的重要约束条件。

导出新系统的高层逻辑模型。优秀的设计过程通常是从现有的正在使用的物理系统出发，导出现有系统的逻辑模型，再参考原有系统的逻辑模型，设想目标系统的逻辑模型，最后根据目标系统的逻辑模型建造新的物理系统。通过前一步的工作，分析员对目标系统应该具有的基本功能和所受的约束已有一定的了解，能够使用数据流程图描绘数据在系统中流动和处理的情况，从而概括地表达出对新系统的设想。通常为把新系统描绘得更清晰准确，还应有一个初步的数据字典，定义系统中使用的数据。这方面的内容将在后面的章节中加以论述。

重新定义问题。新系统的逻辑模型实质上表达了分析员对新系统必须做什么的看法。用户的看法是否相同，分析员应该和用户一起再次复查问题定义、工程规模和目标。如果分析员对问题有误解或用户曾遗漏某些需求，应当及时发现和改正这些错误。

可行性研究的前四个步骤实质上构成一个循环。分析员定义问题，分析这个问题，导出一个试探性的解决方法。在此基础上再次定义问题，分析这个问题，修改这个解决方法。继续这个循环过程，直到提出的逻辑模型完全符合系统目标和用户需求。这有点儿类似于原型法的做法。

导出的评价供选择的解法。分析员应该从系统逻辑模型出发，导出若干较高层次的物理解法供比较和选择。导出供选择的解法是个最简单的途径，是从技术角度出发考虑解决问题的不同方案。例如，分析员可以使用组合的方法导出若干可能的物理系统模型，从而为整个系统开发工程提供一种可能的方案。

当从技术角度提出一些可能的物理系统模型之后，应该根据技术可行性的考虑初步排除一些不现实的系统。例如，如果要求系统的响应时间不超过几秒钟，则批处理执行的系统方案就不合适。只有在去掉行不通的方案之后，才能最终确定可行的一组方案。操作的可行性也是应该考虑的。分析员根据使用部门事务处理原则和习惯自动检查技术上可行的那些方案，去掉操作过程中用户很难接受的方案。对操作人员来讲，系统界面就是系统。

分析员还应该估计剩余的每个系统开发的成本和运行费用，并且估计相对于现有系统来说这个系统可以节省的成本或可以增加的收入。在这些估计数字的基础上，对每个可能的系统进行成本/交易分析。一般来说，只有投资预计能带来利润的系统才值得进一步考虑。

推荐方针。根据可行性研究结果应该作出的一个关键性决定是：是否进行这项系统开发工程。如果分析员认为值得继续研究，那么他应该选择一个最好的解法，并且说明选择这个解法方案的理由。

草拟开发计划，书写文档提交审查。分析员应该草拟一份开发计划，包括工程进度表和成本估算表。同时把各阶段的结果写成清晰的文档。清晰的文档可以大大减少系统开发过程中的沟通成本。

5.2.2 管理信息系统的成本构成

管理信息系统项目的成本随着系统的类型、范围及功能要求的不同而不同。但是，可以把系统开发生命周期的各项阶段划分为开发成本与运行维护成本两大类，在各类中又根据费用的目的进行逐级细分。其中，系统开发成本又可分为软件成本、硬件成本和其他成本三大类。

管理信息系统项目的成本预算，就是根据待开发的管理信息系统的成本特征以及当前能够获得的有关数据和情况，运用定量和定性分析方法对信息系统生命周期各阶段的成本水平和变动趋势做出尽可能科学的估计。最难确定的是开发成本中的软件成本，而硬件成本和其他成本相对容易估算出来。至于运行维护成本，则可以根据开发成本与运行维护成本比值的经验数据和测算出来的开发成本一起计算。并且，对于信息系统项目的用户来讲，项目开发成本的不确定性因素较大，有时甚至有开发失败的风险。而项目的运行维护成本由于多次发生，相对来讲容易控制一些。所以，管理信息系统项目成本预算的重点是软件成本。

1. 管理信息系统开发成本测算的一般过程

管理信息系统开发成本测算首先应该建立在对过去项目成本情况进行数据分析的基础上，历史的经验和教训对于成本测算的各个阶段均有很好的参考价值。其次是进行硬件成本及用户方面（培训、数据收集、系统转换等）成本的测算，这是因为他们对软件成本的分析有着一定的影响。比如，开发人员对所采用的硬件或数据库系统的使用经验将明显影响软件生产率，从而影响着软件成本，对此先做测算可以减少软件成本测算中的不确定因素。然后是软件成本测算，通常分两步走：第一步，测算软件的规模或程序量；第二步，利用有关的经验参数模型，测算出该种规模的软件成本。当然，也可运用专家判定等方法将上述两步合并直接测算成本。

在测算软件成本、硬件成本和其他成本的同时，对各种任务所需的人力、时间等资源也做出安排，即为人力资源计划和进度计划。软件成本测算出来以后，与硬件成本和其他成本累加则构成信息系统项目的开发成本，在此基础上，根据运行维护成本与开发成本之间比值的经验系数导出信息系统的运行维护成本。开发成本与运行维护成本之和即为管理信息系统的总成本。至此，管理信息系统成本测算全部完成。

2. 成本估计方法

软件成本主要表现为人力消耗。成本不是精确的科学，因此，应该使用几种不同的估计技术以相互校验。下面简单介绍三种估算技术：

（1）代码行技术。代码行技术是比较简单的定量估算方法，它把开发每个软件功能的成本和实现这个功能需要的源代码行联系起来。通常根据经验和历史数据估计实现一个功能需要的源程序行数。当有以往开发类似系统的历史数据可供参考时，这个方法是非常有效的。一旦估计出源代码行数以后，用每行代码的平均成本乘以行数就可以确定软件的成本。每行代码的平均成本主要取决于软件的复杂程度和工资水平。

（2）任务分解技术。这种方法首先把系统开发工程分解为若干个相对独立的任务。在分别估计每个单独的开发任务的成本，最后累加起来得出软件开发的总成本。估计每个任务的成本时，通常先估计完成该项目任务需要用的人力，再乘以每人每月的平均工资便得出每个任务的成本。最常用的方法是按开发阶段划分任务。如果软件系统很复杂，由若干个子系统组成，则可以把每个子系统再按开发阶段进一步划分成更小的子任务。

（3）自动估计成本技术。采用自动估计成本的软件工具可以减轻人的劳动，并且使估计的结果更客观。但是，采用这种技术必须有长期搜集的大量历史数据为基础，并且需要有良好的数据库系统和数学模型支持。

软件成本及工作量估算永远不会是一门精确的科学。太多的变化影响软件的最终成本及开发所需的工作量。软件项目计划者在项目开始之前不妨先估算三个数字：需要多长时间、需要多少工作量以及需要多少人员。此外，计划者必须预测所需要的资源（硬件及软件）和包含的风险。计划者可以使用一种或多种技术进行估算，这些技术主要分为两大类：分解和经验建模。分解技术需要划分出主要的软件功能，接着估算实现每个功能所需要的程序规模或人月数。经验技术是用根据经验导出的公式来预测工作量和时间的。可以使用自动工具实现某一特定的经验模型。

5.3 建立主题数据库

5.3.1 建立主题数据库的必要性

战略数据规划的重要内容之一就是企业主题数据库的确定。数据库有两类，即应用数据库和主题数据库。主题数据库与企业的经营主题有关，而不是与一般的应用项目有关。

主题数据库的设计目的就是为加速应用项目的开发。程序人员使用的数据应已存在于有关主题数据库中。主题数据库把企业的全部数据划分成一些可以管理的单位，它应设计得尽可能稳定，能在较长的时间内为企业的信息资源稳定地服务。

（1）信息化的最终目的是资源共享，所以只有经过规划与协调起来的信息才能有效发挥资源的作用。过去，相同信息被不同的开发组生成，所以开发组不同，信息组织结构不同，造成不同部门、组织、行业间信息不能相互协调、共享，如银行卡。

（2）数据库有利于提高应用开发效率。因为提高开发效率的关键是所需数据结构在数据字典中，它是许多报表生成软件、查询语言和应用生成软件的基础，为客服工单系统开发产生的问题，对使用相同数据的其他程序影响要越小越好，所以将数据作为一种独立的资源，即独立地设计一个稳定的、文档齐全的、没有冗余的数据结构。

5.3.2　四大类数据环境

（1）文件系统环境。每个应用系统都各自使用自己的数据文件，因此不同的系统无法共享共同的数据。

（2）数据库。采用数据库系统，但不同的应用系统仍用自己的数据库，这比文件系统实现起来容易，但如果数据库数量大大增加，也会导致数据冗余。

（3）主题数据库。集约化数据库环境，能满足各项管理的数据类的集合。它是在对数据进行全名分析下建立数据模型，虽然分析、建模时间较长，但以后的维护成本很低，同时可使用户多个数据库直接交流。所谓集约化，不是包罗万象，而是将数据库设计的独立与具体的应用，并且成为一个稳定的数据基础，这样其他的应用都在此基础上开发应用系统，数据共享性好。

（4）信息检索系统。这是指用 SQL 之类的语言进行检索的系统。SQL 是指结构查询语言。如 ORACLE 公司的产品就是一种数据库查询语言，它的功能齐全，查询语言灵活，能够生成报表的数据图形，也有应用检索系统。总之，总体规划的重要任务之一是把数据库组成第三类或第四类数据环境，以满足各种管理的需要。

5.3.3　主题数据库规划内容

主题数据库的建立是信息系统稳定的数据基础。主题数据库的建立可分两个阶段进行：首先，列出企业所涉及的产品和机构的组成内容：产品、设备、原材料、建筑物、零部件、现金、供货商、账目……

对每一项都可以有基本记录、特殊记录、事务处理、摘要或统计数据、计划或设计数据等。这些数据类型可以写到序列的项目中，也可以写到生命周期序列中，例如，对于原材料有原材料计划、单据、费用、购货单据、回收、用途统计等。

其次，可以考虑业务活动过程，然后记录下每一个过程的输入和输出数据属于哪个数据类，这样得到一个数据分类表。可以将前后两种方法得到的数据分类表相互对照，从而建立一个联合的数据分类表，形成主题数据库的基础。

5.4 企业或组织的信息化总体规划

企业信息化总体规划分三个层次进行：战略业务规划——所有企业均应具备；战略信息技术规划——应用开发策略、数据库管理、整体网络规划、分布处理办公自动化策略等；战略数据规划——建立不受技术变化影响的稳定的数据模型。

5.4.1 数据规划

1. 目标

在充分分析企业组织内部各项管理需求的基础上，分析组织建立企业稳定的数据模型，规划各主题数据库及分布策略。

2. 数据规划步骤

因为数据处于数据处理的中心，数据模型是稳定的，数据处理是多变的，所以分成四个步骤进行：

（1）进行业务分析，建立企业模型。业务分析，即分析企业现行业务，业务之间的逻辑关系，将业务划分成若干个职能域，了解每个职能域中的全部业务过程，细分成业务活动。职能域划分不是重复现行职能部门的工作过程，因为它不完全与现行职能部门的处、室、班组的工作过程与工作方法完全一致，所以企业模型要用“职能域——业务过程——业务活动”的层次结构描述企业的本质。

（2）根据数据分析，建立主题数据库模型。经过业务分析后，就弄清了业务过程或活动中所涉及的数据实体及属性。实体即现实世界中的人、部门或事物。重点是分析数据实体及其相互之间的联系，将联系密切的实体划分在一起，形成一些实体组。这是划分和建立主题数据库的依据。因为实体组内部之间联系密切而与外部实体联系少，因此能否针对企业不同需求提供稳定共享的数据模型是划分数据库模型的依据。

（3）数据的分布分析。各类业务在不同的地点处理，所以需要结合各类管理的需求考虑数据存放地点，要调整主题数据库的内容和结构；权衡集中是数据存储与分布式数据存储的利弊；数据安全性、保密性；系统运行效率；用户特殊要求。

（4）主题数据库可靠性规划。数据资源要共享，但要分层次范围和权限，所以主题数据库可靠性规划及对用户操作数据库的权限进行定义，保证数据库数据的正确性，防止数据库被非法使用。

5.4.2　现行系统调查及建立企业模型

建立企业模型，就是用“职能域——业务过程——业务活动”的层次关系来描述企业模型。可分为四个阶段进行：

（1）现行系统的调查和分析。提出建立企业模型是建设计算机信息系统的基础。因此，首先要清楚企业现行系统的业务过程和活动，决定哪些活动可以计算机化，如何改造和调整现有系统的活动来适应计算机化。这是进行企业模型分析的实质，也是建立逻辑模型的基础。现行系统调查和分析的内容有系统边界和运行状态调查。目的是确定系统边界，与外部环境的接口；组织机构和人员分工，了解现行系统的构成及业务分工。业务流程调查包括系统业务流程，物流、信息流的流动情况；主要对各种信息输入、输出、处理、处理量及速度进行调查；各种计划、单据、报表、账册的处理。这些都是信息的载体，进一步对数据收集、处理，输出各个一贯的完整信息流程的解；资源情况调查。对线性系统的资金、设备、建筑平面布置及现有计算机配置、使用情况、存在的问题进行调查；约束条件；薄弱环节。此外，调查工作是很艰巨、细致的，要掌握调查要领。必须注意以下方面：和用户共同制订调查进度、计划，做到调查有准备。自上而下进行，总体到局部。注意数量的概念，处理量、流通量、数据类型、长度、保密要求等。绘制成各种图表，以便与用户进行讨论及短时间认识系统。调查态度，要让用户知道MIS建立后为他们带来的好处，让用户配合，提供数据，提供处理方法和今后改进意见。原始资料收集方法有：查找资料、实地观察、面对面调查、发调查表等。

（2）职能域建立。职能域又称职能范围或业务范围，只是一个企业或组织的主要业务活动的领域。职能域反映整个企业的概貌，讨论职能域是明确系统的边界。系统与环境交换通过数据，所以职能域涉及的数据结构是否被别的职能域所使用或受其影响。职能域与企业长期目标有关，所以要与高层领导一起来完成，并由其检查、完善、认可。

（3）业务过程建立。每个职能域都包含一定数量的业务过程。这是一个难点，要经过有经验的业务人员和管理人员反复讨论、提炼。

其中一个办法是：把企业的职能域划分成若干个业务过程。所以要进行组织机构调查，画出组织机构图。按照各部门负责人的职责，检查所划分的业务过程是否遗漏。

（4）业务活动建立。业务活动是业务过程的细化，细化到每一个基本的不可再分的活动为止，目的是能够识别出所需的数据实体。

为减少业务活动及用数据的冗余度，要画出数据与业务活动之间的关系。

如何判断是否不可再分呢？也就是说，要达到用一句话来说明基本活动内容及目的，否则再分。要注意，对分解过程中出现的重复的或相近的业务活动，应予清除。

分解所得的业务活动再组合成功能相关的小组，形成更大的自成体系的分组。因为原来的职能域和业务过程是历史形成的，对新建的信息系统来说不一定是最优的。所以，要分解出企业机构中的冗余的、合理的活动。

采用以上方法建立的企业模型具有完整性、适用性、永久性的特点。

5.5　建立主题数据库模型

规划企业应建立哪些主题数据库，每个数据库应由哪些数据项组成呢？主题数据库又称为数据类，即把某一类数据归于一个数据库。如与产品有关的数据归于产品数据库，与客户有关的记录归于客户数据库。

第一种方法是实体关联的方法。首先，根据企业模型类确定各项业务过程有关的基本事物或人；其次，对每个人实体建立基本记录，然后再归类形成相关数据类，即主题数据库。

第二种方法是列出业务过程一览表，写出每一过程的输入或产生的输出，对这些载体的数据项再进行分析和归类，形成主题数据库。

主题数据库划分出来后，应按业务过程进行划分，组成易于实施的系统或子系统，以便进行系统的结构设计。这一过程即建立业务过程与主题数据库的对应矩阵——U/C 矩阵，其中 C 指建立数据，U 指使用数据。要领如下：

（1）上、下按业务过程的先后顺序。

（2）变动主题数据顺序，即变动左右顺序，使 C 左移，形成大致排列从左上角到右下角的矩阵对角线。

（3）用方框将业务过程与主题数据库组成一个主要系统，方框选择参照职能域划分进行。

这一过程的本质是划分系统的模块，及该系统由几个子系统组成，每个子系统之间是如何通过主题数据库实现信息交换的。

5.6 系统规划的有关文档

在系统规划阶段，主要的技术文档有三个：系统开发立项报告、可行性研究报告和系统开发计划书。各文档的内容分别是：

（1）系统开发立项报告是对新系统开发的初步设想。主要包括现行系统的描述及存在问题、新系统的期望目标和需求、项目经费预算及来源、开发进度和计划完成期限、项目验收标准和方法、可行性研究的组织及预算、有关文档和其他需要说明的问题。

（2）可行性研究报告是对所立项的系统就开发可能性与必要性的研究结果。主要包括新系统的预期目标、要求和约束，进行可行性研究的基本原则、对现行系统分析的描述及主要存在问题，系统开发的投资和效益的分析，系统开发的各种可选方案及比较，可行性研究的有关结论等。

（3）系统开发计划书是对正式批准立项的系统所制订的详细系统开发计划。内容主要有新系统开发的目标、基本方针、人员组织、开发阶段等的描述，各主要开发阶段的任务、人员分工及负责人、时间分配、资金设备投入计划等，各项工作任务的验收方法和标准，系统开发中的单位、人员、开发阶段、责任与权益的衔接、协调方式及协调负责人。

5.6.1 开发管理信息系统的策略

1. “自上而下”的策略

“自上而下”的开发策略是从现行系统的业务状况出发，先实现一个个具体的功能，逐步地由低级到高级建立 MIS。因为任何一个 MIS 的基本功能是数据处理，所以“自上而下”方法首先从研制各项数据处理应用开始，然后根据需要逐步增加有关管理控制方面的功能。一些组织在初装和蔓延阶段，各种条件尚不完备，常常采用这种开发策略。其优点是可以避免大规模系统可能出现运行不协调的危险，但缺点是不能像想象的那样完整、周密，由于缺乏从整个系统出发考虑问题，随着系统的进展，往往要做许多重大修改，甚至重新规划、设计。

2. “自上而下”的开发策略

“自上而下”的开发策略强调从整体上协调和规划，由全面到局部，由长远到近期，从探索合理的信息流出发来设计信息系统。由于这种开发策略要求很强的逻辑性，因而难度较大，但这是一种更重要的策略，是信息系统的发展走向集成和成熟的要求。整体性是系统的基本特性，虽然一个系统有许多的构成，但它们又是一个不可分割的整体。

通常，“自上而下”的策略用于小型系统的设计，适用于对开发工作缺乏经验的情况。在实践中，对于大型系统往往把这两种方法结合起来使用，即先自上而下地做好 MIS 的战略规划，再自上而下地逐步实现各系统的应用开发。这是建设 MIS 的正确策略。具体到某一个系统，则应结合企业的实际情况来确定开发策略。

5.6.2 管理信息系统规划方法

管理信息系统规划的常用方法有关键成功因素法、战略目标集转化法、企业系统规划法、组织计划引出法、战略表格法、目的手段分析法、投资回收法、零点预算法、收费法等，用得最多的是前面三种。

1. 关键成功因素法

关键成功因素是指在每个企业中都存在着对企业成功起关键性作用的因素。关键成功因素与企业战略规划密切相关，一个企业要获得成功，就需要对关键成功因素进行认真的和不断的度量，并时刻注意对这些因素进行调整。

关键成功因素法就是帮助识别关键因素的方法，它的使用通常包含以下步骤：了解企业的战略目标；识别所有成功因素；确定关键成功因素；识别性能的指标和标准；识别测量性能的数据。

关键成功因素法源自企业目标，通过目标分解和识别、关键成功因素识别、性能指标识别，直到产生一个数据字典。识别关键成功因素就是要识别联系于系统目标的主要数据类及其关系，识别关键成功因素所用的工具是树形因果图。

对于不同的企业来说，哪些因素是关键成功因素，并没有一个统一的标准。对于一个习惯于高层人员个人决策的企业，主要由高层人员个人在树形因果图中选择。对于习惯于群体决策的企业，要用德尔菲法或其他方法把不同人设想的关键因素综合起来。关键成功因素法在高层应用的效果好，因为每一个高层领导人员日常总在考虑什么是关键因素。对中层领导来说一般不大适合，因为中层领导所面临的决策大多数是结构化的，其自由度较小，对他们最好应用其他方法。

2. 战略目标集转化法

战略目标集转化法把企业的战略目标看成是一个信息集合，由使命、目标、战略和其他战略变量等组成。管理信息系统的战略规划过程就是把组织的战略目标转变为管理信息系统战略目标的过程。

这种方法的第一步是识别企业的战略集，先考察一下该企业是否有成文的战略或长期计划，如果没有，就要去构造这种战略集合。对于大部分企业来讲，都有近期和远期的战略规划。当企业战略初步识别后，应立即送交企业有关领导审阅和修改。第二步是将企业战略集转化成管理信息系统战略，管理信息系统战略应包括系统目标、系统约束以及开发策略和设计原则等。这个转化的过程包括将对应企业战略集的每个元素转换为对应管理信息系统的战略约束，然后提出整个管理信息系统的结构。

3. 企业系统规划法

（1）BSP 法的作用。

BSP 法的优点在于能够保证信息系统独立于企业的组织结构，也就是能够使信息系统具有对环境变更的适应性。即使将来企业的组织机构或管理体制发生变化，信息系统的结构体系不会受到太大的冲击。这在当前企业管理大变革的时代是个显著的优点。企业系统规划法是一种能够帮助规划人员根据企业目标制定出 MIS 战略规划的结构化方法，有以下作用：

①确定出未来信息系统的总体结构，明确系统的子系统组成和开发子系统的先后步骤。

②对数据进行统一规划、管理和控制，明确各子系统之间的数据交换关系，保证信息的一致性。

（2）BSP 法的工作步骤。

用 BSP 制定规划是一项系统工程，其主要的工作步骤为：

①准备工作。成立由最高领导牵头的委员会，下设一个规划研究组，并提出工作计划。通常需要开发商和企业共同商讨。

②调研。规划组成员通过查阅资料，深入各级管理层，了解企业有关业务流程、决策过程、组织职能和部门的主要活动和存在的主要问题。

③定义业务过程。定义业务过程是 BSP 方法的核心。业务过程指的是企业管理中必要且逻辑上相关的，为完成某种管理功能的一组活动，例如产品预测、成品库存控制等业务处理活动或决策活动。

④业务流程重组。业务流程重组是在业务过程定义的基础上，找出哪些过程是正确的，哪些过程是低效的，需要在信息支持下进行优化处理，还有哪些过程不合适计算机信息处理的特点，应当取消。

⑤定义数据类。数据类是指支持业务过程所必需的逻辑上相关的数据。对数据进行分类是按业务过程进行的，即分别从各项业务过程的角

度将与该业务过程有关的输入数据和输出数据按逻辑相关性整理出来归纳成数据类。

⑥定义 MIS 总体结构。定义信息系统总体结构的目的是刻画未来信息系统的框架和相应的数据类，因此其主要工作是划分子系统，具体实现可利用 U/C 矩阵。有关内容将在下面阐述。

⑦确定总体结构中的优先顺序，即对信息系统总体结构中的子系统按先后顺序排出开发计划。

⑧完成 BSP 研究报告，提出建议书和开发计划。

（3）U/C 矩阵的应用。

BSP 方法将过程和数据类两者作为定义企业 MIS 总体结构的基础，具体做法是利用过程/数据矩阵来表达两者之间的关系。矩阵中的行表示数据类，列表示过程，并以字母 U 和 C 来表示过程对数据类的使用和产生。

表 5－1　用 U/C 矩阵划分子系统

数据类 功能	客户	订货	产品	加工路线	材料表	成本	零件规格	原材料库存	成品库存	职工	销售区域	财务	计划	设备负荷	材料供应	工作令
经营计划						U						U	C			
财务规划						U				U		U	C			
产品预测	U		U								U		U			
产品设计开发	U		C		U		C									
产品工艺			U		C		U	U								
库存控制								C	C						U	U
调度			U											U		C
生产能力计划				U										C	U	
材料需求			U		U										C	
作业流程				C										U	U	U

续表

功能 \ 数据类	客户	订货	产品	加工路线	材料表	成本	零件规格	原材料库存	成品库存	职工	销售区域	财务	计划	设备负荷	材料供应	工作令
销售区域管理	C	U	U													
销售	U	U	U								C					
订货服务	U	C	U													
发运		U	U						U							
通用会计	U		U							U						
成本会计		U				C										
人员计划										C						

综上所述，关键成功因素法能抓住主要矛盾，使目标的识别重点突出。由于高层领导者比较熟悉这种方法，因而用这种方法所确定的目标，高层领导者乐于努力去实习，所以该方法最有利于确定企业的管理目标。

战略目标集转化法从另一个角度识别管理目标，反映各种人的要求，而且给出按着总要求的分层，然后转化为信息系统目标的结构化方法。这种方法能保证你管理目标比较全面，遗漏较少，但却不如 CSF 重点突出。

企业系统规划法虽然也首先强调目标，但没有明显的目标引出过程，而是通过识别企业过程引出系统目标。这样可以定义出新的系统以支持企业过程，也就是把企业的目标转化为系统的目标。

在实际应用当中，可以把这三种方法结合起来使用，称为 CSB 方法。这种方法先用 CSF 方法确定企业目标，然后用 SST 方法补充完善企业目标，并将这些目标转化为系统目标，再用 BSP 方法校核两个目标，并确定信息系统结构，这样就弥补了单个方法的不足。但是，这种方法过于复杂，而削弱单个方法的灵活性。可以说，迄今为止信息系统战略规划还没有一种十全十美的方法，而且由于战略规划本身的非结构性，可能永远也找不到一个唯一解。任何一个企业进行规划，均不应照搬以上方法，而应当具体情况具体分析，选择各种方法中的一些可取思想，并加以灵活运用。

本章小结

本章介绍系统规划的相关概念、系统规划的内容以及在此步骤中常用的策略与方法。其中既有指导性的原理，也有实际操作中的技术，可使读者从理论和实践两方面加深对系统规划的认识。

章节练习

1. 什么是信息？信息和数据有何区别？
2. 为什么说管理信息系统并不能解决管理中的所有问题？
3. 简述管理信息系统在管理现代化中的作用。
4. 什么是组织战略？
5. 系统开发中的问题有哪些？

凯玛特衰落的原因

1973 年，凯玛特的前身克雷斯哲时期的 673 家商店，订货方式仍是由店经理手写，然后将订单邮寄至总部。订货花费几星期，甚至几个月的时间，常常出现商品脱销，成本加大，直接导致凯玛特 1980 年利润滑坡。1982 年末，凯玛特终于为 2370 家店铺配备了计算机和手持扫描仪，加快了盘点时间，但此时还没有安装收款机，无法进行消费需要分析。20 世纪 80 年代凯玛特仅有 30% 的商品实现了集中配送。凯玛特实现的每一美元销售中在配货方面要花费 5 美分。

回顾凯玛特的发展历史，不难看出：

1. 其规模扩张速度很快，但其利润率不令人满意；
2. 战略转移速度慢，信息技术滞后，导致营运成本过高。

第 6 章　管理信息系统的系统分析

系统分析是继系统规划后的一个重要任务。系统分析是指应用系统思想和方法，把复杂的对象分解为简单的组成部分，找出这些部分的基本属性和彼此之间的联系。本章将对系统分析的任务、系统分析的内容、系统分析的方法、系统分析的步骤及最终形成的系统分析报告的撰写方法进行详细介绍。

某高校学生选课系统分析

“选课”是现在高校行政管理工作中一项很重要的课题，而且是每个学期都必须要面对的问题。选课工作做不好，学生不知道自己将要学习的课程，老师也不知道自己将要讲授的课程，教务处的排课计划、教室安排等其他调度工作也无从做起。因此，如何解决高校教务管理中的选课工作便成为如今各大高校面临的很实际的问题。随着近几年学校的持续扩招，学生人数逐年增加。为了满足广大学生的求学需要，各个高校的师资力量、硬件配置也随之增强。这样一来，日常行政部门的工作也就越来越繁重，这一点在选课上显得尤为突出。而传统的手工操作，既费时又费力，而且容易出错，工作效率较低。因此，拥有一套实用、高效、完善的在线选课系统就显得尤为重要，它可以提升高校的教育质量和教学管理质量，提高工作效率，降低行政成本。

6.1　系统调查与分析概述

6.1.1　系统分析的任务

系统分析主要是由系统分析员完成的，其基本任务是分析用户和市场的需求和要求，这就需要系统分析员充分与客户交流，明确用户的实际需要，并通过可行性分析、业务流程分析和数据流程分析等手段，发现问题并解决问题，最终形成一个系统说明书。该说明书主要描述系统“做什么”的问题，系统说明书经过审核通过后，将作为系统设计的依据。系统设计阶段将具体实现这些功能，即由系统设计阶段解决“怎么做”的问题。

在具体完成系统之前，首先要明确系统要完成的各项功能，即系统要“做什么”，只有明确了方向才有可能做出让客户满意的系统；否则，方向不明，只能做无用功，给客户和公司带来不必要的损失。所以，在实际工作中，万万不可忽视系统分析阶段的工作，不要急于进行系统设计。

为了明确用户的实际需要，在系统分析阶段，分析员应深入到企业进行实地调研，在总体规划的基础上，与用户密切配合，用系统的思想和方法，对企业的业务活动进行全面的调查分析，掌握具体的工作流程，收集票据、账单、报表等资料，分析现行系统的不足，找出制约现行系统的瓶颈，并根据企业的条件，找出几种可行的解决方案。

系统分析员要圆满完成自己的任务，一定要注重与用户的沟通，这往往是系统分析的难点。在系统分析阶段中，要使用户和系统分析员把共同的理解明确地表达出来，通常是很困难的。因为双方缺乏共同语言，交流时存在隔阂。一方面，系统分析员缺乏用户的专业知识，在系统调查中往往会被大量的资料、复杂的业务流程搞得焦头烂额，更谈不上找到制约现行系统的瓶颈了；另一方面，用户往往缺乏对计算机的足够知识，不了解计算机能做什么、不能做什么，一些用户虽然熟悉业务，但不能明确地告诉分析员业务流程。这些都会使系统分析结果存在偏差，导致最终完成的系统不符合用户的需求，而给企业和用户带来损失。

由此可见，系统分析员的知识水平和工作能力决定了系统的成败。系统分析员应具有的知识结构为：首先应具有深入扎实的信息系统方面的专业知识和实践经验，即他们必须具有计算机软硬件的知识和开发应用的实践经验，以及信息处理，包括 MIS、网络、通信、数据库等知识和实践经验；其次，应该具有经济管理或企业管理方面较丰富的理论知识和实践经验；同时应该具有优秀领导者的素质、才能和领导艺术，在信息系统开发的实践中不断丰富自己，提高自己，使自己的知识结构更趋于合理。

6.1.2 系统分析的内容与方法

系统分析的主要内容和方法如下。

（1）可行性分析。由于用户不了解计算机能做什么、不能做什么，他们提出的开发要求不一定能实施。这就要求系统分析员从经济、技术、时间等方面进行考虑和分析。具体来说，可行性分析的主要内容是要求以全面、系统的分析为主要方法，经济效益为核心，围绕影响项目的各种因素，运用大量的数据资料论证拟建设项目是否可行。对整个可行性研究提出综合分析评价，指出优点和建议。在可行性分析阶段，可以采用的研究方法有净现值法和投资回收期法等。

（2）系统业务调查分析。即业务流程分析，是对业务功能分析的进一步细化，从而得到业务流程图，该流程图是一个反映企业业务处理过程的“流水账本”。然后，在分析现有业务流程的基础上进行业务流程重组，产生更为合理的业务流程。为了完成该阶段的任务，可以采用问卷调查、开会调查、参加实践等方式。

（3）数据流程调查分析。数据流程调查分析是根据业务流程分析的结果，把其中信息和数据的传递流动和处理过程抽象出来，舍去了具体组织机构、信息载体、处理工作等物理组成，单纯从数据流动过程来考察实际业务的数据处理模式，并最终形成数据流程图。

（4）系统化分析。系统化分析指在系统业务调查分析和数据流程调查分析的基础上，找出原系统的缺陷和不足，并结合用户的需求对原系统进行改进，给出新系统所要采用的信息处理方案。

（5）新系统逻辑模型的确定。针对系统化分析提出的信息处理方案，形成新系统的逻辑方案，包括新系统的业务流程图、数据流程图、逻辑结构等方案。

（6）编写系统分析报告。系统分析报告又称系统说明书，是系统分析阶段的成果和重要文档。它反映了这一阶段调查分析的全部情况，是下一步设计与实现系统的主要依据。用户可以通过系统分析报告来验证和认可新系统的开发策略和开发方案，而系统设计师则可以用来指导系统设计工作并作为以后的系统设计标准。

6.1.3　系统可行性分析

1. 系统可行性分析的内容

系统可行性分析主要从以下几个方面考虑。

技术可行性。技术可行性主要从项目实施的技术角度考虑设计技术方案是否合理，并进行比选和评价。设计技术主要包括软件技术和硬件技术。

软件技术：软件包括系统软件和应用软件，系统软件应考虑操作系统提供的接口是否符合需要，如是否具备实时处理的能力，数据库管理系统的功能是否足够，网络软件的性能能否满足等。应用软件应考虑该软件是否存在、技术是否成熟等因素。

硬件技术：硬件技术应考虑计算机的存储量、运算速度，外部设备的功能、可靠性等因素。

在进行技术可行性分析时，应尽可能采用成熟的技术，慎重使用先进技术。

经济可行性。经济可行性主要从项目及投资者的角度进行资本预算，评价项目的财务盈利能力，进行投资决策。资本预算主要是评估项目费用的支出和经济效益。在费用支出方面，主要考虑主机费用、外围设备费用、软件开发费用、人员培训费用、维护费用等；经济效益不仅考虑货币能够计算出来的直接效益，还应关注难以用货币表示的间接效益，比如由于使用该系统提高了工作效益，从而提高了企业的管理水平，节省了人力，简化了业务流程，提高了企业素质，促进了业务的规范化，等等。

组织可行性。组织可行性指制订合理的项目实施进度计划、设计合理的组织结构、选择经验丰富的管理人员、建立良好的协作关系、制订合理的培训计划等，保证项目顺利执行。

社会可行性。社会可行性指所建立的信息系统能否在该企业实现，在目前的操作环境下能否很好地运行，即组织内外是否具备接受和使用新系统的条件。由于新系统的建立，可能导致企业的某些制度，甚至是管理体制的变动，对于这些变动，组织的承受能力影响着系统的生存，尤其是从手工系统过渡到人机系统，这个因素的影响更大。领导者不积极参与或旁观怀疑，中下层怕改变工作性质，由于懒惰或惧怕心理而反对采用新技术，都是系统失败的关键因素。

2. 可行性分析报告模板

根据国家标准《计算机软件产品开发文件编制指南》的相关指导性说明，可行性分析报告的模板如下所示。

引言

1.1 编写目的。阐明编写可行性研究报告的目的，提出读者对象。

1.2 项目背景。应包括：

□ 所建议开发软件的名称

□ 项目的任务提出者、开发者、用户及实现软件的单位

□ 项目与其他软件或其他系统的关系

1.3 定义。列出文档中用到的专门术语的定义和缩写词的原文。

1.4 参考资料。列出有关资料的作者、标题、编号、发表日期、出版单位或资料来源，可包括：

□ 项目经核准的计划任务书、合同或上级机关的批文

□ 与项目有关的已发表的资料

□ 文档中所引用的资料，所采用的软件标准或规范

可行性研究的前提

2.1 要求。列出并说明建议开发软件的基本要求，如：

□ 功能

□ 性能

□ 输入/输出

□ 基本的数据流程和处理流程

□ 安全与保密要求

□ 与软件相关的其他系统

□ 完成日期

2.2 目标。可包括：

□ 人力与设备费用的节省

□ 处理速度的提高

□ 控制精度或生产力的提高

□ 管理信息服务的改进

□ 决策系统的改进

□ 人员工作效率的提高

2.3 条件、假设和限制。可包括：

☐ 建议开发软件运行的最短寿命

☐ 进行显然方案选择比较的期限

☐ 经费来源和使用限制

☐ 法律和政策方面的限制

☐ 硬件、软件、运行环境和开发环境的条件和限制

☐ 可利用的信息和资源

☐ 建议开发软件投入使用的最迟时间

2.4 可行性研究方法

2.5 决定可行性的主要因素

对现有系统的分析

3.1 处理流程和数据流程

3.2 工作负荷

3.3 费用支出。如人力、设备、空间、支持性服务、材料等项开支

3.4 人员。列出所需人员的专业技术类别的数量

3.5 设备

3.6 局限性。说明现有系统存在的问题以及为什么需要开发新的系统

所建议技术可行性分析

4.1 对系统的简要描述

4.2 与现有系统比较的优越性

4.3 处理流程和数据流程

4.4 采用建议系统可能带来的影响，可包括：

☐ 对设备的影响

☐ 对现有软件的影响

☐ 对用户的影响

☐ 对系统运行的影响

☐ 对开发环境的影响

□ 对经费支出的影响

4.5 技术可行性评价。包括：

□ 在限制条件下，功能目的是否达到

□ 利用现有技术，功能目的是否达到

□ 对开发人员数量和质量的要求，并说明能否满足

□ 在规定的期限内，开发能否完成

所建议系统经济可行性分析

5.1 支出

5.2 效益

5.3 收益/投资比

5.4 投资回收周期

5.5 敏感性分析。指一些关键因素，如：

□ 系统生存周期长短

□ 系统工作负荷量

□ 处理速度要求

□ 设备和软件配置变化对支出和效益的影响等的分析

社会因素可行性分析

6.1 法律因素。如：

□ 合同责任

□ 侵犯专利权

□ 侵犯版权

6.2 用户使用可行性。如：

□ 用户单位的行政管理

□ 工作制度

□ 人员素质等能否满足要求

其他可供选择的方案

逐个阐明其他可供选择的方案，并重点说明未被推荐的理由。

结论意见

☐ 可着手组织开发

☐ 需等待若干条件具备后才能开发

☐ 需对开发目标进行某些修改

☐ 不能进行或不必进行

☐ 其他

可行性分析报告写好后，应提交到正式会议上讨论，参加会议的人员应包括用户的领导、管理人员、系统设计人员以及有经验的局外人。会议上应充分讨论各种可能出现的问题，并结合经验做出尽可能符合实际的判断。如果可行性报告在会议上通过，则该文书就成为下一阶段工作的依据，否则应重新进行可行性论证，直到该报告通过才可进行系统的开发。

6.2 系统业务调查分析

业务调查分析是信息系统开发的基础工作，是在可行性分析之后进行的工作。

1. 系统业务调查分析的概念

业务调查分析主要是分析和认识现行组织系统是在分析员的指挥下，由开发人员和用户一起，对现行组织的结构、功能、业务流程进行深入分析，建立现行组织的业务模型，为新系统的建立打下基础。

2. 系统业务调查分析的方法

在进行系统业务调查分析时，可采用以下介绍的方法。

（1）现有文件。该方法指可以参阅组织结构图、规章制度手册、工作方法说明、岗位职责、工作流程图、操作手册等文件，从中获取信息，并从中发现问题。

（2）问卷调查。问卷调查只把需要了解的内容加以选择、问答等形式表现出来，发给被调查者，由其进行填写。该方法具有针对性，可针对需要了解的内容设计问卷，并得到较为明确的回答。问卷调查在设计时要简洁、易懂、易答，使被调查者愿意填写、真实填写。

（3）访问。即通过与有关人员面谈来获取信息。访问前要组织一组问题，这些问题可以包括以下几个方面：

□ 你的工作岗位是什么？

□ 你的工作任务是什么？

□ 你的工作流程是怎样的？

□ 你的工作与哪些部门相关？

□ 你的工作中会涉及和生成哪些报表、数据？

□ 目前工作的困难在哪里？

□ 对于你的工作而言，你认为新系统应解决什么问题？

（4）参加实践。通过实践，可以更深刻地体会到组织的运行方法，对组织有个更细致、更全面地了解。

6.2.1　组织结构调查

组织结构，指的是一个组织（部门、企业、车间、科室等）的组成及这些组成部分之间的隶属关系或管理与被管理的关系。通常以组织结构图的方式来表示，在组织结构图中，清晰地描述了组织的管理层次、管理人员分类和职权范围。

6.2.2　管理功能调查

一个组织或企业，必须具备一些功能，才能实现组织和企业的目标。例如一个水泥厂，必须具有生产、销售、后勤、人事、财务等基本功能，才能使厂子正常运作。对管理功能的调查，可以用管理功能图来描述，在管理功能图中，清晰地描述了系统应该具备的功能及各种功能间的层次关系。

6.2.3 业务流程调查

业务流程调查，是对业务功能分析的进一步细化，它应顺着原系统信息流动的过程逐渐地进行，内容包括各环节的处理业务、信息来源、处理方法、计算方法、信息流经去向、提供信息的时间和形态（报告、单据、屏幕显示等）。

描述业务流程的图表主要有业务流程图（TFD）和表格分配图。

1. 业务流程图

（1）业务流程图的概念。

业务流程图是一种描述系统内各单位、人员之间业务关系、作业顺序和管理信息流向的图表，利用它可以帮助分析人员找出业务流程中的不合理流向。业务流程图主要描述业务走向，以业务处理过程中为中心。

（2）业务流程图的画法。

业务流程图的绘制方法没有严格规定，只要能简明真实地反映实际业务的过程即可。业务过程图的基本符号及含义，如图 6－1 所示。

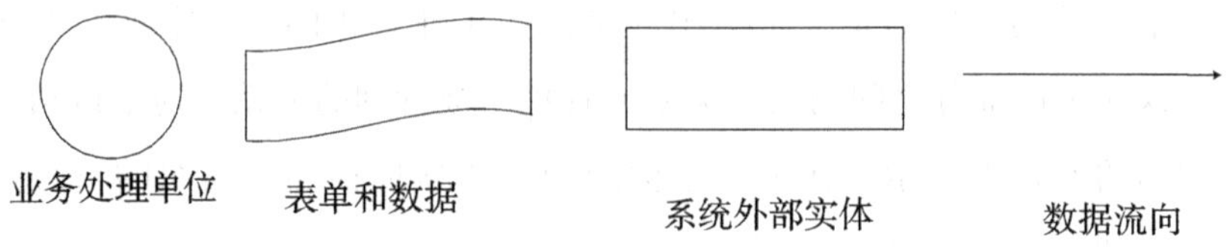

图 6－1 业务流程图符号

某企业的物资管理业务流程处理过程是：车间填写领料通知单，到仓库领料，库长根据用料计划审批领料通知单，未批准的领料通知单退回车间。库工收到已批准的领料通知单后，首先查阅库存账，若有货，则通知车间前来领取所需物资，并登记用料流水账，否则通知采购人员缺货。同时库存人员定期统计库存状况，生成库存报表上交有关部门。

2. 表格分配图

表格分配图可帮助分析员表示出系统中各种单据和报告都与哪些部门发生业务关系。反映采购过程的表格分配图，其中，每一列表示一个部门，箭头表示复制单据的流向，每张复制单据上都标有号码，以示区别。采购单一式四份，第一份交给卖方；第二份交给收货部门，用来登记收货清单；第三份交给财会部门，登记应付账单；第四份存档，到货时，收货部门待收货清单校对货物后填写收货单四份。其中第一份交财会部门，通知付款；第二份交采购部门，通知取货；第三份存档；第四份交给卖方。

6.3　数据流程调查分析

在业务调查过程中绘制的业务流程图和报表分配图表达了管理中信息的流动和存储过程。为了用计算机进行信息管理，需要进一步分析数据在管理中的流动。与业务流程分析相比，数据流程分析舍去了具体的组织结构，信息载体、处理工作、物资材料等单从数据运动过程来考虑实际业务的数据处理模式。数据流程分析包括对数据的流动、传递、处理、存储等的分析，其目的就是要发现和解决数据流动中的问题。

描述数据流程的工具是数据流程图及附带的数据字典、处理逻辑说明等图表，下面对这三种工具进行详细介绍。

6.3.1　数据流程图

数据流程图从数据传递和加工角度，以图形方式来表达系统的逻辑功能、数据在系统内部的逻辑流向和逻辑变换过程。通过数据流程分析，既可以将系统的业务流程特点和用户需求展露无遗，分析系统的数据相互调用关系，又可以为系统设计打下基础。

1. 数据流程图特点

数据流程图具有抽象性和概括性的特点。

（1）抽象性。在数据流程图中，完全舍去了具体的物质（如组织结构\ 工作场所\ 物资流动等），只剩下数据的流动、加工处理和存储。

（2）概括性。数据流程图把系统对各种业务的处理过程联系起来，形成一个整体，给出系统的全貌，而业务流程图只能孤立地分析各个业务，不能反映出业务之间的数据关系。

2. 数据流程图的符号

数据流程图有四种符号，它们的名称及画法如图 6－2 所示。

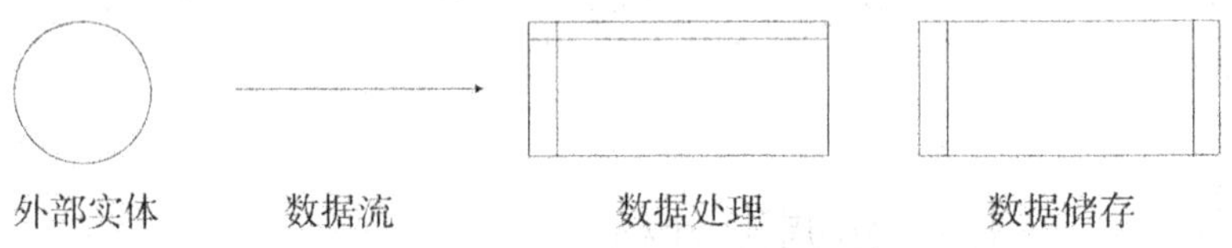

图 6－2　数据流程图的符号

外部实体简称 S，也称为数据源。指系统之外的人或单位，他们和本系统有着信息传递关系，是系统输入信息的源和输出信息的宿。在绘制某一子系统的数据流程图时，凡属于本子系统之外的人或者单位，都被列为外部实体。

数据流简称 D。数据流表示流动着的数据，该数据可以是表示各种输入和输出的报表、单据、凭证、信件等，也可以表示对数据文件的存储操作。箭头指示数据流动的方向，一般会在数据流符号上标明数据流的名称。

数据处理简称 P，也称数据加工，描述对数据进行的操作。在数据处理符号中，下方的矩形写处理的名称，如开发票、出库处理等，上方的矩形填写与该处理唯一对应的标志。

数据处理既要接受输入数据流，又要输出数据流，如果一个数据处理仅有输入数据流，而没有输出数据流（有输入，无输出）称之为黑洞；如果一个数据处理仅有输出，没有输入，称之为奇迹。这些都是由于疏忽或考虑不周造成的。

数据存储简称 F。数据存储指通过数据文件、文件夹和账本等存储数据，用一个右边开口的长方形表示。图形右部填写存储的数据和数据集的名字，左边填写该数据存储的标志。从数据存储流入和流出的数据，其含义可能表示数据的使用、移动、创建、修改等，要根据具体情况具体分析。需要注意的是，流入或流出数据流时，数据流的方向很重要，如果是读文件，则数据流的方向应从文件流出，写文件时则刚好相反；如果是又读又写，则数据流是双向的。

销售流程为：用户将订货单交给某企业的业务经理，经检验后，对不合格的订单要由用户重填，合格的订单交仓库保管员做出出库处理，即查阅库存台账，如果有货则向用户开票发货；如缺货，则通知采购员采购。

3. 数据流程图的画法

由于数据流程图完全舍弃了具体的物质，描述的是数据的流动、加工处理和存储，所以在绘制数据流程图时，要注重把握数据的流动方向、加工处理过程和存储介质。

绘制数据流程图应遵循“由外向里”的原则，即先确定系统的边界，再考虑系统的内容，先画输入和输出，再画处理内部。具体绘制步骤如下。

确定所开发系统的外部实体及系统的数据来源和去处。

确定系统的输入数据流和输出数据流。系统内部数据流的绘制应按照从输入端到输出端的顺序绘制，逐步通过数据的存储和加工处理连接起来。当数据流的组成或者值发生变化时，就在此处换一个处理框；如果需要反映数据的存储或者在处理时需要用到其他文件，就应该画上该文件，即画一个存储框。

由外向里分解处理。如果在处理的那步还有数据流，则可以将该处理分解成若干个子处理，用这些数据把子处理连接起来。在分解子处理的过程中，需注意以下问题。

合理编号：数据流程图的顶层称为0层，称它是第1层的父图，第1层是第0层的子图。为了便于管理，子图的编号规则为：子图的编号由父图的编号+小数点+局部号组成。如果父图（第一层处理）的编号为P1，则子图（第二层处理）的编号为P1.1，P1.2…这种编号方式既能反映出子图所属的层次关系，也能说明它的父图编号等信息。

子图与父图的平衡：子图和父图的数据流必须平衡，这里的平衡指子图的输入和输出数据必须与父图中对应处理的输入和输出数据流相同。

分解的程度：对于规模较大的系统的数据流程图，如果一下子把各个处理分解成基本处理单元，则整个数据流程图看起来就会非常复杂，使人难以理解。所以，对于一个复杂的处理，一般将其子图单独绘制出来，分解子图的深度不要超过七个。

6.3.2 数据字典

为了对数据流程图中的各个元素做出详细的说明，就必须建立数据字典。也就是说，给数据流程图上每个成分给予定义和说明就构成了数据字典。具体来说，数据字典就是对数据流程图中的数据项、数据结构、数据流、处理逻辑、数据储存和外部实体六个方面进行具体的定义和说明。下面对数据字典的这六个内容进行详细介绍。

数据项。数据项又称为数据元素，是数据的最小单位。分析数据特征应从静态和动态两方面进行。在数据字典中，仅对数据的静态特征进行定义，具体包括：

☐ 数据项的名称、编号、别名、简述

☐ 数据项的类型

☐ 数据项的长度

☐ 数据项的取值范围

例如：

数据项编号：I02－01

数据项名称：教材编号

别名：教材编号

简述：某材料的代码

类型：字符型

长度：6

取值范围："0001" ～ "9999"

数据结构。数据结构描述了数据项之间的关系。一个数据结构可以由多个数据项组成，也可以由多个数据结构组成，还可以由多个数据项和数据结构组成。在数据字典中，对数据结构的定义包括以下内容：

☐ 数据结构的名称和编号

☐ 简述

☐ 数据结构的组成

例如：

数据结构编号：DS03－01

数据结构名称：用户订单货

简述用户所填用户情况及订货要求等信息

数据结构组成：DS03－02＋DS03－03＋DS03－04

数据流。数据流由一个或一组固定的数据项组成。定义数据流时，注重从以下几方面定义：

☐ 数据流的编号、名称

☐ 数据流的描述

☐ 数据流的组成

☐ 数据流的来源

☐ 数据流的去向

☐ 数据的流量

例如：

数据流编号：F03－08

数据流名称：领料单

简述：车间开出的领料单

数据流组成：材料编号＋材料名称＋领用数量＋日期＋领用单位

数据流来源：车间

数据流去向：发料处理模块

数据流量：10 份/时

高峰流量：20 份/时（上午 9：00－11：00）

处理逻辑。处理逻辑的定义仅对数据流程图中最底层的处理数据加以说明，包括：

□ 处理逻辑的编号、名称

□ 处理逻辑的描述

□ 处理逻辑的处理过程

□ 输入、输出数据流

□ 处理的频率

例如：

处理逻辑编号：P02－03

处理逻辑名称：计算电费

简述：计算应缴纳的电费

输入的数据流：数据流电费价格，来源于数据存储文件价格表；数据流电量和用户类别，来源于处理逻辑“读电表数字处理”和数据存储“用户文件”。

处理：根据数据流“用电量”和“用户信息”，检索用户文件，确定该用户类别；再根据已确定的该用户类别，检索数据存储价格表文件，以该用户的收费标准，得到单价；用单价和用电量相乘得该用户应缴纳的电费。

输出的数据流：数据流“电费”一是去外部项用户，二是写入用户电费账目文件。

处理频率：对每个用户每月处理一次。

数据存储。数据存储在数据字典中重点描述数据的逻辑结构。集体描述包括：

□ 数据存储的编号、名称

□ 数据存储的描述

□ 数据存储的组成

□ 关键字

例如：

数据存储编号：S03 - 08

外部实体名称：库存账

简述：存放配件的库存量和单价

数据存储组成：配件编号 + 配件名称 + 单价 + 库存量 + 备注

关键字：配件编号

相关联的处理：P2，P3

外部实体。外部实体的定义包括：

□ 外部实体的编号、名称

□ 外部实体的描述

□ 有关的数据输入和输出

例如：

外部实体编号：S03 - 01

外部实体名称：用户

简述：购置本单位配件的用户

输入的数据流：D3 - 06，D3 - 08

输出的数据流：D3 - 01

数据字典在整个系统的开发、运行及维护阶段是必不可少的工具。

其建立方式有手工方式和计算机方式。在开发过程中，如果用户的需求发生变化，则数据字典也应该做出相应的修改。在系统开发过程中，一般由专人即数据管理员对数据字典进行管理，任何人包括分析员、设计员、程序员，若要修改数据字典的内容，都必须通过数据管理员，以保证数据字典的完整和一致。

6.3.3 描述处理逻辑的工具

在数据字典中，对比较简单的处理逻辑进行了定义，但对于复杂的处理逻辑，需要专门的处理逻辑工具加以说明。常用的工具有结构化语言、判断表和判断书三种。

6.4 系统化分析

在原系统详细调查的基础上进行系统化分析是提出新系统逻辑模型的重要步骤。其目的是通过对原有系统的调查和分析，找出原系统业务流程和数据流程的不足，提出优化和改进的方法，给出新系统所要采用的信息处理方案。系统划分主要包括系统目标分析、系统业务流程分析、系统数据流程分析、数据分析等。

6.4.1 系统目标分析

经过对企业的业务流程分析、数据流程分析等详细分析后，可能会发现可行性分析中提出的系统目标存在一些问题，需要重新修订，使系统目标是适应组织的管理需要和战略目标。由于系统目标对系统建设具有举足轻重的意义，必须经过仔细认证才能修改。

6.4.2 系统业务流程分析

分析原有系统中存在的问题，是为了在新系统建设中予以克服和改进。系统中存在的问题可能是管理思想和方法落后，业务流程不仅合理，也可能是因为计算机信息系统的建设为优化原业务流程提供了新的可能性，这时，就需要在对现有业务流程进行分析的基础上进行业务流程重组，产生新的更为合理的业务流程。其过程如下。

（1）原有流程的分析。分析原有的业务流程的各个处理过程是否具有存在的价值，其中包括哪些过程可以删除或合并，原有业务流程中哪些过程不合理，可以进行更改或者优化。

（2）业务流程的优化。原有业务流程中哪些过程存在冗余信息处理，可以按计算机信息处理的要求进行优化。

（3）确定新的业务流程。画出新系统的业务流程图。

（4）新系统的人机界面。新的业务流程中人与机器的分工，即哪些工作可由计算机自动完成，哪些必须有人的参与。

6.4.3　系统数据流程分析

数据流程是系统中的信息处理的方法和过程的统一。由于老的系统中的数据处理是建立在手工处理或陈旧的信息处理手段基础上的，我们有理由相信，新的信息技术条件将为数据处理提供更为有效的处理方法。因而，与业务流程的改进和优化相对应，数据流程的分析和优化一直是系统分析的重要内容。数据流程分析的内容如下。

（1）原有数据流程的分析。对原有的数据流程进行仔细审查，看是否存在可以删除或者合并的处理过程。

（2）数据流程的优化。经过对原有数据流程的分析，找到其存在的问题之后，要对这些问题进行处理，优化数据流程。

（3）确定新的数据流程。画出新的数据流程图。

6.4.4　数据分析

数据分析包括属性分析、数据存储分析、数据查询分析、数据输入/输出分析。

1. 数据属性分析

数据属性的名和属性的值用来描述事物某方面的特征。一个事物的特征可能表现在各个方面，需要用多个属性的名和其相应的值来描述。例如，对某职工来说，其属性名/属性值，包括姓名/王明，性别/男，年龄/25，基本工资/2000 等。

数据属性分析包括静态性分析和动态性分析，静态性分析指分析数据的类型（字符型、数据型、日期型等）、数据的长度（位数、数位数）、取值范围（最大值、最小值）和发生的业务量（如每天发生几笔）。

数据的属性按动态特性可以分为固定值属性、固定个体变动属性和随机变动属性。固定值属性的数值基本上不变，也叫固定半固定数据。例如，成本系统中的定额材料消耗量，工资系统中的职工姓名和应得工资等。固定个体变动属性的数据项的属性名和个体积相对固定不变，但其值是变动的。例如工资系统中，电费扣款一项，扣款人员变动不大，但每人所扣电费则每月都在变化。随机变动属性值数据项的个体是随机出现的，值也是变动的，例如工资系统中的病事假扣款。

2. 数据存储与查询分析

数据存储分析是数据库设计在系统分析阶段要做的工作，其内容首先是分析用户要求，也就是调查清楚用户希望从管理信息系统中得到哪些有用信息，然后用适当的工具进行描述。数据查询要求分析是通过调查和分析，将用户需要查询的问题列出清单或绘出查询方式示意图。

3. 数据的输入/输出分析

分析各种数据输入的目的和适用范围，数据量的大小以及存在的问题。例如，输入的数据是否都得到了有效的利用，哪些数据的输入是多余的或者是不符合实际需要的，现在的数据输入方式是否满足要求，输入速度是否能完成数据量的要求，是否需要改变输入方式和增加输入设备。在输出方面，应对各种输出报表的目的和使用范围进行分析，弄清哪些报表是多余的，或者是不符合实际要求的，系统的处理速度和打印速度是否能满足输出的要求等。

6.5　新系统逻辑模型的确定

6.5.1　建立模型

逻辑方案是新系统开发中要采用的管理模型和信息处理方法。逻辑方案是系统分析阶段的最终成果，内容包括如下几个方面。

（1）新系统的业务流程。它是业务流程分析和优化重组的结果，包括原系统的业务流程的不足及其优化过程，新系统的业务流程、新系统业务流程中人机界面的划分。

（2）新系统的数据流程。它是数据流程分析的结果，包括原数据流程的不合理之处及优化过程、新系统的数据流程、新的数据流程中的人机界面划分。

（3）新系统的逻辑结构。即新系统中的子系统划分。

（4）新系统中数据分数据资源的分布。即确定数据资源如何分布在服务器和主机中。

（5）新系统中的管理模型。确定在某一具体管理业务中采用的管理模型和处理方法。

6.5.2　编写系统分析报告

系统分析报告又称系统说明书，是系统分析阶段的成果和重要文档。它反映了这一阶段调查分析的全部情况，是下一步设计和实现系统的主要依据。用户可以通过系统分析报告来验证和认可信息系统的开发策略和开发方案，而系统设计师则可以用来指导系统设计工作和作为以后的系统设计标准。此外，系统分析报告还可作为评价项目是否成功的标准。一份合格的系统分析报告，不仅能充分展示前段调查的结果，还要反应系统分析结果——新系统逻辑方案。系统分析报告应达到的基本要求是全面、系统、准确、翔实、清晰的表达系统开发的目标、任务和系统功能。

系统分析报告的模板如下所示。

引言

1.1 编写目的

1.2 背景

1.3 定义

1.4 参考材料

任务概述

2.1 目标

2.2 用户的特点

2.3 假定的约束

现行系统情况概述

3.1 现行系统的组织情况分析

3.2 现行系统的业务流程分析

3.3 现行系统的数据流程分析

新系统的目标

4.1 对功能的规定

4.2 对性能的规定

4.3 输入/输出的要求

4.4 数据管理要求

4.5 故障处理要求

4.6 其他专门要求

新系统的逻辑方案

5.1 新系统的结构

5.2 新系统的业务流程图

5.3 新系统的数据流程图

5.4 新系统软、硬件初步配置

5.5 新系统中使用的管理模型

新系统开发的费用预算与经费安排

本章小结

系统分析是管理信息系统开发的重要阶段，包括可行性分析、业务分析、数据流程加系统化分析等步骤，最后完成新系统的逻辑方案设计，形成系统分析报告。在系统开发之前，首先应对要开发的系统进行可行性分析，包括管理上的可行性、经济上的可行性等，形成可行性分析报告。之后对企业进行业务流程分析，得到业务流程图，并在分析现有业务流程的基础上进行业务流程重组，产生更为合理的业务流程。为了用计算机进行信息管理，需要进一步分析数据在管理中的流动，即数据流程调查分析，它舍去了具体组织机构、信息载体、处理工作等物理组成，单纯从数据流动过程来考察实际业务的数据处理模式，并最终形成数据流程图。

经过系统业务调查分析和数据流程调查分析找出原系统的缺陷和不足，并结合用户的需求对原系统进行改进，给出新系统所要采用的信息处理方案，形成新系统的逻辑方案。最终编写系统分析报告。它反映了这一阶段调查分析的全部情况，是下一步设计与实现系统的主要依据。

章节练习

1. 系统分析的目的是什么？

2. 系统业务流程图和数据流程图有什么关系？

3. 根据下列描述绘制物资订货的业务流程图。

采购部查询库存信息及用户需求，若商品的库存量不能满足用户的需要，则编制相应的采购订货单，并交送给供应商提出订货请求。供应商按订单要求发货给该公司采购部，并附上采购收货单。公司检验人员在验货后，如果发现货物不合格，将货物退回供应商，如果合格则送交库房。库房管理员再进一步审核货物是否合格，如果合格则登记流水账和库存账目，如果不合格则交由主管审核后退回供应商。

4. 根据下列描述绘制“报损”的业务流程图和数据流程图。

若库房里的货品由于自然或其他原因而破损，且不可用的，需进行报损处理，即将这些货品清除出库房。具体报损流程：由库房相关人员定期按库存计划编制需要对货物进行报损处理的报损清单，交给主管确认、审核。主管审核后确定清单上的货品必须报损，则进行报损处理，并根据报损清单登记流水账，同时修改库存台账；若报损单上的货品不符合报损要求，则将报损单退回库房。

5. 根据下列描述绘制收费的原始决策表和决策树（重量用 W 表示）。

邮寄包收费标准如下：若收件地点在 1000 千米以内，普通件每公斤 2 元，挂号件每公斤 3 元。若收件地点在 1000 千米以外，普通件每公斤 2.5 元，挂号件每公斤 3.5 元；若重量大于 30 公斤，超重部分每公斤加收 0.5 元。

贵州农经网的成功之路

基本情况简介：

贵州农经网是中国百强农业网站，贵州省优秀政府网站，是贵州省委、省政府为促进农业增效，促进农民增收而建立的省、地、县、乡四级农村综合经济信息网。2016 年依托“云上贵州”系统平台，搭建了“贵州农经云”服务平台（省 7 朵云之一），以农业农村大数据应用提升“三农”管理能力。

围绕大数据、大扶贫战略行动，抢抓国家和贵州大力发展农村电子商务、农村金融和发展壮大村级集体经济的有利政策，加快贵州农经网转型发展。今后一个时期贵州农经网的主体服务业务：以贵州农经网现有网络平台和组织体系为基础，以贵州国家农村信息化示范省建设为契机，以农经云应用工程建设为抓手，完善一个大数据综合平台、构建一个实体网络、深化两个专业服务。一个综合平台：大数据农村综合服务平台；一个实体网络：大数据村域经济服务社；两个专业服务：农业农村大数据应用服务、农村金融与电商服务。

研究问题与分析：

1. 农经网属于信息系统中的哪一类？

属于 TPS（事物处理系统）。

2. 农村信息化的主要困难和需求特征？

主要困难：①在整合资源，服务“三农”方面缺乏有效的信息整合工具和手段，信息集成困难；②初步建成了覆盖到乡的信息化基础设施，但重系统建设、轻运行服务倾向严重；③技术支持队伍和建设模式已初步形成，但涉农信息发布仍缺乏针对性、及时性；④政府部门重视提高、投入增加，但投入不足、作用分散、定位不清，长效机制缺乏问题未得到解决。还有就是生产智能化；经营网络化，现在的农产品最终价格里农户收益只占 14%，目前世界的平均水平大概是 30% 左右；管理需要高效透明；服务更需要便捷灵活。

需求特征：农民的信息化需求，在生产方面大约只占 30%，大部分的信息化需求在于使其生活更便利，比如付款、取款、买东西、送东西等事情。例如，手机充值可以不必跑到乡镇去了。这两个板块加起来是农户的全部需求。

3. 分析农经网如何解决多种信息服务方式的问题？

主要是建设全省农村综合经济信息网；建设与规范化管理贵州农经

网组织机构、组织体系标准化；建立覆盖各级各部门和全省农村的信息采集与服务体系；设计开发贵州农经网网站内容规划、网站平台和应用服务系统；发展农村信息员队伍，开展信息员培训与管理；规划建设贵州省农业资源信息数据库和涉农信息资源共享平台。

4. 在最困难的涉农领域推进信息化，农经网成功的根本原因是什么?

根本原因就是信息化是当今世界经济和社会发展的大趋势，也是我国农业实现现代化的关键环节；且随着经济的发展，涉农信息服务的需求不断增加，农户对农业信息的需求越来越大。

第7章　管理信息系统的系统设计

根据以前对学生选课系统的系统分析结果，现对该系统的系统设计进行描述。

1. 计算机系统设计

经过对系统的功能分析和技术可行性分析，最终确定软、硬件方案如下。

硬件配置：系统采用GS体系结构

网络拓扑结构为星型

通信介质为双绞线和光纤

软件配置：操作系统采用Windows 2000 Advanced Server

前端平台采用浏览器、服务器程序开发使用ASP技术

后台数据库采用SQL Server 2000

2. 系统功能及结构设计

各模块功能如下。

· 登录界面：登录需要账号和密码

· 学生信息管理模块：管理员用于添加和删除学生信息的模块

· 教师信息管理模块：管理员用于添加和删除教师信息的模块

· 教师密码修改和学生密码修改模块：对管理员设置的初始密码或自己设置的密码进行更改

· 教师录入成绩模块：教师可对选课学生的信息进行浏览，并进行

成绩录入

学生选择课程模块：学生可对课程的信息进行浏览，并进行课程选择，选择的课程不能重复，且不能超过3门

学生成绩查询：列出学生选择课程的成绩，以供学生浏览

3. 编码设计

代码名称：学生学号；代码类型：区间码；代码长度：10

##

（入学年份）（所在系部）（专业班级）（班级内部编码）

代码名称：教师编码；代码类型：区间码；代码长度：6

##

（所在系部）（教研室）（内部编码）

代码名称：课程编码；代码类型：区间码；代码长度：6

##

（所在系部）（教研室）（内部编码）

4. 数据库详细设计

（1）概念结构设计。

根据需求分析的结果，设计出“学生选课信息系统”数据库的E－R图

（2）逻辑结构设计。

学生选课的逻辑结构设计如表7－1～表7－6所示

表7－1 学生信息表 StudentTable

字段	类型	长度	是否主键	说明
StuNo	nvarchar	8	是	学生学号
ClassNo	nvarchar	8		学生班级
StuName	nvarchar	10		学生姓名
StuPwd	nvarchar	8		学生密码

表 7－2　教师信息表 TeacherTable

字段	类型	长度	是否主键	说明
TeaNo	nvarchar	10	是	教师编号
TeaName	nvarchar	10		教师姓名
TeaPwd	nvarchar	8		教师密码
DepartNo	nvarchar	2		系部编号
TeaPed	nvarchar	10		教师密码

表 7－3　课程信息表 CourseTable

字段	类型	长度	是否主键	说明
CorsNo	nvarchar	10	是	课程编号
CorsName	nvarchar	10		课程名称
Point	nvarchar	2		学分
StuNumber	nvarchar	2		学生人数

表 7－4　学生成绩表 ScoreTable

字段	类型	长度	是否主键	说明
CorsNo	nvarchar	10	是	课程编号
StuNo	nvarchar	10	是	学生学号
Score	int	4		成绩

表 7－5　教师授课表 TeachTable

字段	类型	长度	是否主键	说明
CorsNo	nvarchar	10	是	课程编号
TeaNo	nvarchar	10	是	教师编号
Location	nvarchar	10		地点
CorsTime	nvarchar	10		时间

表 7－6　管理员信息表 AdminTable

字段	类型	长度	是否主键	说明
AdminNo	nvarchar	10	是	管理员编号
Adminpwd	nvarchar	10		管理员密码
AdminName	nvarchar	10		管理员姓名

系统设计是新系统的物理设计阶段。根据系统分析阶段所确定的新系统的逻辑模型、功能要求，在用户提供的环境条件下，设计出一个能在计算机网络环境上实施的方案，即建立新的系统模型。系统分析阶段的任务是解决“做什么”，系统设计阶段的任务是解决“怎么做”，其工作质量直接影响到新系统的稳定性、可靠性、精确性和运行费用的高低。

7.1　系统设计概述

7.1.1　系统设计的依据

系统设计是在系统分析的基础上由抽象到具体的过程，同时还应考虑系统实现的内外环境和主客观条件。通常，系统设计的依据可以从以下几方面考虑。

（1）系统分析的成果。报据系统分析得到的“系统说明书”所规定的目标、任务和逻辑功能进行系统设计。

（2）现行技术。主要指可供选择的计算机软硬件技术、数据管理技术以及数据通信与计算机网络技术。

（3）现行的信息管理和信息技术的标准、规范和有关法律制度。

（4）用户需要。系统设计时应充分理解用户的要求，尽量使用户满意。

7.1.2　系统设计的原则

在系统设计过程中，应遵循以下基本原则。

（1）系统性原则。系统设计要从整个系统的角度进行考虑，系统代码要统一，设计标准要规范，传递语言要一致，实现数据或信息全局共享，提高数据重用性。

（2）灵活性原则。为了维特较长的系统生命周期，要求系统具有很好的环境适应性。现代化企业要对外界环境的变化有极强的适应能力，为此，系统应具有较好的开放性和结构的可变性。在系统设计中，应尽量采用模块化结构，提高数据、程序模块的独立性，尽量减少模块间的耦合程度，使各个子系统的依赖程度减到最低。

（3）可靠性原则。指系统抗干扰的能力及受外界干扰时的恢复能力。它是评价系统设计质量的一个重要指标。一个成功的管理信息系统必须具有较高的可靠性，如安全保密性、检错及纠错能力、抗病毒能力等。

（4）经济性原则。指在满足系统需求的前提下，尽量减小成本。一方面，在硬件投资上不能盲目追求技术上的先进，而应以满足应用需要为前提。另一方面，在复杂系统设计中应尽量避免不必要的复杂化，各模块应尽量简洁，以便缩短处理流程、减少处理费用。

（5）简单性原则。简单性原则指只要能达到预定的目标和实现预定的功能，系统就应避免一切不必要的复杂，尽量简单，消除冗余处理过程，使系统清晰。

（6）综合平衡性原则。系统设计的各个原则是相互联系而又相互制约的，比如系统的可靠性和经济性，为了提高系统的可靠性，需要采取一些措施，这就必然会增加系统制作的成本。但系统可靠性提高的同时，又为系统的运行和维护节约了成本。此时，需要从系统目标出发，在各个相互制约的原则之间权衡利弊，保证各项原则的综合平衡。

7.1.3 系统设计的内容

系统设计的任务是将系统的逻辑模型转化为物理模型，其过程一般分为初步设计和详细设计两个阶段。初步设计的主要内容是完成对系统总体结构和基本框架的设计。系统详细设计阶段的主要内容是在系统初步设计的基础上，将设计方案进一步细化，如数据库设计、编码设计等。这两个阶段的主要工作有以下几项。

（1）总体设计。包括信息系统流程图设计、功能结构图设计、功能模块图设计等。

（2）代码设计（Data Code Design）和设计规范的制定。

（3）系统物理配置方案设计。包括外围设备（Peripheral）配置、通信网络选择和设计、数据库管理系统的选择等。

（4）数据存储设计。包括数据库设计、数据库的安全保密设计等。

（5）计算机处理过程设计。包括输入/输出设计、处理流程图设计、编写程序设计说明书等。

7.2 系统总体结构设计

7.2.1 系统总体布局

系统的总体布局是指系统的软硬件资源及数据资源在空间上的配置方案，通常有以下几种方案可供选择。

从信息资源管理的集中程度来看，系统总体布局方案有：集中式系统和分布式系统。

从信息处理的方式来看，系统总体布局方案有：批处理方式和联机方式。

（1）集中式系统。这是一种集设备、软件资源、数据于一体的集中管理系统，主要有三种类型：单机批处理系统、单机多终端分时系统和主机—智能终端系统。

（2）分布式系统。利用计算机网络将分布在不同地点的计算机硬件、软件、数据等信息资源联系在一起，服务于一个共同的目标而实现相互通信和资源共享，就形成了信息系统的分布式结构，具有分布式结构的系统称为分布式系统。分布式系统运行的网络环境有：局域网、广域网、局域网和广域网混合形式以及互联网、内联网、外联网及其混合模式。

7.2.2　软件系统结构设计

软件系统是实现整个系统各项功能与目标的中心环节，软件系统的设计与实施是系统建设的重点和关键所在。软件系统结构设计的主要任务，就是根据系统的总体目标和功能将系统合理划分成若干个功能模块，正确处理各模块之间的调用关系和数据联系，定义各模块的内部结构，等等。

1. 系统功能结构图

系统功能结构是从计算机实现的角度出发，对子系统进行进一步的划分，明确系统及子系统功能模块的组成，其一般用系统功能结构图来描述。系统功能结构图不仅有效地表达了系统和各个子系统的功能，而且也表达了系统和子系统之间的隶属关系。

2. 系统功能结构设计的原则

（1）独立性原则。独立性原则是指子系统功能的划分必须使得子系统内部功能模块的内聚性较好，即每个功能模块间最好相互独立，尽量减少各种不必要的数据调用和控制联系，并将联系比较密切、功能相似的模块相对集中，这样对于以后的搜索、查询、调用都比较方便。

（2）重用性原则。重用性也称为复用性。简单地说，就是能重复地利用同一资源。重用性高，可以做到一次开发多次使用。好的系统功能划分应该使得其中的功能实现方法可以大量重复使用，这样必然会减少系统开发的工作量，提高软件生产率。

（3）无依赖原则。无依赖原则是指在系统功能结构设计中要保证子系统之间的联系尽量少，接口要简单、明确。

（4）数据共享性原则。数据共享性原则也就是子系统功能划分的结果应使数据冗余尽量减少。

（5）发展性原则。发展性原则是说子系统功能的划分应考虑今后管理发展的需要，能够适应今后管理的发展。

7.2.3 系统物理配置方案设计

随着信息技术的发展，多种多样的计算机技术产品为信息系统的建设提供了极大的便利，可以根据应用的需要选择性能各异的软、硬件产品，即系统的物理配置。

1. 物理配置的依据

选择软、硬件产品时，要考虑以下问题。

（1）系统吞吐量，即每秒钟执行的作业数。系统吞吐量越大，则系统的处理能力就越强。系统吞吐量与系统硬件、软件的选择有着直接的关系，如果要求系统具有较大的吞吐量，就应当选择具有较高性能的计算机和网络系统。

（2）系统响应时间，即从用户向系统发出一个作业请求开始，经系统处理后给出应答结果的时间。如果要求系统具有较短的响应时间，就应当选择运算速度较快的 CPU 及具有较高传递速率的通信线路，如实时应用系统。

（3）系统可靠性，指系统可以连续工作的时间。例如，对于每天需要 24 小时连续工作的系统，可以采用双机双工结构方式。

（4）集中式（Centralized Processing）或分布式（Distributed Processing）。如果是系统集中式的处理方式，则信息系统既可以是主机系统，也可以是网络系统；若系统处理方式是分布式的，则应采用微机网络。

（5）地域范围。对于分布式系统，要根据系统覆盖的范围决定采用广域网还是局域网。

2. 计算机硬件选择

计算机硬件的选择主要取决于数据处理方式和运行的软件系统。管理对计算机的基本要求是速度快、容量大、通道能力强、操作灵活方便，但计算机的性能越高，价格就越昂贵。一般来说，如果数据的处理是集中式的，系统应用的主要目的是利用计算机的强大计算能力，则可以采用主机—终端系统，以大型机或中小型机作为主机。对于企业管理分布式的应用，采用微机网络更为灵活、经济。

在计算机机型的选择上主要考虑应用软件对计算机处理能力的需求方面，包括：计算机主存，CPU 时钟，输入、输出和通信通道数目，显示方式，外接转储设备及其类型。

3. 计算机网络的选择

（1）拓扑结构。

拓扑（Topology）是将各种物体的位置表示成抽象位置。在网络中，拓扑形象地描述了网络的安排和配置，包括各种节点和节点的相互关系。网络中的计算机等设备要实现互联，就需要以一定的结构进行连接，这种连接方式就叫作“拓扑结构”。拓扑图给出网络服务器、工作站的网络配置和相互间的连接，它的结构主要有星型结构、环型结构、总线型结构、分布式结构、树型结构、网状结构、蜂窝状结构等。

①星型结构。星型结构是指各工作站以星型方式连接成网。网络有中央节点，其他节点（工作站、服务器）都与中央节点直接相连。这种结构以中央节点为中心，因此又称为集中式网络。

星型结构具有如下特点：结构简单，便于管理；控制简单，便于建网；网络延迟时间较小，传输误差较低。其缺点是成本高、可靠性较低、资源共享能力较差。

②环型结构。环型结构由网络中若干节点通过点到点的链路首尾相连形成一个闭合的环，这种结构由公共传输电缆组成环型连接，数据在环路中沿着一个方向在各个节点间传输，信息从一个节点传到另一个节点。

环型结构具有如下特点：信息流在网中是沿着固定方向流动的，两个节点仅有一条道路，故简化了路径选择的控制、环路上各节点都是自动控制，故控制软件简单；由于信息源在环路中是串行地穿过各个节点，当环中节点过多时，势必影响信息传输速率，使网络的响应时间延长；环路是封闭的，不便于扩充；可靠性低，一个节点故障，将会造成全网瘫痪；维护难，对分支节点故障定位较难。

③总线型结构。总线型结构是指各工作站和服务器均挂在一条总线上，各工作站地位平等，无中心节点控制，公用总线上的信息多以基带形式串行传递，其传递方向总是从发送信息的节点开始向两端扩散，如同广播电台发射的信息一样，因此又称广播式计算机网络。齐节点在接收信息时都进行地址检查，看是否与自己的工作站地址相符，相符则接收网上的信息。

总线型结构的网络特点如下：结构简单，可扩充性好，当需要增加节点时，只需要在总线上增加一个分支接口便可与分支节点相连，当总线负载不允许时还可以扩充总线；使用的电缆少，且安装容易；使用的设备相对简单，可靠性高；维护难，分支节点故障查找难。

④分布式结构。分布式结构的网络是将分布在不同地点的计算通过线路互连起来的一种网络形式。分布式结构的网络具有如下特点：由于采用分散控制，即使整个网络中的某个局部出现故障，也不会影响全网的操作。因而具有很高的可靠性；网中的路径选择最短路径算法，故网上延迟时间少，传输效率高，但控制复杂；各个节点间均可以直接建立数据链路，信息流程最短；便于全网范围内的资源共享。缺点为连接线

路用电缆长，造价高；网络管理软件复杂；分组交换、路径选择、流向控制复杂；在一般局域网中不采用这种结构。

⑤树型结构。树型结构是分级的集中控制式网络，与星型结构相比，它的通信线路总长度短，成本较低，节点易于扩充，寻找路径比较方便；但除了节点及其相连的线路外，任一节点或其相连的线路故障都会使系统受到影响。

⑥网状结构。在网状结构中，网络的每台设备之间均有点到点的链路连接。这种连接不经济，只有每个站点都要频繁发送信息时才使用这种方法。它的安装也复杂，但系统可变性高，容错能力强。有时也称为分布式结构。

⑦蜂窝状结构。蜂窝状结构是无线局域网中常用的结构。它以无线传播介质（微波、卫星、红外等）点到点和多点传输为特征，是一种无线网，适用于城市网、校园网和企业网。在计算机网络中还有其他类型的拓扑结构，如总线型与星型混合、总线型与环型混合连接的网络。在网络选择上应根据应用系统的地域分布、信息流量等进行综合考虑，选择合适的网络拓扑结构。

（2）网络的逻辑设计。

通常首先按软件将系统从逻辑上分为各个子系统，然后按需要配置设备，如主服务器、主交换机、分系统交换机、子系统间的集线器、通信服务器、路由器和调制解调器，并考虑各设备之间的连接关系与结构。

（3）网络操作系统。

目前流行的网络操作系统有 Netware，Windows NT、UNIX 等。UNIX 历史最早，是唯一能够适用于所有应用平台的网络操作系统。Netware 网络操作系统适用于文件服务器/工作站模式，具有较高的市场占有率。Windows NT 随着 Windows 操作系统的发展和客户机—服务器模式向浏览器—服务器模式延伸，是很有发展前景的网络操作系统。

4. 数据库管理系统的选择

管理信息系统以数据库系统为基础，一个好的数据库管理系统对管理信息系统的应用有着举足轻重的重要影响。在数据库管理系统的选择上，主要考虑：①数据库的性能；②数据库管理系统的系统平台；③数据库管理系统的安全保密性能；④数据的类型。

目前，软件市场上有许多数据库管理系统，如 Oracle，Sybase，SQL Server，Informix ，FoxPro 等。Oracle，Sybase 是大型数据库管理系统，运行于客户机—服务器模式，是开发大型 MIS 的首选；FoxPro 在小型 MIS 中最为流行。Microsoft 公司推出的 Visual FoxPro 在大型管理信息系统开发中也获得了大量应用，而 Informix 则适用于中型 MIS 的开发。

5. 应用软件的选择

根据应用需求开发管理信息系统最容易满足用户的特殊管理要求，但是成本较高。因此，商品化应用软件成了系统设计人员首选的应用软件。选择应用软件时应考虑如下几点。

（1）是否能够满足用户的需求。根据系统分析的结果，在软件功能上应注意以下问题：

①系统必须处理哪些事件和数据？软件能否满足数据表示的需要？

②系统能够产生哪些报告、报表、文档或其他输出？

③系统要储存的数据量及必须满足哪些查询需求？

（2）软件的灵活性。由于存在管理需求上的不确定性，因此，应用软件要有足够的灵活性，以适应对软件的输入、输出和系统平台的升级要求。

（3）软件的技术支持。对于商品化软件，稳定的技术支持是必需的。这一方面是为了保证软件能够满足需求的变化，另一方面是便于今后随着技术的发展而不断升级。

（4）相关企业对应用软件的选择情况。

7.3　系统详细设计

7.3.1　代码设计

代码就是用来表示客观事物的实体类别和属性的一个或一组易于计算机识别和处理的特定符号或记号，它可以是字符、数字、特殊符号或它们的组合。代码设计的任务就是把信息系统要处理的事物用特定的字符、数字或其他组合来描述，以便于计算机系统的识别和处理。

1. 代码的作用

（1）可使数据的表达方式标准化。

（2）可减少信息量，节省存储空间。

（3）便于信息的传递和进行分类、合并、检索等处理，提高计算机处理信息的效率。

（4）标明事物所处状态。

2. 代码的设计原则

（1）唯一性。每个代码都仅代表唯一的实体或属性。

（2）通用性。凡是国家和主管部门对某些信息分类和代码有统一规定和要求的，则应采用标准形式的代码，以使其通用化。

（3）合理性。代码结构要合理，尽量反映编码对象的特征，并与事务分类体系相适应，以便代码具有分类的标识作用，如身份证号码。

（4）稳定性。代码应能适应环境的变化，要具有不能改变的持久性，避免经常修改代码。具有稳定性。

（5）可扩充性与灵活性。代码系统要考虑系统的发展变化。当增加新的实体或属性时，直接利用原代码加以扩充，而不需要变动代码系统。

（6）具有规律性。代码应便于编码和识别。代码应具有逻辑性、直观性好的特点，便于用户识别和记忆。

（7）简洁性。代码的长度应以短小为好，代码的长度会影响所占据的存储单元和信息处理速度，也会影响代码输入时出错的概率及输入、输出速度。

3. 代码的分类

（1）顺序码。

顺序码是用一串连续的数字来表示系统中的客观实体或实体属性。这种编码的优势是简单、易处理、容易学习和掌握。缺点是因为编码本身没有任何实际含义，所以不能反映编码对象的特点。此外，由于编码按顺序排列，新增加的数据只能排在最后，删除数据会造成空码，缺乏灵活性。所以，建议将此种方法作为其他编码的补充或组成部分。

（2）区间码。

区间码是按编码对象的特点把编码分成若干个区段，每一个区段表示编码对象的一个类别。它的编码方法就是按某种分类规则将编码对象划分成若干个区段，给每个区段赋予相应的含义进行顺序编号，例如，居民身份证号码是特征组合码，由十七位数字本体和一位数字校验码组成。排列顺序从左至右依次为：六位数字地址码、八位数字出生日期码、三位数字顺序码和一位数字校验码。

区间码的优点是码中数字值和位置都代表一定的意义，从结构上反映了数据的类别，信息比较可靠，同时便于计算机进行分类处理，插入和删除也比较容易。它的缺点是由于编码反映信息比较全面，包含的区间较多，所以一般编码位数会相对较长，给编码的维护造成一定的困难。

（3）助记码。

助记码是指用可以帮助记忆的字母和数字来表示编码对象。助记码的优点是直观形象、便于记忆和使用。缺点是不利于计算机处理，特别是当编码处理对象较多时，也容易引起联想出错，所以这种编码主要用于数据量较少的信息系统。

（4）缩写码。

缩写码是把人们习惯使用的缩写字直接用于编码，如 kg（千克）、km（千米）等。缩写码的优点是简单、直观，便于记忆和使用。但是，由于缩写码数量有限，所以它的适用范围也有限。

4. 代码中的校验位

代码输入的正确性直接会影响整个信息处理工作的质量。特别是人们在处理时，发生错误的可能性更大。比如，抄写错误，1 写成 7；易位错误，1234 写成 1324 等。为了保证正确输入，需在原有代码结构的基础上，另外加上一个校验位，使它成为代码的一个组成部分。

代码一旦输入，计算机会用事先规定的算法按输入的代码数字计算出校验位，并将它与输入的校验位进行比较，以证实输入是否有错。

计算校验位的方法主要有算术级数法、几何级数法、质数法等。它们的基本原理都是属于随机数法。其计算过程是：输入原代码；将原代码的每个位数分别乘以权重（算数级数法的权数一般是 1，2，3 等，几何级数法的权数一般是 2，4，8，16 等，质数法的权数一般是 2，3，5，7 等）；计算各乘积之和；用一个模数去除乘积之和；所得余数作为校验位；将校验位置于原代码之后，组成新代码。以算数级数法为例：

原代码：1 2 3 4 5

权数：6 5 4 3 2

乘积之和：6 + 10 + 12 + 12 + 10 = 50

校验位（乘积之和/模，取余数）：以 11 为模，则 50/11 的余数为 6。

新代码：1 2 3 4 5 6

7.3.2　数据库设计

数据库设计是在选定的数据库管理系统基础上，建立数据库的过程。数据库设计的关键是如何建立一个数据模型，使其能够正确地反映用户的现实环境，包括向用户及时、准确、全面地提供所需要的信息和支持用户对所有需要处理的数据进行处理并且具有较高的运行效率，易于理解和维护。

数据库设计的全过程包括用户需求分析、概念结构设计、逻辑结构设计和物理结构设计四个阶段。对于信息系统开发来说，数据库系统设计中用户需求分析已经在系统分析阶段的系统调查、业务分析、数据流程分析和数据字典创建中得到充分进行。因此，数据库设计开始于数据库概念结构设计。

1. 概念结构设计

概念结构设计是根据用户需求分析的结果，设计数据库的概念数据模型（简称概念模型）。

目前，用于建立概念模型的方法有许多种，其中最常用、最著名的方法是实体—联系方法，即 E－R 图法。下面就对 E－R 图进行详细说明。

（1）E－R 图的组成符号，如图 7－1 所示。

图 7－1　E－R 的组成符号

这三种组成符号的含义如下。

实体（Entity）：是现实世界中描述客观事物的概念。实体用一个矩形方框表示，方框内写上实体的名称。

属性（Attribute）：一般是指实体具有的某种特性，用来描述一个实体。属性用椭圆形表示，在椭圆形内写上属性的名称，用无向边把域性与实体相连。

联系（Relationship）：现实世界的事物总是存在着这样或那样的联

系。这里主要讨论实体之间的联系。联系用菱形表示，在菱形内写上联系的名称。用无向边把菱形与相联系的实体连接，无向边上标注联系的类型。

（2）实体之间联系的类型。

实体之间的联系类型可分为三种：一对一的联系、一对多联系和多对多联系，如图 7－2 所示。

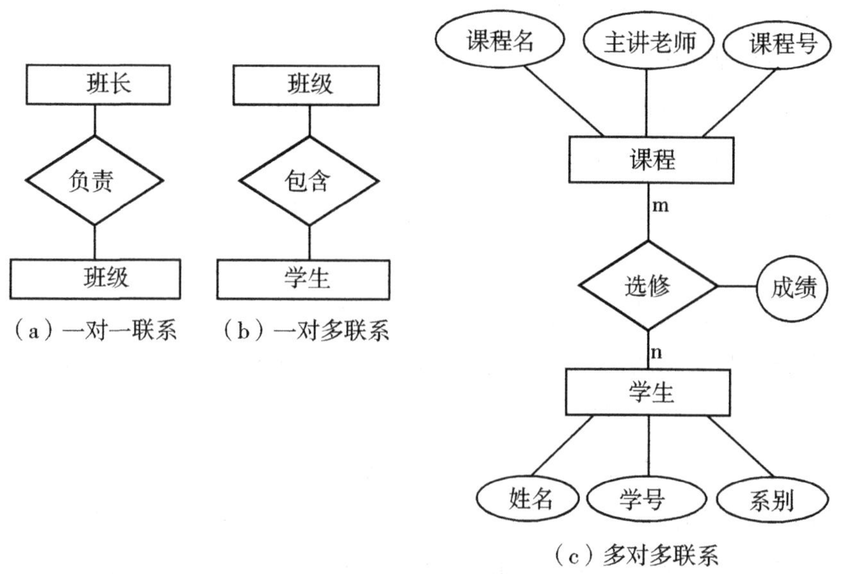

图 7－2　实体间的联系类型

①一对一的联系。如果对于实体集 A 中的任何一个实体，B 中至多只有一个实体与其联系；反之，B 中的每一实体至多只能与实体集 A 中的一个实体对应，则称 A 与 B 是一对一联系。例如，一个班级只有一个正班长，一个班长只在一个班中任职，则班长和班级就是一对一的联系。其 E－R 图如图 7－2（a）所示。

②一对多联系。如果对于实体集 A 中的每一实体，实体 B 中有一个以上实体与之发生联系；反之，B 中的每一实体至多只能与实体集 A 中的一个实体对应，则称 A 与 B 是一对多的联系。

例如，一个班级中有若干名学生，每个学生只在一个班级中学习，则班级和学生就是一对多的联系。其 E－R 图如图 7－2（b）所示。

③多对多联系。如果实体集 A 中至少有一实体对应于 B 中一个以上实体；反之，B 中也至少有一个实体对应于 A 中一个以上实体，则称 A 与 B 为多对多联系。例如，一门课程同时有若干个学生选修，一个学生可以同时选修多门课程，则学生和课程之间就是多对多的关系。其 E－R图如图 7－2（c）所示。

（3）基于 E－R 图的概念结构设计。

将需求分析得到的用户需求抽象为信息结构，即概念模型的过程就是概念结构设计。它能真实、充分地反映现实世界，包括事物和事物之间的联系，能满足用户对数据的处理要求，是对现实世界的一个真实模型。

概念结构设计的方法有四种：自顶向下、自底向上、逐步扩张和混合策略。最常用的是自底向上的设计方法，即首先定义各局部应用的概念结构，然后将它们集成起来，得到全局概念结构。具体步骤如下。

①局部 E－R 图设计。局部 E－R 图设计的任务是从用户的角度设计出能反映局部现实数据关系的局部概念结构。其设计分为以下三步。

第一步：确定范围。局部 E－R 图的范围通常根据不同的部门、不同的业务来进行自然划分。例如，企业的不同部门对数据处理的要求是不同的，就可以设计出针对不同部门数据要求的局部 E－R 图。

第二步：识别实体。实体是组织中各种事务，它可以是存在于业务过程中的订单、卡片等，也可以是组织中的人员、设备、产品、计划、工资等。

第三步：实体分析。实体分析包括实体属性分析和实体关系分析，并用 E－R 图描述结果。

②全局 E－R 图设计。全局 E－R 图设计就是把各个局部 E－R 图综合成为最终的全局 E－R 图。在综合过程中，需要进一步对实体和联

系是否作为全局 E－R 图的一部分进行确认，并消除各局部 E－R 图之间存在的冲突，得出合理、一致的全局 E－R 图。

局部 E－R 图是从实际业务出发，描述业务过程中各种实体以及实体相互之间的联系。但这并不意味着局部 E－R 图中的全部实体都将作为全局 E－R 图的一部分。

局部 E－R 图中存在的冲突主要表现在不同 E－R 图的实体中存在“同名异义”和“异名同义”两种情况。“同名异义”是指同一个实体名称在不同的 E－R 图描述的实体含义完全相同，“异名同义”指不同的实体名描述了同一实体的现象。

2. 逻辑结构设计

逻辑结构设计是将概念结构设计阶段完成的概念模型转换成能被选定的数据库管理系统（DBMS）支持的数据结构模型（简称数据模型）。数据模型通常分为关系数据模型、层次数据模型和网状数据模型。目前，关系数据模型已成为数据模型设计的主流模型。下面对关系数据模型进行详细介绍。

（1）转换原则。

将 E－R 图转换为关系模型就是将实体、实体属性和实体之间的联系转换为关系模式。转换原则如下。

①一个实体型转换为一个关系模式，实体的属性就是关系的属性，实体的关键字就是关系的关键字。

②一个 1：1 联系可以转换为一个独立的关系模式，也可以与任意一端对应的关系模式合并。如果转换为一个独立的关系模式，则与该联系相连的各实体的关键字及联系本身的属性均转换为关系的属性，每个实体的关键字均是该关系的候选关键字。如果与某一端对应的关系模式合并，则需要在该关系模式的属性中加入另一个关系模式的关键字和联系本身的属性。

③一个 1：m 联系可以转换为一个独立的关系模式，也可以与 m 端

对应的关系模式合并。

如果转换为一个独立的关系模式，则与该联系相连的各实体的关键字以及联系本身的属性均转换为关系的属性，而关系的关键字为各实体的关键字的组合。

④三个或三个以上实体间的一个多元联系转换为一个关系联系。与该多元联系相连的各实体的关键字及联系本身的属性均转换为关系的属性，而关系的属性为各实体关键字的组合。

⑤具有相同关键字的关系模式可合并。合并方法是将从中一个关系模式的全部属性加入另一个关系模式中，然后去掉其中的同义属性（可能同名也可能不同名），并适当调整属性的次序。

（2）逻辑结构设计中的规范化理论

信息系统的运行效率在很大程度上取决于数据库系统的效率，而面对任何一个信息系统之中数量极为庞大的数据，应该如何以最优的方式组织这些数据，形成以规范化形式存储的数据库，是信息系统开发中的一个十分重要的问题。为使数据存储为有一定标准的数据存储的结构，IBM 公司的科德（E. F. Codd）在 1971 年首先提出规范化理论（Normalization Theory）。规范化理论虽然以关系数据模型为背景，研究如何设计一个关系数据库，但它对一般的数据同样具有重要的指导意义。

对于一个结构不合理的数据库而言，常常会出现诸如数据冗余、插入、删除异常等情况。一般地，把分解关系模式的消除异常的过程称之为规范化，而把分解后的关系模式的规范形式（或者说把关系模式的分类标准）称之为范式。根据要求的宽严不同，可以把范式依次分为第一范式（记为 1NF）、第二范式（记为 2NF）和第三范式（记为 3NF），依此类推。对于信息系统开发来说，一般只需规范到第三范式即可。

第一范式（1NF）。数据库表中的字段都是单一属性的，不可再分。这个单一属性由基本类型构成，包括整型、实数、字符型、逻辑型、日期型等。

第二范式（2NF）。数据库表中不存在非关键字段对任一候选关键字段的部分函数依赖（部分函数依赖指的是存在组合关键字中的某些字段决定非关键字段的情况），也即所有非关键字段都完全依赖于任意一组候选关键词。

假定选课关系表为 Select Course（学号，姓名，年龄，课程名称，成绩，学分），关键字为组合关键字（学号，课程名称），因为存在如下决定关系：

（学号，课程名称）→（姓名，年龄，成绩，学分）

这个数据库表不满足第二范式，因为存在如下决定关系：

（课程名称）→（学分）　　　　（学号）→（姓名，年龄）

即存在组合关键字中的字段决定非关键字的情况。

由于不符合 2NF，这个选课关系表会存在如下问题。

数据冗余：同一门课程由 n 个学生选修，"学分"就重复 n－1 次；同一个学生选修了 m 门课程，姓名和年龄就重复了 m－1 次。

更新异常：若调整了某门课程的学分，数据表中所有行的"学分"值都要更新，否则会出现同一门课程学分不同的情况。

插入异常：假设要开设一门新的课程，暂时还没有人选修。这样，由于还没有"学号"关键字，课程名称和学分也无法记录入数据库。

删除异常：假设一批学生已经完成课程的选修，这些选修记录就应该从数据库表中删除。但是，与此同时，课程名称和学分信息也被删除了。很显然，这也会导致插入异常。

把选修关系表 Select Course 改为如下三个表：

学生：Student（学号，姓名，年龄）；

课程：Course（课程名称，学分）；

选课关系：Select Course（学号，课程名称，成绩）。

这样的数据库表是符号第二范式的，消除了数据冗余、更新异常、插入异常和删除异常。

第三范式（3NF）。在第二范式的基础上，数据表中如果不存在非关键字段对任一候选关键字段的传递函数依赖则符合第三范式。所谓传递函数依赖，指的是如果存在“A→B→C”的决定关系，则C传递函数依赖于A。因此，满足第三范式的数据库表应该不存在如下依赖关系。

关键字段→非关键字段X→非关键字段Y

假定学生关系表为Student（学号，姓名，年龄，所在学院，学院地点，学院电话），关键字为单一关键字“学号”，因为存在如下决定关系：

（学号）→（姓名，年龄，所在学院，学院地点，学院电话）

这个数据库是符合2NF的，但是不符合3NF，因为存在如下决定关系：

（学号）→（所在学院）→（学院地点，学院电话）

即存在非关键字段“学院地点”“学院电话”对关键字段“学号”的传递函数依赖。它也会存在数据冗余、更新异常、插入异常和删除异常的情况。因此，把学生关系表分为两个表：

学生：（学号，姓名，年龄，所在学院）

学院：（学院，地点，电话）

这样的数据库表是符合第三范式的，消除了数据冗余、更新异常、插入异常和删除异常的情况。

3. 物理结构设计

物理结构设计是在逻辑结构设计的基础上进一步设计数据库存储模式的一些物理细节。物理结构设计的主要内容如下。

（1）库文件的组织形式。例如，选用顺序文件组织形式、索引文件组织形式等。

（2）存储介质的分配。例如，将易变的、存取频繁的数据存放在高速缓存上，稳定的、存取频度小的数据存放在低速存储器上。

（3）存取路径的选择等。

7.3.3　输入/输出设计

系统输入输出（I/O）设计是直接影响用户对于软件系统的评价，从而影响软件产品的竞争力和寿命。良好的输入/输出设计可以增加用户对于软件系统的满意度，提高用户的使用效率，因此，必须对输入/输出设计给以足够的重视。

1. 输入设计

（1）输入设计的原则。

最小量原则。即在满足处理要求的前提下应使输入量尽量小，同一项数据内容不要重复输入。系统能够计算出的数据也不要由用户来输入。这是因为输入量越小，则出错概率越小，同时输入效率越高。

及早检验原则。即对输入数据的检验应尽量接近原始数据发生点，使错误能及时得到改正，避免错误在系统中不断扩散。

快速性原则。在网络环境下，一些数据的输入检验，会传输到远程服务器上校验，如密码输入需要校验，此时就要注意输入速度问题，要尽量提高系统对用户输入的反馈速度。

（2）输入设备的选择。

输入设计首先要确定输入设备的类型和输入介质，目前常用的输入设备有如下几种。

键盘输入。这是目前最常用的一种输入方式。输入后通过屏幕显示确认，使用较方便。

但这种方式输入速度较慢，工作量大，且容易出错。键盘输入主要适用常规的、少量的数据输入。

光电设备输入。这是一种直接通过光电设备，对实际数据进行采集并且将其转换成计算机能够识别和接受的数据形式。

声音输入。通过语音识别系统，利用转换器和语音分析手段，与预先存入系统的语音特征参量进行对比，通过逻辑判断完成识别与辨认。

（3）输入格式的设计。

输入格式分为两种。一种是原始单据的设计，另一种是人机界面设计。

原始单据的设计原则如下。

便于填写。原始单据的设计要保证填写的速度、正确、全面、简易和节约。具体地说应该做到：填写量小，版面排列简洁、易懂。

便于归档。单据大小要标准化，预留装订位置，标明传票的流动路径。

单据的格式应能保证输入精度。

人机界面设计的原则如下。

以通信功能作为界面设计的核心。人机界面的关键是使人与计算机之间能够准确地交流信息。一方面，人向计算机输入时应尽量采取自然的方式；另一方面，计算机向人传递的信息必须准确。

界面尽量保持始终一致。界面的色调、图标、格式、操作方法等应保持一致，忌一个界面一种操作方法。

界面应当能够提供帮助。界面应该提供帮助功能，将有关的提示、信息、说明等放在用户随手可得的位置。

尽量减少用户操作。对于一些相对固定的数据，不要让用户频繁输入，应让用户使用鼠标选择。

输入画面尽可能接近实际。例如，某个会计信息系统软件的凭证录入画面是表格与实际凭证一模一样，甚至连颜色也一样。这样，用户对系统的认可程度会加深。

提高容错能力。误操作、按键连击等均有可能导致输入失误。巧妙地进行程序设计可以避免此类错误的发生。

（4）输入校验。

在输入数据过程中不可避免地会出现各种错误，对于系统中的主要数据，确保其正确性是非常重要的。

输入错误的种类主要有三类。

数据本身错误，是指由于原始数据填写错误、书写不清等原因引起的输入数据错误。

数据数量错误，其中包括数据的多余或不足。这是在数据收集过程中产生的差错。

数据的延迟，对数据质量的要求不仅包括内容和数量，同样也包括数据的时效性。数据延迟是在数据收集过程中所产生的差错。

数据出错的校验方法有以下几种。

重复校验。这种方法将同一数据先后两次输入，然后由计算机程序自动予以对比校验，如两次输入内容不一致，计算机将显示或打印出错信息。

视觉校验。输入的同时，由计算机打印或显示输入数据，然后与原始单据进行比较找出差错。

校验位校验。这种方法是利用代码的校验位完成对原始代码的正确性检验控制总数校验。采用控制总数校验时，工作人员先用手工求出数据的总值，然后在数据的输入过程中由计算机程序累计总值，将两者对比校验。

格式校验。即校验数据记录中各项数据的位数和位置是否符合预先规定的格式。

逻辑校验。即根据业务上的各种数据的逻辑性，检查有无矛盾。

界限校验。即检查某项输入数据的内容是否位于规定范围之内。凡在此范围之内的数据均属出错。

顺序校验。即检查记录的顺序，如要求输入数据无缺号时，通过顺序校验，可发现被遗漏的记录。又如，要求记录的序号不得重复时，可查出有无重复的记录。

记录计数校验。这种方法通过计数记录个数来检查记录是否遗漏和重复。不仅对输入数据，而且对处理数据、输入数据及出错数据的个数等均可进行计数校验。

平衡校验。平衡校验的目的在于检查对应项目间是否平衡。

2. 输出设计

输出是系统产生的结果，对于多数用户来说，输出是系统开发的目的和评价系统开发成果与否的标准。

（1）输出设计的内容。

输出设计的内容主要包括以下几项。

①有关输出信息使用方面的内容，包括信息的使用者、使用目的、报告量、使用周期、有效期、保管方法、复写份数等。

②输出信息的内容，包括输出项目、位数、数据形式（文字、数字）。

③输出格式，如表格、图形或文件。

④输出设备，如打印机、显示器、卡片输出机等。

⑤输出介质，如输出到磁盘还是磁带上。

（2）输出报告。

输出报告标出了各常量、变量的详细信息，也给出了各种统计量及其计算公式、控制方法。设计输出报告时要注意以下几点。

①方便使用者。

②要考虑系统的硬件性能。

③尽量利用原系统的输出格式，确需修改，应与有关部门协商，征得用户同意。

④输出表格要考虑系统发展需要。例如，是否在输出表中留出位置，满足将来新增项目需要。

⑤输出的格式要根据硬件能力，并试制输出样品，经用户同意后才能正式使用。

⑥保持输出内容和格式的统一性，可以提高系统的规范化程度和编程效率。对于同一内容的输出，在显示器、打印机、文本文件和数据库文件上都应具有一致的形式。

设计打印输出报告之前应收集好各项有关内容，填写到输出设计书上。表 7－7 所示为输出设计书样例。

表 7－7　输出设计书样例

资料代码	GZ－01	输出名称		工资主文件一览表	
处理周期	每月 1 次	形式	打印表	种类	0－001
份数	1	报送	财务科		
项目号	项目名称	位数及编辑		备注	
1	部门代码	X（4）			
2	工号	X（5）			
3	姓名	X（12）			
4	级别	X（3）			
5	基本工资	9999.99			
6	房费	999.9			

7.3.4　处理流程图设计

处理流程图是系统流程图的展开和具体化，所以其内容更为详细。在系统流程图中，仅给出了每一处理功能的名称，而在处理流程图中，则需要使用各种符号具体得出规定处理过程的每一个步骤。

由于每个处理功能都有自己的输入和输出，对处理功能的设计过程也应从输出开始。进而进行输入、数据文件的设计，并画出较详细的处理流程图。

7.4　系统设计规范的规定

在系统处理流程图中，详细地列举了系统的程序与数据文件的数量。但是如果不是对系统内部的程序、文件和处理方法事前予以统筹命名、统一标准，将来无论在系统的使用和操作方面，或者在管理方面，都会造成极大的混乱。为此，应尽早从系统的角度，全面考虑，制定设计规范。这种规范是整个系统的公用标准，它具体地规定了文件名和程序名的统一格式、编码结构、代码结构、统一的度量名等。

例如，某工资管理信息系统的设计规范中对程序名的规定为GAABBX，其中：

G 表示工资系统程序或程序文件；

AA 表示文件类型，由两个拼音字母组成；

BB 表示文件作何种处理；

X 由一位数字组成，用以区分同类型程序。

7.5　系统设计报告

系统设计阶段的最后一项工作是编写系统设计报告，系统设计报告既是系统设计阶段的主要成果，又是新系统的物理模型，也是下一阶段即系统实施的重要依据。

1. 系统设计报告撰写格式

一般格式如下：

1. 引言

1.1 编写目的

1.2 背景

1.3 参考资料

2. 设计概述

2.1 系统功能

2.2 项目开发者

2.3 系统安全和保密限制

3. 信息系统结构

3.1 信息系统模块结构图

3.2 各个模块的 IPO 图

4. 计算机系统的配置

4.1 硬件配置

4.2 软件配置

4.3 网络配置

5. 代码设计

6. 数据库设计

6.1 概念模型设计

6.2 逻辑模型设计

6.3 物理模型设计

7. 输入/输出设计

7.1 输入设计

7.2 输出设计

8. 系统实施方案及说明

对此，除了对设计方案的具体内容进行详细说明之外，还必须要注明报告编写人、撰写时间、审阅人、份数等基本信息，同时要将评审意见以及审批人员名单附于系统设计说明书之后，经上级部门批准后，系统实施方案方可生效。

2. 系统设计报告撰写内容

（1）引言。说明项目的背景、编写的目的、引用资料和专门术语。

（2）设计概述。设计概述的内容包括：系统的功能、设计目标及设计策略；项目开发者、用户、本系统与其他系统或机构的联系；系统的安全和保密限制。

(3) 信息系统结构。这是系统设计阶段最主要的工作，它包括信息系统模块结构图和各个模块的 IPO 图。

(4) 计算机系统的配置。包括硬件配置（主机、外存、终端与外设、其他辅助设备、网络形态）、软件配置（操作系统、数据库管理系统、语言、软件工具、服务程序、通信软件）和网络配置（计算机系统的分布及网络协议文本）。

(5) 代码设计。主要包括系统内各种代码的类型、名称、功能、数量、结构、使用范围及要求等。

(6) 数据库设计。主要包括数据库设计的目标、主要功能要求、需求性能规定、运行环境要求、逻辑设计方案、物理设计方案等。

(7) 输入/输出设计。输入设计包括各种数据输入方式、输入设计的选择、输入数据的格式设计、输入数据的校验方法；输出设计包括选择输出介质及确定输出内容及格式。

(8) 系统实施方案及说明。主要对实施的计划安排、工作顺序和步骤、实施方案、经费预算等进行说明。

本章小结

系统设计阶段的主要任务是解决“怎么做”的问题。这一阶段是在前一阶段系统分析的基础上，进一步明确新系统如何满足管理系统的要求。进行系统设计时要考虑系统性原则、灵活性原则、可靠性原则、经济性原则、简单性原则、综合平衡性原则等。

总体设计对系统功能进行规划，给出系统的逻辑结构，包括系统总体布局的设计、软件系统结构设计和系统物理配置方案设计。

代码设计的任务就是把信息系统要处理的事物用特定的字符、数字或其组合来描述，以便于计算机系统的识别和处理。在进行代码设计时，要把握代码的唯一性、合理性、稳定性等原则。

数据存储设计是根据所选择的具体数据库系统，进行数据库设计，包括数据库的概念结构设计、逻辑结构设计和物理结构设计。

输入、输出设计为用户提供方便的人机交互手段，能够为管理人员提供实用、快捷的信息，同时是评价软件实用性的重要标准。

处理流程图确定信息处理的具体步骤。

系统设计规范具体地规定文件名和程序名的统一格式、编码结构、代码结构、统一的度量名等。

程序设计说明书和系统设计报告是系统设计阶段的成果，为系统实施阶段的工作提供具体的方案。

章节练习

1. 系统设计的原则是什么？
2. 数据库设计共分为几步？
3. 代码设计的原则是什么？
4. 用哪些方法可以校验数据输入中的错误？
5. 已知产品入库管理过程：从生产车间将制造出来的产品连同填写好的入库单一起送至仓库，仓库检验员进行产品质量与入库单检验，检验不合格的产品和入库单退回车间，而合格的产品由保管员进行产品入库处理，同时登记入库流水账。根据以上描述画出入库管理的功能模块结构图。

第 8 章　系统实施与评价

东阿阿胶集团有限公司的决策者决定实施 ERP 系统，是经过深思熟虑的，作为一家具有离散型特征的流程型企业，ERP 实施注定不会一帆风顺。

东阿阿胶集团有限公司（以下简称东阿阿胶）拥有 7 个成员企业，3 个分厂，其核心企业东阿阿胶股份有限公司是全国最大的阿胶生产企业，但随着市场竞争的日趋激烈，这一位置正在面临严峻的挑战。由于近年来，以阿胶为原料的产品技术含量有限，进入壁垒低，大量的企业涌入这一行业。到目前为止，全国生产阿胶的厂商有几十个，大家都在使出浑身解数，提高市场份额。如何保持龙头地位？这是一直困扰东阿阿胶的问题。

东阿阿胶的决策者决定实施 ERP 系统，是经过深思熟虑的。东阿阿胶主要产品涉及中成药、生物制剂、保健食品、医疗仪器等 6 个门类的产品多达 40 余种，企业既有流程型，又有离散型的特征，这种类型的企业实施 ERP 成功的概率很小，更何况东阿阿胶的信息系统的基础并不好。该公司从 1987 年开始实行计算机单机管理，到 1989 年，东阿阿胶的信息化工作已基本普及到质量、人事、财务、生产等环节，初步实现了计算机辅助企业管理，形成了初步的计算机信息系统。但由于受当时技术条件和管理水平的局限，各管理系统相对独立，开发环境和应用平台差异很大，信息代码没有统一的标准，应用水平也参差不齐，结果各子系统形成一个个信息“孤岛”，难以实现企业内部的信息共享，企业的信息资源无法得到合理利用。在这个基础上实施ERP，东阿阿胶免不了会遇到挫折。

早在1998年，东阿阿胶的主要领导者就青睐于ERP，并决定实施该系统。但在ERP软件的选型上，东阿阿胶经历了不少的波折。由于对ERP了解得不够深入，企业在ERP软件的选型上疏于调查和科学论证，结果草率实施，造成ERP项目实施不到2个月即宣告失败，这不仅浪费了东阿阿胶主要业务人员的时间和精力，更重要的是影响了管理和业务人员对以后实施ERP系统的信心。在第二次的ERP软件选型时，东阿阿胶及时总结教训，由分管集团信息化建设的副总经理和集团信息中心主任为首，成立了专门的软件选型小组。该小组制订了三项原则：一是严格实行招标制度，邀请有关专家进行多家分析和比较；二是认真考察ERP生产厂商；三是确保软件选型避免流于形式，一定要脚踏实地，避免徇私舞弊情况的发生。经过对国内外数家ERP软件提供商的考察、分析和比较，东阿阿胶最终选择了和佳公司的ERP产品。该产品不仅可以运行在Windows NT + SQL Server中、小型平台上，而且可以运行在UNIX、OS/400 + DB2 / UDB 、Sybase 、Oracle 、Informix等中、大型平台上。该公司具有成功实施大中型企业用户ERP的经验，在业内有着较高的声誉。在实施的过程中，东阿阿胶遇到了很多问题，该公司也从中摸索出了一些解决方法。

系统设计结束后，将要进行的是系统实施阶段。本阶段的任务是将设计产生的物理模型转化输出，并在企业中使用。

系统实施的第一步是程序开发。这一步主要是开发商的任务。有许多编程方面的书将此作为重点问题进行详细讲述，本章只进行简单回顾。程序开发结束后，开发商将为用户进行硬件和软件方面的实施。硬件方面主要是为企业设计一个集成网络，软件方面包括系统安装、运行、培训、维护等。这两方面都需要开发商和用户的共同努力。然后，本章以当前应用比较多的ERP系统为例，介绍一个项目实施的全过程。

在本章的最后，将介绍系统评价的相关内容。

8.1 程序开发

8.1.1 程序设计

1. 程序设计的目标

随着科技的发展，计算机应用水平的提高，软件愈来愈复杂，同时硬件价格不断下降，软件费用在整个应用系统中所占的比重急剧上升，从而使人们对程序设计的要求发生变化。在过去的小程序设计中，主要强调程序的正确性和高效率，但对于大型程序，人们则倾向于首先强调程序的可靠性、可维护性和可理解性，然后才是效率。

（1）可靠性。程序应具有较好的容错能力，不仅正常情况下能正确工作，而且在意外情况下也应便于处理紧急情况，不至于产生意外的操作，从而造成严重损失。

（2）可维护性。由于信息系统需求的不确定性，系统需求可能会随着环境的变化而不断变化，因此，必须对系统功能进行完善和调整。为此，就要对程序进行适当的补充或修改。此外，由于计算机软硬件的更新换代也需要对程序进行相应的升级。管理信息系统的寿命一般是3～10年时间，因此程序的维护工作量相当大。一个不易维护的程序，用不了多久就会因为不能满足应用需要而被淘汰，因此，可维护性是对程序设计的一项重要要求。

（3）可理解性。程序不仅要求逻辑正确，计算机能够执行，而且应当层次清楚，便于阅读。程序重用包含足够的注释。这是因为程序的维护工作量很大，程序维护人员经常要维护他人编写的程序，一个不易理解的程序将会给程序维护工作带来困难。

（4）效率。程序的效率指程序能否有效地利用计算机资源。近年来，由于硬件价格大幅度下降，而其性能却不断完善和提高，程序的效率已不像以前那样举足轻重了。相反，程序设计人员的工作效率则日益重要。提高程序设计人员的工作效率，不仅能降低软件开发成本，而且可明显降低程序的出错率，进而减轻维护人员的工作负担。此外，程序效率与可维护性、可理解性通常是相矛盾的，在实际编程过程中，人们往往宁可牺牲一定的时间和空间，也要尽量提高系统的可理解性和可维护性，片面地追求程序的运行效率反而不利于程序设计质量的全面提高。为提高程序设计效率，应充分利用各种软件开发工具，如 MIS 生成器等。

2. 结构化程序设计方法

程序员在编写程序时，应符合软件工程化思想。应用软件的编程工作量极大，而且要经常维护、修改。如果编写程序不遵守正确的规则，就会给系统的开发、维护带来不可逾越的障碍。软件工程的思想即利用工程化的方法进行软件开发，通过建立软件工程环境来提高软件开发效率。

（1）自顶向下的模块化设计。

自顶向下的模块化设计方法符合人们认识问题的规律。这种方法在系统分析和系统设计阶段都要使用。每个系统都是由功能模块构成的层次结构。底层的模块一般规模较小，功能较简单，完成系统某一具体方面的处理功能。在设计中使用自顶向下方法的目的在于一开始能从总体上理解和把握整个系统，而后对于组成系统的各功能模块逐步求精，从而使整个程序保持良好的结构，提高软件开发的效率。

在模块化程序设计中应注意：

模块大小划分要适当。模块中包含的子模块数要适量，既便于系统重构，又便于模块的单独开发。

模块的独立性。在系统中模块之间应尽可能的相互独立，提高模块内部的内聚，减少模块间的耦合，即信息交互，以便于将模块作为一个独立子系统开发。

模块功能要简单。底层模块一般应完成一项独立的处理任务。

共享的功能模块应集中。对于可供各模块共享的处理功能，应集中在一个上层模块中，供各模块引用。

（2）结构化程序设计方法。

自顶向下的模块化方法只是描述大型程序设计的原则，在具体编程中，则应采用结构化程序设计方法。这种方法指导人们用良好的思想方法去设计程序，其特点是采用以下三种基本逻辑结构来编写程序：顺序结构、选择结构和循环结构。

顺序结构。顺序结构是一种线性有序的结构，有一系列按顺序执行的语句或模块构成。

选择结构。选择结构是根据条件成立与否选择程序执行路径的结构。一般有以下三种形式：

①结构一：

IF <条件>

<命令组 1>

EISE

<命令组 2>

ENDIF

②结构二：

IF <条件>

<命令组>

ENDIF

③结构三：

DO CASE

CASE <条件 1>

```
 <命令组 1>
CASE <条件 2>
 <命令组 2>
……
CASE <条件 n>
 <命令组 n>
ENDCASE
```

循环结构。循环结构由一个或几个模块构成，程序运行时重复执行，直到满足某一条件为止。如 FoxPro 中的 Do While-Enddo 语句，一般格式为：

```
DO WHILE <条件>
 <命令组 1>
ELSE
 <命令组 2>
ENDIF
 <命令组 3>
ENDDO
```

8.1.2 软件开发工具

以往，应用程序由专业计算机人员逐行编写，不仅效率低、周期长、质量差，而且重复劳动多，不易修改。计算机在信息系统中应用的日益扩大，促使人们对软件设计自动化进行大量研究，并开发出各种软件生成工具 。利用软件生成工具进行系统开发，可以大量地减少甚至避免手工编写程序，并且避免手工方式下的编程错误，从而极大地提高系统开发效率。下面首先介绍几种常用的工具软件。

1. 数据库管理

现在的数据库管理系统已不只是局限于数据管理，而且具备相当强的软件生成功能。例如，Oracle 数据库管理系统中，利用 SQL* FORMS 可以通过选择一些菜单和相应的功能键，方便地对数据库进行操作；SQL* REPORT 和 SQL* GRAPH 为报表、图形生成提供方便。SQL* PLUS 的触发器机制为保证数据的完整性、一致性和合法性提供必要的检验手段。以上这些 Oracle 软件工具配件起来使用，可以形成一个综合的应用软件开发环境。

又例如，软件公司和 FOX 公司开发的 FoxPRO 和 Windows 具有很强的菜单生成器、屏幕编辑器、报表编写器、应用生成器和跟踪调试工具，可以快速地生成各种菜单程序、输入输出屏幕、报表和应用程序。

2. 电子表格软件

如电子表格软件包有一个规模较大的电子表格，用户可以通过键盘在屏幕上填写表中数据，存入数据库，然后按图形方式显示或打印出来。由于这种软件可以灵活地与 FoxBASE、BASIC 等数据文件转换成工作表文件，所以使用比较方便。此外，还设定了许多统计和财务中常用的函数和模型，因而便于 MIS 和 DSS 的开发。

3. 套装软件

所谓套装软件，是将流行的若干软件集成起来形成一套软件。例如，套装软件 Office 就是将文字处理软件、电子表格软件和绘图软件融合在一起，可同时运用文字处理、表格设计、数据库和绘图功能。其中，Excel 还具备一定规模的生成模型的函数。

4. 可视化编程工具

Visual BASIC 是一种可编程的应用软件，其特点是具有生成功能，用户可方便使用的设计界面，而且它提供给用户一种可以跨越多个软件平台的通用语言。软件开发人员只要掌握一种核心的语言，就可方便地与其他软件链接，而且看到的是相同的用户界面。

Visual BASIC 结合面向对象技术，提供一个运用对象的、可视化的编程环境。

5. 计算机辅助软件工程

软件开发工具的发展非常迅速，现在已由原来单纯辅助编程的工具进一步发展成为支持系统分析乃至整个系统生命周期的大型软件环境，称计算机辅助软件工程。CASE 中集成了多种工具，这些工具既可以单独使用，也可以组合使用，其特点是为系统开发提供了全过程的开发环境。

8.1.3　程序和系统调试

程序和系统调试的目的是发现程序和系统中可能存在的错误，并及时地加以纠正。

1. 程序调试

程序的正确性验证一般有理论法和试验法两种。理论法是属于程序正确性证明问题，它是利用数学方法证明程序的正确性。程序证明从理论上讲比较完美，是一个令人鼓舞的方法，但尚处于研究之中，近期内还不能达到实用阶段。目前，程序正确性验证中普遍采用的仍是实验法。程序只有经过实验法调试，才能认为程序基本正确，而要证明程序完全正确，则要经过一段时间试用才能基本确定。

（1）代码测试。

测试数据不仅要采用正常数据，还应包括一些异常数据和错误数据，用来考验程序逻辑上的正确性。测试数据是经过精心挑选的，使程序和模块中的每一条语句都能得到执行，即能够测试程序中的任意逻辑通路。常用的测试数据有以下几种：

①用正常数据调试。

②用异常数据调试。比如用空数据文件参加测试，检查程序能否正常运行。

③用错误数据调试。验证程序对错误数据的处理能力，包括显示出错信息以及容许修改错误的可能性。具体检查内容有：

输入数据错误时（包括错误数据、不合理数据和负数）能否及时查出或发出出错信息，并容许修改；

输入键号错误时（包括错的键号和不应有的键号）能否及时检查出和发出出错信息，并允许修改；

操作错误时（包括磁盘错误、操作步骤或方法错误）能否及时检查出并发出警告信息，并允许修改；

（2）程序功能测试。

程序功能测试面向程序应用环境，把程序看作一个“黑盒子”，认为程序只要满足功能上的需求，就是可行的。经代码测试正确的程序只是基本上验证了程序逻辑上的正确性，但并不能验证程序是否满足程序说明中定义的功能，也不能验证测试数据本身是否完备。因此，进行功能性测试是非常必要的。

2. 分调（功能调试）

这种调试的目的是要保证模块内各程序间具有正确的控制关系，同时可以测试模块的运行效率。系统的应用软件通常由多个功能模块组成，每个模块由一个或几个程序构成。在单个程序调试完成以后，尚须进行分调，即将一个功能内所有程序按次序串联起来进行调试。

3. 总调（并行性联调）

总调的内容包括以下两部分：

（1）主控程序和调度程序调试。

这部分调试的目的不是处理结果的正确性，而是验证控制接口和参数传递的正确性，以及发现并解决资源调度中的问题。这部分程序的语句不多，但逻辑控制复杂。调试时，将所有控制程序与各功能模块的接口“短路”，即用直接送出预先安排计算结果的联系程序代替原功能模块。

（2）程序的总调。

这一阶段查处的往往是模块间相互关系方面的错误和缺陷。功能模块和控制程序调试完成后，即可进行整个系统程序的总调，也就是将主控制和调度程序与各功能模块联结起来进行总体调试。对系统各种可能的使用形态及其组合在软件中的流通情况进行并行性测试。

4. 特殊测试

除上述常规测试之外，还有一些必要的性能测试。这些测试往往不是针对程序在正常情况下运行的正确与否，而是根据系统开发的需求有选择地进行的，主要有响应时间测试、峰值负载测试、容量测试、恢复能力测试等。

进行系统程序调试时，没有必要按完全真实情况下的数据量进行。通常采用“系统模型”法，以便以最少的输入数据量完成较全面的软件测试。通过对数据的精心选择，大大减少输入数据量，不仅可以使处理工作量大为减少，而且也更容易发现错误和确定错误的范围。调试中要严格核对计算机处理和人工处理的两种结果。

系统测试完成后，在交付用户使用之前，还需要进行实况测试。实况测试以过去手工处理方式下得出正确结果的数据作为输入，将系统处理结果与手工处理结果进行比较。这一阶段，除严格校对结果外，主要考查系统运转的合理性与效率，包括可靠性（作业处理的成功率是否高）。系统调试完成后，应编写操作说明书，完成程序框图和打印源程序清单，以备使用。

8.2　网络与系统集成

8.2.1　计算机系统的实施

随着电子信息产业的发展，计算机技术日新月异，不同厂家、型号的计算机产品为信息系统的应用提供了广阔的舞台，但也给系统的实施带来一定的复杂性。我们必须从这些计算机产品中选择最适合应用需要的品牌，购置计算机系统的基本原则是能够满足 MIS 的设计要求。此外，还应当考虑以下问题：一是计算机系统是否具有合理的性能价格比；二是系统是不是具有良好的可扩充性；三是能否得到来自供应商的售后服务和技术支持等。

作为精密电子设备，计算机对周围环境相当敏感，尤其在安全性较高的应用场合，对机房的温度、湿度等都有特殊的要求。通常机房要安装双层玻璃门窗，并且要求无尘。硬件通过电缆线连接至电源，电源走线要安放在防止静电感应的活动地板下面。另外，为防止由于突然停电造成的事故发生，应安装备用电源设备，如功率足够的不间断电源。

当计算机设备到货后，应该马上按订货合同进行开箱验收。计算机系统的安装与调试任务主要应由供货方负责完成。系统运行用的常规诊断校验系统也应由供货方提供，并负责操作人员的培训。

8.2.2 网络系统的实施

MIS 通常是一个由通信线路把各种设备连接起来组成的网络系统。MIS 网络有局域网和广域网两种：局域网通常指一定范围内的网络，可以实现楼宇内部和邻近的几座大楼之间的内部联系；广域网设备之间的通信，通常利用公共电信网络，实现远程设备之间的通信。

网络系统的实施的主要内容有通信设备的安装、电缆线的铺设及网络性能的调试等工作。常用的通信线路有双绞线、同轴电缆、光纤电缆以及微波和卫星通信等。

8.2.3 系统切换

系统切换指由旧的手工处理系统向新的计算机信息系统过渡。信息系统的切换一般有三种方法。

1. 直接切换法

直接切换就是在某一确定的时刻老系统停止运行，新系统投入运行。新系统一般要经过较详细的测试和模拟运行。考虑到信息测试中实验样本的不彻底性，一般只有在新的系统已完全无法满足需要或新系统不太复杂的情况下采用这种方法。

2. 并行切换法

这两种方法在新系统投入运行时老系统并不停止运行，而是与新系统进行检验。一般可分两步进行：先以原系统作业为正式作业，新系统做校核用；经过一段时间运行，在验证新系统处理准确可靠后，原系统停止运行。并行处理的时间由业务内容而定，短则 2 ~ 3 个月，长则半年至一年，转换工作不应急于求成。

3. 试点过渡法

试点过渡法是先选用新系统的某一部分代替老系统，作为试点，逐步地代替整个老系统。

系统切换过程中应注意以下问题：

（1）新系统的投运需要大量的基础数据，这些数据的整理与录入工作量特别庞大，应及早准备、尽快完成。

（2）系统切换不仅是机器的转换、程序的转换，更难的是人工的转换，应提前做好人员的培训工作。

（3）系统运行时会出现一些局部性的问题，这是正常现象。系统工作人员对此应有足够的准备，并做好记录。系统只出现局部性问题，说明系统是成功的；反之，如果出现致命的问题，则说明系统设计质量不好，整个系统甚至要重新设计。

这些问题解决得好，将为新系统的顺利切换创造条件。

8.2.4　系统运行管理及维护

1. 系统运行管理

MIS 系统正式投入运行后，为让 MIS 长期高效地工作，必须加强对 MIS 运行的日常管理。

MIS 运行的日常管理绝不仅仅是机房环境和设施的管理，更主要的是对系统每天运行状况、数据输入和输出情况以及系统的安全性与完备性及时如实地记录和处置。这些工作主要由系统管理员完成。

（1）系统运行的日常维护，包括数据收集、数据整理、数据录入及处理结果的整理与分发。此外，还包括简单的硬件管理和设施管理。

（2）系统运行情况的记录。整个系统运行情况的记录能够反映出系统在大多数情况下的状态和工作效率，对于系统的评价与改进具有重要的参考价值。因此，对 MIS 的运行情况一定要及时、准确、完整地记录下来。除记录正常情况外，还要记录意外情况发生的时间、原因与处理结果。

记录 MIS 运行情况是一项细致而又烦琐的工作，从系统开始投入运行就要抓好。

2. 系统运行维护

系统刚健成时所编制的程序和数据很少能一字不改地沿用下去。系统人员应根据 MIS 运行的外部环境的变更和业务量的改变，及时对系统进行维护。维护的内容包括以下方面：

（1）程序的维护。程序维护指根据需求变化或硬件环境的变化对程序进行部分或全部的修改。修改时应充分利用原程序，修改后要填写程序修改登记表，并在程序变更通知书上写明新老程序的不同之处。

（2）数据文件的维护。数据文件的维护有许多是不定期的，必须在现场要求的时间内维护好。维护时一般使用开发商提供的文件维护程序，也可自行编制专用的文件维护程序。

（3）代码的维护。代码的维护应由代码管理小组进行。变更代码应经过详细讨论确定之后用书面写清楚。代码维护的困难往往不在代码本身的变更，而在于新代码的贯彻。为此，除专门的代码管理小组外，各业务部门要指定专人进行代码管理，通过他们贯彻使用新代码。这样做的目的是要明确管理职责，有助于防止和订正错误。

8.3　ERP 系统实施

经过近 20 来年的发展，ERP 已经形成一套比较成熟的实施方法论。但是，国内外的管理环境不同，各公司的 ERP 软件产品不同，因而也会有不同的实施方法，而面向大中型企业的 ERP 实施因其 ERP 的内涵、企业的业务都较为丰富、复杂，因而实施的周期较长。但不管怎样，一般来说，ERP 的实施按项目管理的原则进行，有其共同之处。本节主要介绍面向大中型企业的 ERP 实施方法，一般实施的流程如下：

（1）成立三级项目组织

（2）制订项目实施计划

（3）调研与咨询

（4）系统软件安装

（5）培训与业务改革开始

（6）准备数据

（7）原型测试

（8）用户化

（9）二次开发与模拟运行

（10）建立工作点

（11）并行

（12）正式运行

以上步骤在不同的情况下可以进行相应的裁剪，如不需要二次开发，就可以省略（7）～（9）三个步骤。而且实际中还可以依照不同的顺序和时间，总之，一切从实际出发。一般来说，每个步骤也作为项目进展的同步开始，一直伴随到项目的结束，而且还会不断深入。这里引用国家高科技发展计划（863 计划）CEMS 专家组总结的十六字实施方针：总体规划、效益驱动、重点突破、分步实施。这是 ERP 实施工作的总指导方针，只有贯彻这个方针，才能做好 ERP 的实施工作，达到预定的目标。

8.3.1 成立三级项目组织

项目的实施必须落实责任与权力，ERP 的项目实施按照对项目的实施作用把项目组织分为三个级别，即三级项目组织，分别是项目领导小组、项目实施小组与项目应用小组。通常这三级项目组织都是在 ERP 咨询机构的指导下成立的。

1. 项目领导小组

项目领导小组也就是整个项目的领导，项目领导小组必须有足够的权威性，通常以企业的“一把手”为核心，由与 ERP 系统有关的副总级领导（如财务总监、企管部主管、总经办主管、计划部主管）和实施小组组长（企业实施 ERP 的项目常务负责人、项目经理）组成，通常称之为“一把手”原则。当然，中小企业可能实施 ERP 的“一把手”也就是总经理，但在大型企业，则通常是由能够在 ERP 项目实施中代表总经理做决策的企业领导担任，如 ISO9000 的管理者代表。

领导小组的作用与工作职责如下：

（1）进一步明确 ERP 项目总体要达到的目标。在项目的前期工作阶段，筹备小组已经提出可行性报告以及项目要达到的目标，但在项目正式实施时，有必要进一步确认、明确，为项目提供方向性指导。

（2）推进管理改革。ERP 的实施是企业的一场改革，这不仅仅是 ERP 系统本身带来的变革（如计算机取代手工、新老系统的切换、员工的业务的变更等），而且还是对管理的流程进行优化与重组，提升企业的管理效益，这样就会导致企业的相关部门的职责、利益发生变化，因而会存在不可避免的阻力，这就需要领导的拍板、决策，关键时候要通过领导小组、领导小组组长来决定。

（3）检查工作进度。根据总项目总进度表，检查项目的进度，及时为项目提供支持动力并督促项目进度。

（4）检查项目成果。及时、分阶段地检查项目的推进成果，从总体上把握项目的目标，必要时及时调整项目的战略部署。

（5）实施小组人选的确定。领导小组成立后，通过领导小组对 ERP 的了解，结合企业的实际情况，要立即确定项目实施小组的人选，决定要达成项目的目标所需使用的部门及人员。

（6）审批考核制度。ERP 项目的实施同其他项目一样，要有奖励与惩罚的制度，一般方案可以由项目实施小组根据领导小组的奖惩精神来拟定，最后由领导小组组长批准执行，以保持一定的权威性。

以上的几点也是领导小组的工作重点。另外，领导小组应至少每月举行一次例会，而且在项目的初期通常是两周一次，例会的安排也要列入计划安排事项。

2. 项目实施小组

项目实施小组是 ERP 项目实施的常务机构，又称为“核心小组”。因为 ERP 的日常实施工作主要是由项目实施小组来推动、完成的，因此，项目实施小组非常重要，它关系到项目的实施是否能按计划正常地执行。项目实施小组的组长，也就是该项目的项目经理，这个人员的确定很关键，一般来说要具备以下条件：

（1）非常熟悉企业的管理情况，并对企业的产品、工艺流程较为熟悉，而且在企业中具有一定的权威。

熟悉企业的管理情况才能落实项目计划，责任到人，及时解决实施中遇到的困难，因此，这就要求实施组组长具有一定的权威，才能做到及时排除实施的阻力，确保只有无法解决的问题才提交到领导小组。

（2）具有百折不挠、勇于创新的工作精神，而且要具备一定的管理水平。

工作中遇到的困难有时是不可预料，而且前所未有的，这时就要有相当的管理水平和勇于创新的工作精神，才能及时做出正确的决定。另外，变革中各部门的利益关系、各种素质与各种态度的人员，都可能会产生各种各样的阻力，没有百折不挠的精神是完不成项目的任务的。

（3）较强的组织能力。ERP 项目涉及企业的各个部门的人员，因此要求实施组组长有较强的组织、领导能力，可凝聚、团结整个项目组的成员，在遇到困难时，可以召集项目组的成员讨论并共同解决。

（4）良好的项目管理能力。实施组组长还必须熟悉项目管理方法，控制项目的进度、成本，确保项目的目标能达到。

从上文可以看出实施组组长的重要性与工作量，一般实施组组长应该全脱产或分阶段脱产，以保证投入全部的精力。

实施组的人员构成，一般是由主要业务部门主管、业务骨干、计算机系统维护人员构成。顾问参与的组织形式有两种：一种是直接增派实施顾问、咨询顾问到领导小组、实施小组、应用小组；另一种是成立顾问组，在需要的各个地方、时间参与领导小组、实施小组、应用小组的实施活动。这两种方式可以根据顾问公司情况及企业的具体情况等做出相应的安排和组织。

项目实施小组一般有以下职责：

①制定实施计划，并监督执行。

②在软件公司、咨询公司的有关顾问指导下，安排企业项目的日常实施工作。

③负责指导、组织和推动应用组的工作，积极提出与参与业务改革。

④负责组织原型测试，模拟运行 ERP 软件系统，并提出有关意见。

⑤负责企业的内部培训工作，把 ERP 的培训贯彻落实到企业的各个层次，每个项目实施小组成员都要充当培训教员的角色。

⑥负责按要求收集数据，监督数据录入处理，并编制企业的 ERP 数据规范。

⑦制定岗位工作准则。

⑧负责系统的安全和保密工作。

⑨提交各个阶段的工作报告。

实施小组在整个 ERP 项目实施过程中，要有计划地组织安排例会，一般每一到两周开一次实施工作例会。会议的讨论事项有：项目的进度、项目的难度、需要共同讨论的事项、近期工作总结、下阶段工作安排与要点、资源调配等。

3. 应用组

项目应用组是指各个具体业务的执行组成人员。一般由各个部门的主要业务操作人员组成，完成部门的 ERP 项目实施工作任务或进行 ERP 项目专题讨论。应用组要在项目实施小组的领导下，根据部门工作的特点，制定出本部门的 ERP 项目实施方法与步骤，熟练掌握与本部门各业务工作点有关的软件功能，提出具体意见，包括业务改革的执行意见等。

总之，项目领导小组、项目实施小组和项目应用组是紧密联系的项目整体，下一级的项目组的负责人是上一级的项目的成员，整个项目的负责人是企业的“一把手”。这样才能为成功实施 ERP 项目打下坚实的组织基础。

8.3.2　制订项目实施计划

项目的实施计划一般由经验丰富的咨询公司制定，或在其指导下制定。由企业的项目实施组根据企业的具体情况讨论、修改，最后由项目的领导小组批准。项目实施计划一般分为两类：项目进度计划与业务改革计划。

一般来说，ERP 的项目实施会分为两个或三个阶段，也就是常说的一期、二期或更多的阶段，划分要依据企业的 ERP 软件模块需求、二次开发量、企业的业务工作量、项目资源、企业的市场销售情况进行。

8.3.3 调研与咨询

在该阶段对企业的 ERP 业务管理需求进行全面调研，并根据企业的管理情况提出管理改革方案。如果企业的业务复杂、规模较大，则花费的时间较多。调研报告与咨询方案要经实施组和领导小组的讨论并通过。ERP 的调研报告与咨询方案通常包括以下几个部分：

（1）企业管理现状描述。对企业的各种业务、各个部门的业务职责及业务关系进行准确描述，经过企业的确认，这样就保证咨询、实施方对企业的业务充分熟悉及对管理充分了解，达到知己知彼。

（2）ERP 的管理方式。描述与本 ERP 软件结合的管理方式。这部分也是软件公司的固有部分。

（3）业务实现与改革。根据对企业业务、管理的理解与 ERP 系统相互结合，说明企业的管理流程、业务是如何利用 ERP 来实现的。同时，根据 ERP 系统的需要对企业的实际管理现状提出业务改革方案，即业务流程重组方案。

（4）达到的效果。如管理书籍与报表、直接效益及管理效益等。

8.3.4 系统软件安装

系统安装设计包括软、硬件的设计与安装，尤其是硬件的方案可以与调研同步进行，一定要考虑企业的现有资源，可以提供几种方案供企业参考，并通过与硬件供应商合作，制订与建立企业的硬件系统建设方案。在未详细规划企业的 ERP 应用工作点前，必须优先考虑在计算机中心或一些主要的业务部门建立初步的系统安装与测试工作点，等到建立后续的应用工作点时，再安装相应的软件。硬件的规划应作比较全面的考虑，包括考虑各种数据业务的采集。一般来说，该过程以安装服务器系统软件为主，而后根据需要进行工作点扩充。初步的安装是为了培训与测试的需要。

8.3.5 开始培训与业务改革

应该说企业在推行 ERP 前，各个层析对 ERP 的理解参差不齐或理解不深。培训的目的就是为企业顺利地实施 ERP 系统，贯彻 ERP 的思想与理论，使企业的管理再上一个台阶。ERP 培训的类型有理论培训、实施方案培训、项目管理培训、系统操作应用培训、计算机维护培训等。要根据不同的层析、管理业务对象制订不同的培训计划。

ERP 是管理软件，它的数据流反映企业的业务流程，各个子模块之间存在严密的逻辑关系。因此，制订培训计划要注意软件的逻辑流程，否则在培训时就会经常遇到流程不能通过的现象，影响培训效率与受培训人员的兴趣。另外，对各个业务岗位的操作培训，除对本业务操作的培训外，还要对相关逻辑的上下流程关系进行培训。

各级组织，尤其是领导小组、实施小组，在进行 ERP 的相关培训后，增强对 ERP 理论、管理思想、业务流程的理解，这样对业务及相关的改革就有更深的理解。在调研咨询报告中，业务改革的内容是有关专家、顾问在了解了企业的实际管理运作后，利用他们对 ERP 的理论与实际的实施工作经验，以及丰富的管理知识而提出的综合管理解决方案。经过系统的培训，领导小组、实施小组成员就可以对业务改革提出更为详细的执行计划，并且往往会有一些补充意见与建议，因此，业务改革从这里开始较为成熟。

8.3.6 准备数据

在培训开展后，就可以开始收集业务数据，也就是进入准备数据阶段。这并不需要在培训完全结束后进行，其目的是用于实际操作经过培训的业务处理模块，并检验测试软件的处理结果。在前期工作中已经涉及到对测试软件系统的测试数据的收集，但那个时候由于对 ERP 的了解不是很深，数据的录入与系统初始化的工作大部分已经由软件公司完成，如物品编码、库存初始等数据。当然这些数据只是用来测试，没有规范性。在加深对 ERP 的理解后，可以在实施顾问的指导下，重新对业务数据进行收集。

这些数据分为三类：初始静态数据、业务输入数据、业务输出数据。初始静态数据如物品代码、物品工艺路线、初始库存数据、工作中心数据等；业务输入数据如物品入库数据、出库数据与销售订单数等；相应地，业务输出数据有物品库存数据、可用库存量与物品的计划需求量等。

8.3.7 原型测试

根据收集的数据，录入 ERP 软件，进行原型测试工作。在这个阶段，企业的测试人员应在实施顾问的指导下，系统地进行测试工作。因为 ERP 的业务数据、处理流程相关性很强，不按系统的处理逻辑处理，则录入的数据无法处理，或者根本无法录入。例如，要录入物品的入库单，则必须先录入物品代码、库存的初始数据等。现将原型测试的目的概括如下：

（1）通过实战模拟，进一步熟悉 ERP 的业务处理及操作的使用方法。

（2）检验数据处理的正确性。

（3）通过查询、分析业务数据，获得高效的处理成果，增强实施信心与兴趣，并为数据共享与数据报表的利用提供依据。

（4）感性认识 ERP 的业务管理方法。

（5）对比 ERP 的处理流程与企业现行实际流程的异同，为企业改革提供依据。

（6）理解各种数据定义、规范的重要性与作用，为制订企业数据规范提供依据。如物品编码的使用、编码的方法与作用，为制订编码规则提供决策依据。

（7）根据使用情况、业务需求，提出二次开发的需求。要求绘制出测试流程，并标注操作部门和岗位。

8.3.8　用户化与二次开发

因为企业自身的特点，ERP 的软件系统可能会有一定量的用户化与二次开发的工作。例如，用户的特殊操作界面、报表和特殊业务等。一般而言，对界面的二次开发应尽量减少，重点放在报表与特殊的业务需求功能上。用户化一般指不涉及流程程序代码改动的工作，这种工作可以由实施顾问对系统维护人员进行培训，以后长期的维护工作就由这些人员完成。这些工作大部分是报表工作，有些灵活些的软件，含有工作流程定义的功能，这些也必须由企业今后自己来维护。二次开发应该比较慎重，一般要考虑以下几个方面：

（1）临时性的业务、非重要性的业务一般不进行二次开发。

（2）输出的工作效益不大的工作一般不进行二次开发。

（3）若企业的业务流程与 ERP 软件不符，要综合考虑哪个更合理，涉及的业务改革量及变化大不大，并比较二次开发与管理改革的成本，与效益若没有太大意义，一般不进行二次开发。

（4）二次开发会增加企业的实施成本和实施周期，并影响实施人员的积极性。另外，二次开发的工作应该考虑与现有的业务流程实施并行操作和管理，减少实施周期，这也是制订实施计划要注意的一点。

（5）当二次开发或用户化完成后，要组织人员进行实际数据的模拟运行，通过处理过程及输出结果的检验，确认成果。该过程类似于原型测试的过程。

8.3.9　建立工作点

工作点也就是 ERP 的业务处理点、电脑用户端及网络用户端。ERP 的业务、管理思想就是通过这些工作点来实现的，但它不等价于实际的电脑终端。例如，不同的业务的处理、系统功能的采购订单处理工作点与请购单处理工作点可以属于两个工作点，但可以在一个电脑终端。事实上，所有业务处理都可以在相同的电脑终端进行，只是系统使用权限不同，进行的业务操作不同。另一方面，这些工作点也不同于企业的业务处理点，例如采购订单处理与请购单处理可能是一个业务处理点，但可以根据流程的需要划分为两个工作点。建立工作点时，一般要考虑以下几点：

（1）首先是 ERP 的各个模块的业务处理功能，如以采购系统基础数据、采购清单录入与维护及采购订单处理等来划分工作点。

（2）结合企业的硬件分布，如电脑终端分布、工作地点等。

（3）企业的管理状况，如人员配置、人员水平和管理方式等。

（4）建立工作点后，要对各个工作点的作业规范做出规定，即确定 ERP 的工作准则，形成企业的标准管理文档。

8.3.10 系统并行

在相关的工作准备就绪后，则进入系统的并行阶段。所谓的并行是指 ERP 系统运行与现行的手工业务处理或原有的单一软件系统同步运行，保留原有的账目资料、业务处理与有关报表等。并行是为保持企业业务工作的连续性和稳定性，同时是 ERP 正式运行的磨合期。该阶段的前期工作即数据准备阶段包括：静态数据收集、系统基础资料录入。

静态数据收集，包括物品编码规则与资料收集、工作中心资料收集等，一般实施顾问会提供静态数据收集表。在各个模块的基础资料录入后就可以进入业务的处理，即业务并行阶段。一般应尽量做到以下几点：

（1）物品代码资料必须准确，重复率为零；

（2）BOM 资料准确率在 98% 以上；

（3）库存数据准确率在 95% 以上；

（4）工艺路线准确率在 95% 以上；

（5）产品提前期数据的准确无误。

否则，很可能导致系统运行与实际业务处理不顺畅，而且容易导致正式运行的时间拖后，影响实施周期与实施效率。并行的时间一般为三个月，可以根据企业的具体情况制订相应的并行计划。并行阶段的工作量较大，时间不宜过长，企业在该阶段要全力支持，做好资源调配工作，重点突击，各个击破，争取第一次就把工作做好。

8.3.11　正式运行

正式运行也叫系统切换，是并行运行过程的后期，在并行业务进行结账后，认证了新的系统能正确处理业务数据，并输出满意的结果。新的业务流程运作也进行顺利，人员可以合乎系统操作要求，那么可决定停止原手工作业方式，停止原单一系统的运行，相关业务完全转入 ERP 系统的处理。如发现问题要及时解决，不符合正式运行的业务处理坚决不能转入正式运行。正式运行要分系统模块、分步骤、分业务与分部门的逐步扩展。

8.3.12　业绩考核

实施的业绩评估标准可参考《ABC 优秀运作考核提纲》，考核的内容分为总体效果、计划与控制过程、数据管理、计划与控制评价、企业工作评价等六个主要方面。但一般根据企业推行前的设定目标，逐项评估、考核，考核目标的达成率。例如，可以考核以下指标：

（1）库存准确率；

（2）产品准时交货率；

（3）生产周期；

（4）采购周期；

（5）产品开发周期；

（6）废品率；

（7）库存占用资金；

（8）原材料利用率；

（9）成本核算工作效率；

（10）产品销售毛利润增长。

ERP 对企业的影响是全方位的，效益也是多方面的，除可以计算的经济指标外，还有一些无法计量的管理效益，有的是通过其业务的影响而带来的经济效益。例如，企业的经营机制的改革、员工素质的提高、用人制度的改革及企业文化建设等方面带来的隐性或长期效益。必须说明的是，ERP 带来的效益并不是与各个部门的投入成比例的，有的部门会有较大的付出，如管理物品编码、BOM 的技术部门，但利用得最多的却是库存部门、采购部门和计划部门等。因此，要做好企业各层管理者、业务人员的思想工作，尽量从全局出发，做好本职工作。

8.3.13 系统实施成功的关键

实施 ERP 是个复杂的系统工程，因而影响 ERP 实施的效果因素是方方面面的，但要抓住主要矛盾及矛盾的主要方面。影响 ERP 实施成功的关键因素有人、培训、软硬件和数据等，抓住这些关键因素是成功实施 ERP 的必要条件。而在这众多因素中人的因素是最为重要的，是主要矛盾。各种因素之间相互影响，相互促进，必须有机地协调与控制好这些影响因素。

1. 人的因素

实施 ERP 是对现行业务的改革与创新。由于在 ERP 的实施过程中，一方面，由于企业现行的业务流程要进行变更与改革，要实行业务流程重组，而企业的各层管理人员因涉及本部门、本单位及个人利益，就可能对实施产生各种各样的阻力；另一方面，由于业务人员的工作习惯会受到冲击，因而这也会对实施产生一定的阻力。在这些情况下，如果没有一个强有力的领导，是没办法推动系统的实施的，这也就是前面讲的成立实施组织中的领导小组的重要性，即为 ERP 项目实施中反复强调的“一把手原则”。

另外，人员业务水平、文化素质、开拓创新精神及认真态度等，对项目实施的进程与效果影响也很大，这就要求企业采取培训提高、激励机制或组织措施等，排除实施的阻力，提高业务人员的业务技术水平、综合素质及参与实施的积极性。

2. 培训的因素

ERP 的实施对企业的各层人员来说是一个全新的课题，因此实施人员、实施组织要及时组织各种相关的培训，并对培训的效果进行考核，唯有通过培训效果的验收，才能保证企业的人员在实施中理解与贯彻 ERP 系统的实施原则、方法及行动要素。培训的过程是不可忽略的重要阶段。

3. 软硬件的因素

软件是 ERP 的思想灵魂，其重要性在前面已经叙述过，这里不再重复。硬件作为软件的物理支撑，影响软件的稳定运行及运行速度，受硬件的困扰，而影响业务人员的兴趣与工作，是实施人员非常讨厌的低级问题，企业要按软件的运行要求与企业的管理数据流量的要求配置硬件体系，不能省的一定不要省。

4. 数据的因素

前面讨论在系统正式运行前，系统与业务数据必须保证一定的正确性。另外，计算机系统就是处理数据的系统，不正确的数据将导致产生无效的系统，甚至是负效益的系统。数据的完善、正确依赖于管理的完善与提高，追求系统数据的完善性、正确性，也就是追求企业管理水平的提高。

8.4 系统评价

信息系统的评价是一项复杂而困难的工作。评价问题的复杂性来源于信息系统的复杂性。信息系统工程项目与一般的工程项目有类似之处，更有不同。不同之处在于信息系统涉及的面广（如技术、管理、社会、经济以及法律等），特别是一个社会化的大型信息系统，几乎与人类生活的各个方面都相关。评价它的好与坏就比评价一个普通工程项目考虑的因素要多得多。它所带来的效益，有些是可以用货币价值来衡量的，更多的是无法用其衡量的。因此，对效益的量化标准至今也没有统一的尺度。

信息系统是建立在现代计算机和通信技术的基础之上的。当代计算机技术的迅猛发展，特别是硬件的更新换代越来越快，新的软件层出不穷，信息系统的投资绝非一次性投资，而是随着业务范围的扩大、功能的增加和计算机技术的发展，需要逐年加大投资，已建成的信息系统才不至于被淘汰，才能满足需要。系统成本的分析和计算，也是评价问题的难点所在。

时至今日，不少人将信息系统的评价用软件的评价所代替。事实上，软件只是信息系统的组成部分之一，而非全部。目前看来，对软件测试、软件质量评价的研究多，而对信息系统评价的研究少，而相对软件来说，信息系统的耗资大，影响面广，理应受到更多的重视。

对于管理信息系统的评价，一般认为是进行事后评价，即在研制后期的维护评价阶段进行。事实上，系统的评价从系统开发准备阶段就开始了。新的系统是在旧的系统的基础上产生的，只有先对旧系统的功能进行评价，找出其不足之处，才能产生新系统的构想。新系统的构想形成以后，一般会产生几种实现的方案，究竟哪种方案可行？这就需要对项目进行经济、技术和社会等方面的可行性分析，然后选择可行且收益最大的方案。可以说，新系统运行后的全面审查评价，只不过是信息系统评价的最后一个阶段。

1. 系统评价的定义

系统评价即以某种方式确定系统的价值，用于测量达到或完成系统目标的能力。评价必须有目的，但评价本身不是目的，评价的最终目标是为了作出决策。

由于评价目的不同，对评价作的定义及评价的内容也不同，有关文献对此有如下描述：

（1）系统评价是估计系统的技术能力、工作性能和利用率。

（2）系统评价是对目标成本和预期产生的效益进行说明，并将其与实际成本和实现的效益进行比较，要确定系统运行状态是否令人满意。为备份和维护，还要审查文件资料。

（3）系统评价包括衡量系统目标的满足程度、用户满意程度、经济效益及系统可靠性等方面的内容。

（4）系统评价主要是考查达到目标的程度，进行运行的适用性评价、系统安全保密性评价及系统经济效益评价。

上述几种不同的定义，反映了评价者不同的评价目的。作为投资者来说，最关心投资效益，效益评估就成为系统评价的主要内容；作为用户来说，主要关心新系统是否在功能上能满足要求，达到预定目标；而作为开发者，则希望通过系统评价，明白他们的工作成果，即新系统的价值，以及改进开发技术和方法。总之，系统评价可以促使设计目标的实现，减少不必要的反复改修费用，提高投资效益。

系统评价的定义为：系统评价是对一个信息系统的性能进行全面评估、检查、测试、分析和评审，包括用实际指标与计划指标进行比较，以确定系统目标的实现程度，同时对系统建成后产生的效益进行全面评估。

2. 系统开发不同阶段的评价活动

如前所述，从系统开发的一开始到结束的每一阶段都需要进行评价。本节将阐明在系统开发进展过程中一步步持续进行评价的必要性，同时指出，为适应开发各阶段的不同要求，评价内容应有所侧重，评价标准也应有所不同。

一个信息系统从项目开始到完成构成一个发展周期，又称生命周期。一个典型的信息系统工程项目要经过这样一些发展阶段，即从对组织存在的问题和需要分析入手，提出系统开发的总体方案和具体项目的建议，继之通过有关方面特别是财务部门的批准，正式开展系统分析、设计和实施，直至最后运营。项目在每一阶段都面临着决策，这一决策要以给定的条件的评价分析为基础。当某一决策将项目推进一步，评价研究也就跟着需要更进一步地发展。可以说，伴随着系统开发的各个主要阶段，都有相应的评价活动。总的来说，全部评价活动可分为三个主要的评价过程：事先评估、中期评价和事后评价。

（1）事先评估。

在项目未正式开始之前进行的评价被称为事先评估。由于事先评价不可能确定性地进行判断，所以是一种预测性的评价，通常是与项目的可行性研究结合在一起进行的。

可行性研究基于的是对即将开发的系统的投入的估计、对未来将要产生的效益的预测，以及对系统所处的环境、制约因素等方面深刻的理解和掌握。可行性研究的目的，是要对信息系统建立的必要性、可能性和有益性进行分析，特别要从技术、经济和社会等方面分别进行分析研究，从而确定项目的成本效益之差，为项目的决策提供可靠的根据，得出系统是否可以开展进行的结论。

这里作为可行性研究基础的评价活动，包含以下一些内容：首先，要对现有的系统进行分析。一般来说，往往是原有的信息系统不能满足客户的要求，才产生建立新系统的设想。那么原系统究竟在哪些方面存在不足，就需要对原信息系统的功能、性能、硬件和软件、用户的反应等做深入的了解和仔细的分析评价，以说明用新系统取代旧系统，或对原系统进行扩建改造的必要性。其次，要对新系统的效益进行预测。例如，新系统经济上的有益性就往往要通过对系统预计支出与预计的收益进行预测和比较才能得出，通常采用用成本效益分析的方法。

此外，可行性研究中形成的新系统方案可能不止一个，这就需要对可选项目方案分别估计其净效益，比较各自的优缺点，按其优劣进行优先性的排列，以供选择决策。

（2）中期评价。

中期评价，又称阶段评价，是指从项目开始到最终完成之前所进行的评价。这个期间进行的评价的目的是保证系统开发的质量和进度，使其朝着既定的目标发展。即将已实现的部分与计划的目标相比较，找出差异，纠正偏差，及时反馈和修正，将错误消除在早期，以使其影响降到最小。这个期间的系统评价可以及时决定系统开发是否需要修正，或到什么程度即可认为达到期望目标等。

中期评价具体可分为逻辑设计评价、物理设计评价及系统实施评价等。阶段评价的标准和方法，应视阶段的不同而异。系统的逻辑设计评价，目的在于考查逻辑设计的结果，即逻辑模型是否满足系统目标和功能的要求，因此，评价的标准就应采用逻辑设计的准则。比如，总体结构的先进性和合理性，系统功能是否满足用户的需求，数据流程图等有关图表是否正确和符合标准。系统的物理设计评价，包括硬件和软件配置方案设计、数据库和文件系统的设计、网络通信设计和程序模块设计的评价等，应结合这些设计的标准进行。在形成新系统硬软件配置方案的过程中，常常涉及到要对市场上流行的计算机硬软件系统进行选择的问题，而选择的前提是评价。这包括对其功能的理解、性能的测试，对性能/价格比的考虑，对卖方售后服务、技术支持能力的调查和了解等。通常要对产自不同厂家但功能类似的产品进行全面的比较以后，才能做出最后的抉择。系统实施阶段的评价，包括对开发的软件的评价，应根据有关的测试标准和软件质量评价标准进行。关于这方面的内容可参考软件工程方面的著述。

（3）事后评价。

在信息系统全面建成以后，要根据新系统设计规格说明书的要求，对系统进行全面的、综合的测试、分析、检查和评估。事后评价往往和系统的验收、鉴定活动联系在一起，也是系统今后进行维护活动的基础。对已建成的信息系统的评价，通常要从系统开发本身、系统性能及系统应用等方面进行考虑。本章所讨论的主要是信息系统的实现评价和事后评价。

3. 信息系统投标书的评价

大型信息系统，因其投资额高、周期长及影响面大，故常常采用招标的方式。招标者事先向有关方面公布招标书，说明信息系统工程项目的规格，包括目标、功能、技术指标、时间进度、交付形式及有关约束条件等，要求投标人在规定的时间内提交标书。投标单位根据招标书，对系统进行初步的调查和分析，提出系统投标书。各投标人递交的标书，经过审查，进行资格认定，并初步筛选后，便开始正式评标。对信息系统投标书的评价，也可以看作一类系统评价问题，关键在于如何建立评价的指标体系。其中，对标价的评标应该包括这样一些考虑因素：费用、交付期、售后服务、价格调整因素、维护因素、质量与技术性能等。

4. 信息系统评价的指标体系

无论是评价一个已建成的信息系统，还是评价一个待建的系统方案，首先考虑的都是要建立一个评价标准，有一个统一的评价尺度，确定要从哪些方面评价信息系统的好与坏，即确定评价的指标。评价的指标之间存在着联系或关系，将这些联系或关系连同指标一起表示出来，作为评价的一套标准，称为评价的指标体系。评价的指标体系可根据评价对象和评价目的的不同而具体设定。一般来说，对已建成的信息系统评价的指标体系分为三个主要方面，即系统建设的评价、系统性能的评价以及系统应用的评价。

5. 系统建设的评价

信息系统建设的评价指对信息系统开发、运行、维护和管理所做的评价，包括以下七个评价指标：

（1）规划及目标实现度。评价的内容之一是判断系统现状真实值是否达到或超过系统现状的期望值。所谓系统现状的期望值，就是系统分析阶段提出的规划及设想目标的函数。规划及目标实现度表明信息系统对其预先确定的系统目标（通常由系统总目标和分系统目标构成的目标树表示）的实现程度。

（2）先进性。信息系统总体水平上的先进性。它应体现在开发方法，系统结构采用的硬、软件技术，网络与通信等有关方面，并不是花钱越多越先进，应综合起来考虑总体的先进性。具有先进水平的信息系统的生命周期较长。

（3）经济性。信息系统投资应与所实现的功能相匹配。若盲目地追求技术上的“先进性”，与目标及功能关系不大的计算机的“高消费”，即使本单位有力量投资，用经济效益指标来衡量，经济性也是不好的。

（4）资源利用率。信息系统集中先进的计算机、外部设备、通信网络等硬件，系统软件、应用软件、网络软件等各种软件，以及数据库、知识库、模型库和方法库中的各类信息，这些资源的利用程度从根本上反映系统开发的成功与否。若一个系统的机器利用率不高，软件包大部分闲置不用，数据库中的数据自建立以来还未更新过，这样的系统无论当初投资规模有多大，技术设备有多先进，从系统评价的观点来看，也是一个失败的系统。

（5）开发效率。信息系统的开发效率与项目开发者的经验和水平，选用的开发方法，资金到位的情况，项目的组织管理等多方面的因素有关。开发效率与开发的生命周期是互相区别又有联系的两个概念。一个信息系统从开发准备、可行性研究开始到系统分析、设计、实施以至正常运行，称为信息系统开发的生命周期。生命周期的长短主要是由信息系统本身的规模和复杂性，选用的开发方法等所决定的，可以说是信息系统自身固有的特性；而开发效率则更多的与管理和经验有关。开发的效率低，系统开发所用的时间越长，则技术过时的危险性就越大，特别是在信息系统的核心技术——计算机硬、软件技术飞速发展的今天，开发效率决定信息系统的生命力，也影响着信息系统自身的生命周期，即从运行开始到被淘汰的时间的长短。

（6）运行管理的科学性。信息系统的正常运行和在组织中发挥应有的作用，需要有相应的管理保证，即组织保证、人员保证与制度保证。这涉及到组织机构的健全与权威性，信息系统人员配备的完备性和合理性，各类规章制度的齐备有效性。后者包括运行管理的规章制度，系统维护的规章制度，数据采集、更新与录入的管理办法，系统备份、转储的管理程序及紧急状态下安全、保护性措施等。

（7）系统建设的规范性。信息系统的建设应遵循相应的国际标准、国家标准和行业标准。规范化、标准化程度高的系统才有生命力。系统建设和运行的规范性或标准化程度可以由系统文档来体现。系统文档是系统不可缺少的组成部分，是系统在各个不同开发阶段的产品的描述，是从各个侧面对系统的说明，是提高系统研制和运行的可见性和可控性的重要手段。

6. 系统性能的评价

信息系统的性能是信息系统的各个组成部分（即计算机硬软件资源、人员、规程和各种规章制度）有机地结合在一起，并作为一个总体对使用者所表现出来的技术特性。信息系统在组织中发挥的作用，对组织、对社会的影响，是通过信息系统的性能来体现的。系统性能的好坏直接影响系统的运行和维护，决定着运行和应用的持久效果，决定着系统的生命力。系统性能评价是系统评价的主要内容。信息系统的性能通常使用如下的指标进行评价：

（1）系统可靠性。

信息系统可靠性是由其中的硬件系统的可靠性、软件系统的可靠性及数据可靠性等因素共同决定的。系统可靠性通常是用户所关心的首要问题，特别是像金融业务系统、订票系统及财务系统等，对可靠性的要求更高。

系统软件的可靠性是指程序在所需精度下完成其功能的期望程度。具体来说，就是在运行环境中，在规定的运行时间内或规定的运行次数下，程序和所有数据元素运行不同测试用例的无差错概率。系统硬件的可靠性可定义为：在一个指定的时间周期内，在给定的控制条件下，硬件系统执行所需功能的成功概率。系统的可靠性还体现在它的容错能力上。数据的可靠性是指数据的真实、准确和及时。系统的可靠性还和系统的组织管理和涉及的人工过程有关。

考虑到软件、硬件的可靠性都是求概率值，可通过系统测试得到估计值，可以“系统测试分析报告”中的测试数据为依据，并对变动的对象重新测试，用评价时间点上的测试结果作为系统可靠性指标评价结果。

（2）系统效率。

系统效率是指系统完成其各项功能所需的计算资源。不同的系统，效率指标的具体表达形式不一样。常用的系统效率指标有如下几种：

①周转时间。对于批处理作业来说，周期时间是指用户从提交作业到执行后该作业返回给用户所需的时间。

②响应时间。响应时间是指从用户键入“Enter”到系统开始显示回答信息为止的时间，一般认为它是分时系统的周转时间。

根据人机工程学理论和心理学理论，响应时间应在 3 秒以内。如果响应时间超过 5 秒，用户会觉得不耐烦；超过 12 秒，用户会怀疑系统是否出现故障。响应时间也不应小于 0.5 秒。

③吞吐量。吞吐量是指单位时间内所能完成的工作量，通常用单位时间内所能完成的作业个数加以衡量。

系统效率是系统对用户服务所表现出来的与时间有关的特性，主要是由组成系统的计算机硬件和软件所决定的。

（3）系统可维护性。

环境的变化，人为的失误使系统运行离不开经常性的维护活动。系统可维护标志着为确定系统中的错误、修正错误所需做出努力的大小。系统可维护性是由系统自身的模块化程度、简明性及一致性等诸因素决定的。

（4）系统可扩充性。

系统可扩充性是指系统处理能力和系统功能的可扩充性，硬件设备可扩充性，软件功能可扩充性等。面对环境的变化、业务量的增多和业务范围的扩大，信息系统常常面临更新、扩充及联网等新的问题。这主要取决于硬件设备的特征，软件系统的特点，系统开发的规范性和标准化程度等因素。

（5）系统可移植性。

系统可移植性指将系统从一种硬件配置及软件环境下移植到另一种硬件配置及软件环境下所需的努力。系统可移植性取决于系统中硬件设备的特点、软件的特征和开发环境，以及在系统分析和设计中关于通用性的考虑。

（6）系统适应性。

系统适应性指系统在运行环境、约束条件或用户需求有所变动时的适应能力。运行环境包括硬件环境、操作系统、系统的物理环境、处理方法等。约束条件包括处理对象的限制，输入、输出的方式与格式的限制，应用软件使用条件的限制等。系统的适应性表明为使系统适应环境变化而需要进行修改的工作量的大小。

（7）系统安全保密性。

危及系统安全的原因有硬、软件工作的不可靠，用户无意的误操作，各种自然灾害及敌对者故意采取种种手段窃取秘密或破坏系统的正常运行。系统应针对上述各种原因采取有效的对策及相应的安全保密措施。

7. 系统应用的评价

管理信息系统是一个以计算机处理为基础的人机系统，对系统的评价除要注重系统自身的性能、开发质量与效率的评价外，更重要的是要从用户或外部环境的角度，对信息系统进行应用评价。作为信息系统，只有在应用中才体现其价值。系统运行的好坏，不仅和系统的性能有关，更要看信息系统给组织的决策和人的行为带来的影响。这里，将那些对组织中人的决策和行动起较大影响的因素称为系统的应用因素。如系统效益、用户满意度等均为应用因素，用于系统应用评价的指标有以下四个：

（1）经济效益。

组织研制 MIS 的主要目的，依据组织的类型不同而有所区别。企业系统（如制造业、运输业及能源部门等），为适应市场经济对产品品种、质量和数量的要求，降低成本，提高其竞争能力，改进服务质量，从而获得更多的利润，通常把提高经济效益作为信息系统的主要目标，因而经济效益的评价就成为系统评价的主要内容。

（2）社会效益。

国家机关、政府部门以及一些公共事业组织的信息系统的主要作用，是为了加强信息管理，扩大服务范围，提高服务质量，提供决策支持的信息与工具，从而提高管理水平和决策的科学性。对这一类组织来说，经济效益的指标就很难体现，而社会效益是显而易见的。

此外，即使对于企业组织中的信息系统，除产生经济效益外，所带来的对各种决策的信息支持及管理水平的提高，也不是仅仅能用经济效益就可以衡量的。社会效益概括地说是指系统研制对国家、地区和人类的公用利益所做的贡献，它指那些不能用货币计算的非经济效益。社会效益也可划分为直接提供的社会效益，如社会总体及各方面关系协调而对社会稳定的因素的增强，对社会生产率提高的影响，对人类生态环境的长远效应，等等。

社会效益的评价可分为以下几个方面：

社会总效益。社会总效益体现在促进社会各部门经济协调发展，对提高国家、地区及部门科学技术水平的影响，加速现代化的进程，实现宏观控制和决策的科学化，节约社会劳动，提高国民生产水平，为公众提供经济信息，增进社会福利，合理利用国家资源，保护人类生态环境等。

组织应变能力增强。增强组织对环境变化的反应和适应能力，提高组织竞争能力，增强产品的信誉，提高系统防患于未然的能力。

减少决策的失误和事故。由于提供给决策的数据做到准确和及时，从而减少决策的失误，避免事故的发生。

改善组织与有关方面的关系。产品质量的提高，交货期的准时，服务质量的改善等，这些都带来组织与顾客、组织与供应厂家、组织与上级领导、组织与下级部门及组织内部各方面关系的协调。这种协调一致的关系是推动社会前进、生产发展的主要动力。

改变劳动者的劳动条件和劳动性质。对生产自动化的促进，提供系统开发和实施经验，以及系统通用性带来的减少重复性开发的效益。

对社会效益的评价采取定量与定性相结合的方法。国民经济评价用于对国家项目的盈利性分析，可采用净产值 NVA 作为评价指标。

国民收入（净产值）：$NVA = W + S$

因为：$S = P + R$，$P = B - C - R$

故有：$NVA = W + P + R = W + B - C - R + R = W + B - C$

其中，W 为信息系统占用的工资总额；S 为信息系统对社会盈利额的贡献；P 为信息系统对利润的贡献；R 为信息系统对销售税金的贡献；B 为信息系统对销售收入的贡献；C 为信息系统运行成本。

上式中的各项不是组织总的工资额、利润及成本等，而是均为信息系统所产生或引起的在各项中所占的份额。

（3）管理科学性。

信息系统的应用，常使组织的管理体制、管理方法及管理流程随之发生改变，向着管理科学化的方向发展。此外，劳动人员的素质也得到相应提高。信息系统对管理水平的影响也是应用评价的内容之一。

（4）用户满意度。

用户满意度是指用户对系统的功能、各种性能、用户界面等系统的各个方面的满意程度。

信息系统的价值只有通过应用才能得到体现，而只有通过用户的认可才能投入使用，因此用户满意度是系统评价的主要考虑因素。

一个令用户满意的系统除功能齐全，达到一定的性能指标以外，还应该具有对用户友好的人机界面，操作指令简单、明了，容错性强，系统易学易会，屏幕设计合理，视觉效果好，输出形式多种多样，具有丰富的帮助功能，等等。

8. 系统功能的应用程度

信息系统的目标及功能，是在系统开始建设之际就设计好的，但在新的系统建成、投入使用后，系统功能究竟实现多少？应用到什么程度？是否达到预想的目标及技术指标？这些都与组织的内外部因素密切相关，因此要实际进行考查和评价。

归纳起来，用于已建成的信息系统评价的指标体系如图 8－1 所示。各项指标之间并不都是相互独立的，有些相关性还较大。如系统开发的经济性就和系统资源的利用率和开发效率紧密相关。又如，用户满意度既是应用指标，也属于性能指标。

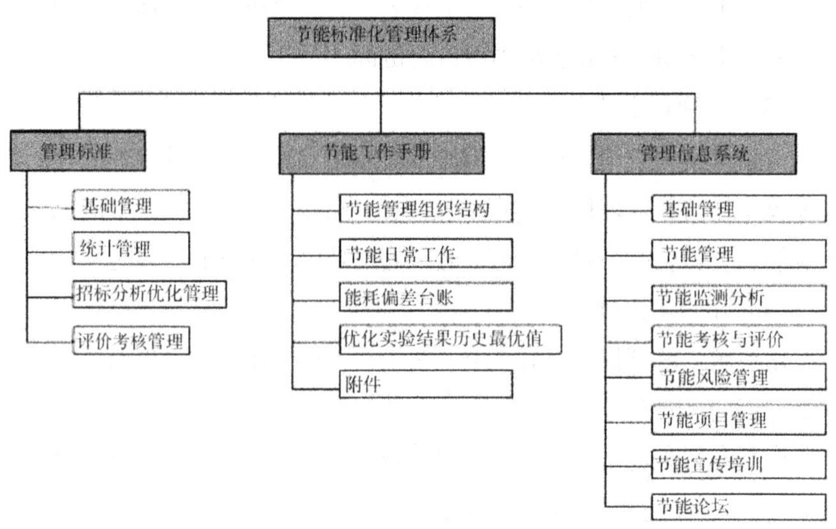

图 8－1　信息系统评价指标体系

参照图 8－1 中指标体系，加以修改后，也可以建立事先评价的指标体系。

本章小结

本章主要介绍了系统分析与系统设计工作完成之后转入的系统实施的实践阶段，该阶段主要进行了物理系统的实施、程序设计、程序和系统调试、人员培训、系统转换等一系列工作。物理系统实施的任务主要是根据系统目标做好设备的选购、安装。

在程序设计中，通常会采用结构化的设计方法，提高程序的可靠性、可维护性、可理解性和开发效率。同时，还应当注意采用合适的开发工具和环境。系统转换是系统实施的最后阶段，在系统应用中应根据具体情况灵活运用，选择恰当的转换方法。

章节练习

1. 什么是系统实施？系统实施阶段的工作任务有哪些？

2. 为什么说系统实施不当也容易导致系统失败?

3. 程序设计的主要方法有哪些? 它们的主要特点是什么?

4. 程序调试的方法有哪些?

5. 什么是系统转换? 系统转换有几种方式? 每种方式各有什么利弊?

6. 系统维护包括哪些内容? 系统维护分为几种类型?

7. 如何准备基础数据?

8. 为什么必须对用户及各方面人员进行培训?

某食品公司信息系统实施案例

1. 案例背景

(1) 公司的发展历程。

该公司已经营近 20 年，有 40 家分店。1992 年 12 月，该公司出资 66 万美元，与虹口区烟糖公司签订了合作协定。随后在北京、无锡、杭州、成都等地建立了分公司及 100 余家直销连锁店。

(2) 该公司信息系统发展历程。

在快速发展的过程中，该公司的战略实施遇到的困难用传统的管理手段很难解决，于是该公司的管理者想到应用飞速发展的信息技术帮助企业解决这些困难。

2. 公司信息系统实施过程

(1) 软件选型、供应商选择。

一般说来，一个企业在考虑实施信息系统时，有两种软件模式可以选择。一种是直接购买成熟的软件 Package。但由于每个企业都有着自己的特色，即使是再好的软件包，也只能满足 70% ~80% 的需求。选择这种方式实施信息系统的企业，既不可能做到最成功，也不可能做得很失败。另一种是根据软件原型按客户要求进行定制，选择这种方式的话，需要企业和软件供应商花大力气来调研，了解企业需求，为客户量身定做合适的软件系统。这是一种投入大且冒风险的方式，但如果成功了的话，它又能带给企业巨大的好处。

对于该公司来说，过去有过信息系统实施不成功的痛苦经验，又面临着潜在的强大竞争对手威胁、做出关键的战略抉择的关头。经过一番抉择，最终该公司还是选择了赌一把，花大力气来认认真真实施信息系统，把它做成一个精品，让信息系统成为自己真正的核心竞争力。基于这样的考虑，该公司选择了金盛软件公司。

（2）项目启动。

在完成了供应商选择后，2001 年 10 月 6 日，该公司上海分公司举行了实施信息系统的开工会，标志着该公司正式开始进入信息系统实施过程。

①金盛需求调研。公司食品 ERP 系统项目的承包商金盛软件公司，通过平常密切而又灵活随意的方式，不断与该公司进行很好的沟通，对各项业务情况有所了解。

②POS 系统开发。鉴于该公司的行业特殊性，即该公司是将制造业与零售业结合起来，采用前店后厂（甚至现场制作并销售）的方式来经营的，这就必须要求软件供应商提供一套完整的解决方案，既包含前端的 POS，又包含后面的 ERP，而且两者应该无缝连接。

③POS 系统实施。该公司此次虽然上的是新 POS 系统，但并没有换掉旧的 POS 终端机，仍使用过去的 POS 机。在上新 POS 系统软件之前，金盛先把各个门店里的 POS 机都收回来，软件升级后，再发放回去。从 2001 年 10 月 17 日开始实施 POS 系统，到 2001 年 10 月 20 日所有门店的 POS 系统正常运作，该公司只用了 3 天时间将 POS 系统在所有的门店内全面铺开，调试并运行成功。

④人员培训。该公司实际的职工结构情况是很多一线老员工年龄偏

大，新系统对他们来说无疑是个挑战。一方面，该公司要求金盛把POS终端做得简单易操作，称之为“老大妈POS系统”；另一方面，以严格的制度，加之很好的激励来促使老员工学习新技术。

（3）系统的优化细化。

2001年12月底至2002年1月初是系统的细化、优化阶段，加大了每月进行财务清理的频率，以核查系统运行的正确性及有效性。

3. ERP系统实施

（1）库存系统。

库存系统是该公司进入ERP系统实施的第一关，是数据的源头之一。该公司通过实施库存系统吹响了ERP实施的号角。通过对老员工的培训，提高员工计算机的操作能力，为库存系统的正式实施打下基础。在实施了库存系统后，该公司又相继实施了财务管理等其他模块。

（2）基础数据的正确性。

基础数据的正确性是ERP系统能正常运转的前提条件之一。系统实施过程中严格控制数据录入，采用多次盘点的方式保证真实正确的数据录入。

（3）系统逐步完善。

由于金盛的实施工程师们知道ERP是一个完整的流程系统，而不是简单的操作行为的堆积，所以保证流程的畅通是非常重要的。该公司采取的信息系统实施方案是先用短短的三个月时间搭好整个系统框架，暂时忽略其中的细节。这样可以在短时间内使系统贯穿公司整个流程。三个月之后，再做详细的“装修”工作。

（4）减少实施环节。

许多ERP的实施者为了保险起见，都使用了“并行”的实施方法，即在一段过渡时期内，让操作者一边使用信息系统，一边用手工或旧的方式工作，这样可以保证操作人员不会因为不熟悉系统而耽误了正常工作。而该公司和金盛的实施者们却没有沿用这种方法，他们认为这种方法对该公司这样一个企业并不合适。首先，该公司的操作人员一般文化素质比较低，他们自然会在实施的初期抵制新事物，而“并行”的实施方法会为他们提供各种各样的理由不使用系统，导致系统很难进一步实施。其次，由于该公司门店数量的巨大，如果使用手工和系统“并行”的方式，对账和盘点时又将是一笔笔糊涂账，对实施是非常不利的。所以该公司和金盛的实施者们决定尽量减少系统实施中的不必要环节，选用直接切换系统。使用这种实施策略的风险显而易见，但该公司采取了一些降低风险的策略，加大力度培训操作人员和奖惩操作人员，使得操作人员在最短的时间内掌握系统操作，从而降低新系统的风险。

（5）流程与人员调整。

该公司在信息系统实施过程中尽量避免使用 BPR 这个敏感词语，但事实上，信息系统的实施都会或多或少地牵涉到流程的改进和人员的调整。信息系统实施过程中，对现有流程进行了改进，关掉了两个仓库，撤销了一个部门，同时也增加了一个原来没有的部门和一些重要的工作岗位。例如，营运经理是一个新增的重要岗位，负责对记账后的数据进行分析。数据的准确性加上适当的分析，使公司的许多决策有了科学的依据。

4. 信息系统带来的收益

首先，在实施信息系统前，该公司的管理流程在许多地方存在漏洞，直接导致了对账时出现的财务漏洞和盘点时出现的大量的误差。比如，对以礼品为产品定位的该公司而言，每年过节发放购物券是不可免的，而购物券的出售价格与券的面值一般是不同的，一般前者要小于后者。而出售购物券的折扣额又是随着节日的临近而递减的，所以有些门店或个人虚报出售时间，为自己获取差额利润。而金盛的系统充分考虑到了这些因素，为购物券编号，实时向总公司传送购物券的销售情况，用信息系统防止了这种漏洞。原来该公司没有规范的物料代码、客户代码、供应商代码，甚至没有完整的员工代码，使这边记过的账别的地方又重记一笔，账物不符也是常事。随着信息系统逐渐融入该公司的日常管理运作中，对账和盘点的难度和差错都在急剧下降。到了第三次盘点时，盘点的正确率达到了 98%。

其次，前面提到过该公司的新产品研发力量比较弱，所以该公司使用地域扩张的战略来弥补这一点，而这同时也带来了新的问题。随着直营店和加盟店数量的快速增长，而且这些直营店和加盟店都遍布在全国各地，要使这些直营店和加盟店的管理模式与总部一致是非常困难的。但信息系统使管理模式可以在全国的任何地方快速复制，为该公司的地域扩张战略提供了基础和支持。

最后，烘焙业讲求的是对市场需求的快速反应。但随着门店数量的增加，对市场需求的把握将越来越难。如今直营店和加盟店的信息系统直接将销售数据定时传送到公司总部，有专人对数据选行分析，该公司可以知道什么时段卖什么产品最好，可以知道该公司所发放的购物券究竟产生了多少价值，甚至还可以对特许加盟店的商业价值做出评估。

第9章　面向对象的系统分析与设计

“图书管理系统”面向对象分析与设计大致过程如下：

1. 需求调查分析

需求调查分析的结果一般用文字描述，必要时也可用业务流程图辅助描述。“图书管理系统”需求陈述在图书管理系统中，管理负责为每个读者建立借阅账户，并为读者发放不同类别的借阅卡（借阅卡可提供卡号、读者姓名），账户内存储读者的个人信息和借阅记录信息，持有借阅卡的读者可以通过管理员（作为读者的代理人与系统交互）借阅、归还图书，不同类别的读者可借阅图书的范围、数量和期限不同，可通过互联网或图书馆内的查询终端查询图书信息和个人借阅情况，以及续借图书（系统审核符合续借条件）。

借阅图书时，先输入读者的借阅卡号，系统验证借阅卡的有效性和读者是否可继续借阅图书，无效则提示其原因，有效则显示读者的基本信息（包括照片），供管理员人工核对。然后输入要借阅的书号，系统查阅图书信息数据库，显示图书的基本信息，供管理员人工核对。最后提交借阅请求，若被系统接受则存储借阅纪录，并修改可借阅图书的数量。归还图书时，输入读者借阅卡号和图书号（或丢失标记号），系统验证是否有此借阅纪录以及是否超期借阅，无则提示，有则显示读者和图书的基本信息供管理员人工审核。如果有超期借阅或丢失情况，先转入过期罚款或图书丢失处理，然后提交还书请求。系统接受后删除借阅纪录，并登记及修改可借阅图书的数量。

图书管理员定期或不定期对图书信息进行入库、修改、删除等图书信息管理以及注销（不外借），包括图书类别和出版社管理。

2. 用况建模

（1）确定执行者。

通过对系统需求陈述的分析，可以确定系统有两个执行者：管理员和读者。简要描述如下：

①管理员：管理员按系统授权维护和使用系统不同功能，可以创建、修改、删除读者信息和图书信息，即读者管理和图书管理，借阅、归还图书以及罚款等，即借阅管理。

②读者：通过互联网或图书馆查询终端，查询图书信息和个人借阅信息，还可以在符合续借的条件下自己办理续借图书。

（2）确定用况。

在确定执行者之后，结合图书管理的领域知识，进一步分析系统的需求，可以确定系统的用况有：借阅管理，包含借书、还书（可扩展过期和丢失罚款）、续借、借阅情况查询；读者管理，包含读者信息和读者类别管理；图书管理，包含图书信息管理、图书类别管理、出版社管理、图书注销和图书信息查询。

下面是借阅情况查询、读者信息管理、读者类别管理、图书类别管理、出版社管理和图书信息查询等用况的简要描述：

①借阅情况查询：读者通过互联网或图书查询终端登录系统后，查阅个人的所有借阅纪录。

②读者信息管理：管理员登录后，对读者详细信息进行增、删、改等维护管理。

③读者类别管理：管理员登录后，对读者类别进行增、删、改等维护管理。

④图书类别管理：管理员登录后，对图书类别进行增、删、改等维

护管理。

⑤出版社信息管理：管理员登录后，对出版社详细信息进行增、删、改等维护管理。

⑥图书信息查询：读者或管理员通过互联网或图书查询终端登录后，查询所需要的图书信息。

前面的章节详细介绍了用结构化方法开发软件的过程，随着信息系统的日益庞大和复杂，传统的结构化方法越来越表现出明显的缺点，如可修改性差、可重用性差等。这是因为结构化方法的本质是功能分解，从代表目标系统整体功能的单个处理着手，自顶向下不断把复杂的处理分解成为子处理，这样一层一层地分解下去，直到仅剩下若干个容易实现的子处理功能为止，然后用相应的工具来描述各个最底层的处理。因此，结构化方法是围绕现实处理功能的“过程”来构造系统的。然而，用户需要的变化大部分是针对功能的，因此，这种变化对于基于过程的设计来说是灾难性的，用户需求的变化往往造成系统结构的较大变化，从而需要花费很大代价才能实现这种变化。面向对象（Object Oriented，OO）的方法正是在这种背景下产生的，且成为目前软件领域的主流技术。

9.1 面向对象方法的理论基础

9.1.1 面向对象方法的基本原理

面向对象程序设计（Object - Oriented Programming，OOP）是近代程序设计领域的一大革命。它提高了程序设计者的工作效率和软件的重复使用率，并降低了维护成本。面向对象程序设计实际上是围绕组成问题领域的事物进行的程序设计，所关心的是对象及对象间的关系，整个程序系统只由对象组成，对象间的联系只通过消息传递进行，系统运行就是多个对象经过消息传递互相联系，共同完成某一工作。

面向对象方法以对象为中心，将客观世界看成由许多不同种类的对象构成，每个都有自己的内部状态和运动规律，不同对象间的相互联系和作用构成了完整的客观世界。方法的出发点是按人们通常的思维方式，建立直接表现事物及其相互关系的概念，由此建立适应人们一般思维方式的描述问题的模型。

9.1.2　面向对象的基本概念

1. 对象（Object）

“对象”指现实世界中各种各样的实体。它可以指具体的事物也可以指抽象的事物。例如，现实生活中的电话、电视、钟表等都可以称为对象。仔细观察这些对象，就会发现它们有两方面的特征：一是它们的状态特征，如电视的色彩值、记忆频道等；二是它们的行为特征，如电视可以对画面进行色彩调整，可以进行频道设置等。状态特征称之为属性，行为特征称之为方法或事件。

2. 类（Class）

类是对一个或几个相似对象的描述，是对象的抽象模块。它包含有所创对象的属性描述和行为特征的定义。类是一个集合，而对象是这个集合中的一个实例。例如，各种各样、大大小小的房屋均属于建筑类；中专生、大专生、大学生均属于学生类，可以将大学生看作学生类中的一个对象。类是对象的基础，以类和对象为中心的设计思路也正是面向对象程序设计的关键。类是面向对象程序设计中最重要的概念之一，掌握类和对象的使用是实现面向对象程序设计的前提和基础。

3. 子类和超类（Subclass And Aupperclau）

子类是由某一个类派生出的类，它在共享该类的描述后，再对这些描述进行某些修改，或添加一些新的描述，这样就形成了一个新类。超类的概念和子类对应，子类被派生出来后，被派生的类就是这个子类的超类，也叫父类。例如，大学生是学生的子类，学生是大学生类的超类。

4. 消息（Message）

消息是指对象间相互联系和相互作用的方式。一个消息主要由五部分组成：发送消息的对象、接收消息的对象、消息传递办法、消息内容（参数）和反馈。

5. 封装（Encapsulation）

对象间的相互联系和相互作用过程主要通过消息机制得以实现。对象之间并不需要过多地了解对方内部的具体状态或运动规律。面向对象的类是封装良好的模块，类定义将其说明（用户可见的外部接口）与实现（用户不可见的内部实现）显式地分开。类是封装的最基本单位，封装防止了程序相互依赖性而带来的变动影响。使用封装技术有助于提供模块的程序，建立良好的接口，以帮助用户设计、实现复杂的任务。

6. 继承（Inheritance）

我们可能根据类的某种属性把对象进行分类，一旦属性被确定下来，所有在它之下的类别将自动地包含该属性。一个类可以从一个较简单、较基本的类中继承它的特性，并在此基础上扩展成一个更复杂、更明确的类，这种机制就是继承。子类可以继承父类的所有内部状态和运动规律。继承性提供了通用的功能，用户根据需要进行更具体的定义。这样用户就可以在已有类的基础上，建立自己的更完善的类体系。通过类的继承关系，使公共的特性能够共享，提高了软件的重要性。

7. 重载（Overload）

重载指类的同名方法在给其传递不同的参数时可以有不同的运动规律。在对象间相互作用时，即使接收消息对象采用相同的接收办法，但消息内容的详细程度不同，接收消息对象内部的运动规律也可能不同。在设计中，重载就是用户可能根据需要设计具有相同名字的多个方法，但使用时可以带不同的数据类型。这样做的好处就是提供了代码的可读性，通常根据方法的功能来定义其名称，这样很可能发生一些不必要的冲突。但有了重载之后，只要各方法的参数表不同，就可根据参数类型的区别来选择正确的方法，使这些同名、同功能的方法可以对不同的数据进行恰当的操作。

8. 多态（Polymorphism）

多态是面向对象的程序设计语言核心的特征。多态意味着一个对象有着多重特征，可以在特定情况下，表现不同状态，从而对应着不同的属性和方法。多态性是允许将父对象设置成为和一个或更多的它的子对象相等的技术，赋值之后，父对象就可以根据当前赋值给它的子对象的特征以不同的方式运作。

9.2 面向对象方法的建模工具

9.2.1 UML 主要工具介绍

自20世纪90年代，结构化系统开发方法的应用日渐萎缩，面向对象系统开发的方法日趋成熟，其重要标志是各种支持面向对象系统开发过程的工具不断涌现。统一建模语言（UML）就是其中应用最广泛的工具之一。

1. UML 的发展史

UML（Unified Modeling Language）是用来对软件密集系统进行可视化建模的一种语言。公认的面向对象建模语言出现于20世纪70年代中期。从1989年到1994年，其数量从少到10种增加到了50多种。在众多的建模语言中，语言的创造者努力推崇自己的产品，并在实践中不断完善。但是，面向对象方法的用户并不了解不同建模语言的优缺点及相互之间的差异，因而很难根据应用特点选择合适的建模语言；虽然不同的建模语言大多数类同，但仍存在某些细微的差别，极大地妨碍了用户之间的交流。因此在客观上，极有必要在精心比较不同的建模语言优缺点及总结面向对象技术应用实践的基础上，组织联合设计小组，根据应用需求，取其精华，去其糟粕，求同存异，统一建模语言。

1994 年 10 月，Grady Booch 和 Jim Rumbaugh 开始致力于这一工作，于 1995 年 10 月发布了第一个公开版本，称之为统一方法 UM 0.8（Unitied Method）。1995 年秋，OOSE 的创始人 Ivar Jacobson 加盟到这一工作中。经过 Booch，Rumbaugh 和 Jacobson 三人的共同努力，于 1996 年 6 月和 10 月分别发布了两个新的版本，即 UML 0.9 和 UML 0.91，并将 UM 重新命名为 UML（Unified Modeling Language）。1996 年，一些机构将 UML 作为其商业策略已日趋明显。UML 的开发者得到了来自公众的正面反应，并倡议成立了 UML 成员协会，以完善、加强和促进 UML 的定义工作。当时的成员有 DEC，HP，I-Logix，Computing，MCI Systemhouse，Microsoft，Oracle，Rational Software，TI 以及 Unisys。这一机构对 UML 1.0（1997 年 1 月）及 UML 1.1（1997 年 11 月 17 日）的定义和发布起了重要的促进作用。在美国，截至 1996 年 10 月，UML 获得了工业界、科技界和应用界的广泛支持，已有 700 多个公司表示支持采用 UML 作为建模语言。1996 年底，UML 已稳占面向对象科技市场的 85%，成为可视化建模语言事实上的工业标准。1997 年 11 月 17 日，OMG 采纳 UML 1.1 作为基于面向对象技术的标准建模语言。UML 代表了面向对象方法的软件开发技术的发展方向具有巨大的市场前景，也具有重大的经济价值和国防价值。

目前，UML 的最高版本是 UML2.0，但广泛流行的版本主要还是 UML1.3 和 UML1.4。

2. UML 的主要内容

要描述清楚一个复杂的系统，至少应该描述系统的功能、结构及其动态的行为方式。因此，UML 将面对对象的分析和设计（OOA&D）要建立的系统模型划分为系统功能视图、系统静态视图和系统动态视图三种。三种视图是对系统三个不同侧面的描述，它们结合起来能构成对一个复杂系统的清晰、完整的定义和描述。针对三种不同的视图，UML提供了不同的工具进行描述。

系统功能视图展现一个系统应具有的功能集合。UML 提供了用例图（Use Case Diagram）来描述从系统用户角度看到的或需要的系统功能。用例图是其他视图的核心和基础，其他视图的构造依赖于用例图所描述的内容，因此系统开发的最终目的是为了实现用例图中的功能系统。静态视图也称为逻辑视图，用于展现系统的静态结构，揭示系统内部的组成元素及它们之间的关系。由于采用 OO 方法建立的系统的基本组成元素是对象，而对象又是类的例，所以静态视图实际上用于描述类、对象和它们之间的关系。UML 提供了类图和对象图来描述静态结构。每个系统都有唯一的类图和对象图，对象图是类图的必要补充，它描述系统某个特定时刻的静态结构。系统动态图用于展现系统的动态行为特征。采用 OO 方法建立的系统，其动态行为特征主要体现在对象状态的变化和对象之间的动态协作。因此，UML 提供了序列图（Sequence Diagram）、状态图（State Diagram）、协作图（Collaboration Diagram）和活动图（Activity Diagram）来刻画系统的动态特征。其中，序列图是按时间顺序描述对象之间的交互；协作图是按时间和空间的顺序描述对象之间的关系和交互方式；状态图主要描述一个对象的状态的变化和转移情况；活动图主要描述对象类服务的动作及其执行过程，以及角色与系统的交互动作及其过程。

（1）用例图。

用例图显示谁是相关的用户、用户希望系统提供什么样的服务，以及用户需要为系统提供的服务，便于软件开发人员最终实现这些服务。

用例图包含参与者（Actor）、用例（Use Case），以及它们之间的关系，即关联关系（Association）、包含关系（Include）、扩展关系（Extend）和泛化关系（Generalization）。

①参与者。参与者也称为角色，指是系统外部的一个实体，它以某种方式参与用例的执行过程。参与者通过向系统输入或请求系统输入某些事件来触发系统的执行。在 UML 中，参与者用人形图标表示，参与者的名字写在人形图标的下方。在获取用例前首先要确定系统的参与者，开发人员可以通过回答以下的问题来寻找系统的参与者。

- 谁将使用该系统的主要功能？
- 谁将需要该系统的支持以完成其工作？
- 谁将需要维护、管理该系统，以及保持该系统处于工作状态？
- 系统需要处理哪些硬件设备？
- 与该系统交互的是什么系统？
- 谁或什么系统对本系统产生的结果感兴趣？

②用例。用例是外部可见的系统功能单元，即用例描述“做什么”。用例用一个椭圆表示，用例的名称写在椭圆的下方。

在识别用例的过程中，可通过回答以下问题分析用例。

- 参与者希望系统完成什么功能？
- 系统是否存储和检索信息，由哪个参与者触发？
- 当系统改变状态时，是否通知参与者？
- 是否存在影响系统的外部事件？
- 哪个参与者通知系统这些事件？

③用例关系。

- 关联关系（Association）。关联关系描述参与者与用例之间的关系，即参与者与用例之间用箭头相连。

- 包含关系（Include）。一个用例可以简单地包含其他用例具有的行为，并把它所包含的用例行为作为自身行为的一部分，这被称作包含关系。在 UML 中，包含关系表示为虚线箭头加 < < include > > 字样，箭头指向被包含的用例。

- 扩展关系（Extend）。扩展关系是把新的行为插入到已有的用例中的方法，原用例称为基础用例。基础用例即使没有扩展用例也是完整的，这点与包含关系有所不同。扩展关系表示为虚线箭头加 < <extend> >字样，箭头指向被扩展的用例。

• 泛化关系（Generalization）。一个用例可以被特别列举为一个或多个用例，这被称为用例泛化。如果系统中一个或多个用例是某个一般用例的特殊化时，就需要使用用例的泛化关系。在用例泛化中，子用例表示父用例的特殊形式。子用例从父用例处继承行为和属性，还可以添加、覆盖或改变继承的行为。在 UML 中，用例泛化用一个三角箭头从子用例指向父用例。

（2）类图和对象图。

类图和对象图除了“类”和“对象”的表示符号不同之外，类图和对象图所用的建模元素及其表示符号都是相同的，因此放在一起加以阐述。

①类图和对象图的符号。在 UML 中，类图和对象图都用长方形表示，分成上、中、下三个区，分别表示类或对象的名称、属性和方法。

②类之间的关系。类之间有四种关系：关联关系、泛化关系、依赖关系和实现关系。

• 关联关系。当类之间在概念上有连接关系时，类之间的连接叫作关联，用一条直线表示。

• 泛化关系。泛化关系也称继承关系。一个类（子类）可以继承另一个类（父类的属性和方法，父类是比子类更一般的类）。在 UML 中，父类到子类的连接线表示继承关系。指向父类的连接线带一个空心箭头，表示“属于……中的一种”。

• 依赖关系。一个类使用了另一个类，这种关系叫作依赖。在 UML 中，带箭头的虚线表示依赖关系，虚线箭头上方可写清依赖的类型。其中依赖的类型有四种：使用依赖、抽象依赖、授权依赖和绑定依赖。

• 实现关系。实现关系用“→”表示，由实现者指向被实现者。实现关系通常在两种情况下被使用：接口与实现该接口的类之间；用例及实现该用例的协作之间。

（3）状态图。

状态图描述了一个对象所处的可能的状态，以及状态之间的转变，并给出了状态变化序列的起点和终点。状态图只能对单个对象建模。

（4）序列图。

序列图也叫作顺序图、时序图。对象之间的交互是按照一定时间顺序发生的，是描述这一交互序列的模型。

序列图将交互关系描述为一个二维图形，其中，横轴代表各自独立的对象，纵轴代表时间沿竖线向下延伸，越往下时间越靠后。序列图由对象、生命线、激活和消息四部分组成。

（5）协作图。

协作图是序列图之外另一种表示交互的方法。序列图主要侧重于对象间消息传递在时间上的先后关系，而协作图则侧重于对象间及对象和角色间交互的静态关系。

（6）活动图。

活动图是 UML 对于系统的动态行为建模的一种常用工具。它描述活动的顺序，展现从一个活动到另一个活动的控制流。

9.2.2 Rational Rose 的主要功能

UML 统一了 Booch、OMT、OOSE 等一些主要的面对对象方法，融合了当今面对对象技术的发展成果和未来的发展趋势。作为采用可视化的方法对软件系统进行描述、实施和说明的标准建模语言，其使用需要工具的辅助，一批优秀的建模工具便应运而生。

当前市场上基于 UML 可视化建模的工具有很多，如 IBM 公司的 Rational Rose ，Microsoft 公司的 Visio ，Sybase 公司的 Power Designer，还

有 PlayCase、CA 公司的 BPWin 和 ERWin 等。Rational Rose 是目前应用最广泛的 UML 建模工具。从系统需求分析阶段到类的分析与设计，再到软件的实现与测试阶段，Rational Rose 都提供了清晰的 UML 表示方法和相对应的软件模型，并支持 RUP（Rational Unified Process）——Rational 统一过程。

目前 Rational Rose 可以用来做以下一些工作：

（1）对业务进行建模。

（2）建立对象模型（表达信息系统内有哪些对象，它们之间是如何协作完成系统功能的）。

（3）对数据库进行建模，并可以在对象模型和数据模型之间进行正、逆向工程，相互同步。

（4）建立构件模型，即表达信息系统的物理组成，如有什么文件、进程、线程，分布如何等。

（5）生成目标语言的框架代码。

9.2.3　Rational Rose 框图创建

1. Rational Rose 的安装

第一步：单击打开 Rational Rose 安装程序。

第二步：单击“下一步”按钮。

第三步：选择 Rational Rose Enterprise，单击“下一步”按钮。

第四步：选择安装的选项和安装目录，单击“下一步”按钮，进入安装界面，等待安装成功。

2. Rational Rose 主界面介绍

启动 Rational Rose Enterprise Edition 后，在其界面中，可以看到“New”（新建模型）、“Existing”（打开现有模型）和“Recent”（最近打开的模型）三个选项卡。

“New”选项卡用来选择新建模型时选用的模板。目前 Rational Rose

支持的模板有 J2EE、J2SE、JFC、JDK 等。如果暂时不需要任何模板，只需要创建一个空白的新模板，单击“Cancel”按钮，这时出现主界面。

Rational Rose 的主界面分为四个部分：Browser 窗口、Diagram 窗口和 Document 窗口。Browser 窗口用来浏览、创建、删除和修改模板中的模型元素；Diagram 窗口用来显示和创建模型的各种图；Document 窗口用来显示和书写各个模型元素的注释。

3. 用 Rational Rose 建模

（1）绘制用例图。

第一步：单击菜单栏中“Browse”子菜单中的“Use Case Diagram”选项，出现创建用例图界面。

第二步：选择“New”命令，创建用例图的名字并进入界面。

第三步：拖动图标，绘制用例图。

（2）绘制类图。

第一步：单击菜单栏中“Browse”子菜单中的“Class Diagram”选项，屏幕上出现与创建用例图类似的界面。选择“New”命令，创建类图的名字并进入类图界面。

第二步：拖动图标，绘制类图。

（3）绘制状态图。

第一步：单击“Browse”子菜单中的“State Machine Diagram”选项，屏幕出现与创建用例图类似的界面。选择“New”命令，进入相应界面。

第二步：选择“Statechart”（状态图）单选钮，进入状态图的界面。

第三步：拖动图标，绘制状态图。

（4）绘制活动图。

第一步：单击菜单栏中“Browse”子菜单中的“State Machine Diagram”选项，屏幕出现与创建用例图类似的界面。选择“New”命令，进入相应界面。选择“Activity”（活动图）单选钮，进入活动图界面。

第二步：拖动图标，绘制活动图。

（5）绘制顺序图。

第一步：单击菜单栏中“Browse”子菜单中的“Interaction Diagram”选项，屏幕中出现与创建用例图类似的界面。选择“New”命令，进入相应界面。

第二步：选择创建“Sequence”（顺序图）单选项，进入相应界面。

第三步：拖动图标，绘制顺序图。

（6）绘制协作图。

第一步：单击菜单栏中“Browse”子菜单中的“Interaction Diagram”选项，屏幕出现与创建用例图类似的对话框。选择“New”命令，进入相应界面。选择创建“Collaboration”（协作图）单选钮，进入相应界面。

第二步：拖动图标，绘制协作图。

9.3　面向对象的分析设计过程

9.3.1　面向对象的分析

1. 面向对象的分析的任务

面向对象的分析（OOA）核心是利用面向对象的概念和方法为软件需求建造模型。其具体任务如下：

（1）软件工程师和用户必须充分沟通，以了解基本的用户需求。

（2）必须标识类（即定义其属性和操作）。

（3）必须定义类的层次。

（4）应当表达对象与对象之间的关系（即对象的连接）。

（5）必须模型化对象的行为。

（6）反复地做任务①~⑤，直到模型建成。

2. 面向对象分析的方法

目前已经衍生许多种 OOA 方法，每种方法都有各自的进行产品或系统分析的过程，有一组可描述过程演进的图形标识，以及能使得软件工程师以一致的方式建立模型的符号体系。现在广泛使用的 OOA 方法有 Booch 方法、Rumbaugh 方法、Coad 和 Yourdon 方法、Jacobson 方法（也称为 OOSE，面向对象软件工程）、Wirfs - Brock 方法、统一的 OOA 方法（UML）等。

3. 面向对象分析的过程

面向对象分析的过程，就是抽取和整理用户需求并建立问题域精确模型的过程，明确问题是什么，以及要做些什么。

问题或陈述。通常，面向对象分析过程从分析陈述用户需要的文件开始。可能由用户（包括出资开发该软件的业主代表及最终用户）单方面写出需求陈述，也可能由系统分析员配合用户，共同写出需求陈述。

建立静态模型。类图是 OOA 所要创建的一个基本系统模型，是构建系统动态模型的基础，没有类图，就不可能创建状态图、协作图等各种系统动态模型。可以把类图所表示的模型信息分为对象层、特征层和管理层三层。对象层包括反映问题域和完整系统功能的对象和类；特征层表示每一类及其所代表的对象内部的静态和动态特征，即对象的属性和服务；关系层表示各个类以及其所代表的对象彼此之间的关系。这三个层次实际上就是“发现对象和类”“发现属性和服务”和“发现对象和类的关系”的过程。

建立动态模型：

（1）确定并描述角色与系统的交互方式，即创建系统用例图。

（2）确定并描述参与完成用例的对象及其交互过程，即创建协作图。

（3）确定并描述对象类的状态及其状态转移，即创建状态图。

（4）确定并描述对象类服务的执行过程，即创建活动图。

9.3.2　面向对象的设计

面向对象的设计（OOD）要解决的主要问题是如何把分析阶段确定出来的对象和类以实现系统的功能，并建立系统体系结构。

1. 面向对象设计的原则

（1）模块化。面向对象软件开发模式，很自然地支持了把系统分解成模块的设计原理：对象就是模块。它是把数据结构和操作这些数据的方法紧密地结合在一起所构成的模块。

（2）抽象。面向对象方法不仅支持过程抽象，而且支持数据抽象。类实际上是一种抽象数据类型，它对外开放的公共接口构成了类的规格说明（即协议），这种接口规定了外界可以使用的合法操作符，利用这些操作符可以对类实例中包含的数据进行操作。使用者无须知道这些操作符的现实算法和类中数据元素的具体表示方法，就可以通过这些操作符使用类中定义的数据。通常把这类抽象称为规格说明抽象。

（3）信息隐藏。在面向对象方法中，信息隐藏通过对象的封装性实现：类结构分离了接口与现实，从而支持了信息隐藏。对于类的用户来说，属性的表示方法和操作的现实算法都应该是隐藏的。

（4）弱耦合。耦合是指一个软件结构内不同模块之间互相的紧密程度。在面向对象方法中，对象是最基本的模块，因此，耦合主要指不同对象之间相互关联的紧密程度。弱耦合是优秀设计的一个重要的标准，因为这有助于使得系统中某一部分的变化对其他部分的影响降到最低程度。在理想的情况下，对某一部分的理解、测试或修改，无须涉及系统的其他部分。

（5）强内聚。内聚衡量一个模块内各个元素彼此结合的紧密程度。也可以把内聚定义为：设计中使用的一个构件内的各个元素，对完成一个定义明确的目的所做的贡献程度。在设计时应该力求做到高内聚。

（6）可重用。软件重用是提高软件生产率和质量的重要途径。重用基本上从设计阶段开始。重用有两方面的含义：一是尽量使用已有的类（包括开发环境提供的类库，以及以往开发类似系统时创建的类）；二是如果确实需要创建新类，则在设计这些新类的协议时，应该考虑将来的可重复使用性。

2. 面向对象设计的过程

（1）问题域的进一步设计。通过OOA所得到的对问题域的描述离现实的要求还有很大的距离，还有很多关于"如何实现"的问题没有解决。因此，OOD必须从现实的角度，对OOA所建立的问题域模型做一些修改和补充，如增添、合并或分解类与对象、属相及其服务，调整类和对象的关系等。

（2）人机交互设计。人机交互部分的设计结果，将对用户情绪和工作效率产生重要的影响。人机界面设计得好，则会使得系统对用户产生吸引力，用户在使用系统的过程中会感到兴奋，能够激发用户的创造力，提高工作效率；相反，人机界面设计得不好，用户在使用过程中就会感到不方便、不习惯，甚至会产生厌烦和恼怒的情绪。

由于对人机界面的评价，在很大程度上由人的主观因素决定，因此，使用由原型支持的系统化的设计策略，是成功地设计人机交互子系统的关键。目前，被广泛应用的图形用户界面（GUI）设计支持系统主要是与编程语言合为一体的可视化编程环境，如Visual C++。可视化编程环境提供了大量的人机接口的类，很多情况下可直接重复使用，可显著提高人机界面设计的效率管理。

（3）数据管理设计。数据管理子系统是系统存储或检索对象的基本设施，它建立在某种数据存储管理系统之上，并且隔离了数据存储管理模式（文件、关系数据库或面向对象数据库）的影响。目前，选用关系数据库管理系统为面向对象信息系统存储数据，需要在对象存取时进行格式的变换。例如，涉及对象属性的存储时，要将属性一一列举，构成符合关系范式的数据表，再建立对应的关系数据库。

（4）任务管理设计。在设计多任务并行系统时，才有任务管理设计的问题。虽然不同对象可以并发地工作，但是，在实际系统中，许多对象之间往往存在着相互依赖的关系。此外，在实际使用的硬件中，可能仅由一个处理器支持多个对象。因此，设计工作的一项重要内容就是确定哪些是必须同时动作的对象，哪些是相互排斥的对象。然后进一步设计任务管理子系统。

9.4　面向对象的系统实施

面向对象系统设计阶段结束时，系统的体系结构设计已经完善，包括用什么样的用户接口以及数据库的存取方式，系统的静态模型、动态模型等，系统开发将过渡到系统实施阶段。在系统实施阶段主要进行编码语言的选择，面向对象应用程序框架的构建，面向对象应用程序的编写等。具体内容与传统的结构化方法系统实施类似，在第六章已详细介绍，在此不再赘述。

汽车租赁系统

说明：首先进行需求分析。这里介绍的汽车租赁系统的需求分析只是一个简单的版本，在实际应用中，应根据客户的不同需求，在此基础上扩展。

1. 汽车租赁系统的需求分析

（1）系统功能需求。

系统功能需求包括以下几个方面：

①客户可以通过不同的方式（包括电话、前台、网上）预订车辆。

②能够保存客户的预订申请单。

③能够保存客户的历史记录。

④工作人员可以处理申请。

⑤技术人员可以保存对车辆检修的记录。

满足上述需求的系统主要包括以下几个模块：

①基本数据维护模块。

a. 添加车辆信息。汽车租赁商的车辆信息需要保存到数据库，车辆信息包括车辆的车型、车牌号码、车辆的状态等。

b. 修改车辆信息。车辆被租借以后状态会发生改变，要根据具体情况修改车辆的状态，如预留、租赁和空闲。

c. 添加员工信息。公司员工的信息应该保存到系统数据库中，以便管理人员根据员工的表现对员工进行考核。

d. 修改员工信息。交易的任务完成率要保存在员工信息中，员工完成一笔交易，要更新员工的个人信息。

②基本业务模块。

a. 用户填写预订信息。客户在租赁汽车之前首先要填写预订申请。

b. 工作人员处理预订请求。工作人员要处理客户的预订申请，可以根据客户租赁的历史记录和目前车辆的状况决定是否同意客户的预订请求。

c. 技术人员填写服务记录。公司的技术人员在客户归还车辆以后要对车辆进行彻底的检查，以确定车辆目前的状况，检查完要填写服务记录。

d. 工作人员处理还车请求。工作人员将根据车辆的状况和租赁的时间收取此次租赁的费用，如果车辆有损坏，还要收取一定的罚金。

③数据库模块。

a. 客户信息管理。客户信息除了包括客户的基本信息之外，还包括客户的租赁历史记录。

b. 车辆信息管理。车辆信息包括车辆的车型、车辆的新旧程度、车辆的状态等。

c. 租赁信息管理。租赁信息包括客户的租赁申请表记录、技术人员的服务记录等。

d. 员工信息管理。员工信息包括工作人员、技术人员、管理人员的基本信息以及工作人员的工作记录等。

④信息查询模块。

a. 查询客户信息。负责客户的信息查询。

b. 查询员工信息。负责公司员工信息的查询。

c. 查询车辆信息。负责车辆信息的查询。

d. 查询租赁信息。负责查询客户的车辆租赁历史记录。

2. 系统的 UML 模型

(1) 系统的用例图。

创建用例图之前首先要确定系统的参与者。

在汽车租赁系统中，需要客户的参与。客户可以提出预订请求，预订请求得到确认后可以取车，租赁期限到期后还应该将车辆返还给租赁商。

租赁公司的员工则需要处理客户的预订申请，并在汽车返还时对车辆状况进行检查。

由以上分析可以看出，所有的动作都是围绕客户和公司员工进行的。因此，系统中的参与者主要有两大类：客户和员工。

①客户参与的用例图。

客户参与的用例主要有以下几个。

a. 预订车辆用例。客户在取车之前首先应该预订车辆。

b. 取车用例。如果客户的车辆预订得到确认，要在确认的日期到前台取车。

c. 还车用例。客户应该在规定的时间内还车。

用例说明：

Reserve the car ：预订车辆的用例。

By call ：电话预定用例。这是从预定扩展出来的一种用例的方式。

On the web ：网络预订用例。这是从预定扩展出来的一种用例的方式。用户可以从该公司的主页上提交用例申请。

Fill the other form ：填写预订申请表的用例。如果客户在网上预订，必须完成预订申请表。

Get the car ：取车用例。

Return the car ：还车用例。

Return with fine ：缴纳罚金用例。客户如果不能按时还车将缴纳罚金。

②员工参与的用例图。

员工参与的用例图包括以下几个。

a. 登录系统用例。公司员工输入工作号和密码可以登录系统。

b. 处理预订申请用例。普通员工可以处理用户的预订申请。

c. 将预定的车交付客户用例。

d. 结束租赁业务用例。用户还车，技术人员确认车辆无误后，工作人员可以确定该租赁交易结束。

用例说明：

System login ：系统登录用例。

Reserve Process ：预定处理用例。

Query customer order record ：查询客户预定历史记录用例。工作人员可以把客户的历史记录作为判断是否接受客户请求的一个依据。

Refuse request ：拒绝预订请求用例。工作人员可以依据情况拒绝客户的预订请求，如客户历史记录不良、没有所需车辆等。

Accept request ：接受预定请求用例。工作人员可以在核对客户情况及车辆状态后，接受客户的请求。

Give the car to customer ：将预定的车交付客户用例。

Check the car：检查车辆状况用例。技术人员可以对车辆进行检查，确定车辆是否被破坏。

End business ：结束租赁业务用例。

（2）系统中的类。

①客户和公司员工类。

②一些其他的类。

类图说明：

Customer Record ：表示客户的记录。

Car：表示车辆的记录。

Serviced Record：表示每次租赁的服务记录。

Request Order：表示填写客户申请资料的表格。

Work Record ：职员的工作记录。

③各类之间的关系。

类图说明：从图中可以看出，工作人员可以查看所有顾客的租赁历史记录，可以处理几个客户的租赁申请。由于工作人员可以同样处理多个业务，那么他可以拥有多个服务记录和工作记录。技术人员需要同时维护多辆车，每辆车也需要多个人员进行维护。经理可以查看多个员工的工作记录。

（3）系统的序列图。

汽车租赁系统的序列主要有以下三个：

①管理人员开展工作的序列图。

管理人员既可以查看汽车的租赁记录，又可以查看普通工作人员的工作记录和任务完成情况。

序列图说明：

View Record（）：查看记录函数。

View Work Info（）：查看工作记录函数。

Calculate（）：计算工作人员的任务完成率的函数。

②客户预订车辆的序列图。

客户要租赁车辆，首先必须填写申请表。员工负责处理申请表，他们根据客户租赁的历史记录以及客户申请车辆的状态决定是否接受客户申请，如果两个条件都满足，那么将接受申请并为客户预留该车；否则就拒绝请求，处理过的申请表状态都设为已处理。如果接受用户租赁请求，必须为该客户添加一条记录，然后通知客户前来取车。

序列图说明：

Fill Order（）：填写租赁申请表的函数。

Check Request（）：查看申请的函数。

Check（）：检查历史记录的函数。

In Scrviced（）：判断车辆状态的函数。

Allow（）：允许客户租赁车辆的函数。

Notify（）：通知客户前来取车的函数。

③客户还车序列图。

客户在规定时间内将车返还给租赁商后，技术人员将对车辆进行检修以及确定是否有损坏，并填写一份服务记录，公司职员将根据记录确定客户应付的款项。与客户交易完成后，需要修改车辆的状态、客户记录以及工作记录等。

序列图说明：

Cheak Car（）：检查车辆状况函数。

Fill Record（）：填写车辆检查记录函数。

Notify Payment（）：通知客户支付租赁款的函数。

Update Car Staus（）：更新车辆信息函数。

End（）：结束租赁函数。

Update Rccord（）：更新工作记录函数。

本章小结

面对对象（Object Oriented，OO）是当前计算机界关心的重点，它是20世纪90年代软件开发方向的主流。本章介绍了面向对象的基本原理、面向对象方法的基本概念、面向对象方法的建模工具UML以及面向对象的分析、设计和实施过程。

面向对象程序设计的核心是对要处理的问题实现自然分割，按照通常的思维方式建立问题领域的模型，设计尽可能自然的表现问题求解的程序。

为系统建模的方法很多，公认的面对对象建模语言出现在20世纪70年代中期。从1989年到1994年，其数量从不到10种增加到了50多种。根据应用的需求，取其精华，去其糟粕，求同存异，统一了建模语言，即UML。UML将面对对象的分析和设计（OOA&D）要建立的系统模型划分为系统功能视图、系统静态视图和系统动态视图三种。针对三种不同的视图，UML提供了不同的工具进行描述，具体包括用例图、类图、状态图、序列图、协作图、活动图等。

OOA的主要任务是问题的陈述、建立系统静态模型和建立系统动态模型。

OOD的主要任务是问题域的进一步设计、人机交互设计、数据管理设计和任务管理设计。

系统实施主要进行编码语言的选择，面对对象应用程序框架的构建，面对对象应用程序的编写等。

面对对象开发方法是一种实际有效的系统开发方法，但不可否认，传统的结构化方法依旧有其可取之处，因此应有效地吸收传统方法之长，弥补面向对象开发方法之短，使面向对象开发方法更合理、更完善。

章节练习

1. 面向对象方法的基本原理是什么?

2. UML 在系统分析和设计阶段提供了哪些模型?

3. 绘制图书管理系统中借阅者请求服务的用例图。具体描述如下:

借阅者可以查询图书,登录系统后,可以对书籍进行预订,并查询自己的借阅信息;还书时如果超期或图书受损,要缴纳一定的罚金。

4. 绘制手机的状态图。手机的状态包括待机状态、拨号状态、通话状态和振铃状态。其场景包括呼叫对方成功;呼叫对方不成功;被呼叫,接听;被呼叫,未听见铃声;被呼叫,拒绝接听。

第 10 章　管理信息系统对当代管理的影响

正如前两章所述，管理信息系统是用 IT 来进行管理变革的，也可以说是进行管理革命的。正像革命对社会所带来的影响那样，管理信息系统对管理所带来的影响也是根本性的、彻底的、深远的，可以说已经和正在彻底地改变管理的理念、架构和运作规则。认识管理信息系统对管理的影响是十分重要的。

红河卷烟厂

红河卷烟厂 CIMS 工程主要由生产自动化、物流自动化和管理信息化三大系统构成，以生产自动化系统为基础，以物流自动化系统为主线，以集成企业特色的现代管理思想的管理信息化系统为核心，将业务流程的重组与企业信息化建设相结合，实现企业全面业务（人、财、物、产、供、销）的管理与运行的信息化。

红河卷烟厂的信息化发展战略是：“以信息化带动工业化，以工业化促进信息化。使工业化与信息化互为依托，融为一体，整体推进。”经过不断的技术改造，红河卷烟厂已拥有了打叶复烤生产线、制丝生产线、干冰膨胀烟丝生产、卷接包生产设备和自动化辅助设备等具有国际先进水平的自动化生产系统。

在基础设施建设方面，经过不断的完善与升级，已形成了 TCP/IP 为主要应用协议，吉比特以太网为主干，HP 小型机为主机系统，Oracle

数据库为核心数据库系统，Cisco 网络交换机、防火墙、网管软件为网络系统等先进、可靠的强大系统支撑平台。

接下来，随着红河卷烟厂 CIMS 系统的实施，促进了员工自身综合素质的提高。在“以人为本”的市场竞争中，员工自身综合素质的提高从根本上提升了企业的竞争实力。通过 CIMS 工程的实施，降低了生产成本、人工成本、库存占用率及废品率，缩短了辅料、零备件资金占用周期等。经初步综合估算，红河卷烟厂提高企业综合经济效益 3%，按 1999 年利税 25 亿元计算，直接新增年利税 7500 多万元，这对地方和国家的国民经济发展的贡献是巨大的。

10.1 对运营管理的影响

管理信息系统对管理的影响是自下向上发展的。

首先，是对生产管理或者运营管理产生影响。这时它的影响的主要目标是提高效率，而提高效率主要体现在减少人力和提高劳动生产率上。这时衡量管理信息系统是否成功的标志是减少了多少人力，节省了多少人的工资。用每年节省的工资去回收计算机的投资，看几年能收回。如果 3 年能收回，技术经济分析就认为是可行的。即

$$T = C/W < 3$$

式中：T——回收年限；C——购买计算机的硬软件费用；W——每年节省的工资总额。

在计算机应用的早期年代，达到这个指标是不容易的。例如，在中国，20 世纪 60 年代末，一个工人的最低工资是 40 元，一年总共 480 元；一台 DJS－130 计算机的价格是 40 万。要想 3 年回收成本，需要减少多少工人呢？

$$X = W/480 = (C/T)/480 = 277.78$$

也就是说，用一台计算机要省去差不多 278 人才算是经济的，这显

然是很困难的。但是到了今天，情况就完全不同了。和DJS－130同等甚至更高能力的微机差不多只有5000元，而一个工人的最低工资大约是每月500元。用一台微机节省一个人，投资回收期也不到一年。所以现在用计算机来提高劳动生产率是十分合算的。提高劳动生产率虽然是初期的目标，但在今天也是最基本的，很有用的，也是一个不可忽视的方面。例如，在20世纪末，美国通用汽车公司对其财务部门实行BPR，结果把原有的500人减到125人，劳动生产率差不多提高了4倍。

其次，是用于管理以提高效益。开始用于管理的信息系统主要是数据处理系统。顾名思义，数据处理系统就是比人处理数据来得快。过去100人计算3个月的数据量，现在可能几个人几个小时就处理完了。业务数据的处理，严格地说还不是管理，对管理上的数据加快处理也是很有用的。如一个大型企业要排一个年度计划，用传统方法，十几个人差不多要干3个月，而现在用了计算机信息系统，2～3个人1～2天即可完成。有时在计划执行的过程中，情况发生了变化，需要对计划进行一些调整，用信息系统做调整计算只需几个小时即可。这又提高了效益。

用管理信息系统来提高计划效率的好处还不只在于节省人力、加快时间，它还可以多算几个方案，从中选择一个最好的，这就是提高效益。信息系统可以制订好计划，一个原因是利用信息系统速度快的优点和它可以模拟计划的执行、预先估计效果的能力，在制订计划的时候多制订几个方案，进行比较，从中选择一个最好的，从而提高了效益，进而可以使有限的资源得到有效的利用。例如，同样的设备可以产出最大；同样的产品量，可以达到产出时间最短；同样数量的原料，可以计划生产出价值最高的产品组合。计划做得好，就可以大大地提高效益。对生产管理影响的另一方面是可以进行计划的控制。发现问题及时纠正，从而也提高了效益。例如，如果我们知道明天某些机床可能窝工，及时调整安排上了新工作，闲置的资源就增加了产出，提高了效益。在企业中用做计划工作的信息系统很多，如材料需求计划（Material Requirement Planning，MRP），制造资源计划（Manufacturing Resources Planning，MRP－Ⅱ），企业资源计划（Enterprises Resources Planning，ERP）等。这些系统现在甚至快成了像水电一样的公用设施，成了每周7天，每天24小时离不开的东西。

提高效率和提高效益合到一起，就是我国提出的“减人增效”。管理信息系统能减人增效，因而它是提高生产力的一种手段，也可以说它是先进生产力的代表。推行管理信息系统的建设，就是推行先进生产力。反之，没有认识这点，在企业中阻碍管理信息系统的发展，阻碍先进生产力的发展，就不能算是好的先进生产力的代表。当前我国许多企业的领导，由于他们受的是工业化时代的教育，虽然他们主观上很想作为先进生产力的代表，但在客观上表现出保守、无奈，成了推行先进生产力的障碍，是非常可悲和可怜的。这些大多数是认识问题，但也有人有许多糊涂的论点，而且还振振有词，自以为有理，还很坚持。这些大概有以下几种情况：

（1）习惯论。习惯论者强调企业已经形成的习惯，或者说是经验。他们认为经验是企业最宝贵的财富，也是最有效的。这话不能说不对，因而也是很迷惑人的。说它是宝贵的财富是对的，说它是最有效的就未必。在经济和社会高速发展的现代，经验在某种情况下已不再是资产而是负债。企业在改变经验上的培训投入越来越增加。培训的主要目的在于否定旧知识，转变旧思想。为什么这种思想还有很大的市场呢？在认识上是由于人的认识惯性，人们自然而然愿意做自己熟悉的事情。在利益上也有保持既得利益的问题，因为他们是旧的利益的创造者和持有者。打破旧的秩序，意味着他们优势的失去，反对是自然的。在先进的生产力的提升中，在管理信息系统的推进中，“千百万人的习惯是一股可怕的力量”是不能忽视的。

（2）失业论。失业论者认为利用信息系统提高劳动生产率会导致更多的失业，这将造成社会问题。而且上级行政领导部门也经常希望经济景气，企业能发展，企业能多招工、少裁员，也给企业一定的压力。但是如果以损失劳动生产率来达到高就业，只会导致明天更多的失业。说什么“社会主义的优越性就是 3 个人的工作 5 个人做”，这更是对社会主义的错误理解。马克思早就说过，“社会主义要创造比资本主义高得多的劳动生产率”，实际上，高得多的劳动生产率才是社会主义的优越性。只有在十分特殊的情况下，例如战争、自然灾害，实行一些降低效率的高就业政策才是可以理解的，但这个过程应当是短暂的。再说，企业也不是只有把人员辞退才能提高劳动生产率。如果能把生产一线上的人数减少，而让他们转移到企业的“三产”，即企业的辅助服务工作，这就既提高了劳动生产率，又改善了企业环境，何乐而不为?

（3）风险论。应用管理信息系统是有风险的。技术不成熟是风险，人员不接受是风险。过去的统计资料也说明了风险的存在。美国在 20 世纪 60 年代应用信息系统有过 50% 失败的记录，中国的初期也有过 80% 不成功的情况。风险确实存在，风险必然导致经济损失。风险论者认为在企业财政拮据的情况下，就不应上管理信息系统项目。殊不知在当代，尤其是在提高效率领域，信息系统的应用成功率已经很高。现在西方流行的企业流程再工程（BPR）已经是个工程项目，工程就意味着可达 90% ~100% 的成功率。所以，西方国家的企业恰是在财务困难的时候，想到进行 BPR，这反映出我国整体上的认识和应用水平还有很大的差距，连提高效率的应用也认为没把握，说明我国管理信息系统的应用还处于初级阶段。

以上各种悖论散布了一些似是而非的烟云，似乎有理，但背后却掩盖了那种无知无能，而且还不想有知有能的惰性。表面上振振有词，似乎是在辩论项目的可行性，实际上却是他们不懂不会，而且不愿去懂去会。

10.2 对管理者行为的影响

管理信息系统在生产管理上能提高效率和效益，成了管理者的重要工具、得力助手，久而久之就改变了管理者的习惯和行为。

对管理行为影响的主要方向是管理科学化。事实上，推行管理信息系统就要求对管理工作本身规范化，也就是首先实现“没有计算机的计算机管理”。要求管理的流程、程序、步骤标准化。要求工序清楚，工时、定额合理准确，这些就导致了管理的科学化，也就促使管理者更加相信科学、学习科学、依靠科学、推行科学。在管理者的思想、观念、行为、举止等方面产生深远的影响，使管理者中的一些糊涂的观念得到改进，例如，命运论、经验论、关系论等一些无所作为的思想得到抑制。

追求管理科学化的过程，追求推行管理信息系统的过程，就是管理者养成学习进取的习惯的过程。正如我们以前所讲的那样，任何事物在开始阶段，均表现为艺术形态，随着人们对它的了解的深入，它就逐渐变为科学，然后变为技术。管理信息系统的推行过程就是把事物由艺术变为科学，甚至技术的过程。在这个变革的过程中，管理者要不断地研究如何转变，也就逐渐养成了学习进取的习惯。在企业中也树立了崇尚科学，以知为荣、以能为荣的风尚，把企业变成学习型组织。

对管理者行为影响的另一方面表现为管理者的决策习惯的改变。远古时代的部族社会，统治者的决策方式是“酋长拍脑袋，一人说了算”的方式，当然他也是基于自己的经验。到了资本主义初期，甚至现在，我国许多民办企业还是“小老板拍脑袋”的决策方式，说好听点是凭经验。这种方式在今天巨大的投资、庞大的工程建设项目的情况下已经完全不能适应，所以近代管理理论的研究很多在研究决策。实际上这种研究很多不是在研究最后的决策结果本身，而是在研究决策过程。研究出一条好的途径，沿着这条途径，好的决策就可以顺利得出。这条途径一般是首先调查研究、收集资料，接着分析、提出方案，然后进行方案比较，选出较好方案，最后是验证和执行。这是当代的系统决策方式，推行管理信息系统或者借助管理信息系统进行决策都要沿着这条途径。因而管理者如果过去还有一点“拍脑袋”方式的痕迹的话，现在就要改变为科学的、系统的决策方式。决策方式改变也是对管理者行为影响的一个重要方面。现代管理者遇到了重要的管理问题时，总是不忙先下结论，而是先收集信息，然后依靠管理信息系统和依靠有关专家进行分析，最后才是研究结论。所以说，遇到问题，先想到收集信息，先想到用管理信息系统，成了现在管理者遇到问题的一种习惯，也就是一种重要的行为影响。

10.3　对组织的影响

管理组织是保证管理目标实现的重要手段，是管理的重要问题。由于它和信息技术（IT）相互影响又相互支持，所以和管理信息系统有密切的关系。

从古代作坊式的直线组织到泰勒的直线职能制，虽然有些变化，但变化不大。近来由于生产的发展、信息技术的发达，企业组织面临大变化的前夜，已经出现了各种各样的组织形式，归纳起来可以分为以下几种。

1. U型组织（Unitary Structure）

U型组织，即直线职能制组织结构，它是一种内部一元化领导的组织形式。

（1）纯直线制的形式，一切均由一个头说了算，见图10-1。

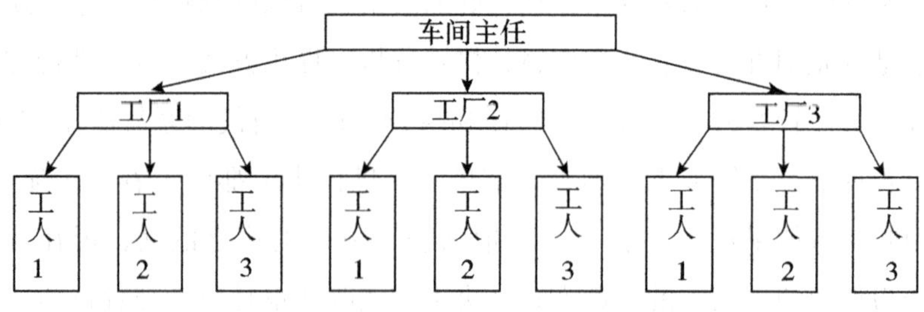

图 10－1　纯直线制组织

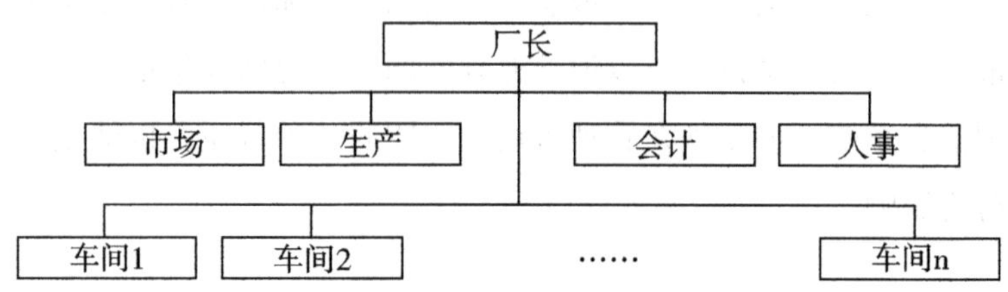

图 10－2　直线职能制组织

这种形式在生产企业已几乎绝迹，但在小的个体企业，如小饭馆还广泛存在。它只适用于任务明确，而又要求领导集中、控制严格的情况。这可以说是一种树状组织。在这个组织中，每个职工只有一个领导。

（2）直线职能制组织，如图 10－2。

这里，下属各车间和厂长之间属直线序列，它意味着权力的直接隶属。而职能部门，一般设市场、生产、会计、人事等科室或处室，则不属于直接权力序列，他们无权命令各车间，只有权在全厂制定的规则的基础上办理事务手续。如手续不符合规定，他们可以不予办理；如手续符合规定，他们无权不予办理。苏联所推行的一长制是比较正规的直线职能制。按他们的规定，职能部门和车间是平级的，而且权力相对小些。这里主要强调职能部门为车间服务。

职能制的执行往往走样。由于职能部门比较接近领导，而且是全时从事管理工作，因而有为厂长或总经理代行权力的情况，导致他们权力的增长，形成直接对下属，亦有领导作用的情况，如图 10－3。

这种组织形式的优点是减少了厂长的负担；缺点是增加了车间的负担，而且容易造成“政出多门”、办事效率低下等现象。

2. M 型组织（Multidimensional Structure）

M 型组织又叫矩阵式组织，多维组织。由于组织中职能部门的权力过大和直线组织的分段引起任务的分割，每个功能似乎均有人负责，而无人对整个任务或整个任务的过程负责。为了加强任务过程的负责制，许多企业采取了矩阵式组织。矩阵式组织的一维是直线组织，另一维是任务，这个任务或为产品，或为项目，其形式如图 10－4 所示。

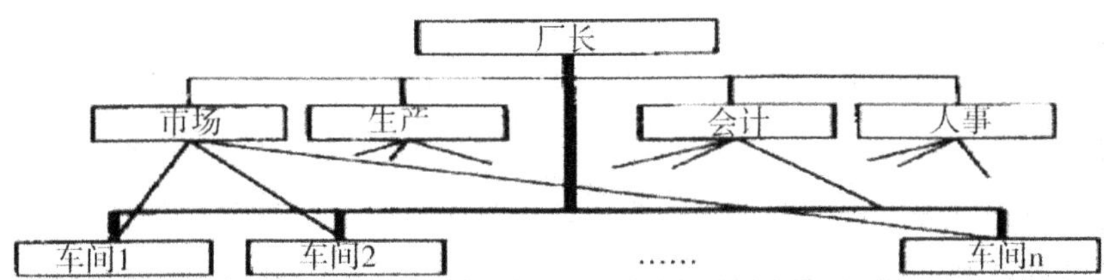

图 10－3　直线职能制的变形

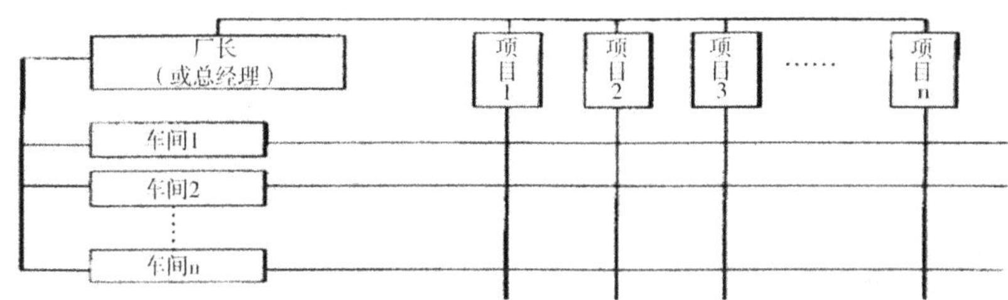

图 10－4　矩阵式组织

无论车间或项目均在职能部门的支持下工作，因而可以认为职能部门处于第三维。这样就形成三维矩阵式组织。

事业部制组织结构，它是矩阵式组织在更大范围即大公司范围的实现。

事业部一般是按产品来划分，如某大型通信设备公司分为程控交换机部、无线寻呼台部等。事业部有较大的自主权，自己下设市场部、生产部等。但下设各事业部不是完全子公司，主要表现在两方面：其一是有些事务还是全公司管，如有的大公司实行后勤的统一支持，有的实行财务系统的统一处理，当然信息基础的统一更是其特点；其二是它有为全公司服务或管理的义务，如交换机公司有为全公司做通信规划和指导实现的义务，有为全公司通信设备维修服务的义务。但它在发展自身产品方面有绝对的决策权，当然它又不能重复生产别的事业部的产品。

可以认为，在内部 M 型组织实现了多元化的领导。一些上级的直接领导关系变成了指导关系、平级之间，在过去的统一领导下的配合关系变成了协调关系。多元化的领导必然意味着权力的下放、决策的下放，这样下级才能主动工作。

随着信息技术的发展，管理的幅度可以扩大，过去一个“头”最合适的下属数只有 7 ~ 8 个，否则很难领导深入。现在可以扩充到 30 个，因而组织呈现了扁平化的趋势，也就是在组织结构上有“压扁金字塔”的趋势。扁平化的组织是在决策权下放、协调加强的前提下实现的；反之，只有组织具有这种条件才能实现和运行好扁平化的结构。扁平化的组织结构见图 10 – 5。

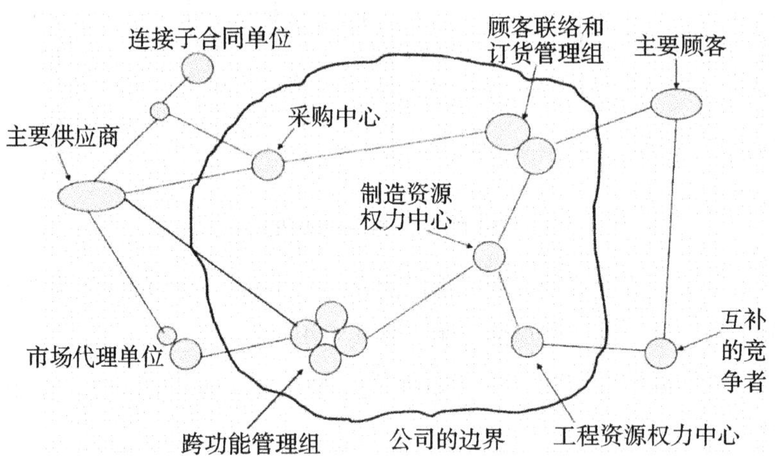

图 10 – 5　扁平化组织

3. H 型组织（Holding Company Structure）

无论是 U 型组织或 M 型组织，对企业顶层来说均是一个“头”的组织，“多头”只表现在中间层，多个事业部、多个项目组等。其进一步发展就成为多头的组织，也就是说公司的内部组织有了外部“头”的成分，其形式如图 10－6。

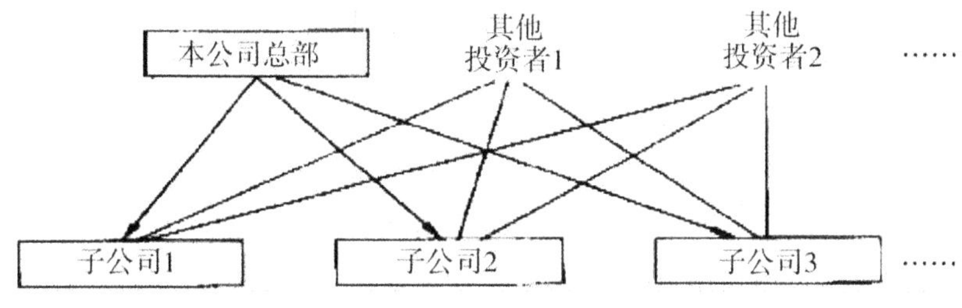

图 10－6　H 型组织

控股子公司实际上只是个利润中心，本公司总部对控股子公司的主要目标就是投资获利。控股子公司本身又有董事会，一切事务包括产品或服务方向、市场、财务等均由自己决定。本公司总部只能通过董事会施加影响，不能直接参与。

由于本公司投资多少的不同，对子公司的影响力也就不同。所以下属子公司又可分为全资子公司、控股子公司和参股子公司，其形式如 10－7 所示。

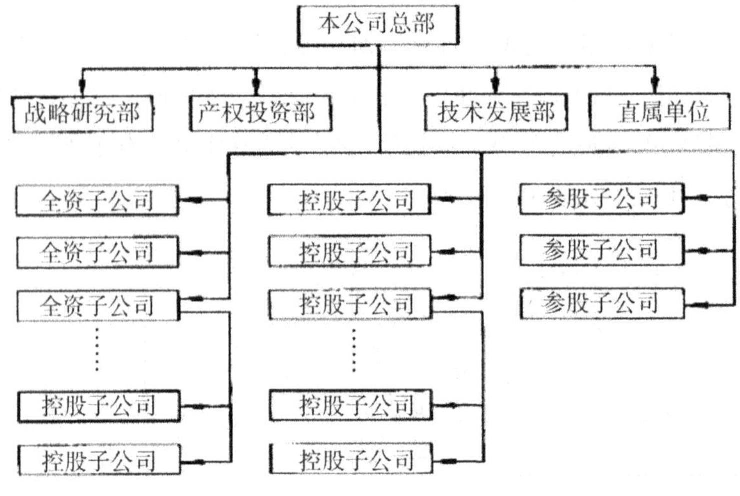

图 10－7　H 型组织结构图

4. V 型组织（Virtual Organization）

H 型组织的进一步发展就是虚拟组织，或叫 V 型组织，虚拟组织又称为动态联盟，它是由多个企业组成的临时性的组织。当一项任务来临时，各企业组成联盟；当任务完成时联盟自动解散，但相互沟通仍然保持，以备以后再次联盟。虚拟组织是“没有组织，胜似组织”。它是当代市场竞争、信息技术发展的产物，它是组织扁平化在企业之间的形式。虚拟组织所跨的地区可以较小，例如仅在上海市；也可以很大，例如全国、全亚洲，甚至全球。虚拟组织属于一种敏捷组织。虚拟组织一般应有一个带头的企业，这个带头的企业手中掌握整个组织的关键资源，这个资源一般是市场和技术，即它掌握着产品的销路，又掌握着新产品开发的技术。它甚至将生产制造部分——这个过去企业必备的资源推出去，因而形成无制造的企业，或称作 Fab-less Company。其优点在于使企业摆脱了管理制造的机构，企业更容易变革，适应飞速变化的市场。这就是虚拟组织主要的战略优势。从全局来说，虚拟组织有利于很快地重组社会的资源，快出产品，出好产品，适应市场的需要。

由于虚拟组织的出现，企业间的关系发生了很大的变化，许多企业结成了战略伙伴关系，甚至相互竞争的企业也不妨碍在某些项目上实现合作，这就是竞争伙伴关系。虚拟企业，伙伴关系是一个共赢的关系，共赢的企业联盟。我们应当关注虚拟企业发展的动向。

管理信息系统对组织形式的影响主要是扁平化和虚拟化，或简称为扁化和虚化。这也是当代管理组织发展的方向。扁平化就是减少管理的层次，扩大管理的幅度，从而简化管理。达到扁平化的条件如下：

（1）上级要放权。我们常常听人说很忙很忙，怎么办呢？就是放权。放了权，你不管了，也就不忙了。扁平化要减少层次，上级所要面对的下级数量就要增加。如果还像以前一样的管，显然要管的事就多了。放掉一些权，有些事不管，就可以管更多的下级。

（2）下级要主动。上级放了权，下级要接权。属于你权限范围中的事，就要敢于做主，敢于去做。在扁平化的组织中，下级的主动进取是很重要的。敢干做主，就是把自己权限内的决策作正确，那就要很好地了解全局的方向和战略，了解环境的限制和约束。心里怀着全局，就知道什么事该做，什么事不该做，什么是对的，什么是不对的。

（3）信息就是命令。下一道工序的需求信息就是对上一道工序的命令。例如，沃尔玛连锁店的化妆品货架上的商品信息，就是对其供应商 P&G 公司的供货命令。P&G 自己查询沃尔玛数据库中的数据，发现缺货就自动送货上架，协作单位的信息也是相互为命令，完全省掉了送货单位和收货单位的上级的批准程序。

扁平化的组织是一种自适应的组织，也可以说是自组织、自繁殖的组织。组织的架构可以随着环境的变化而自动改变，甚至是自生自灭。例如，一个研究所的课题组，如果它的研究做得好，它的项目会越来越多，人员也会越来越多，经费也会越来越多；如果它做得不好，项目、经费和人员会越来越少，直至课题组取消。

自适应创造了复杂性，使得组织越来越复杂，成为复杂系统。组织中的成员主要是以横向联系为主，其联系则是按成员数 n 的平方增长。对于这样复杂的组织，要想控制和运行得好，只有依靠信息。扁平化的组织应是信息充分的组织。过去由于信息技术的落后，管理信息系统的不发达，许多企图实现扁平化的想法失败了。许多地方矩阵式组织不成功的原因就在于没有信息系统的支持，导致信息不充分所致。

10.4 对企业战略的影响

管理信息系统对企业战略的影响正像 IT 对于战争的影响一样，是关键性的。一个没有管理信息系统武装的企业，面对一个有 MIS 战略优势的企业，简直是不堪一击。他能做到的事情，你不能，你能做到的事情，他都能做到，你的企业就是“死”定了。

管理信息系统可以说是企业的战略资源。当战略目标确定以后，资源就成了决定因素。当企业制定战略的时候，就要考虑到信息系统战略。企业战略和信息系统战略的关系如图 10－8 所示。

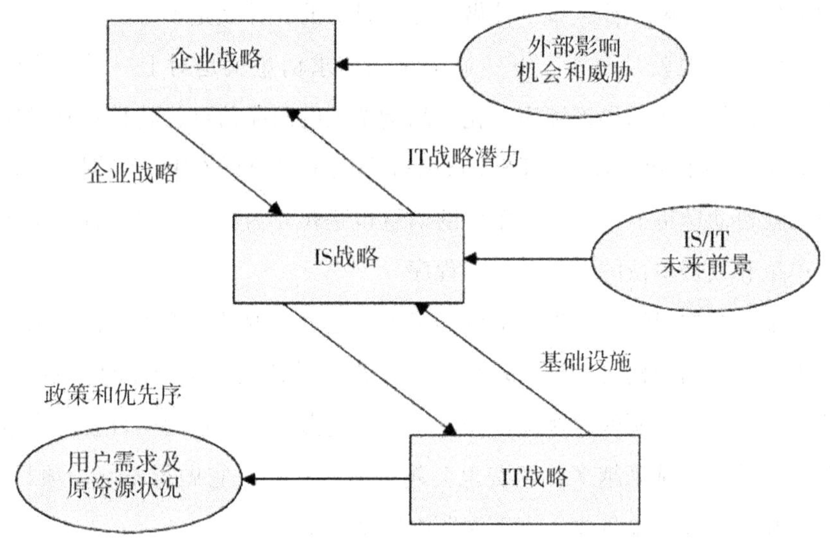

图 10－8　企业战略和信息系统战略的关系

图 10－8 说明当企业制定战略时，不仅要考虑到外部的机会和威胁，而且要考虑到 IS/IT 的战略潜力。当企业制定 IS 战略时，要把企业的战略当成自己的目标，同时要考虑到 IT 的发展前景和 IT 基础设施。当企业制定 IT 战略时，要把 IS 战略当成自己的指导，同时要考虑到用户的需求和原有的资源。图 10－8 在企业战略和 IT 战略间加入了一个 IS 战略，IS 战略实际上主要制订的是需求计划，也就是根据企业战略我们需要一个什么样的 IT 能力。而 IT 战略实际上主要制订的是供应计划，也就是根据 IS 战略我们如何供应出所要求的 IT 能力，如何建立好 IT 基础设施。

图 10－8 中所示的方法无论如何是有先后顺序的，即先制定企业战略，再制定 IS/IT 战略，尽管在制定企业战略时要考虑 IS/IT 的潜力。现在的趋势是将两者合一，即企业战略和 IS/IT 战略变成一个战略，一套人马、同一时间，一起制定。说明 IS/IT 对企业的战略已经有了十分重要的影响，而且看起来这种影响会越来越大。

10.5　对经济的影响

管理信息系统对经济的影响也是比较大的，它的第一个作用是提供信息。提供经济信息的系统，往往叫作经济信息系统，实际上现在许多国家的庞大的统计系统也是一种管理信息系统。政府进行经济规划，大的企业制定战略规划，都要用管理信息系统去收集、分析信息，计算比较方案等，信息系统成了离不开的工具。根据交易成本理论，企业均是企图不断降低交易成本的。信息系统完善了市场的信息提供，就降低了交易成本。过去的企业总是企图不断扩大规模，以达到规模经济。今天的企业，依靠廉价的信息系统和它所提供的信息，企业可以把内部的部门变成外部的单位，采用外源化的策略，把工作外包给外单位去做。例如，克莱斯勒公司 70% 的部件是由外部供应商供给。信息系统改变了经济的运作方式，使传统的企业向网络企业发展，使实体企业向虚拟企业发展，使受内部约束的规模经济变成了受外部需求驱动的网络规模经济，给经济的发展提供了无限的空间，创造了新的经济形态。根据经济学的代理理论，企业总是企图降低代理费用的。随着企业规模的增大，下属单位的增多，企业的监控、监管人员总是增加，代理成本总是升高的。信息系统减少了收集分析信息的成本，就可以减少监控人员，减少代理费用，实现组织扁平化，创造出信息经济环境下的组织形态。

企业的信息系统，从经济学的观点可以看成是一种生产要素，和资金、劳动力一样的要素，要素间可以置换。随着信息技术成本的降低，用它来置换劳动力和资金越来越合算。开始信息系统用来替代底层的职工，然后是秘书和管理人员。早期有人预测，“中层管理将来会消失”。这给早期的管理人员带来了恐惧。但事实说明，中层管理不仅没有减少，反而增加了，但岗位转移了。许多内部的组织撤销了，对外协作的组织大大增加了。

另一个影响是管理信息系统也成为一种产业，世界上每年有上千亿美金的市场额。信息系统已逐渐变成一种基础设施（Infrastructure）。美国克林顿政府号召建设美国全国信息高速公路，成了美国最大的工程建设项目，大大拉动了美国经济的增长，创造了近年来美国经济增长最快、失业率最低的时期。我国台湾地区目前有7%的在校大学生是在资讯（信息）管理专业学习，这也可看出信息系统在经济中的重要作用。

管理信息系统是生产系统，它的输入是数据，输出是信息，它是一种生产信息的系统，和其他生产信息的系统一起构成了信息基础，加快了信息经济和知识经济的到来。那么什么是信息经济，什么是知识经济呢?

我们知道农业经济、工业经济和后工业经济均是以产品的类型和从业人员的多少来划分的。在农业经济时代，农业产品占据社会总产品的主要成分，超过GDP的50%，从事农业的人员也占全部从业人员的大多数，超过 50%。在工业经济时代，主要产品为工业品，主要从业人员是工人，这时工业品的产值超过国民生产总值的一半，工业就业人员超过总就业人员的一半，即蓝领人员超过一半。到了 1976 年，美国白领人员超过蓝领人员。有人说美国已进入信息社会，也有人说进入了后工业社会。我们同意后一种说法，因为虽然当时信息工作人员已占了大多数，但主要产品仍是工业品。

信息经济的主要产品应是什么呢？许多人认为它应包含两部分：一部分是信息内容的产品；一部分是信息技术的产品。信息技术的产品主要包括信息处理的设备，如计算机、通信设备等。生产这种产品的产业在我国成为信息经济的主要成分，但在美国已把它们算为制造业经济。信息内容的产业则包括金融保险业、软件业、媒体传播业、教育业、咨询业等，电讯服务业、印刷出版业也可以属于这个范畴。从严格意义上说，生产信息设备的产业和工业产业没什么太大的区别，信息经济更应当注意生产信息内容的产业。按照这种理解，美国现在也未达到信息产业的生产总值超过 50%，但是它从事信息工作的人员已大大超过了 50%。现在美国大型企业的人员构成已大大改变，它的一线生产人员只占 10%，管理和销售人员占 20%~30%，而研发人员占 60%~70%。后两种实际上均是信息工作人员，所以信息工作人员实际上已超过半数。甚至那个 10% 的一线人员的工作中，也有许多是信息工作，如抄表分析数据，真正动手操作机器的情况是很少的。

知识经济是经济发展的一个较远的阶段，是农业经济、工业经济、后工业经济、信息经济发展后的一个经济形态。我们应把知识经济理解为以生产知识为主的经济。知识是关于客观事物的规律的认识，生产知识就意味着产出“规律”，就是说它不是应用知识去生产某种产品。这在农业经济、工业经济早已如此，以在这些产品中的所谓的知识含量来区分是知识经济还是其他经济，这也是不可取的，因为含量是相对的。我们认为产出知识意味着发现新知识，因而只有研发部门才算得上生产知识。生产知识的企业的产品是论文、专著、专利、技术发明、研究报告等。知识经济是以“生产知识”为主的经济，在这种经济环境中，大量的人力将投入到创造性的劳动中，从事知识的创造发明工作。所有知识应用过程将被高度智能化和自动化，只占用很少的劳动力。知识产品的生产总值要超过50%，从事知识创造工作的人员要超过50%。要达到这种经济形态显然要很长的时间，也许要500年。管理信息系统在这个发展中起着推动力的作用。

IS/IT的发展推动的信息经济也改变了以前社会中的一些观念和运作规则。在漫长的发展过程中，人类由原始社会经过农业社会、工业社会，发展到信息社会，经营方式也由武力掠夺，到商品掠夺，到资本掠夺，现在已到了信息掠夺的阶段。当今资本掠夺的一本万利的时代即将结束，信息掠夺所创造的无本万利的时代已经开始。在信息时代利用信息经营来获利，将有不同于工业时代的规律和方式。这主要是由信息产品的性质决定的。信息产品有以下性质：

（1）信息（知识）产品的研发成本很高，边际成本或销售成本接近于零。

（2）信息（知识）产品的产量无限界，生产企业只有第一，没有第二。

（3）追求第一，产品无限细化，最终导致个人化。

（4）产品的价值不是取决于生产的成本，而是基于顾客的期望。

（5）同样的产品可有不同的价格，极端至一个人一个价。

（6）信息产品是经验产品，只有在消费后才知其价值，要想办法让顾客在未消费前了解它。因此要在“给出内容”和“赚到钱”之间做出平衡。

（7）信息产品是知识产品，只有学会了才会用。安装和学习付出得越多，锁定得越深，转移成本越高。

（8）信息经济是注意力经济。信息无所不在，信息过载，创造了注意力的贫乏。

（9）广告是购买顾客的注意力，为了节省顾客的精力，“一对一”的方式是未来的需求。

信息产品的这种性质，人们在经营信息商品时总结出了一套策略，如果不了解它就会感到不合常理。举例如下：

例 10－1 同样一本书卖给图书馆一个价，卖给教授一个价，卖给学生又一个价。

例 10－2 微软做了个专业版软件，把它“捅几个洞”，当成学生版廉价卖出。

例 10－3 对老顾客收高价，对新顾客收低价。

IS/IT 对经济的影响可以说是全面的、深刻的、长远的。信息规则和信息策略还在不断发展，学习和研究它们是十分重要的。

10.6　对社会的影响

世界上任何一种技术，任何一种系统的应用和推广，都会对生产力和生产方式带来改变，也必然会对经济、社会造成影响。信息系统作为当代先进生产力的集中代表，它对社会所造成的影响是更重要、更深刻的。同样，任何一种技术和系统的影响，都会有正面的和反面的，都会对社会带来好处和坏处。

信息系统的好处或正面的影响是很明显的。直接的影响莫过于它减轻了人们繁重的劳动，包括体力的和脑力的。例如，IS/IT 和机器人结合使汽车装配、钢锭的压轧和包装自动化等，使人们免除了繁重的体力劳动。用电脑代替这种劳动显然是会对人类和社会带来好处，实现人类对未来美好生活的向往，使劳动不再成为谋生的手段，而成为人生的第一需要，人们都去做自己感兴趣的工作。间接的好处就更多了。由于 IS/IT 大大提高了劳动生产率，提高了工作的效率和效益，从而使社会的财富增加，人民生活富裕，形成安定的社会环境，人们的精神面貌都会随之改变，人人心情愉快，建立和谐社会。这些都是正面的影响。尽管 IS/IT 的正面影响是主要的，但它也不是没有负面影响。一般的情况总是 IS/IT 带来一些好处，就会产生一些坏处，克服了这些坏处，使得好处又得以发挥，进一步提升，又会带来坏处。这样周而复始，不断上升。

我们首先从最低层次来考察 IT 的负面影响。IT 的第一个冲击可以说是职工下岗，产生社会就业问题。处理不好这个问题，后果可能十分严重，甚至达到社会动乱的地步。在工业化和信息化初期，都有过十分尖锐的情况，工人破坏机器，操作员破坏数据等。这实际上是一个产业和职业转移问题。随着生产力的提高，产业结构的改变，所需的职业也就不同了。工业社会初期，缺乏技术工人，而农民面临失业；信息社会初期，缺乏信息人员，而一般技术工人就面临失业。在生产力提升的时候，总是许多工作找不到人做，而又有许多人找不到工作。提高生产率是企业永恒的真理，减人增效、下岗分流也是持久的现象。只要企业善于掌握“度”，善于处理矛盾，就能克服负面影响，使企业不断提高。

进入信息工作以后，引起的社会问题有健康问题、隐私问题、安全问题、利益问题等。不要以为信息人员整天在带空调的房间中工作很舒服，没什么健康问题，其实后来发现了许多新的问题。信息工作本身实际上也有许多繁重的劳动，虽然它们并不是繁重的体力劳动，但它却是繁重的脑力劳动，而繁重的脑力劳动对身体的危害甚至比体力更甚。例如，把大量的资料键入计算机的录入员、一边接听来电一边操作计算机的接线员、整天目不转睛地凝视着监视屏的电厂操作员等，一天工作下来就会感到疲惫不堪，久而久之甚至会导致疾病，如职业紧张、手臂和颈部肌肉疼痛、眼睛干涩、射线伤害等。计算机监视可能引起紧张，也曾经引起过工会的抗议；软件工作完善的无止境，使得追求软件完美的技术人员没有一个不加班，不“开夜车”的；软件工作环境的嘈杂，使得许多人不得不把工作带回家做；长期操作键盘，可能使得手指、手臂、腰、颈、背造成劳损，有的甚至疼痛难忍，不得不求医，甚至到不能工作的地步；长期面对射线屏幕工作，可能引起更严重的后果，已经有事例说明，它可能引起怀孕妇女早产或胎儿畸形。电脑僵硬的程序，控制着人做死板的工作，对人的个性的发展是一种约束。一种专门研究人类健康高效工作的学科，人类工程学（Ergonomics）专门研究这些问题，以克服这些负面影响。

隐私问题是信息化以后凸显出的问题。利用信息手段监视个人的工作，不仅使人们容易引起紧张，它还可能会涉及到侵犯人权的问题。例如，监视人们的电子邮件，是否违反了宪法保障公民通信自由的权利；24 小时监视人们的行为是否侵犯了人身自由。更有的公开个人的档案，造成当事人的工作不便，甚至损害了当事人的声誉和商业利益。超市随便地收集一些人采购行为的收据，把这些人当成其推销的对象，给这些人带来许多麻烦等。用计算机配选（Computer Matching）是 IT 监控的又一问题。错选了顾客、供应商还无大碍，有的甚至把无罪人员抓入监狱，就造成很大麻烦，甚至引发难以挽回的后果。因特网的广泛应用，更加深了这种矛盾。因特网是一个开放的，世界范围的网络。它现在的安全控制还很差，影响就更严重。由于这些都是社会性质的问题，所以均需用社会工作的方式才好解决。解决这些问题的社会方法就是加强宣传、树立道德标准、建立法律条文，在其他方式均无效时，采取强制手段。

计算机犯罪问题是指有些人利用信息系统的弱点为个人谋利或满足个人的私欲。例如，盗用别人信用卡提款或购物是最明显的一种。还有通过因特网识破别人的密码，通过网络银行转账，谋取私利。更有甚者故意破坏网络安全纯粹只是为了“恶作剧”，他们破坏数据库中的数据，搞乱操作系统，使机器停顿；他们施放“病毒”（Virus）或“电脑蛀虫”（Worm）。病毒就像人类疾病的病毒一样，它可以在电脑系统的各部件之间传播。如果一个部件和感染病毒的部件实现了连接，则此部件即感染上了病毒。病毒是要依附在其他程序上运行，而蛀虫就是一个单独的程序，它可以单独运行。电脑的黑客（Hacker）是电脑系统的非法闯入者。他破译别人的密码，闯过别人的保护屏障——“防火墙”，进入别人的系统，他可能窃取数据，可能破坏系统，也可能仅仅是显示自己有能耐。工业时代的法律没有惩罚电脑犯罪的条例，对这种问题难以处罚，因而造成一度泛滥，现在发达国家均根据新的情况，制定了电脑犯罪法。随着新技术的不断进步，新问题的产生，电脑犯罪的法律也要不断完善。

关于信息系统对社会的影响，具体见图 10－9。

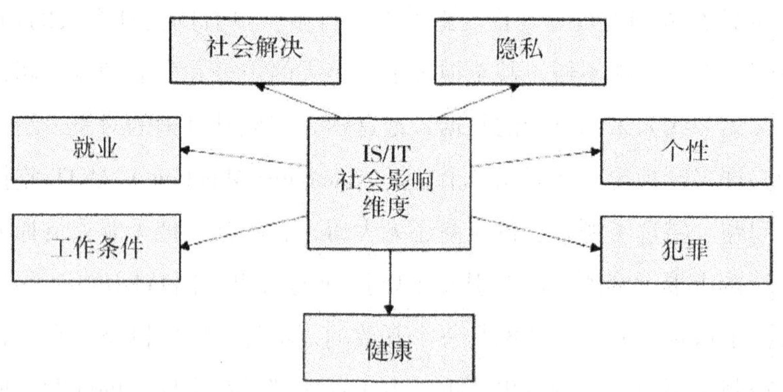

图 10－9　IS/IT 对社会的影响

由图 10－9 可以看出，IS/IT 对社会的影响是多方面的，包括隐私、个性、犯罪、健康、就业等。影响有正面的，也有反面的。社会影响本身也可以利用 IS/IT 去求得解决，利用 IS/IT 也应当考虑社会方法。所以，当代科学所发展起来的心理学、社会学、政治学，也都成为了与信息系统相关的学科。人类学习在 IS/IT 环境下的生活习惯，改变自己的决策行为以达到和谐，是人类自学习、自适应的结果。

在未来的信息社会，人类的习惯也会与以前大大不同，如购物。人们不再依赖于在实体店中的消费购物，而是会依托信息技术进行网络在线消费，再通过现代物流系统直接送货上门。足不出户便可实现买遍全世界的愿景。另外，人们的社交习惯也发生了变化。人们之间的联系交友，也慢慢由物理空间转到虚拟空间。虚拟空间让人的感觉更广泛，配合更理想，能更方便地表达意愿。虚拟的世界会越来越吸引人，未来的社会也将更多地跨入虚拟社会。

虚拟社会只要把现行社会的一套习惯、道德和法律发展完善，才能满足虚拟社会的需求。相信我国未来会出现很多信息社会的规则、道德和法律，以使我们未来的信息社会成为一个和谐社会。

本章小结

本章分为六个小节，即管理信息系统对运营管理、管理者行为、组织、企业战略、经济、社会的影响。主要表达了管理信息系统对管理的影响是自下向上发展的，它能逐渐改变管理者的习惯和行为，组织可分为 U 型、M 型、H 型、V 型，它同时是企业的战略资源，也时刻影响着经济和社会等观点。

章节练习

1. IS/IT 的影响无孔不入，请列出你认为影响到的所有领域，并指出哪些是影响最大的。

2. 请论述 IS/IT 在运营管理、管理行为、管理组织、企业战略、经济以及社会某一方面的影响，写一篇短文。

3. 试比较 IS/IT 在以上几方面影响性质、形式和程度的异同。

案例分析

结合本章内容与前面导入的红河卷烟厂的案例，分析管理信息系统是如何影响红河卷烟厂的运营、管理者的行为的，以及它对组织自身、社会经济等带来什么样的影响。

第 11 章　项目管理

教学要求：要求掌握项目以及项目管理的工作及作用。

教学内容：项目管理的特点、项目启动、项目的开发方式、项目计划、项目管理的实施与控制以及项目收尾。

西南部某专业部委的一个工程项目建设，其投资资金来源于某专业部委的一家国有独资大中型企业的全额投资，原预算投资约 1000 多万元，工程结算方式为经审批的设计预算加工程变更设计和工程签证的设计。

在工程基地基础施工中，龙门吊地基开挖时意外地遇到岩石，该工程所属的行政管理体系的设计、施工、监理三方去现场研讨如何处理，设计方现场确定施工方案，没有任何书面证据。施工单位继续施工，在此期间和之后，一直未办理工程变更手续，施工单位也没有提出哪怕口头的变更要求。但是，在竣工三个月之后，施工单位向监理单位提出书面变更要求——调增价格并且回砌，这使得工程量非常巨大，总共要求增加造价 100 多万。实际上，遇到岩石的只是一小部分，施工单位要求全部调增单价，属于高冒估算，项目监理机构经过审批，将绝大多数工程数量核减之后，签署了意见，估计需增加造价 4 万多元，施工单位觉得太少，遂重新做了一份变更单。首先他们找设计方签字，设计者签署了完全肯定性的意见，再找项目监理机构的另一名监理人员签字，签署了与设计者一样的意见，最后建设单位签了相同意见，以上各方都加盖了公章，估计需增加造价100多万元。同一个工程项目同一个施工单位提出同样的变更内容，但前后两份变更的增加投资相对差距近30倍。为了避免这一问题，我们引入了项目管理。

11.1　项目管理的特点

项目是由一系列任务组成的整体系统，目的是通过运用科学的项目管理技术，更好地实现项目目标。

（1）系统工程思想贯穿于项目管理的全过程。

项目是由相互关联的要素组成的，管理项目必须从系统整体出发，研究内部各个子系统之间、各要素之间以及系统与环境之间的关系。

（2）项目管理的组织是临时的，具有柔性。

柔性的组织结构打破了传统的固定建制的组织形式，围绕项目来组织资源，保证总目标的实现。

（3）项目管理的体制基于团队管理的个人负责制，项目经理是整个项目组中的协调、控制的关键。

（4）项目管理的要点是创造和保持一个使项目顺利进行的环境，使置身于这个环境中的人们能在集体中协调工作以完成预定的目标。因此，项目管理是一个管理过程，处理各种冲突和意外事件是项目管理的工作。

（5）项目管理的方法、工具和技术手段具有先进性。

项目管理采用科学先进的管理理论和方法。如采用网络图编制项目进度计划，采用目标管理、全面质量管理、价值工程、技术经济等理论和方法控制项目总目标。

11.2　项目启动

1. 概念

项目启动是指组织正式开始一个项目或继续到项目的下一个阶段。

这个阶段的主要工作是项目识别、项目构思和项目选择，形成项目建议书或者可行性研究报告。

2. 项目的需求分析

项目的需求分析是指项目投资者通过对项目产品或服务的市场需求、社会需求、公众需求以及投资者本身发展需求的综合分析，确定项目的方向以及项目投资的可行性，为项目投资决策提供依据和必要的准备工作。

需求分析一般要考虑企业竞争环境和发展战略、投资项目的瓶颈、用于项目的资金有无来源等直接影响立项的重要因素。项目投资者在资源有限的条件下往往需要做很多事情，确定哪一个项目是企业最迫切的需求，确定各种不同项目的优先发展次序，这是非常重要的。项目的需求分析，应以这些问题为目标。

3. 项目选择

在一个重要项目上获得适当的甚至很小的一点成功，比在一个不重要的项目上获得巨大的成功更有意义。组织的战略计划阐述了组织的经营理念、使命、目标、目的、战略，是选择项目的基础。

项目选择包括评估各种需求和机会，然后决定哪一个应该以项目的形式来实施，每个机会的收益和结果、优势和劣势、增加值和减少值都需要认定和评估。项目选择的步骤如下：

（1）制定一套评估机会的标准。

这些标准可能包含定性和定量的因素。定量的收益可以利用财务指标来衡量，如销售额的增长或者成本的降低等；无形的收益，如提高公司的公共形象等。每个机会也都应有量化的结果，如完成项目所需的成本，有些结果可能无法用具体的数值表示，如法律屏障等。

（2）列出每个机会所基于的假设。例如，如果航空公司想开发一套订票系统，一个假设可能是公司要有足够的资金来完成这个项目。

（3）收集每个机会的数据和信息，确保做出一个正确的项目选择决定。例如，必须收集一些与每一个机会有关的基本财务估计，如直接回报率、贴现的现金流、净现值、内部回报率、投资回报率，或者与每个考虑中的机会有关的生命周期成本。通常可以采用特定的基于数学的财务或经济模型分析方法，确保它们能够以一个统一的基础进行比较。

除了收集确实的数据之外，还必须获得与每个机会有关的其他信息，如这个机会可能会影响到的各种利益相关者。收集这些信息的方法包括调查问卷、专题讨论小组、访谈或者对已有报告的分析。

（4）对照标准评估每一个机会。

一旦收集、分析和总结了针对每个机会的所有数据和信息，这些资料就应该提交给参与评估和选择的团队。为了能够得到各种观点和看法，可以增加参与评估和选择的团队的人数，每个成员都应该有不同的背景和经验，并应用到决策过程中。

开展评估与选择过程的一个方法就是让评估和选择委员会制订一套评估标准，也可以制订某种类型的评分体系，根据每项标准给每一个机会打分。

4. 项目的可行性研究

可行性研究是确定建设项目前具有决定性意义的工作。项目的主要内容和配套条件，如市场需求、资源供应、环境影响等。从技术、经济、工程等方面进行调查研究和分析比较，并对项目建成以后可能取得的财务、经济效益和社会环境影响进行预测，进而提出意见，这是为项目提供依据的一种综合性的系统分析方法。它具有预见性、公正性、可靠性和科学性。

项目可行性研究的内容及侧重点如下：

（1）投资必要性。

主要根据市场调查及预测的结果，以及有关的产业政策，论证投资建设项目的必要性。

（2）技术可行性。

主要从项目实施的技术角度分析，合理设计技术方案，并进行比较和评价。

（3）财务可行性。

主要从项目及投资者的角度，设计合理的财务方案，从企业理财的角度进行资本预算，评价项目的财务盈利能力，进行投资决策，并从融资主体的角度评价股东投资收益、现金流量计划及债务清偿能力。

（4）组织可行性。

制订合理的项目实施进度计划，设计合理的组织机构，选择经验丰富的管理人员，建立良好的协作关系，制订合适的培训计划，以保障项目的顺利实施。

（5）经济可行性。

从资源配置的角度来衡量项目的价值，评价项目在实现区域经济发展目标、有效配置经济资源等方面的收益。

（6）社会可行性。

分析项目对社会的影响，包括政治体制、方针政策、经济结构、法律道德、宗教民族及社会的稳定性等。

（7）风险因素及对策。

主要对项目的市场风险、技术风险、财务风险、组织风险、法律风险、经济及社会风险等风险因素进行评价，制订规避风险的对策，为项目全过程的风险管理提供依据。

5. 项目启动的步骤

项目启动过程是由项目团队和项目利益相关者共同参与的一个过程，这个阶段应该定义一个项目的所有参数，以及开始计划针对项目的目标和最终成果的各种管理行为。具体步骤如下：

（1）制定项目的目标。

（2）项目的合理性说明，具体解释为什么开展本项目是解决问题或者是满足某种需求的最佳方案。

（3）项目范围的初步说明。

（4）确定项目的可交付成果。

（5）预计项目的持续时间及所需要的资源。

（6）确定高层管理者在项目中的角色和义务。

11.3　项目的开发方式

1. 独立开发

企业依靠自己的力量独自完成项目，要求企业具有较强的技术能力，能够按时提供客户需要的产品或服务。独立开发方式有利于培养企业的人员，但要求企业本身具备完成项目所需的各方面的技术和人才。

2. 合作开发

企业拥有熟悉本企业管理业务的各种成员，而从事专业服务的企业则具有完成项目所需的各类技术人员，这时合作开发是一种较好的选择。采用这种方式有利于充分发挥各自的优势，加快项目完成的进度，提高项目的成功率；也有利于企业培养专业技术人员，减少人员培训的投入。

3. 委托开发

委托开发即项目外包，是指当企业本身不具备独立完成项目的能力和条件时，由企业提出项目的目标等方面的要求，将整个项目的具体工作转交给委托开发商进行，最后根据委托开发合同，开发商将产品或服务交付企业，企业进行全面验收。

具体步骤如下：

（1）衡量委托开发对公司是否有意义。

在分析是否需要将项目工作进行外包的阶段，对本公司现有的业务做好基准调查，以判定它们在多大程度上符合行业标准。

（2）确认合作伙伴。

当确定将项目或项目的一部分外包时，一定要与项目团队坦诚相见并开展讨论，必要时可以引入第三方外包专家帮助做好选择并开展谈判工作。

（3）合同谈判。

合同谈判具有三个关键要素：一开始就为合同终止做好计划；外包合作方也必须盈利；谈判时基于成本，最终决定时则着眼于质量和人。

（4）保持合作关系稳健。

要让每位参与者都对外包项目或服务愉快接受并坦诚相待，并考虑引入一家独立公司开展质量评估。

委托开发能简化项目的复杂度，帮助企业集中人力资源降低成本，能避免组织过度膨胀，在不受限于既有的专业知识技能的同时致力于核心竞争力，从而让企业将资金做更有价值的运用，提升效益与客户满意度。

11.4 项目计划

在开始项目运作之前，项目团队必须花足够的时间对项目进行计划。一个考虑周全的项目计划，对任何项目的成功完成都是很重要的。应当让即将参与的执行人员参与设计工作，不仅因为他们最想知道该做哪些具体细节活动，而且通过参与工作计划，他们对按计划执行项目更有责任感。项目计划的具体步骤包括：

（1）清晰地定义项目目标（达成一致）。

（2）把项目范围一步步分解为工作包。工作分解结构就是在项目运作期间由项目团队实现或制订的项目等级树或工作组成单元。

（3）为了实现项目目标，需要界定每一个工作包所必须执行的具体活动。

（4）以网络图的形式图解活动。它表明了为实现项目，各种活动之间的必要次序和相互依赖性。

（5）对完成每一项活动需花多长时间进行估计，确定每项活动需要使用哪些资源及每种资源的用量，确保在预计的期间内完成项目。

（6）为每一项活动做一个成本估算，成本依每项活动所需的资源类型及数量而定。

（7）计算项目进度计划及预算额，以决定项目是否能在预定的时间内，在既定的资金与可利用资源条件下完成。如果无法完成，看看哪些工作范围、活动时间估计或资源配置可做哪些调整，直到建立起一个可行的、切合实际的基准计划。

11.5　项目管理的实施与控制

1. 项目实施阶段的主要工作

项目实施阶段的工作包括实施准备、实施计划、实施中的控制。在项目计划制订完毕并得到利益相关者的认可后，接下来的工作就是项目团队共同执行计划，根据实际情况对计划进行适当的调整，保证项目成功地实施。

（1）实施准备。

在项目计划付诸实际之前，必须花一定时间和力量对项目团队和有关人员，包括项目发起者和业主进行宣传、说服和动员，营造有利于实施项目计划的气氛和环境，即进行项目实施准备。项目团队应当对项目计划进行核实，看其是否完整、合理、现实与可行，项目所需的资源是否有保证，项目团队应当拥有的权力是否已经得到各方承认等。核实项目计划的过程实际上也是对项目团队进行动员的过程。

（2）实施计划。

实施计划是指通过完成项目范围内的工作来完成项目计划。在项目计划执行过程当中，项目团队必须对项目各种技术和组织界面进行管理，即协调项目内外的各种关系。

（3）实施中的控制。

项目控制就是监控和测量项目实际进展，捕捉、分析和报告项目的执行情况，若发现实施过程偏离了计划，就要找出原因，采取行动，使项目回到计划的轨道上来。如果项目计划中的某些东西在付诸实施之后发现无法接受，即使勉强实现，也要付出很高的代价，就必须对项目计划进行修改，或重新计划。

2. 项目计划的执行

（1）计划执行。

将项目计划付诸实施，开展计划中的各项工作。项目计划执行的主要依据是项目计划，包括范围管理、进度管理、风险管理、人员管理、采购管理、质量管理等具体领域的计划。在项目计划执行过程中，项目团队必须协调项目团队内外的各种关系，建立审批制度，包括具体条文、人员和权限以及表格和其他书面文件。充分利用项目管理信息系统，可以帮助项目的执行。

（2）信息沟通。

建立信息传递畅通的渠道，让应该得到信息的相关者及时获得必要的信息。项目团队的主要任务是信息发送与编写项目进展报告。

信息发送就是把信息及时传递给有关的利益相关者，包括实施沟通管理计划和对临时请求的回复，信息一定要完整、清楚、简练。根据信息接收对象和范围的不同，可以采用书面形式或口头形式；可以采取报告、情况介绍等正式形式，也可以采取备忘录等非正式形式；可以在项目实施范围内部发布信息，也可以在顾客、新闻界、公众等外部范围发布信息；可以在项目实施组织内从上到下或从下到上的垂直方向发送信息，也可以在同级之间的水平方向发送信息。

项目团队成员可以使用档案系统、计算机数据库、项目管理软件、工程图纸等技术文件信息，为了便于分享这些信息以及保证文件的安全，项目团队应当建立相应的文件管理系统和信息检索系统。在项目执行期间，交流的信息尽可能以适当的方式收集起来并加以妥善保管。

项目进展报告是为利益相关者编写的，是利益相关者之间沟通的重要资料。进展报告中要描述项目当前的状态、进度处在哪个阶段、执行情况，进展报告中还要说明将来可能遇到的问题，以便防患于未然。项目的利益相关者在读完进展报告后，通常会对项目某方面提出修改，这些修改即变更要求，应该按有关控制过程中规定的方法进行处理。

（3）询价。

询价就是让可能参加投标的承担单位或供应商提出满足项目要求的报价和建议。项目团队通常具有一套标准的询价工作流程，并对承担单位和供应商建立选择标准。对于承担单位和供应商，可以通过图书馆、电话号码簿、网络等多种方式，记录他们的经验、财务状况和组织结构等内容。询价之后要从承担单位处获得建议书。

（4）供应商选择。

根据衡量标准确定供应商，接受某一供应商的建议书，并请他们提供本项目需采购的产品或服务。选择合适的供应商时，价格通常是基本的决定因素，但是如果供应商不能及时提供合乎标准的产品或服务，即使建议的价格很低，项目成本仍会增加。

（5）项目团队建设。

项目团队建立起来，一般不能马上形成项目管理能力，需要培养、改进和提高项目团队成员个人及整体的工作能力。

项目团队建设是项目经理和项目团队成员的共同职责，应当创造出一种开放和自信的气氛，使成员有认同感，大家强烈希望为实现项目目标作贡献。

3. 项目监控

在管理过程中实行有效的项目监控是实现过程目标和最终目标的前

提和关键。具体包括以下四个方面的工作。

（1）项目跟踪。

项目跟踪是指项目各级管理人员根据项目的规划和目标，在项目实施的整个过程中对项目的进度、质量、成本、风险以及影响项目的内外部因素进行及时的、连续的、系统的记录和报告的系列活动过程。项目跟踪提高了项目的透明度和降低了风险。

（2）项目控制。

由于项目前期工作的不确定性和实施过程中多种因素的干扰，项目的实施进展难免偏离预期轨道。项目控制就是要在项目朝着最终目标前进的过程中，项目管理者根据项目跟踪提供的信息，对比原定计划和目标，找出偏差，分析原因，研究纠偏对策，实施纠偏措施的全过程。

（3）变更管理。

研究表明，计划的不完善和不明确的用户需求是引起项目变更的重要原因。频繁的变更会引起项目的混乱，因此应该尽量完善前期的工作，减少变更的数量。但是对于正常发生的变更则应以积极的态度进行管理，使其有序。

在变更提出阶段，不仅要表述变更的原因，还有提出变更实施方案和计划，在变更影响分析中，通常需要关注对成本、进度的影响，变更的风险、影响范围，变更本身所需要花费的资源等。为了有效控制变更，应该规定必要的管理人员批准各级变更。

（4）质量保证。

项目质量保证就是由项目外部的角色，以独立的眼光对项目进行观察，目的在于按照计划对项目的质量加以独立的监督。质量保证人员通常被称为QA，其职责是参与评审有关项目文件、参与评审变更、跟踪项目实施状况、审计项目过程规范的遵循情况等，并负责向项目经理的上级汇报工作。总之，QA的职责就是发现产品和过程的问题，并向有关部门报告问题，督促跟踪问题的解决。

11.6　项目的收尾

项目的目标已经实现，或者项目的目标不可能实现时，项目就进入了收尾阶段。收尾阶段的管理重点是项目的交接、对项目结果进行检验、项目的评价和总结、吸取经验教训，为完善以后的项目管理积累经验。

1. 项目收尾阶段的要求

项目的成功收尾标志着项目计划任务的完成和预期成果的实现，项目各参与方在这一阶段存在着较大的冲突。而且在项目进入收尾阶段后项目的注意力已经转移到新的任务上，有些项目成员可能要调离。这一阶段的工作烦琐零碎、费时费力，容易被忽略和轻视，所以需要特别强调其重要性，否则会给项目的运营带来隐患。

2. 项目收尾阶段的主要工作

（1）范围核实。

范围核实是指项目结束或项目阶段结束时，项目团队将其成果交付给使用者之前，项目接收方会同项目团队、项目监理等有关方面对项目的工作成果进行审查，查核项目规定范围内的工作或活动是否已经完成，应交付的成果是否令人满意。若检查合格，将项目成果由项目接收方及时接受，实现投资转入生产或使用，同时总结经验教训，为后续项目作准备。

（2）合同收尾。

合同收尾是指结束合同并结清账目，包括解决所有未尽事宜。合同收尾是成果验收，同时还要将项目记录加以更新以反映项目的最后成果，并将其归档以备后用。合同收尾的具体手续可以在合同条款中明确规定。

（3）行政收尾。

在行政收尾时，项目成员应当负责对所有的项目记录进行系统的整理，将一套完整的项目记录交由有关方面存档，并将所有与本项目有关的数据记录加以更新，仅保留那些反映项目最后真实情况的数据资料，以避免日后查阅时引起不必要的麻烦。行政收尾结束时，项目成员要让业主或发起人正式验收自己的项目成果，给出书面的验收文件，并将其分发给关各方，宣布项目的正式结束。

本章小结

项目管理作为信息系统开发成功的关键因素之一，已经受到了越来越多的项目开发者的重视。一般来说，在项目开发中，目标、成本、进度三者相互制约，项目管理则是谋求任务、进度、质量和成本的有机统一。

本章从项目管理的特点出发，对项目管理的启动阶段、计划阶段、实施与控制阶段、收尾阶段的特点及其主要工作内容进行了介绍。这几个过程涉及了项目管理的范围管理、时间管理、成本管理、质量管理、风险管理、人力资源管理、沟通管理、采购管理及系统管理的方法与工具九大领域的知识。在项目的启动过程中，特别要注意组织环境及相关利益者的分析；在后面的过程中，项目经理则要抓好项目的控制。控制的理想结果就是在要求的时间、成本限度及质量限度内完成双方都满意的项目范围。

本章介绍的项目管理适用于不同行业的项目，如工程建设项目、软件项目、研发项目等。

章节练习

1. 质量保证人员的职责是什么？
2. 项目监控包括哪几方面的工作？
3. 项目收尾阶段包括哪些工作？

案例分析

某钢厂改造其烧结车间，由于工期紧，刚确定施工单位的第二天，施工单位还未来得及任命项目经理和组建项目经理部，业主就要求施工单位提供项目管理规划，施工单位在不情愿的情况下提供了一份针对该项目的施工组织设计，其内容深度满足管理规划要求，但业主不接受，一定还要求施工单位提供项目管理规划。

问题：

1. 项目经理未任命和项目经理部还未建立，就正式发表了施工组织设计，其程序是否正确？

2. 业主一定要求施工单位提供项目管理规划，其要求是否一定正确？

3. 项目管理规划是指导项目管理工作的纲领性文件。请简述施工项目管理规划的规划目标及内涵。

4. 试说明施工项目管理规划的控制原则。

第 12 章　数据库与数据处理

亚马逊的“信息公司”

如果全球哪家公司从大数据发掘出了最大价值，截至目前，答案可能非亚马逊莫属。亚马逊也要处理海量数据，这些交易数据的直接价值更大。作为一家“信息公司”，亚马逊不仅从每个用户的购买行为中获得信息，还将每个用户在其网站上的所有行为都记录下来：页面停留时间、用户是否查看评论、每个搜索的关键词、浏览的商品等。这种对数据价值的高度敏感和重视，以及强大的挖掘能力，使得亚马逊早已远远超出了它的传统运营方式。

亚马逊的 CTO Werner Vogels 在 CeBIT 上关于大数据的演讲，向与会者描述了亚马逊在大数据时代的商业蓝图。长期以来，亚马逊一直通过大数据分析，尝试定位客户和获取客户反馈。“在此过程中，你会发现数据越大，结果越好。为什么有的企业在商业上不断犯错？那是因为他们没有足够的数据对运营和决策提供支持，”Vogels 说，“一旦进入大数据的世界，企业的手中将握有无限可能。”从支撑新兴技术企业的基础设施到消费内容的移动设备，亚马逊的触角已触及到更为广阔的领域。

1. 亚马逊推荐

亚马逊的各个业务环节都离不开“数据驱动”的身影。在亚马逊上买过东西的朋友可能对它的推荐功能都很熟悉，“买过 X 商品的人，也同时买过 Y 商品”的推荐功能看上去很简单，却非常有效，同时这些精准推荐结果的得出过程也非常复杂。

2. 亚马逊预测

用户需求预测是通过历史数据来预测用户未来的需求。对于书、手机、家电这些东西——亚马逊内部叫硬需求的产品，你可以认为是“标品”——预测是比较准的，甚至可以预测到相关产品属性的需求。但是对于服装这样软需求产品，亚马逊干了十多年都没有办法预测得很好，因为这类东西受到的干扰因素太多了，比如：用户对颜色、款式的喜好，穿上去合不合身，爱人、朋友喜不喜欢…… 这类东西太易变，买的人多反而会卖不好，所以需要更为复杂的预测模型。

3. 亚马逊测试

你会认为亚马逊网站上的某段页面文字只是碰巧出现的吗？其实，亚马逊会在网站上持续不断地测试新的设计方案，从而找出转化率最高的方案。整个网站的布局、字体大小、颜色、按钮以及其他所有的设计，其实都是在多次审慎测试后的最优结果。

4. 亚马逊记录

亚马逊的移动应用让用户有一个流畅的无处不在的体验的同时，也通过收集手机上的数据深入地了解了每个用户的喜好信息；更值得一提的是 Kindle Fire，内嵌的 Silk 浏览器可以将用户的行为数据一一记录下来。

以数据为导向的方法并不仅限于以上领域，亚马逊的企业文化就是冷冰冰的数据导向型文化。对于亚马逊来说，大数据意味着大销售量。数据显示出什么是有效的、什么是无效的，新的商业投资项目必须要有数据的支撑。对数据的长期专注让亚马逊能够以更低的售价提供更好的服务。

12.1　数据库系统概述

12.1.1　企业商务管理的数据处理

我们知道，企业的管理者不仅需要数据和信息，还需要商务智能

(BI)——一种涉及企业客户、竞争对手、合作伙伴、竞争环境和企业内部运作的知识，以便制定有效和重要的商业战略决策。商务智能能够帮助企业判断信息的准确内涵，以便构建并完善业务流程，确保企业的竞争优势。

当然，创建商务智能需要数据和信息。人们首先必须收集并合理地组织信息，然后使用合理的IT工具来定义和分析信息内部的各种关系，从信息中提取商务智能。数据库、数据库管理系统、数据仓库和数据挖掘工具能帮助人们构建和运用商务智能。

当人们利用IT工具从事该项工作时，将完成两类信息处理工作，即联机事务处理（OLTP）和联机分析处理（OLAP）。联机事务处理包括输入信息的收集、处理，并利用收集到和经过处理而得到的信息去更新已存在的信息。数据库和数据库管理系统就是直接提供OLTP支持的技术工具，最常见的就是业务数据库。在这些业务数据库中，保存了大量有价值的信息，而这些信息恰恰是形成商务智能的基础。

通过查询业务数据库能够收集商务智能的基本构成，通过综合企业的产品信息和广告策划信息，能够帮助企业进行联机分析处理。

联机分析处理是一种提供决策支持的信息处理方式。事实上，数据仓库是一种特殊形式的数据库，它从许多业务数据库中提取用于支持特定决策所需的信息。当我们构建数据仓库，并用数据挖掘工具去利用数据仓库中的信息时，其目标就是构建商务智能。因此，数据仓库支持OLAP而不支持OLTP。通过执行更深层次的查询，能够从数据仓库中而不是某个单一的数据库中获取商业智能。例如，要满足查询“什么样的新广告战略能够保证吸引那些有能力购买高价产品的顾客”，就需要从多个数据库中抽取信息。数据仓库可以比数据库更好地支持商务智能的构建。

数据库（DataBase，DB）可以被直观地理解为存放数据的仓库，但所存放的数据并不是杂乱无章的，而是长期存储在某种存储介质上的有组织的、可共享的相关数据的集合。数据库中的数据按一定的数据模型组织描述和存储，具有较小的冗余度、较高的数据独立性和易扩展性，并可为各用户共享。

数据库管理系统（DataBase Management System，DBMS）是位于用户与操作系统之间的一类重要的系统软件，用于管理数据库、完成对数据库的一切操作，包括定义、查询、更新以及各种控制。目前主流的DBMS有Access、Visual Foxpro、SQL Server、Oracle、Sybase、DB2等。

数据库管理系统的基本功能：

（1）数据定义功能。

DBMS提供了数据定义语言（Data Definition Language，DDL），用户通过它可以对数据库中的内容进行定义。例如，对数据库、表、索引进行定义。

（2）数据操纵功能。

DBMS提供了数据操纵语言（Data Manipulation Language，DML），用户可通过它对数据库进行基本操作。例如，对表中数据的查询、删除、修改等。

（3）数据库运行控制功能。

数据库建立、运用和维护时间同数据库管理系统统一管理、统一控制，以保证数据的安全性、完整性，多用户对数据的并发使用及发生故障后的系统恢复。

（4）数据库的建立和维护功能。

它包括数据库初始数据的输入、转换功能，数据库的转储、恢复功能，数据库的重组织、重构造功能的性能监视、分析功能等。这些功能通常是用一些实用程序完成的。

数据库系统（DataBase System，DBS）通常是指带有数据库的计算机应用系统。它不仅包括数据库本身，即实际存储在计算机中的数据，而且包括相应的硬件、软件和各类人员。一般由数据库、数据库管理系统（即开发工具）、应用系统、数据库管理员和用户等构成。数据库系统组成示意图如图 12－1 所示。

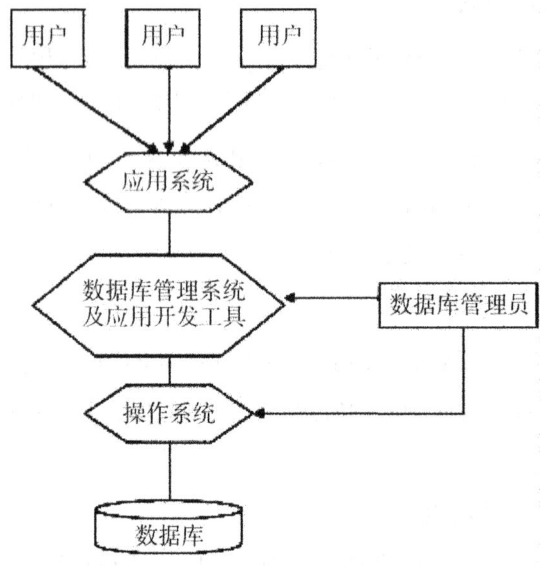

图 12－1　数据库系统组成示意图

12.1.2　数据管理系统的发展

数据管理是指人们对数据进行收集、组织、存储、加工、传播和利用的一系列活动的总和，它经历了人工管理、文件管理、数据库管理三个阶段。

1. 人工管理阶段

20 世纪 50 年代以前，计算机主要用于数据计算。从当时的硬件来看，外存只有纸带、卡片、磁带，没有直接存取设备；从软件看，没有操作系统以及管理数据的软件；从数据看，数据量小、数据无结构，由用户直接管理，数据间缺乏逻辑组织，数据依赖于特定的应用程序，缺乏独立性，如图 12－2 所示。

应用程序1	数据集合1
应用程序2	数据集合2
应用程序3	数据集合3

图 12－2　程序与数据为一个整体

2. 文件系统阶段

20 世纪 50 年代后期到 20 世纪 60 年代中期，出现了磁鼓、磁盘等直接存取数据的存储设备。1954 年出现了第一台商业数据处理的电子计算机，标志着计算机开始应用于以加工数据为主的事务处理阶段。人们得益于计算机惊人的处理速度和大容量的存储能力，从而解决了从大量传统纸张文件中寻找数据的困难，出现基于计算机的数据处理系统，并从此迅速发展起来。

这种数据处理系统是把计算机中的记录进行存取，并可以实现对文件的修改、插入和删除，这就是文件系统。文件系统实现了记录内的结构化，即给出了记录内各种数据间的关系。但是，文件从整体来看却是无结构的。其数据面向特定的应用程序，因此数据共享性、独立性差，且冗余度大，管理和维护的代价也很大。图 12－3 为数据的文件系统管理示意图。

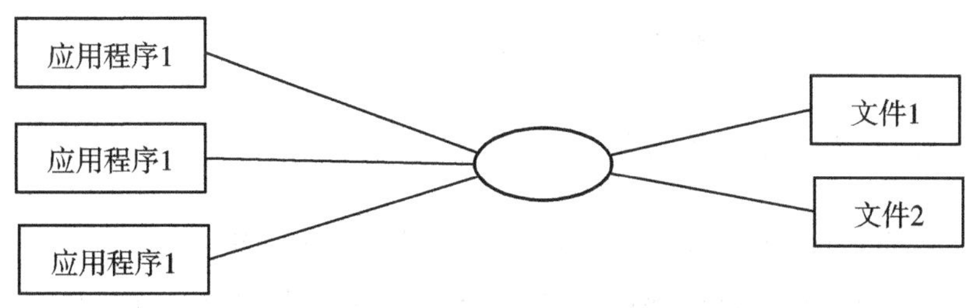

图 12－3　文件系统管理示意图

3. 数据库管理阶段

20 世纪 60 年代后期，计算机性能得到提高，更重要的是出现了大容量磁盘，存储容量大大增加且价格下降。在此基础上，有可能克服文件系统管理数据的不足，从而满足和解决实际应用中多个用户、多个应用程序共享数据的要求，使数据能为尽可能多的应用程序服务，这就出现了数据库这样的数据管理技术。数据库的特点是数据不再只针对某一特定程序应用，而是面向全组织，具有整体的结构性，共享性高、冗余度小，具有一定的程序与数据间的独立性，并且实现了对数据进行统一的控制。数据库技术的应用使数据存储猛增、用户增加，而且数据库技术的出现使数据处理系统的研制从围绕以加工数据的程序为中心转向围绕共享数据来进行。这样，既便于数据的集中管理，又有利于应用程序的研制和维护，从而提高了数据的利用率和相容性，并且有可能从企业或组织的全局来利用数据，从而提高了决策的可靠性。图 12 –4 为数据的数据库管理示意图。

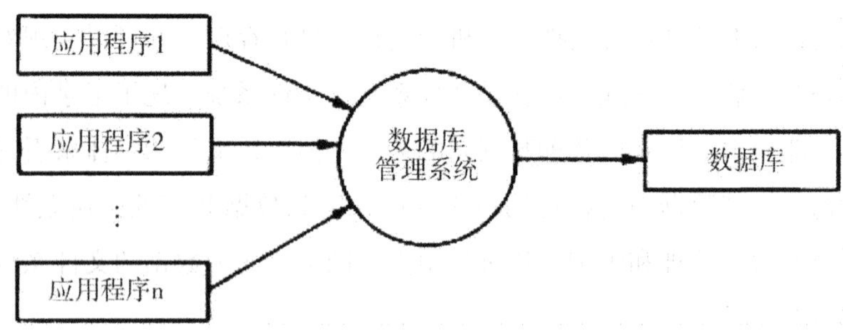

图 12 –4　数据的数据库管理示意图

12.1.3　常见的数据库管理系统

目前有许多数据库产品，如 Oracle、Microsoft SQL Server、Microsoft Access、Visual Foxpro、Sybase、Informix 等，它们各以自己特有的功能，在数据库市场上占有一席之地。下面简要地介绍几种常用的数据库管理系统。

1. Microsoft SQL Server

Microsoft SQL Server 是一种典型的关系型数据库管理系统。可以在许多操作系统上运行，它使用 Transact-SQL 语言完成数据操作。由于 Microsoft SQL Server 是开放式的系统，因此其他系统可以与它进行完好的交互操作。目前最新版本的产品为 Microsoft SQL Server2014，它具有较好的可靠性、可伸缩性、可用性、可管理性等特点，可为用户提供完整的数据库解决方案。

2. Microsoft Access

作为 Microsoft Office 组件之一的 Microsoft Access，它是在 Windows 环境下非常流行的桌面型数据库管理系统。使用 Microsoft Access 无须编写任何代码，只需通过直观的可视化操作就可以完成大部分数据的管理任务。在数据库 Microsoft Access 中，包括许多组成数据库的基本要素。这些要素是存储信息的表、显示人机交互界面的窗体、有效检索数据的查询、信息输出载体的报表、提高应用效率的宏、功能强大的模块工具等。它不仅可以通过 ODBC 与其他的数据库相连，实现数据交换和共享，而且可以与 Word、Excel 等办公软件进行数据库交换和共享，还可通过对象链接与嵌入技术在数据库中嵌入和链接声音、图像等多媒体数据。

12.2　数据模型

12.2.1　概念模型

模型是对客观世界中复杂的对象的描述。例如，在军事上使用沙盘描述战场实况，在建筑上用外貌图、平面图和侧面图描述一个建筑物的外部特征和内部结构。

概念模型用于信息世界的建模，是现实世界到信息世界的第一层抽象，是用户与设计人员之间进行交流的语言，不依赖于具体的计算机硬件和软件。它主要用于数据库设计，所以在进行数据库设计时，必须首先给出概念模型。

1. 概念模型的基本概念

（1）实体（Entity）：现实世界中客观存在并可相互区分的事物或概念称为实体。如一本书、一辆车、学生、某种现象等都是实体。

（2）属性（Attribute）：实体具有的特征称为属性。如学生实体可以由学号、姓名、性别、出生日期、专业等属性组成。

（3）联系（Relationship）：在现实世界中，事物内部以及事物之间存在着相互关系，而在信息世界中反映为实体内部的联系和实体之间的联系。

两个实体集间的联系可以分为三类：

①一对一联系（1:1）。

如果对于实体集 A 中的每一个实体，实体集 B 中至多有一个（也可能没有）实体与之联系，反之亦然，则称实体集 A 与实体集 B 具有一对一联系，记为 1：1。例如，学校里面只有一个正校长，而一个校长只在一个学校任职，则学校与校长之间具有一对一联系。

②一对多联系（1:n）。

如果实体集 A 中至少有一个实体和实体集 B 中的两个或两个以上的实体相对应，而实体集 B 中的任一实体仅可能和实体集 A 中的一个实体相对应，则 A 和 B 间的联系就是一对多联系，记为 1:n。例如，一个班级有多个学生，一个学生只能属于一个班级，班级和学生之间是一对多的联系。

③多对多联系（m:n）。

如果实体集 A 中至少有一个实体和实体集 B 中的两个或两个以上的实体对应，并且实体集 B 中也至少有一个实体和实体集 A 中的两个或两个以上实体对应，则 A 和 B 间是多对多联系，记为 m:n。例如，一门课程同时有若干个学生选修，而一个学生可以同时选修多门课程，则课程与学生之间具有多对多联系。

2. 概念模型的表示方法——ER 图

概念模型的表示方法很多，其中最常用的是实体 - 联系方法，即 ER 图，实体集、属性和联系的表示方法如下：

（1）实体集：用矩形表示，矩形内写明实体集名。

（2）属性：用椭圆形表示，并用线段将其与相应的实体集连接起来。

（3）联系：用菱形表示，菱形内写上联系名，用线段分别与有关实体集连接起来，在线段旁标出联系的类型。如果联系具有属性，则属性仍用椭圆形表示，仍需要用线段将属性与其联系连接起来。

下面用 ER 图来表示某学校学生成绩管理的概念模型。学生成绩管理涉及的实体包括学生；属性包括学号、姓名、性别、出生日期、专业课程，属性包括课程号、课程名；实体之间的联系包括每个学生可以修多门课程、每门课程可以有多个学生选修，学生与课程实体之间是多对多联系。所得到的 ER 图如图 12 - 5 所示。

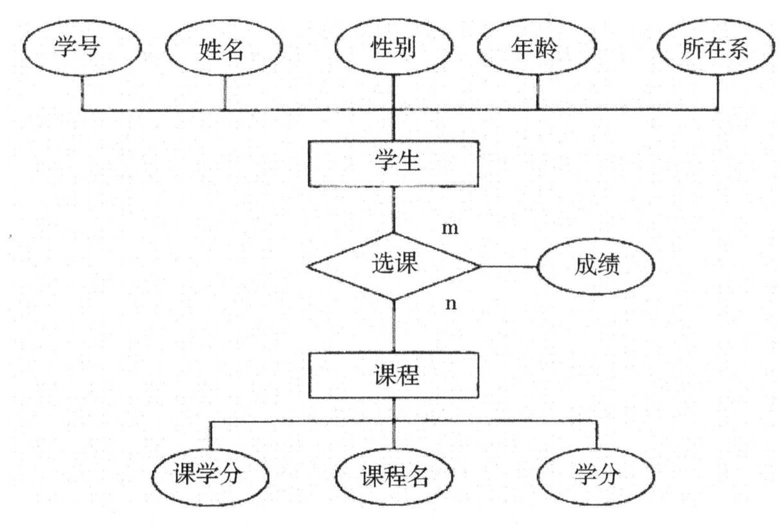

图 12 - 5　学生成绩管理概念模型

12.2.2 数据模型

数据模型的设计方法决定着数据库的设计方法，常见的数据模型有三种：层次模型、网状模型和关系模型。

1. 层次模型

层次模型是最早使用的数据模型，是一种用树形表示数据之间的多级层次结构。其结构特点如下：

（1）只有一个最高结点，即根结点；

（2）其余结点有而且仅有一个父结点；

（3）上下层结点之间表示一对多的联系。

2. 网状模型

网状模型是比层次模型更具有普遍性的一种结构。它用图取代了层次模型中的树，从而允许结点之间更加普遍的联系。其结构特点如下：

（1）用图表示数据之间的关系；

（2）允许结点有多于一个的父结点；

（3）可以有一个以上的结点没有父结点；

（4）表示结点之间多对多的联系。

3. 关系模型

关系模型是目前最常用的数据模型之一，在关系模型中，数据在用户观点下的逻辑结构就是一张二维表。每一张二维表称为一个关系（Relation）。其结构特点如下：

（1）每一列不可再分；

（2）同一关系中属性（字段）不允许重名；

（3）关系中不允许有完全相同的元组；

（4）关系中交换任意两行的位置不影响数据的实际含义；

（5）关系中交换任意两列的位置不影响数据的实际含义。

12.3 Access 简介

12.3.1 关系数据库

1. 关系数据库的基本概念

(1) 关系：就是通常所说的二维表。

(2) 元组：在二维表中，从第二行起的每一行称为一个元组。

(3) 属性：在二维表中，每一列称为一个属性，而每一列第一行所显示的是该列的属性名称，例如“姓名”“性别”等。

(4) 域：表示各个属性的取值范围。

(5) 关系模式：是对关系结构的描述。

表示格式：关系名（属性 1，属性 2，属性 3，…，属性 n）。

例如，student（学号，姓名，性别，年龄）。

(6) 关键字：关系中用来唯一标识一个元组的属性或属性组。表中可能有多个关键字。

(7) 主键：在应用中被选用的关键字称为主键。

(8) 外部关键字：表中的一个字段不是本表的主关键字或候选关键字，而是另外一个表的主关键字或候选关键字，该字段称为外部关键字，简称外键。

例如，在关系 score 中，关键字是属性组（学号，课程号），“学号”不是 score 的主键，而是关系 student 的主键，因此“学号”称为外键。

2. 关系的基本运算

(1) 选择：从指定的关系中选择满足给定条件的元组组成新的关系。

(2) 投影：从指定关系的属性集合中旋切若干个属性组成新的关系。

（3）联接：两个关系中的元组按指定条件组合成新的关系。

12.3.2 Access 数据库设计

使用 Access 时，用户无须编写任何代码，通过简单直观的可视化操作，就可以完成基本的数据管理任务，是小型数据库应用的理想平台。本节以 Access XP 中文版为例，介绍如何建立数据库以及对数据库数据进行简单的管理。在前面章节中，我们讲过数据库在使用这些数据上是存放数据的仓库。它把大量数据按一定的结构进行存储，集中管理和统一使用这些数据，实现数据共享。

在 Access 中，数据库不仅包含用于存放加工过的信息的表，还包含以表中所存放的信息为操作对象的查询、窗体、报表、页等数据库对象。

一般数据库的设计应遵循以下几个步骤：

（1）确定创建数据库所要完成的目的。

（2）确定创建数据库中所需要的表。

（3）确定表中所需要的字段。

（4）明确有唯一值的主关键字。

（5）确定表之间的关系。

（6）输入数据并创建其他数据对象。

在对数据库的各项操作中，首先是建立一个空的数据库。Access 提供两种创建数据库的方法：一种是从创建一个空数据库开始逐步在该数据库中添加表、窗体、报表及其他数据库对象；另一种是使用“数据库向导”，参照所选择的模板一次性地创建所需要的表、窗体、报表。下面以第一种方法为例来介绍如何创建空数据库，步骤如下：

（1）在启动 Access 后的 Microsoft Access 对话框中，选择“空 Access 数据库”选项并按“确定”按钮。

（2）在打开如图 12－6 所示的“文件新建数据库”对话框中，选择数据库存放的位置，输入数据库的名称并单击“创建”按钮，进入如图 12 -7 所示的“Access 数据库窗口”，即完成了空数据库的创建。

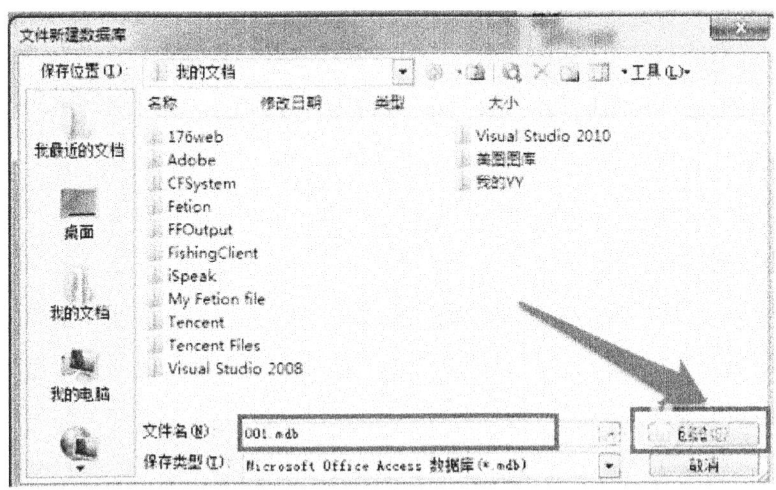

图 12 -6　“文件新建数据库”对话框

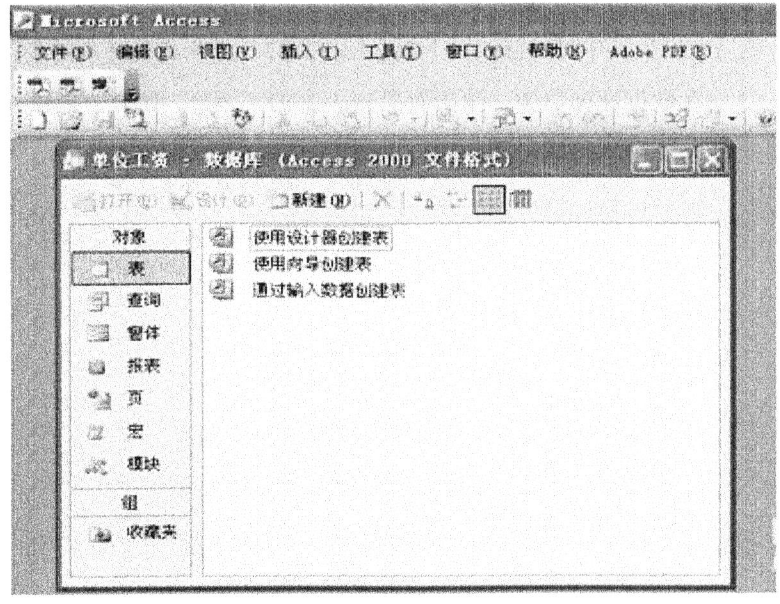

图 12 -7　Access 数据库窗口

12.3.3 表的建立和使用

表是数据库中存储数据的最基本的对象，常称为“基本表”，是构成数据库的一个重要组成部分。表由若干记录组成，每一行称为一个记录，对应着一个真实的对象；每一列称为一个字段，对应着对象的一个属性信息。每个表的关键字（关键字可以为一个字段或多个字段）使表中的记录唯一。在表内还可以定义索引，当表内存放大量数据时可以加速数据的查找。

Access 中的所有数据都存放在数据表中。表是一个数据库系统的基础，只有建立表后，才可以建立查询、窗体和报表等其他项目，逐步完善数据库。

1. 创建表

利用设计视图创建表。使用设计器建立表的方法有两种：一种是直接使用设计器来创建新表；另一种是使用表向导来构造一个结构相近的表，然后在设计器中打开修改。下面介绍使用设计器来创建新表的步骤：

（1）在数据库窗口中，单击对象列表中的“表”，双击“使用设计器创建表”按钮，打开“新建表”对话框，如图 12－8 所示。

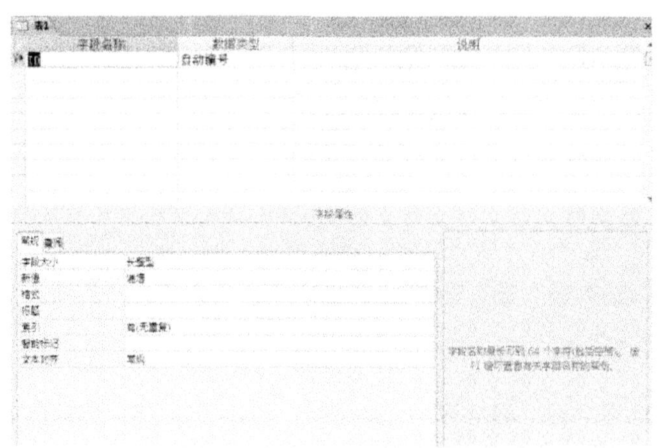

图 12－8 表设计器创建表对话框

（2）在各栏中输入字段名称、选择数据类型，然后设置字段属性。

（3）保存所设计的表。

2. 定义主关键字

为了提高 Access 在查询、窗体和报表操作中的快速查找能力和组合保存在各个不同表中信息的性能，必须为建立的表指定一个主关键字。主关键字可以包含一个或多个字段，以保证每条记录都有唯一的值。设定主关键字的目的就在于保证表中的所有记录都能够被唯一识别。如果表中没有可以用作唯一识别表中记录的字段，则可以使用多个字段来组合成主关键字。其设置步骤如下：

（1）在表设计器中，单击字段名称左边的字段选择按钮，选择要作为主关键字的字段。单击字段选择按钮的同时按住 Ctrl 键可以同时选择多个字段。

（2）单击“编辑”菜单中的“主键”命令，则在该字段的左边显示钥匙标记。

3. 建立表间关系

在表中定义主关键字，除了可以保证每条记录可以被唯一识别外，更重要的作用在于多个表间的连接。当数据库中包含多个表时，需要通过主关键字的连接来建立表间的关系，使各表协同工作。要在两个表间建立关系，必须在这两个表中拥有相同数据类型的字段。其设置步骤如下：

（1）打开表所在的数据库窗口。

（2）单击“工具”菜单中的“关系”命令，打开“显示表”对话框，如图 12 - 9 所示。

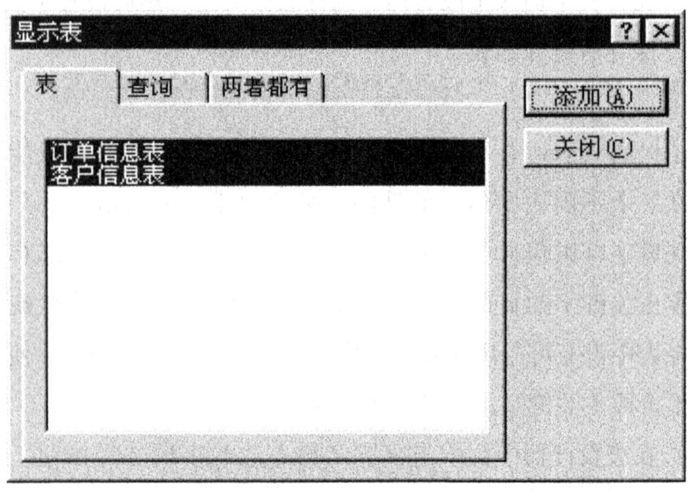

图 12－9　“显示表”对话框

（3）选择要建立关系的表，然后单击“添加”按钮，依次添加所需要的表后，单击“关闭”按钮。

（4）在关系对话框中选择其中一表中的主关键字，拖曳到另一表中相同的主关键字，释放鼠标后，打开“编辑关系”对话框，如图12－10所示。

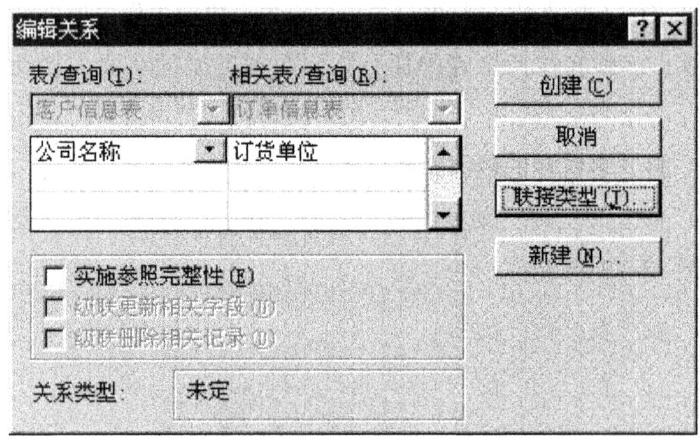

图 12－10　“编辑关系”对话框

（5）若在“编辑关系”对话框中选中“实施参照完整性”和“级联更新相关记录”复选框，则在更新主表中记录的同时更新关系表中的相关记录。

（6）若在“编辑关系”对话框中选中“实施参照完整性”和“级联删除相关记录”复选框，则在删除主表中记录的同时删除关系表中的相关记录。

（7）接着单击“联接类型”按钮，打开图 12－11 所示“联接属性”对话框，在此选择联接的方式。

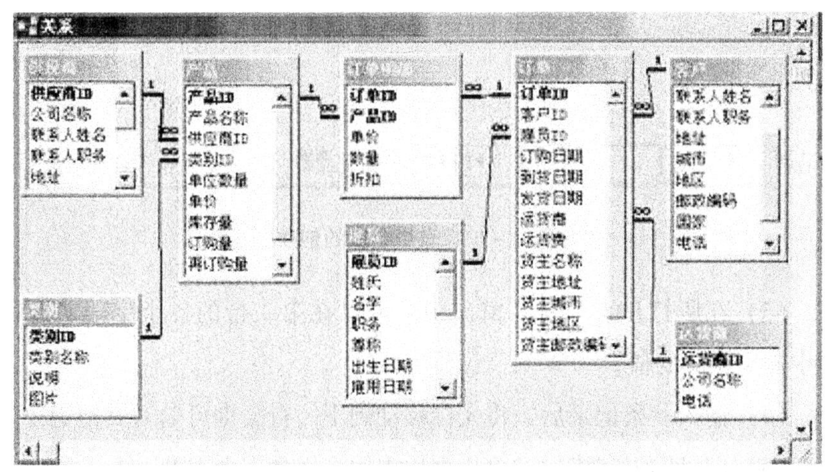

图 12－11　创建联接关系

（8）在“编辑关系”对话框中单击“创建”按钮，即在创建关系的表之间有一条线将其连接起来，表示已创建好表之间的关系。

（9）关闭关系对话框，按需要选择是否保存关系的设定。

4. 输入数据

Access 只允许每次操作一个记录，正在操作的记录在行选定器上显示一个“三角图标”用于标记当前记录。当改变当前记录的数据但又没有保存时，行选定器上显示一个“笔型图标”。

在表中输入数据的步骤如下：

（1）打开所要输入数据的表所在的数据库窗口。

（2）双击需要输入数据的表，打开如图 12 - 12 所示的“表”窗口。

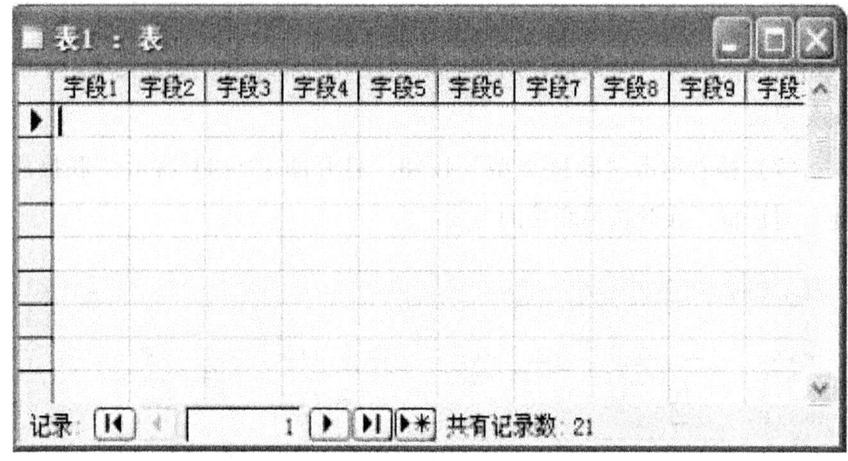

图 12 - 12　表中字段的创建

（3）在所打开的“表”窗口中，可以在第一行的各个字段对应的列中输入相应的值。

（4）输入一条记录后，将光标移动到下一行，即可输入其他记录。

（5）记录输入完毕后，单击窗口中的“关闭”按钮即可。

12.3.4　创建查询

查询是对数据源进行一系列检索操作，可以将多个表的数据组合在一起，从中检索符合特定条件的数据，并指定给窗体、报表或数据访问页作为数据源，还可以通过查询向多个表中添加和编辑数据。

Access XP 通过“设计器”“向导”来建立查询。而“简单查询向导”可快速创建一个简单而实用的查询，并且可以在一张或多张表或查询中指定检索字段中的数据。因此，在这里简单介绍使用向导创建查询，具体操作步骤如下：

（1）在“数据库”窗口中，单击“对象”列表中的“查询”项，然后单击“数据库”窗口工具栏上的“新建”按钮如图 12 – 13 所示。

图 12 – 13　创建查询

（2）在如图 12 – 14 所示的“新建查询”对话框的列表中选择“简单查询向导”，然后单击“确定”按钮。

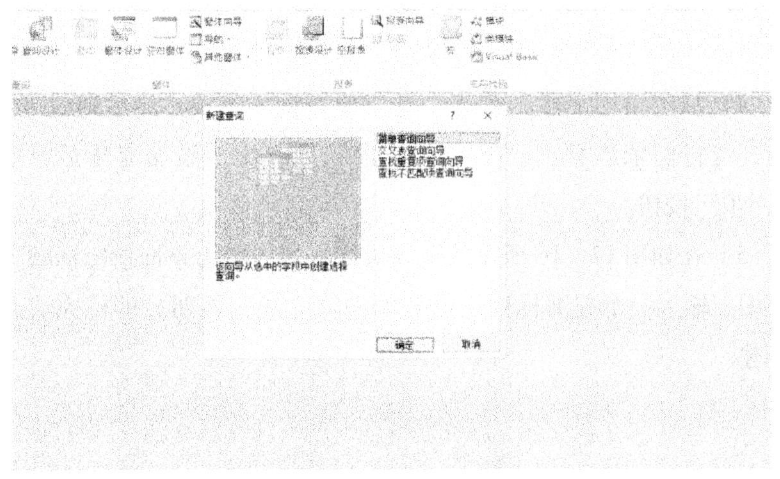

图 12 – 14　简单查询

（3）进入图 12 – 15 所示的“简单查询向导”后，选择“表/查询”下拉列表中要查询的表。

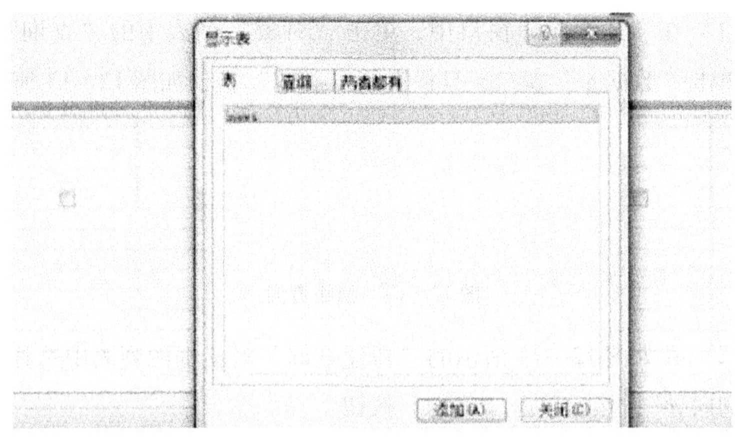

图 12－15　简单查询向导

（4）从“可用字段”列表中选定要查询的字段，然后通过“ > ”按钮，将它们依次移入“选定的字段”列表中，添加完毕后，单击“下一步”按钮。

（5）在如图 12－16 所示的向导对话框的“请为查询指定标题”文本框中，输入一个查询标题，最后单击“完成”按钮，即可完成查询的创建。

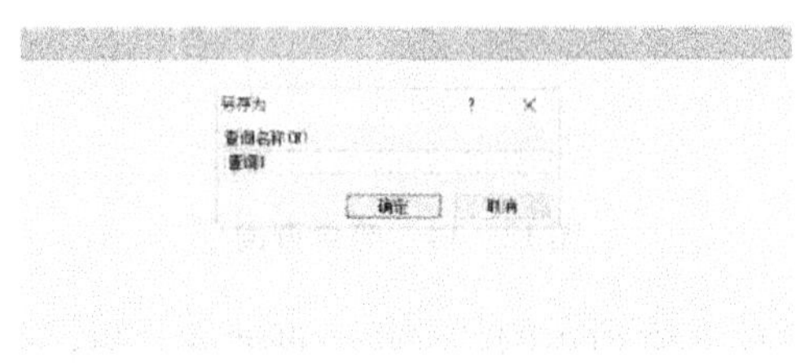

图 12－16　查询表后命名

12.4　关系数据库与结构化查询语音 SQL

SQL（Structured Query Language，结构化查询语言）是关系数据库的标准语言，它包括了对数据库的所有操作，在功能上可以分为四个部分：数据定义、操作操纵、数据控制和嵌入式 SQL。由于其通用并且功能强大，几乎所有的关系数据库软件都支持 SQL，许多软件厂商对 SQL 基本命令集还进行了不同的扩充。

12.4.1　SQL 的基本概念

用户可以用 SQL 对数据库中的基本表和视图进行查询和其他操作，基本表和视图一样，都是关系。

基本表是本身独立存在的表，在 SQL 中一个关系对应一个表。一个（或多个）基本表对应一个存储文件，一个表可以带若干索引，索引也存入在存储文件中。

视图是从一个或几个基本表导出的表。它本身不独立存储在数据库中，即数据库中只存放视图的定义而不存放视图对应的数据，这些数据仍存入在导出的视图的基本表中，因此视图是一个虚拟表。

12.4.2　SQL 的特点

1. 综合统一

SQL 集数据定义语言 DDL、数据操纵语言 DML、数据控制语言 DCL 的功能于一体，语言风格统一，可以独立完成数据库生命周期中的全部活动。用户在数据库系统投入运行后，还可根据需要随时逐步地修改模式，且不影响数据库的运行，从而使系统具有良好的可扩展性。

2. 非过程化

SQL 语言进行数据操作，只要提出“做什么”，而无须指明“怎么做”，因此无须了解存取路径，存取路径的选择以及 SQL 语言的操作过程由系统自动完成。这大大减轻了用户的负担，提高了数据的独立性。

3. 面向集合的操作方式

非关系模型以记录为操作对象。例如，查询所有 20 世纪 90 年代出生的学生，用户必须按照具体的处理过程逐条地把满足条件的记录找出来。而 SQL 语言以集合为操作对象，不但查询结果和操作对象可以是元组的集合，而且插入、删除、更新等操作的对象也可是元组的集合。

4. 以同一种语法结构提供两种使用方法

SQL 语言既是自含式语言，又是嵌入式语言。作为自含式语言，它能够独立地以联机交互的方式使用，用户在终端输入 SQL 命令即可完成对数据库系统的操作；作为嵌入式语言，SQL 语言能够嵌入到高级语言（如 C、VC ++ 、Java）编写的程序中，为程序员使用不同的语言对数据库进行操作提供方便。

5. 语言简捷，易学易用

SQL 语言非常简捷，但是功能强大，只需 9 个动词，如表 12 - 1 所示。SQL 语言与英语口语类似，所以容易学习和使用。

表 12 - 1　SQL 语言的动词

SQL 功能	动词
数据查询	SELECT
数据定义	CREATE，DROP，ALTER
数据操纵	INSERT，UPDATE，DELETE
数据控制	GRANT，REVOKE

12.4.3　数据查询

数据查询是数据库的核心操作。SQL 语言提供了 SELECT 语句进行数据库的查询，该语句具有灵活的使用方式和丰富功能。

其一般格式：

SELECT[ALL| DISTINCT <目标列表达式>[,<目标列表达式>]…

FROM <表名或视图名>，<表名或视图名>] …

[WHERE <条件表达式>]

[GROUP BY <列名 1> [HAVING <条件表达式>]

[ORDER BY <列名 2> [ASC / DESC]];

说明：

SELECT 子句——用于列出查询结果中的属性（列）。

FROM 子句——用于列出表达式求值中需要扫描的关系。

WHERE 子句——指明要选择满足什么条件的记录。

GROUP 子句——将结果按“列名 1”进行分组。

ORDER 子句——将结果表按“列名 2”进行排序。

下面通过例子来详细地说明，例子涉及的是“学生——课程”数据库，其关系模式集如下：

学生基本情况表 STUDENT（学号、姓名、性别、出生日期、专业、奖学金）

课程情况表 COUSE（课程名、课程号）

成绩表 GRADE（学号、课程号、成绩）

例 12 - 1 查询 STUDENT 表中所有学生的详细信息。

SELECT *

FROM STUDENT ;

分析：查询指定表中所有属性列，只要在 < 目标列表达式 > 用“ * ”表示全部字段即可。

例 12 - 2 查询 STUDENT 表中所有学生的学号、姓名和专业。

SELECT 学号，姓名，专业

FROM STUDENT ;

例 12 - 3 查询显示 STUDENT 表中所有学生的学号、姓名和年龄。

SELECT 学号，姓名，YEAR（DATE（））——YEAR（出生日期）AS 年龄

FROM STUDENT;

分析：SELECT 子句的 < 目标表达式 > 不仅可以是表中的列，也可是一个表达式的运算符，将常量、列、函数连接而成的有意义的式子，甚至还可以用 AS 或表达式起别名。

例 12－4 查询 STUDENT 表中哪些专业的学生获 250 元以上（含 250 元）的奖学金。

```
SELECT DISTINCT 专业
FROM STUDENT
WHERE 奖学金 > =250；
```

分析：其中 DISTINCT 表示计算时要取消指定列中的重复值。WHERE 子句后使用关系表达式说明查询数据满足的简单条件，而 SQL 支持的关系运算符如下：

=、< >、!、>、> =、<、< =

例 12－5 查询 STUDENT 表中有“金融”专业的男学生的学号和姓名。

```
SELECT 学号，姓名
FROM STUDENT
WHERE 专业 = ‘金融’ AND 性别 = ‘男’；
```

分析：在 WHERE 子句使用逻辑运算符将几个简单条件组合成复合条件，而 SQL 的运算符有 AND、OR、NTO。

例 12－6 查询 STUDENT 表中姓“陈”的学生的信息。

```
SELECT *
FROM STUDENT
WHERE 姓名 LIKE ‘陈%’；
```

分析：谓语 LIKE 可以用来进行字符串的匹配。其一般语法格式如下：LIKE ‘<匹配串>’，其含义是查找指定的属性列值与<匹配串>相匹配的元组；<匹配串>可以是一个完整的字符串，也可以含有通配符%（代表任意长度的字符）和_（代表任意单个字符）。

例 12－7 查询 STUDENT 表中的学生信息，并按奖学金降序排列。

```
SELECT *
FROM STUDENT
```

ORDER BY 奖学金 DESC；

例 12－8 查询学号为 99001 的学生的平均成绩。

SELECT AVG（成绩）

FROM GRADE

WHERE 学号＝‘99001’；

分析： SQL 提供了许多集函数，主要有：

COUNT（［DISTINCT\ ALL］ *）统计元组个数

COUNT（［DISTINCT\ ALL］ <列名>）统计一列中值的个数

AVERAGE（［DISTINCT\ ALL］ <列名>）统计一列中值的平均值

SUM（［DISTINCT\ ALL］ <列名>）统计一列中值的总和

MAX（［DISTINCT\ ALL］ <列名>）统计一列中值的最大值

MIN（［DISTINCT\ ALL］ <列名>）统计一列中值的最小值

例 12－9 查询 STUDENT 表各专业的学生数。

SELECT 专业，COUNT（*） AS 人数

FROM STUDENT

GROUP BY 专业；

例 12－10 查询 STUDENT 表各专业的奖学金总额大于或等于 400 元的专业名称和奖学金总额。

SELECT 专业，SUM（奖学金） AS 奖学金总额

FROM STUDENT

GROUP BY 专业 HAVING 奖学金总额＞＝400；

分析： 这里先用 GROUP BY 子句进行分组，再用集函数 SUM 对每组进行求和。HAVING 短语指定组的条件，只有满足条件的组才会被选出来。

例 12－11 根据表 STUDENT 和 GRADE，查询有成绩记录的学生的学号、姓名、课程号和成绩。

```
SELECT STUDENT. 学号，姓名，课程号，成绩
FROM STUDENT ，GRADE
WHERE STUDENT. 学号 = GRADE. 学号；
```

分析：由于本例是两表的查询，所以必须涉及连接查询，本例采用自然连接的方法，即把目标列中重复的属性列去掉。由于姓名、课程号、成绩属性列在 STUDENT 和 GRADE 表中是唯一的，因此引用时可以去掉表名前缀，而学号在两表都有出现，因此引用时必须加上表名前缀。

12.4.4 数据更新

SQL 中数据更新包括插入数据、修改数据和删除数据三条语句。

1. 插入数据

基本格式：

```
INSERT
INTO <表名> [ （<属性列 1> [，<属性列 2>，…]）]
VALUE（<常量 1> [，<常量 2>，…]）；
```

例 12－12 向 STUDENT 表追加一条新记录（学号 101002，姓名 张静，性别 女，专业 计算机）

```
INSERT
INTO STUDENT
VALUE（‘101002’，‘张静’，‘女’，‘计算机’）；
```

2. 修改数据

基本格式：

```
UPDATE <表名>
SET <列名> = <表达式> [，<列名> = <表达式>，…]
[WHERE <条件>]；
```

例 12－13 将 STUDENT 表中“张静”的专业改为电子。

```
UPDATE STUDENT
```

SET 专业 = ‘电子’

WHERE 姓名 = ‘张静’;

3. 删除数据

基本格式:

DELETE

FROM <表名>

[WHERE <条件>];

例 12 – 14 将 STUDENT 表中 1980 年以前出生的学生记录删除。

DELETE

FROM STUDENT

WHERE YEAR（出生日期） <1980。

12. 5　数据仓库与数据挖掘

本节定义数据库管理系统（DBMS）的五个软件组成部分，针对数据库和数据仓库在 OLTP 和 OLAP 中的作用并对它们加以区分。列举并描述数据仓库的主要特征，并定义在数据仓库环境中的四种主要数据挖掘工具。

1992 年，“数据仓库”（Data Warehouse，DW）的概念被正式提出，数据仓库的研究和应用开始得到广泛的关注。在原有单一的数据库概念的基础上，逐渐演化出两种不同的数据组织体系结构，即数据仓库和原有的业务数据库。这两个概念在用户环境、支持技术、数据量以及使用范围等方面存在着许多不同。

假设公司管理者想了解上个月皮鞋销售的总收益额，那只需一个简单的查询操作即可，通过运用 SQL 或 QBE（Query By Example，范例查询）工具便能轻而易举地实现。但如果想要进一步了解“通过将实际销售额与预算额进行比较，进而与过去五年的同期销售状况比较，该公司在东南和西南地区，上个月销售了多少双黑色的42码皮鞋”的话，即使采用先进的技术，这项任务看起来几乎也是不可能完成的。若真能为此建立一个QBE查询的话，那么就能为企业建立数据库环境打下良好的基础。这就是那么多企业都选择构建数据仓库的原因。

首先，在业务数据库可能包含有所需信息时，这些信息并非是以有助于创建数据库内部商务智能，或运用各种数据操作工具创建商务智能的方式进行组织的。其次，若要建立该类查询，那么业务数据库很可能要支持每秒数百次的事务处理请求。在单击“开始”按钮完成此类查询时，这可不是随便就能做到的事情。为了支持这种富有活力的、必要而且复杂的功能，许多企业都在建立数据仓库，同时提供数据挖掘工具。简单地说，数据仓库是创建商务智能过程中，继数据库技术之后进一步的发展（超过数据库）。数据挖掘工具是人们用于在数据仓库和商务智能推理过程中，支持决策、解决问题或创造竞争优势而挖掘有价值信息时所必需的工具。

12.5.1 数据库的DBMS引擎

人们用字处理软件可以创建并编辑文档，用电子表格软件可以创建并编辑工作簿，数据库环境中也与之类似。数据库相当于一个文档或一个工作簿，因为数据库与文档或工作簿一样都包含了信息。字处理和电子表格是处理文档与工作簿的软件工具，而处理数据库的软件系统就是数据库管理系统。借助数据库管理系统（DBMS）就可以定义数据库的逻辑结构，并对数据库中的信息进行存取和利用。DBMS有以下五个重要的软件组成部分，如图12-17所示。

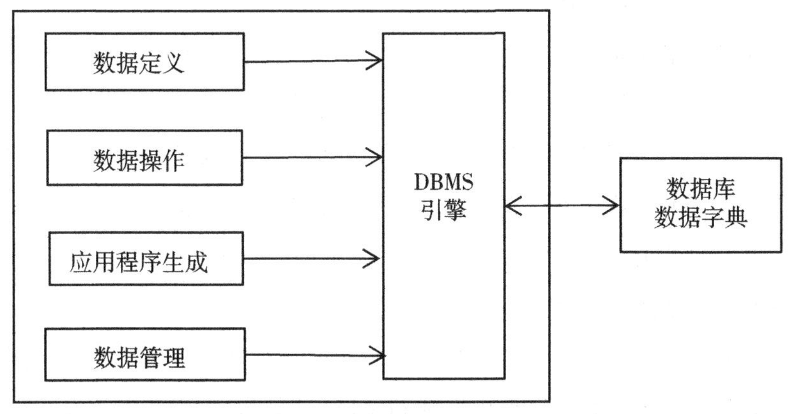

图 12－17　数据库管理系统的组成

1. DBMS 引擎

DBMS 引擎是 DBMS 中最重要的部分，它接受来自其他各个 DBMS 子系统的逻辑查询请求，并将逻辑查询请求转换成其对应的物理形式。换句话说，对数据库和数据字典的逻辑存取就像是在物理存储设备上进行的一样。另外，区分数据库环境中的逻辑视图和物理视图是十分重要的。信息的物理视图解决的是信息在硬盘之类的外存储设备上怎样进行物理排列、存储和读取；而信息的逻辑视图则是关注用户如何排列和存取信息，以满足其特定的业务需求。

数据库和 DBMS 将信息的物理视图与逻辑视图隔离开，具有两大优越性。首先，DBMS 能够完成所有的物理处理功能，作为数据库用户，只需把精力放在自己所需信息的逻辑结构上就可以了。其次，虽然数据库中的信息仅有一种物理视图，但不同用户在数据库中提取的信息逻辑视图却各不相同。这是因为根据不同业务的需求会以不同的方法处理逻辑视图。DBMS 引擎能够处理任何一种形式的信息逻辑视图或逻辑查询，并将其转换成与之对应的物理结构。

2. 数据定义子系统

DBMS 的数据定义子系统帮助人们在数据库中建立并维护数据字

典，以及定义数据库中的文件结构。

创建数据库时，首先要利用数据定义子系统建立数据字典并定义文件的结构。这点与某些类似电子数据表格的软件区别很大。运用电子表格软件创建工作簿时，一开始就可以填入信息、定义公式和函数，但在数据库中却不能这样做。在数据库环境中，开始输入信息之前必须要先定义数据的逻辑结构，输入信息相对而言是比较轻松的事情，而定义数据逻辑结构则比较复杂。

无论何时，只要我们发现某一文件需要补充新的信息，就必须运用数据定义子系统在数据字典中添加新字段。同样，如果我们想在一个文件中删除所有记录的指定字段，也必须用数据定义子系统完成这件事情。

建立数据字典时，需定义数据库将要包含的信息逻辑属性。信息的逻辑结构包括的内容如表 12－2 所示：

表 12－2　信息的逻辑结构内容

逻辑属性	举例
字段名称	客户编码、订单日期
类型	字符、数字、日期、时间等
格式	电话号码前是否要加区号
默认值	若未标明订单日期，则默认值为当前日期
有效范围	订货数量是否超过 8
输入约束	输入订单时是否必须输入
可否重复	主关键字是不能重复的

根据所描述信息的类型适当增加或减少限制，这些都是重要的逻辑属性。例如，一辆标准的混凝土运输卡车的载重量约为 6 吨，而公司不接受 3 吨以下的订货，因此，对于订单文件中重量字段的有效范围进行约束的一个重要条件是：“必须大于 3 吨且不大于 6 吨”。

3. 数据操作子系统

DBMS的数据操作子系统帮助用户对数据库中的信息进行增加、修改和删除，并帮助用户在数据库中查询有价值的信息。数据操作子系统中的软件工具通常是数据库用户与数据库信息之间最主要的交互界面。因此，当DBMS引擎处理用户对物理视图的信息请求时，允许用户指定逻辑信息请求的就是DBMS的数据操作工具。这些逻辑信息请求通过DBMS引擎从所需的物理视图中读取信息。

在大多数DBMS中，用户都会发现它们包含有各种各样的数据操作工具，包括视图、报表生成器、范例查询工具，以及结构化查询语言。

（1）视图。

视图允许用户查看到数据库文件的内容，对其进行必要的修改、完成简单的分类，并通过查找操作得到具体信息的位置。实质上，视图是以电子表格工作簿的形式来处理每个文件的。

与其他大多数个人软件包一样，DBMS也支持诸如剪切、粘贴、格式化、拼写检查、隐藏指定的列（如同使用电子表格软件一样）、过滤，乃至添加链接点连接到Web站点等功能和任务。

（2）报表生成。

报表生成器能使人们快速定义报表的格式，确定报表中想要公布的信息。

（3）范例查询工具。

范例查询工具（QBE）能帮助用户以图表的方式设计问题的答案，QBE依赖被查询信息在数据库中的逻辑关联实现查询操作。

（4）结构化查询语言。

结构化查询语言（SQL）是大多数数据库环境下使用的标准的第四代查询语言。SQL除了在执行查询操作的方式上与QBE不同外，其他功能都与QBE相同。SQL执行查询功能是基于语句：SELECT…FROM…WHERE…的形式完成查询的。在SELECT之后要列出待查询信息的字段名称，FROM之后要指明使用哪些逻辑关系，WHERE后面描述选择的条件。

4. 应用程序生成子系统

DBMS的应用程序生成子系统是一种常用的开发工具，它帮助用户建立面向事务处理的应用程序。此类应用程序通常都要求用户完成一系列具体的任务来进行事务处理。应用程序生成子系统工具包括：建立数据输入屏幕功能，为特定的DBMS选定程序设计语言，并利用程序设计语言为每个独立的DBMS建立一个公共的操作交互界面。

与SQL一样，应用程序生成子系统是IT专家最常用的工具。事实上，一般用户即使不用应用程序生成子系统，也可以做得与IT专家一样出色。一般用户只需要把重点放在视图、报表生成器和QBE工具上，就足以帮助用户对数据库查找信息并实现查询，开始创建并使用商务智能。

5. 数据管理子系统

DBMS的数据管理子系统通过自身提供的备份与恢复工具、安全防范工具、最优化查询工具、并发控制和更新管理工具，帮助人们管理整个数据库环境。数据库管理子系统是数据管理员或数据库管理员使用最频繁的系统，他们负责保障数据库（含数据仓库）环境中所提供的信息，以满足企业的需求。

备份与恢复功能为用户提供了一种管理模式：

（1）定期将数据库保存的信息进行备份。

（2）在信息被损坏的情况下，重新保存或恢复数据库和其中被破坏的信息。

在以信息为基础的竞争环境下，绝不能忽视这些重要功能的存在。每个了解到数据库信息重要性的企业，都会采取预防措施保护这些信息。通常通过运用系统备份功能，对数据库、DBMS和存储设备的初始数据库环境进行备份。

安全管理功能允许我们控制哪些人有权存取信息，以及这些人能存取哪些类型的信息。例如，在许多数据库环境中，有些人可能只需要以“浏览”方式访问数据库信息，而无须具备“修改”信息的权力。当然，许多人需要具有对数据库进行增加、修改或删除信息的权力。通过数据管理子系统中的用户权限设定和密码设定系统，就能限定谁有资格调用某一功能及他们能浏览哪些信息。

最优化查询功能多用于来自用户的查询（以 SQL 语句格式表示或以 QBE 方式表示），以及在重新组织查询方式后，能在最短的时间内做出响应。例如，在 SQL 中，用户所建立的查询语句可能要涉及 10 个相关文件，在处理这 10 个不同文件时，可能有几种不同的解决方法从这些文件中获取所需要的信息。幸运的是，用户大可不必因 SQL 语句的结构而烦恼，最优化查询功能将为用户做这些事情，并以最快的途径提供用户所需的查询信息。

重组功能不断地对 DBMS 引擎完成信息物理存取的过程进行实时维护统计。重组功能在维护这些统计操作时，能优化数据库的物理结构，以满足将来信息增加速度和扩充性能的需要。例如，若用户经常按指定的顺序对某一文件进行存取，重组功能便可对该文件按指定的顺序要求重新排列记录或建立一个索引来存储该文件，以便维护这种经过排序处理后的文件。它的实际意义就在于确保用户不必了解更新数据库的物理存储方式，这些处理 DBMS 引擎都会考虑到。

当多个用户对同一信息进行存取或修改时，并发控制功能可保证数据库修改的合法性。如果用户打算修改数据库结构，变更管理功能便可评估该变更所产生的影响。有时候结构的变化对数据库会产生巨大影响，用户就必须在执行修改之前仔细评估一下。

上述的备份与恢复工具、安全管理工具、最优化查询工具、重组工具、并发控制和变更管理工具等所有这些工具，在任何 DBMS 和数据库环境中都是必备的重要工具。作为一个普通用户，可能涉及不到这些工具，特别是这些工具的创建与维护。但它们是如何创建、如何维护的原理将影响到用户所能做的事情，因此，知道它们的存在并了解它们的工作原理是非常重要的。

12.5.2 数据仓库系统

人们设想专门为业务的统计分析建立一个数据中心，它的数据来自联机的事务处理系统、异构的外部数据源、脱机的历史业务数据等。这个数据中心是一个联机系统，专门为分析统计和决策支持应用服务，称为数据仓库。即一个作为决策支持系统和联机分析应用数据源的结构化数据环境，它所要研究和解决的问题就是从数据库中获取信息。

数据仓库是一种新的数据处理体系结构，是企业内部各部门业务数据进行统一和综合的中央数据仓库，它为企业决策支持系统（DSS）和管理信息系统（MIS）提供所需的信息，是预测利润、风险分析、市场分析以及加强客户服务与营销活动等管理决策提供支持的一种信息管理新技术。

数据仓库技术对大量分散、独立的数据库经过规划、平衡、协调和编辑后，向管理决策者提供辅助决策信息，发挥大量数据的作用和价值。概括地说，数据仓库是面向主题的、集成的、稳定的和不同时间的数据的集合，用于支持经营管理中决策制定过程。

数据仓库系统是一个包含有四个层次的体系结构：

（1）数据源：是数据仓库系统的基础，是整个系统的数据源泉，通常包括企业内部信息和外部信息。内部信息包括存放于关系数据库管理系统中的各种业务处理数据和各类文档数据；外部信息包括各类法律法规、市场信誉和竞争对手的信息等。

（2）数据的存储与管理：整个数据仓库系统的核心。数据仓库的真正关键是数据的存储和管理。数据仓库的组织管理方式决定了它有别于传统数据库，同时也决定了其对外部数据的表现形式。要决定采用什么产品和技术来建立数据仓库的核心，则需要从数据仓库的技术特点着手分析，针对现有各业务系统的数据进行提取、清理，并有效集成，按照主题进行组织。按照数据的覆盖范围，数据仓库可以分为企业级和部门级（通常称为数据集市）。

（3）OLAP（联机分析处理）服务器：对需要分析的数据进行有效集成，按多维模型予以组织，以进行多角度、多层次的分析，并发现趋势。其具体实现可以分为：ROLAP（基于关系数据库）、MOLAP（基于多维数据组织）和 HOLAP（混合联机分析处理）。

ROLAP 基本数据和聚合数据均存放在关系数据库管理系统之中；MOLAP 基本数据和聚合数据均存放于多维数据库中；HOLAP 基本数据存放于关系数据库管理系统之中，聚合数据存放于多维数据库中。

（4）前端工具：主要包括各种报表工具、查询工具、数据分析工具、数据挖掘工具以及各种基于数据仓库或数据集市的应用开发工具。其中数据分析工具主要针对 OLAP 服务器，报表工具、数据挖掘工具主要针对数据仓库。

数据仓库是信息的逻辑集合，这些信息来自于许多不同的业务数据库，并用于创建商务智能，以便支持企业的分析活动和决策任务。表面上听起来很简单，但数据仓库表达了一种较以往企业中信息组织和管理方式截然不同的思维方法。具体体现在以下方面：

（1）数据仓库具有多维性：在关系数据库模型中，信息是用一系列二维表来表示的，而在数据仓库中却不是这样。大多数数据仓库具有多维性，即它们包含若干层的行和列。正因如此，大多数数据仓库实际上是一个多维数据库。数据仓库中的层根据不同的维度来表达信息，这种多维度的信息图表被称为超立体结构。

（2）数据仓库支持决策而非事务处理。在企业中，大多数数据库是面向业务的。也就是说，大多数数据库都支持联机事务处理（OLTP）。因此我们可以说，这类数据库是一种业务数据库。数据仓库不是面向业务的，它们是用来支持企业中各种决策活动的。因此，数据仓库仅支持联机分析处理。

显然，数据仓库是不能用于进行事务处理的。相反，在业务数据库完成事务处理要求后，再利用包含在业务数据库中的信息构建数据仓库中的综合信息。

12.5.3 数据挖掘技术

作为决策支持新技术，数据挖掘也和数据仓库一样，近年来得到了迅速发展。

数据挖掘（也称数据开采，Data Mining，DM）是从大型数据库或数据仓库中发现并提取隐藏在其中的有用信息或知识信息的一种新技术。它主要是利用某些特定的知识发现（Knowledge Discovery in Database，KDD 算法），在一定的运算效率的限制内，从数据对象（例如数据库或数据仓库，也可以是文件系统或其他任何组织在一起的数据集合）中发现有关的知识。它帮助决策者寻找数据间潜在的关联，发现被忽略的因素。而这些信息和因素对预测趋势和决策行为是至关重要的。数据挖掘方法的提出，让人们有能力最终认识数据的真正价值，即蕴藏在数据中的信息和知识。知识即意味着数据元素之间的关系和模式。

因此，数据挖掘可以定义为：应用一系列技术从大型数据库或数据仓库的数据中提取人们感兴趣的信息和知识，这些知识或信息是隐含的、事先未知而潜在有用的，提取的知识表示为概念、规则、规律、模式等形式。

数据挖掘工具是用户对数据仓库进行信息查询的软件工具。数据挖掘工具支持 OLAP 的概念，即通过对数据的处理来支持决策任务。数据挖掘工具包括查询与报表工具、智能代理、多维分析工具和统计工具。从本质上看，数据挖掘工具是为数据仓库用户使用的，就像数据操作子系统工具是为数据库用户使用的一样。

注意：在 DBMS 中，数据仓库系统有一个引擎用来负责将用户的逻辑请求转换为相应的物理请求。

1. 查询与报表工具

查询与报表工具与 QBE 工具和典型数据库环境中的报表生成器类似。实际上，大部分数据仓库环境都支持诸如 QBE、SQL 和报表生成器之类的简单易用的数据操作子系统工具。数据仓库用户经常使用这类工具进行简单查询，并生成报表。

2. 智能代理

智能代理运用各种人工智能工具（如神经网络、模糊逻辑）形成 OLAP 中的"信息发现"基础，并创建商务智能。例如，华尔街的股票分析家 Murray Ruggiero 就运用一种称为 Data Logic 的 OLAP 软件，并结合神经网络为自己高成功率的股票和期货交易系统制定规则。还有一些 OLAP 工具（如数据引擎）与模糊逻辑相结合分析实时的技术处理。

智能代理代表了正在增长的各类加工信息的 IT 工具的发展方向。以前，智能代理被认为仅仅是人工智能领域的产物，很少被认为是一个企业中数据组织和管理部门的组成部分。而今天，人们会发现智能代理不仅仅应用于数据仓库环境的 OLAP，而且还能应用于在 Web 上查询信息。

3. 多维分析工具

多维分析工具（MDA）是一种进行切片或切块的技术，它允许人们从不同的角度观察多维信息。在数据仓库的讨论中，我们把数据仓库的处理过程比喻为旋转魔方。也就是说，数据仓库的处理过程本质上就是一个旋转魔方，以便我们能从不同视角观察信息。这种旋转魔方的方法使用户能快速地从不同的立方体中掌握信息。

利用 MDA 工具可以轻松地得到数据仓库正面的信息，供人们浏览。实际上，人们所做的就是将立方体垂直地切割掉一层，同时也就得到了切掉这层背后一层的信息。在进行这些处理时，信息的价值是不受影响的。

4. 统计工具

统计工具帮助人们利用各种数学模型将信息存储到数据仓库中，进而去挖掘出新的信息。例如，可以进行一个时间序列分析，以便计划未来趋势；还可以进行回归分析，以确定一个变量对另一个变量的影响。

12.5.4 小型的数据仓库

通常数据仓库被视为涉及整个组织范围，包括记录组织发展轨迹所有信息的综合。然而，有些人仅需要存取数据仓库中的部分信息，并不需要全部内容。在这种情况下，企业就要建立一个或多个数据集市。数据集市是数据仓库的子集，它仅聚集了部分数据仓库的信息。

实际上，许多公司的员工都不使用数据仓库，因为对他们而言数据仓库太大、太复杂，而且包括了许多他们根本不需要的信息。较小的、更易于管理的数据集市能使公司员工更加充分地利用其中的信息。如果企业中的员工不需要存取整个组织范围内的数据仓库信息，便可以考虑构建一个适合他们特殊需求的小型数据集市。

创建的小型数据集市同样可以采用数据挖掘工具。也就是说，数据集市支持查询和报表工具、智能代理、多维分析工具和统计工具的使用。企业成长与重视培训是密不可分的，一旦企业员工接受训练，能灵活地运用任何一种或所有的数据挖掘工具，他们就可以将这一技能用于整个组织范围数据仓库或小型数据集市之中。

12.5.5 决策支持系统的数据处理

作为数据管理手段，传统的数据库技术是单一的数据资源，主要用于事务处理，也称操作性处理。它以数据库为中心，进行从事务处理、批处理到决策分析的各种类型的数据处理工作。用户关心的是响应时间，数据的安全性和完整性。

数据仓库用于决策支持，也称分析型处理，它是建立决策支持系统的基础。数据仓库对关系数据库的联机分析能力提出了更高的要求，采用普通关系型数据库作为数据仓库在功能和性能上都是不够的，它们必须有专门的改进。因此，数据仓库与数据库的区别不仅仅表现在应用的方法和目的方面，同时也涉及产品和配置上的不同。因此，数据仓库是一种新的数据处理体系结构和信息管理技术，它是企业内部各部门业务数据进行统一和综合的中央数据仓库。它为企业决策支持系统和行政信息系统提供所需的信息，为预测利润、风险分析、市场分析以及加强客户服务与营销活动等管理决策提供支持。

要提高分析与决策的效率和有效性，分析型处理及其数据必须与操作型处理及其数据相分离，必须把分析型数据从事务处理环境中提取出来，按照 DSS 处理的需要进行重新组织，建立单独的分析处理环境。数据仓库正是为了构建这种新的分析处理环境而出现的一种数据存储和组织技术。

作为知识发现过程的一个特定步骤，数据挖掘是一系列技术及应用，或者说是对大容量数据及数据间关系进行考察和建模的方法集。它的目标是将大容量数据转化为有用的知识和信息。

知识发现是一个多步骤的对大量数据进行分析的过程，包括数据预处理、模式提取、知识评估及过程优化。知识获取往往需要经过多次的反复，通过对相关数据的再处理及知识发现算法的优化，不断提高学习效率。如在分析影响信用风险的因素时，可能先假设几种可能的因素，然后通过不断反复地实验，不断增加或删除因素，最终得到对信用风险最具影响的因素。

1. 企业的真实需要

正如各类技术一样，不能因为数据仓库和数据挖掘工具是热门技术，就一定要在企业中实现数据仓库，并运用数据挖掘工具，一定要根据企业实际需求来确定企业采用哪种技术。在关注数据仓库和数据挖掘工具的同时，我们还需讨论一下几个值得关注的话题。

（1）企业是否真正需要数据仓库。

尽管数据仓库是一种非常有效的IT工具，但它们并不是所有企业都必需的先进技术。为什么这样说呢？主要有以下四个方面的原因：

①数据仓库与数据挖掘工具是十分昂贵的。

②有些企业并不需要数据仓库。若能从业务数据库中轻而易举地获取决策所需的信息，就没必要采用数据仓库。

③数据仓库与数据挖掘工具需要不断得到扩展和昂贵的支持。

④如果不是企业员工都需要整个数据仓库，那就应该考虑创建数据集市。

（2）怎样更新信息。

为创建数据仓库，可以用“快照”（Snapshot）方式从其他数据库中提取信息，并导入数据仓库。但如果关键的信息要做到即时更新，则往往是不可行的。

（3）人们需要哪些数据挖掘工具。

对于一个企业来说，最重要的是让用户清楚他们将选用的各种数据挖掘工具的性能，然后一旦他们决定了哪种工具最适合，就需要提供技术培训的机会。如果用户能充分发挥出所选数据挖掘工具的各种性能，那么企业便会从中获得效益。

2. 数据仓库与数据挖掘

作为一种存储技术，数据仓库的数据存储量是一般数据库的100倍，它包含大量的历史数据、当前的详细数据以及综合数据，它能为不同用户的不同决策需要提供所需的数据和信息；而数据挖掘是从人工智能机器学习中发展起来的，它研究各种方法和技术，从大量的数据中挖掘出有用的信息和知识。

数据仓库完成数据的收集、集成、存储、管理等工作，数据挖掘面对的是经初步加工的数据，使数据挖掘能更专注于知识的发现。由于数据仓库所具有的新特点，这就对数据挖掘技术提出了更高的要求。另一方面，数据挖掘为数据仓库提供了更好的决策支持，同时促进了数据仓库技术的发展。可以说，数据挖掘和数据仓库技术要充分发挥潜力，就必须结合起来。

作为数据挖掘对象，数据仓库技术的产生和发展为数据挖掘技术开辟了新的战场，也提出了新的要求和挑战。数据挖掘和数据仓库的联系可以概括为以下几点：

（1）数据仓库为数据挖掘提供了更好的、更广泛的数据源。数据仓库中集成和存储着来自异构信息源的数据，而这些信息源本身就可能是一个规模庞大的数据库。同时数据仓库存储了大量长时间的历史数据，这使我们可以进行数据长期趋势的分析，为决策者的长期决策行为提供支持。

（2）数据仓库为数据挖掘提供了新的支持平台。数据仓库的发展不仅仅是为数据挖掘开辟了新的空间，更对数据挖掘技术提出了更高的要求。数据仓库的体系结构努力保证查询和分析的实时性。数据仓库一般设计成只读方式，数据仓库的更新由专门的一套机制保证。数据仓库对查询的强大支持使数据挖掘效率更高，开采过程可以做到实时交互，使决策者的思维保持连续，有可能开采出更深入、更有价值的知识。

（3）数据仓库为更好地使用数据挖掘工具提供了方便。数据仓库的建立充分考虑数据挖掘的要求。用户可以通过数据仓库服务器得到所需的数据，形成开采中间数据库，利用数据挖掘方式进行开采，获得知识。数据仓库为数据挖掘集成了企业内各部门的全面的、综合的数据，数据挖掘要面对的是关系更复杂的企业全局模式的知识发现。而且数据仓库机制大大降低了数据挖掘的障碍，一般进行数据挖掘要花大量的精力在数据准备阶段。数据仓库中的数据已经被充分收集起来，进行了整理、合并，并且有些还进行了初步的分析处理。这样，数据挖掘的注意力能够更集中于核心处理阶段。另外，数据仓库中对数据不同粒度的集成和综合，更有效地支持了多层次、多种知识的开采。

（4）数据挖掘为数据仓库提供了更好的决策支持。企业领导的决策要求系统能够提供更高层次的决策辅助信息，从这一点上讲，基于数据仓库的数据挖掘能更好地满足高层战略决策的要求。数据挖掘对数据仓库中的数据进行模式抽取和发现知识，这些正是数据仓库所不能提供的。

（5）数据挖掘对数据仓库的数据组织提出了更高的要求。数据仓库作为数据挖掘的对象，要为数据挖掘提供更多、更好的数据。其数据的设计、组织都要考虑到数据挖掘的一些要求。

（6）数据挖掘还为数据仓库提供了广泛的技术支持。数据挖掘的可视化技术、统计分析技术等都为数据仓库提供了强有力的技术支持。

12.6 数据备份技术

数据备份就是将数据以某种方式加以保留，以便在系统遭受破坏或其他特定情况下，更新并加以重新利用的一个过程。数据备份的根本目的是重新利用，也就是说，备份工作的核心是恢复，一个无法恢复的备份对任何系统来说都是毫无意义的。一个成熟的备份系统能够安全、方便而又高效地恢复数据。

12.6.1 数据备份简介

在系统正常工作的情况下，数据备份是系统的“额外负担”，会给正常业务系统带来一定的性能和功能上的影响。所以，数据备份系统应尽量减少这种“额外负担”，从而更充分地保证系统正常业务的高效运行，这是数据备份技术发展过程中要解决的一个重要问题。对于一个相当规模的系统来说，完全自动化地进行备份工作是对备份系统的一个基本要求。此外，CPU 占用、磁盘空间占用、网络带宽占用、单位数据量的备份时间等都是衡量备份系统性能的重要因素。一个好的备份系统，应该能够以很低的系统资源占用率和很少的网络带宽，来进行自动而高速度的数据备份。

作为存储系统的一个重要组成部分，数据备份在其中的地位和作用都是不容忽视的。对一个完整的 IT 系统而言，备份工作的意义不仅在于防范意外事件的破坏，而且还是历史数据保存归档的最佳方式。换言之，即使系统正常工作，没有任何数据丢失或破坏发生，备份工作仍然具有非常大的意义——为我们进行历史数据查询、统计和分析，以及重要信息归档保存提供了可能。

数据备份与服务器高可用集群技术以及远程容灾技术在本质上是有所区别的。虽然这些技术都是为了消除或减弱意外事件给系统带来的影响，但是由于其侧重的方向不同，实现的手段和产生的效果也不尽相同。

集群和容灾技术的目的是保证系统的可用性。也就是说，当意外发生时，系统所提供的服务和功能不会因此而间断。对数据而言，集群和容灾技术是保护系统的在线状态，保证数据可以随时被访问。

备份技术的目的是将整个系统的数据或状态保存下来，这种方式不仅可以挽回硬件设备损坏带来的损失，还可以挽回逻辑错误和人为恶意破坏的损失，还可以挽回逻辑错误和人为恶意破坏的损失。但是，数据备份技术并不保证系统的实时可用性。也就是说，一旦意外发生，备份技术只保证数据可以恢复，但恢复过程需要一定的时间，在此期间系统是不可用的。在具有一定规模的系统中，备份技术、集群技术和容灾技术互相不可替代，并且稳定和谐地配合工作，共同保证着系统的正常运转。

12.6.2　数据备份方式

常用的数据备份方式主要有以下三种：

1. 全备份（Full Backup）

全备份是指对整个系统进行包括系统和数据的完全备份。这种备份方式的好处是很直观，容易被人理解，而且当发生数据丢失的灾难时，只要用灾难发生前一天的备份，就可以恢复丢失的数据。但它也有不足之处：首先，由于每天都对系统进行完全备份，因此在备份数据中有大量内容是重复的，如操作系统与应用程序，这些重复的数据占用了大量的磁盘空间，这对用户来说就意味着增加成本；其次，由于需要备份的数据量相当大，因此备份所需时间较长，这对于那些业务繁忙、备份时间有限的单位来说，选择这种备份策略无疑是不方便的。

2. 增量备份（Incremental Backup）

增量备份是指每次备份的数据只是上一次备份后增加和修改过的数据。这种备份的优点很明显：没有重复的备份数据，节省磁盘空间，又缩短了备份时间。但它的缺点在于当发生灾难时，恢复数据比较麻烦。例如，如果系统在星期四的早晨发生故障，那么就需要将系统恢复到星期三晚上的状态。这时，管理员需要找出星期一的完全备份磁盘进行系统恢复，然后再恢复星期二的数据，最后再恢复星期三的数据。很明显，这比第一种策略要麻烦得多。另外，在这种备份下，各磁盘间的关系就像链子一样，一环套一环，其中任何一盘磁盘出了问题，都会导致整条链子脱节。

3. 差分备份（Differential Backup）

差分备份是指每次备份的数据是上一次全备份之后新增加的和修改过的数据。管理员先在星期一进行一次系统完全备份，然后在接下来的几天里再将当天所有与星期一不同的数据（增加的或修改的）备份到磁盘上。差分备份无须每天都做系统完全备份，因此备份所需时间短，并节省磁盘空间。它的灾难恢复也很方便，系统管理员只需两份磁盘，即系统全备份的磁盘与发生灾难前一天的备份磁盘，就可以将系统完全恢复。

12.6.3　存储管理

1. 服务器存储管理

服务器连接存储（Sever Attached Storage，SAS）是一种传统的网络连接结构，各种计算机的外部设备（如硬盘、磁盘阵列、打印机、扫描仪等）均挂接在通用服务器上，所有用户对信息资源的访问都必须通过服务器进行。

通常，在提供多种基本网络管理功能的同时，通用服务器还要运行各种应用软件来为用户提供应用服务。由于每一项服务都需要占用服务器 CPU、内存和 I/O 总线等系统资源，因此，当访问信息资源的并发用户数量增多时，必然会造成对系统资源的掠夺，严重降低整个网络的数据传输速度，甚至会产生服务器因不堪重负而中断服务的现象。SAS 模式的安全性和稳定性很差，一旦主服务器出现硬件故障、软件缺陷、操作失误或计算机病毒的危害等，将会导致整个网络瘫痪，服务器中的信息资源也因此而丢失。

SAS 模式的扩展性较差，其扩充存储容量的方法就是给服务器增加硬盘。虽然硬盘本身的成本并不高，但是关掉服务器安装硬盘所造成的停工会中断所有网络服务。如果服务器上挂接太多的硬盘或外设，会严重影响服务器的性能。为了不降低整个网络的性能，只能在网络中再增加价格昂贵的服务器，但这给网络的管理和维护带来较多的困难。

2. 系统资源存储管理

随着网络应用的飞速发展，许多信息资源每天都要接受大量用户的访问，传统的 SAS 网络架构已无法适应这种极高的访问频率和访问速度，从而出现了把资源存储及共享服务从网络主服务器上分离出来的网络连接存储（Network Attached Storage，NAS）模式，用户无须通过服务器就可直接访问 NAS 设备。NAS 技术不占用网络主服务器的系统资源，具有更快的响应速度和更高的数据带宽，即使主服务器发生崩溃，用户仍可访问 NAS 设备中的数据。

NAS 系统主要由 NAS 光盘服务器、NAS 硬盘服务器和 NAS 管理软件三部分组成。NAS 光盘服务器实现对光盘的存储共享；NAS 硬盘服务器不仅可实现对各种格式文件的存储共享，还能对存储空间进行分区，通过网络进行在线存储扩容；NAS 管理软件用于对网络中的多台 NAS 设备进行集中管理，网络管理员可对 NAS 设备进行远程设置、升级及管理。

12.6.4 高速光纤存储区域网络

存储区域网络（Storage Area Network，SAN）是指独立于服务器网络系统之外的高速光纤存储网络，这种网络采用高速光纤通道作为传输体，以 SCSI-3 协议作为存储访问协议，将存储系统网络化，实现真正的高速共享存储。在 SAN 集中化管理的调整存储网络中，可以包含来自多个厂商的存储服务器、存储管理软件、应用服务器和网络硬件设备。

SAN 的技术优势在于以下几个方面：

（1）基于千兆位的存储带宽，更适合大容量数据高速处理的要求。

（2）完善的存储网络管理机制对所有存储设备，如磁盘阵列进行灵活管理及在线监测。

（3）将存储设备与主机的点对点简单附属关系上升为全局多主机动态共享的模式。

（4）实现 LAN-free，数据的传输、复制、迁移、备份等在 SAN 内高速进行，无须占用 WAN/LAN 的网络资源。

（5）灵活、平滑的扩容能力。

（6）兼容以前的各种 SCSI 存储设备。

SAN 突破了传统存储技术的局限性，将网络管理的概念引入到存储管理中。SAN 技术面向大容量数据、多服务器的高速处理，包括高速访问、安全存储、数据共享、数据备份、数据迁移、容灾恢复等各个层面，对电信、视频、因特网 TCP/IP、石油、测绘、金融、气象、图书资料管理、军事、电台等行业应用有重要的实用价值。

SAN 与 NAS 是完全不同架构的存储方案，前者支持 Block 协议，后者支持 File 协议；SAN 的精髓在于分享存储配备（Sharing Storages），而 NAS 在于分享数据（Sharing Data）。NAS 与 SAN 因为架构及应用领域的不同，所以不会相互取代，而会共存于企业存储网络之中。

12.6.5 主流备份技术

在传统的备份模式下，每台主机都配备专用的存储磁盘或磁盘系统，主机中的数据必须备份到位于本地的专用磁盘阵列中。这样，即使一台磁盘阵列处于空闲状态，另一台主机也不能使用它进行备份工作，磁带资源利用率较低。另外，不同的操作系统平台使用的备份恢复程序一般也不相同，这使备份工作和对资源的总体管理变得更加复杂。后来就产生了一种克服专用磁带系统利用率低的改进办法：磁带资源由一个主备份或恢复服务器控制，而备份和恢复进程由一些管理软件来控制。主备份服务器接收其他服务器通过局域网或广域网发来的数据，并将其存入公用磁盘系统中。这种集中存储的方式极大地提高了磁盘资源的利用效率。但它也存在一个致命的不足：网络带宽将成为备份和恢复进程中的潜在瓶预。

LAN-free 备份和无服务器备份是目前两种主流的数据备份技术。

（1）LAN- free 备份。

LAN-free 备份是指数据不经过局域网直接进行备份，即用户只需将磁盘等备份设备连接到 SAN 中，各服务器就可以把需要备份的数据直接发送到共享的备份设备上，不必再经过局域网链路。由于服务器到共享存储设备的大量数据传输是通过 SAN 网络进行的，局域网只承担各服务器之间的通信（而不是数据传输）任务。

LAN-free 备份有两种常见实施手段：

①用户为每台服务器配备光纤通道适配器，适配器负责把这些服务器连接到与一台或多台磁盘相连的 SAN 上。同时，还需要为服务器配备特定的管理软件，通过它系统能够把块格式的数据从服务器内存经 SAN 传输到磁盘机中。

②主备份服务器上的管理软件可以启动其他服务器的数据备份操作。块格式的数据从磁盘阵列通过 SAN 传输到临时存储数据的备份服务器的内存中，之后再经 SAN 传输到库中。

LAN-free 备份有以下不足之处：

①LAN－free 备份仍旧让服务器参与了将备份数据从一个存储设备转移到另一个存储设备的过程，在一定程度上占用了宝贵的 CPU 处理时间和服务器内存。还有一个问题是 LAN-free 备份技术的恢复能力不好，它非常依赖用户的应用。并且许多产品并不支持文件级或目录级恢复，映像级恢复较常见，映像级恢复就是把整个映像从磁盘复制到磁盘中。如果需要快速恢复某一个文件，显得非常麻烦。

②不同厂家的 LAN-free 备份机制各不相同，这会导致备份过程所需的系统之间出现兼容性问题。

③ LAN-free 备份的实施较复杂，往往需要大笔软、硬件采购费。

（2）无服务器备份。

无服务器（Serverless）备份是 LAN-free 备份的一种延伸，使数据能够在 SAN 结构中的两个存储设备之间直接传输。这种方案的主要优点之一是不需要在服务器中缓存数据，显著减少对主机 CPU 的占用，提高操作系统工作效率，帮助系统完成更多的工作。

无服务器备份有两种常见实施手段：

①备份数据通过数据移动器从磁盘阵列传输到另一个存储设备上。数据移动器可能是光纤通道交换机、存储路由器、服务器。数据移动器执行的命令其实是把数据从一个存储设备传输到另一个设备。实施这个

过程的一种方法是借助于 SCSI-3 的扩展复制命令，它使服务器能够发送命令给存储设备，指示后者把数据直接传输到另一个设备，不必通过服务器内存。数据移动器收到扩展复制命令后，执行相应功能。

②利用网络数据管理协议（NDMP）。这种协议实际上为服务器、备份和恢复应用及备份设备等部件之间的通信充当一种接口。在实施过程中，NDMP 把命令从服务器传输到备份应用中，而与 NDMP 兼容的备份软件会开始实际的数据传输工作，且数据的传输并不通过服务器内存。NDMP 的目的在于方便异构环境下的备份和恢复过程，并增强不同厂商的备份和恢复管理软件以及存储硬件之间的兼容性。

无服务器备份与 LAN-free 备份有着诸多相似的优点，如果是无服务器备份，源设备、目的设备以及 SAN 设备是数据通道的主要部件。虽然服务器仍参与备份过程，但负担大大减轻。因为它的作用基本限于指挥，不是主要的备份数据通道。无服务器备份技术具有缩短备份及恢复所用时间的优点。因为备份过程在专用高速存储网络上进行，而且决定吞吐量的是存储设备的速度，而不是服务器的处理能力，所以系统性能将大为提升。此外，如果采用无服务器备份技术，数据可以数据流的形式传输给多个磁盘阵列。

无服务器备份的主要缺点有以下两点：

①在无服务器备份中，虽然服务器的负担大为减轻，但仍需要备份应用软件以及其主机服务器来控制备份过程：源数据必须记录在备份软件的数据库上，这仍需要占用 CPU 资源。

②与 LAN-free 备份一样，无服务器备份可能会导致上面提到的同样类型的兼容性问题。另外，无服务器备份可能难度大，成本高。

（3）LAN-free 备份和无服务器备份的优劣。

前面我们讨论了光纤通道环境下的 LAN-free 备份和无服务器备份技术，由于有些结构集成了基于 IP 的按术，譬如 iSCSI，特别是随着将来 IP 存储技术在存储网络中占有的强劲优势，LAN-free 备份和无服务器备份技术应用的解决方案将会变得更为普遍。LAN-free 备份和无服务器备份并非适合所有应用。如果拥有的大型数据存储库必须随时可用，无服务器备份或许是不错的选择。但必须确保已经清楚恢复过程需要多长时间，因为低估了这点会面临比开始更为严重的问题。另外，如果可以容忍一定的停机时间，那么传统的备份和恢复技术也许是比较不错的选择。

12.6.6 备份和误区

在计算机系统中，最重要的不是软件，更不是硬件，而是存储在其中的数据。虽然这种观念已被人们所广泛认同，但如何保护存储在网络系统中的数据，普遍存在以下误区：

（1）将硬件备份等同于数据备份。

备份的一大误区是将磁盘阵列、双机热备份或磁盘镜像当成备份。从导致数据失效的因素可以看出，大部分造成整个硬件系统瘫痪的原因，硬件备份是无能为力的，而硬件的备份是受其技术设计前提所约束的。

①硬盘驱动器。硬盘驱动器是计算机中损坏率比较高的设备，这是由硬盘本身的工作原理所决定的。硬盘驱动器利用磁头与盘面间的相对运动来读写，磁头与磁盘间利用空气轴承原理保持一定的间限。随着存储密度的增加，间隙越来越小，极易因振动或冲击而造成头盘相撞，或因密封失效，使灰尘进入盘腔而引起盘片划伤，并且划伤类损坏是无法修复的，通常会造成数据丢失的严重后果。硬盘的损坏通常是突发性的，没有先兆。

②磁盘阵列。磁盘阵列（RAID）是采用若干个硬磁盘驱动器按一定要求组成一个整体。其中有一个热备份盘，其余是数据盘和校验盘。整个阵列由阵列控制器管理，使用上与一个硬磁盘一样。磁盘阵列有许多优点。首先是提高了存储容量，单台硬磁盘的容量是有限的，组成阵

列后形成的“一台”硬磁盘容量将是单台的几倍或几十倍，现在用于服务器的磁盘阵列容量已达TB数量级。其次，多台硬磁盘驱动器可以并行工作，提高了数据传输率。再者，由于右校验技术，提高了可靠性。如果阵列中有一台硬磁盘损坏，利用其他盘可以重组出损坏盘上原来的数据，不影响系统正常工作，并且可以在带电状态下更换坏的硬磁盘，阵列控制器自动把重组的数据写入新盘，或写入热备份盘而使用新盘做热备份。可见，磁盘阵列不会使还没有来得及写备份的数据因磁盘损坏而丢失。磁盘阵列的可靠性很高，但不等于不需要备份。理由之一是磁盘总会损坏，一台坏了可以重组，两台同时坏了则无法重组。这种情况的概率并不等于零，因此，为了以防万一，重要的数据要及时做备份。理由之二是磁盘阵列容量虽然大但也有限，而且每兆字节成本高，在阵列上长期保存不用的数据，既影响工作效率，又造成浪费。

③双机热备份。在国外，一般称为高可用系统（High Availability System），它的基本原理是同一个计算机应用软件系统采用两个或两个以上的主机或服务器硬件系统来支持。当主要的主机或服务器发生故障时，通过相应的技术，由另外的主机或服务器来承担应用软件运行所需的环境。因此，它主要解决的问题是保持计算机应用软件系统的连续运作。对于一些柜台业务系统、大数据量连续处理系统来说，这种数据管理是必不可少的。但对于天灾人祸来说，双机备份也是无能为力的。根据统计数字，在所有造成系统失效的原因当中，人为错误是第一位的，对于人为的误操作，如错误地覆盖系统文件，则会同样发生在热备份的机器上。此外，备份除了制作第二份副本的这一层含义，还有一层历史资料的含义，这也是双机热备份无法做到的。

可见，无论是磁盘阵列，还是双机热备份，着重点是增强了系统连续运行时的性能与可靠性，这些硬件备份与真正的备份概念还相差很多。

（2）将复制等同于备份。

备份不能仅仅通过复制完成，因为复制不能留下系统的注册表等信息；也不能将历史记录保存下来，以做追踪；当数据量很大时，手工的复制工作又是非常麻烦的。事实上，备份 = 复制 + 管理，而管理包括备份的可计划性、磁盘的自动化操作、历史记录的保存以及日志记录等。

本章小结

决策支持系统（DSS）是管理信息系统领域中一个备受关注的理论分支，本章重点介绍了管理信息系统智能决策方面的影响作用及应用。数据挖掘技术在人们长期对数据库技术进行研究和开发的基础上，广泛应用到商业数据的存储、查询和访问中，使数据库技术进入了一个更高级的阶段，进一步促进信息的传递。而商务智能在商业运作中，通过采集、集成、分析和表达海量业务信息，进一步为商业决策提供支持的方法、技术和应用，进一步体现了未来管理信息系统的发展方向和目标。

章节练习

1. 下面关于数据库系统的叙述，正确的是（　　）。

A. 数据库系统减少了数据冗余

B. 数据库系统避免了数据冗余

C. 数据库系统只是比文件系统管理的数据更多

D. 数据库系统中数据的一致性是指数据类型的一致

2. 常说的 DBS、DB、DBMS，三者之间的关系是（　　）。

A. DBMS 包括 DB 和 DBS

B. DB 包括 DBMS 和 DBS

C. DBS 包括 DB 和 DBMS

D. DBMS 包括 DBS 和 DBA

3. DBMS 的功能包括数据定义、数据操纵、数据库运行控制和（　　）。

A. 数据字典　　B. 数据处理　　C. 数据联接　　D. 数据投影

4. 用来描述信息世界的模型称为（　　）。

A. 物理模型　　B. 概念模型　　C. 逻辑模型　　D. 机器模型

5. 如果一个关系中的一个属性或属性组能够唯一地标识一个元组，则称该属性或属性组为（　　）。

A. 外键　　B. 主键　　C. 关键字　　D. 域

6. 在关系数据库中一个规范化的关系必须满足其每一属性都是（　　）。

A. 互不相关　　B. 不可分解的

C. 互相关联的　　D. 长度可变的

红牛累了“喝”什么?

“累了，困了，喝红牛!”这句冲劲十足的广告语让红牛饮料的名字传遍了大江南北，那么，红牛自己“累了，困了”又“喝”什么呢?

1995 年进入中国的红牛饮料，借助于媒体的大力宣传，短短几年时间就家喻户晓。为配合全国行销的需要，红牛公司组建了以北京总公司为中心，由 20 多家分支机构和 500 多家大型经销商组成的覆盖全国的大型行销网络。然而，随着企业规模的不断扩大和市场竞争的日益激烈，红牛的领导层发现企业的一些现状阻碍了整个企业进一步发展的步伐。

首先，问题来自于信息传递的滞后。由于工具的限制，红牛全国市场统计数据上报到总部的周期基本上需要一周，甚至更长的时间。现代商业竞争，速度是制胜的关键，尤其是饮料行业生产销售受到天气、季节等不可控因素的影响较大，这要求企业能够及时灵敏地对市场变化做出相应的控制和回应。于是，及时准确地了解全国财务和业务的信息，并及时地调节和控制，就成为了红牛当前首要任务。

其次，由于市场销售变化受不确定因素影响较大。为了防止断货，几乎每一个节点上都要有十几万、几十万的备货，而全国整个分销链上的几十个节点的备货所占用的资金量就非常可观，严重影响了整个企业的资金流运作。

最后，销售通路对于饮料企业来说，是关系到企业生死存亡的重要环节。随着红牛分销网络的不断扩大，如何管理好各级分公司，使总部的政策得以贯彻执行，及如何对分销商进行有效的评估，并进行相应的规范管理和协作是非常重要的。

这些问题靠原先的核算型软件系统肯定不能解决，于是红牛的决策层果断地决定，选择一家企业信息化的合作伙伴来共同规划红牛企业全面信息化的工作。

1. 打造红牛数字神经

经过多轮的考察和接触之后，红牛集团选择了杭州新中大软件有限公司作为自己的信息化合作伙伴。项目启动的第一件事就是搭建集团内部信息传递的平台。在系统选型之初，对于这个远程数据传输也有很多方案，经过多方面的综合比较，红牛最终选定了新中大提出的运程增量复制方案。之所以选择这个方案，主要是因为它能满足红牛现阶段的需求，同时具有安全、成本低廉和实施简单的特点。

简单地说，新中大根据美国 Sybase 公司的 NGReper 远程增量复制工具和广域互联技术，将红牛公司的集团总部和全国各二级单位加以互联，定时自动地将每日经营数据进行交互、汇总。由于是对每日的增量部分进行传递，因此每日的经营数据交互大概只要 30 秒到 1 分钟就能完成，上网的费用只相当于发送一封 Email 的费用。

建立了集团内部信息传递的平台，就好像为企业构建了一套数字化的神经系统，使企业散布在全国市场上的触角及时准确地将信息回馈到企业的总部。现在，红牛集团的经营决策者可以随时从系统中了解各地区当前的销售库存和财务情况，及时做出相应的调整和控制措施，同时还避免了在信息统计过程大量的重复劳动，以及手工统计错误造成的对决策的误导。

2. 效益来自精细化管理控制

红牛集团的一位领导曾经说过："不管 ERP 也好，企业全面信息化解决方案软件包也好，都是企业管理的一种工具，关键是如何让工具为我们的管理服务。"软件只是工具，提升管理才是目的。红牛这次采用的新中大互动管理 i6 系统就是一套以企业全面管理和控制为核心的解决方案。

（1）对于库存的控制。

库存是资金占用的大户，降低总体库存水平，提高库存周转率是红牛的管理目标之一。通过 i6 系统的建立，集团总部根据全国各地销售预测和订单录入系统的数据可以安排下一阶段的生产和发货；同时，集团总部根据整个渠道当前的市场状况和库存情况，可以安排各地之间的调货。这样就使库存能在最合适的时间以最合适的数量到达合适的地方。

此外，系统通过最高、最低、安全库存量的实时控制，以及针对不同批号、保质期的产品进行分别管理和控制，实现了库存的多层次控制和管理。

（2）信用体系的建立。

如何合理管理和评价数量众多的分销商、代理商、客户，降低坏账损失的风险，提高资金的时间价值？红牛在 i6 系统的基础上建立了一套客户信用体系，根据代理商在系统中的历史交易纪录，为不同的分销商、代理商、客户建立一个信用额度。当红牛向客户发货时，系统自动检测其信用额度余额，若该客户应收款超过信用余额，系统将会自动报警，并要求通过有例外处理权限的主管来授权处理。这样，就可以对整个应收部分有一个规范的监控过程，并将管理和控制转移到事前进行处理。

(3) 预算的编制、控制和分析。

预算是一个企业经营的目标，以往对于预算往往局限于事前的计划和事后的分析，而最重要的事中控制，由于工具原因，难以落到实处。在此项目中，红牛集团总部在系统中直接编制预算，并通过网络将分解后的各个分公司预算下发到各分公司，预算在分公司接受后，就开始执行并控制业务的发生，这样既保证了总部财务政策的统一，又可以对各分公司之间预算完成情况进行横向和纵向对比。

另外，在红牛项目中利用互动管理 i6 系统中预置的大量企业内部控制点和一整套预警体系，协助企业对关键业务环节进行管理控制，并对一些异常情况、重要情况、未来事件进行预警。如对资金费用付款进行“集中管理、分项控制”，对资金的流量进行预测，对一些未来的事件，如到期款的提前警示等。通过系统的协助，对企业进行精细化的管理，为企业带来实实在在的效益。

1. “红牛”存在的哪些问题阻碍了整个企业进一步发展的步伐？

2. “红牛”累了喝什么？基于技术的信息系统在组织中扮演怎样的角色？在实际应用中，可能存在哪些局限？

3. 企业新建立的信息系统解决了哪些问题？对于提升“红牛”的市场竞争力有怎样的帮助？

第 13 章　IT 战略规划和需求分析

1. 背景

X 公司是体育用品服装企业，其核心竞争力表现在以下几个方面。

（1）具有敏锐的市场感知和快速响应能力。X 公司现在的模式基本上是基于对市场预先的判断而开发产品，通过营销手段来促进产品销售。

（2）具有很强的产品研发能力和管理能力。

（3）具备快速高效的供应链运作能力。

（4）对企业运营过程具有强大的控制能力。

X 公司正处于快速发展之中，正在形成和强化品牌商的定位，产品销售采用区域总代理模式。以前公司已经应用了一系列 IT 产品，现在迫切需要升级换代，以适应未来的发展。

公司高层对 X 公司的 IT 建设高度重视，在 IT 建设方面更是投入了很大的精力和支持，多次强调 IT 是 X 公司二次创业的关键所在。因此，公司在 2009 年年末启动 IT 规划项目，请咨询公司一起进行全面规划，包括 IT 现状评估、IT 未来蓝图规划、投资预算、实施步骤等多个方面。

2. 目前的问题

咨询公司经过调研，发现 X 公司目前有以下问题。

（1）IT 战略不清晰。IT 战略与业务战略难以互动，IT 战略不能很好地支撑公司业务高速发展，不能支撑公司多工厂、多生产模式，品牌运营和区域总代理模式。

（2）IT实施策略不明确。公司业务管理对IT的需求与IT建设太不协调，业务部门对IT的效果不满意，IT建设对业务管理的引导能力弱。

（3）IT组织建设不完善。尚未建立统一的IT部门，IT人员由业务部门管理，考核权也在业务部门，IT人员对业务的理解和对IT的理解都不够深入。

3. IT战略规划

根据X公司的特点，咨询公司制定了IT战略规划，分三个阶段实施。

第一，基于X公司未来3~5年的发展战略，制定IT战略、IT建设方向和IT技术发展方向，并且该方向可以根据每年业务发展的需要进行更新。

具体来说，在制定X公司的IT规划过程中，明确方向就是要解决以下三个问题。

（1）建成什么样的IT系统？也就是通常所说的管理信息化愿景。根据X公司的经营管理模式，硬件结构初步定为每个工厂和区域中心都建立一个局域网，数据中心放在总部，各局域网都连在Internet上，和总部随时交换信息。这样的结构比较灵活，便于局部调整和扩充。

（2）花多少钱？也就是投资估算，这是非常重要的。愿景都是美好的，但要花多大代价才能做到，是否值得，这需要判断IT战略规划中每个应用系统的商业价值。X公司的年营业收入在10亿元以上，进行IT建设投资规模一般都在3000万元以上。因此咨询公司经过调查，初步确认项目总体投资3000万元。

（3）如何建成？也就是所谓的项目规划，实际上也就是X公司IT建设的行动规划。该行动规划不仅仅是IT项目建设的规划，还必须考虑X公司相应的管理变革；同时需要仔细划分每个子项目的选界，明确各个子项目的目标、范围、各项目的逻辑和时间关系。另外还应当注意的是，信息化建设的周期一般为 1 ~2 年，投资估算和项目规划一起构成了未来 1 ~2 年的投资计划。

咨询公司建议，先用三个月时间考察国内 ERP 厂商的现有软件，进行软件和硬件选型，然后 ERP 厂商参与进来，进行需求分析和具体的二次开发工作，为期半年到 9 个月，然后就是软件的试运行，为期 3 个月，最后是上线运行。

第二，公司高层方面达成业务管理和 IT 投资的共识。摒弃众多只应用于各个部门（人力资源、会计等部门）之内的垂直式数据孤岛，取而代之以一个服务于整个企业的水平式技术平台。

凝聚共识包含业务管理和 IT 应用两方面。在 X 公司，虽然高层管理团队已经对信息化下了决心，但仍能听到各种反对声音，这在信息化建设的初期是很常见的现象。其中大多是由于沟通不够、认识不足、观念未转变，对信息化建设的指导思想、工作原则、关键成功因素、重点应用领域等没有达成共识。按照 IT 规划，厘清企业管理提升和信息化应用的总体方向，客观分析当前所处的位置，理智分析当前和未来之间的差距，然后制定策略、明确原则、给出路线，再明确每一个信息化建设的项目之间的时序关系和依赖关系，并落实每一个信息化建设的项目的里程碑，关键是不断采集意见、论证探讨，主旋律就是："沟通、沟通，再沟通"。

IT 规划既是一个成果，也是一个过程，是对企业战略、组织、流程、数据/信息/情报、应用系统和信息技术的系统性思考，以达成共识、降低风险、节约成本。制定 IT 规划的过程，是公司上下对"IT 支撑管理"的沟通、碰撞。IT 规划项目及其团队，是管理信息化的播种机、宣传队、开路先锋。

第三，组建项目组，以绩效为导向，规避风险，逐步落实。这是对 IT 建设蓝图、实施策略、资源计划和责任人的落实与跟进。对于 X 公司而言，IT 规划如何才能落到实处？关键是一把手支持，找对人，做对事。

根据对国内外IT管理模式的研究，IT部门的组织结构比较有代表性的是分散模式、集中模式、混合模式和外包模式。X公司建立了集中模式的IT部门，对各个分公司或各中心的IT进行强有力的直接管理，从资金、人员、资源调配等各个方面进行规范和统筹。

对于IT部门而言，其指导性原则是：理顺信息管理组织体系，保证IT资产的有效利用。X公司的CIO在人力资源部门的帮助下，按照各部门的具体业务，制定了一套比较合理有效的绩效考评体系。

目前IT规划方案已经在X公司展开实施。按照方案的思路，X公司计划在未来两年内在IT方面投资3000万元，建设能够支撑公司战略的ERP系统。经过咨询公司的培训，公司高层对IT建设投资、计划、实施和资源等有了全新的认识。

如果IT战略规划失败，一般来说是由于提供的资源不足、战略实施不完整、缺乏高层支持、涉及时间过短或过长、用户参与度不够等。尽管上述这些问题和障碍都集中IT战略规划上，但许多都源于业务战略。由于业务部门过于关注当前需要解决的问题，往往不能将战略观点融入到他们的规划中。这就需要在实际的战略规划和实施中加以引导和纠正，公司高层（包括CIO）要协助业务部门，将战略转变为有效而具体的行动方案。只有这样，才能避免在信息化战略规划和实施中容易发生的种种问题，才能保证战略的最终实现。

13.1 IT战略规划

13.1.1 什么是IT战略规划

IT战略规划是关于企业信息化建设长远发展的计划，是与企业发展战略规划相一致的信息化发展战略。一般来说，IT战略规划应该在企业的发展战略指导下进行。

企业的 IT 战略是组织战略的一个组成部分，但又相对独立，IT 战略必须为实现企业战略服务，并会对企业的管理、生产和经营活动产生越来越大的影响。

IT 战略规划（Information Technology Strategic Planning，ITSP）包含宏观规划和具体的 IT 规划两部分。

信息系统（Information System，IS）宏观规划是在理解企业中长期发展战略、业务规划的基础上，形成信息系统的发展战略，以支持企业业务规划的目标达成，并会影响具体的业务规划。

具体的 IT 规划：在宏观规划指导下，更多地从信息技术角度出发，对信息系统进行规划。

IT 战略规划的地位一般如图 13 - 1 所示。

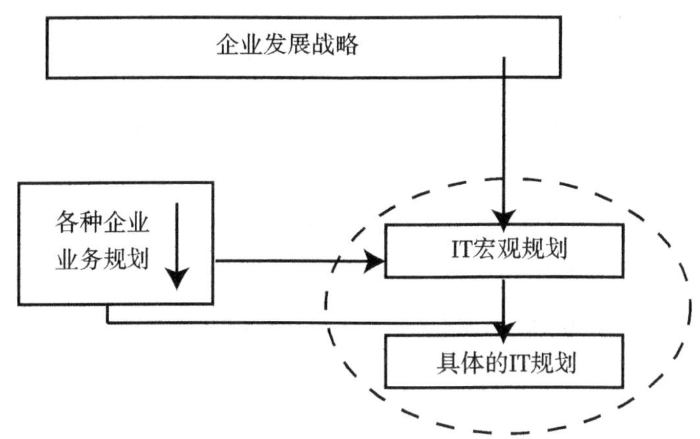

图 13 - 1　IT 战略规划的地位

从图 13 - 1 中可以看出，IT 战略是企业的职能战略，信息化项目的具体 IT 规划是在企业发展战略、业务规划和 IT 宏观规划制定完毕之后才进行的。但小企业在信息化的实践中往往没有 IT 战略，信息系统的建设可能也没有规划。这种情况是可以理解的，可能也是最适合小企业的发展策略，因为成本最低。

如果一个企业发展壮大后，仍然缺乏 IT 战略，将会带来以下严重的后果。

（1）各个子系统缺乏集成，各自为战，造成大量重复劳动并导致各子系统的信息和数据不一致。

（2）研发和购买的管理信息系统难以支持组织的业务发展，采用的信息技术不适应未来的发展，导致系统的使用寿命比预期的低，升级和开发成本升高等。

（3）无法设定信息系统各部分投入的优先级，因此无法最大程度地利用有限资源。

（4）系统不能充分发挥组织的能力，导致用户满意度下降。

在网络时代，企业更应注意 IT 战略规划。英国经济情报社、BM 咨询和埃森哲咨询 2003 年做的联合调查表明，国外年收入在 10 亿美元以上的大公司当中，95%进行了 IT 战略规划；年收入在 1 亿 ~9. 99 亿美元的中型公司中，91. 3% 进行了 IT 规划；年收入小于 1 亿美元的小公司中，76. 1% 进行了 IT 规划。而在国内进行过 IT 战略规划的企业不足 10%，而这 10% 还主要集中在国内的超大型集团公司中。

目前仍有很多企业的信息化建设，恰恰是从如何选硬件和软件开始的。这就是本末倒置，很容易造成投资的巨大浪费，甚至整个项目的失败。只有进行组织的战略规划和 IT 战略规划，才会避免“脚踩西瓜皮，滑到哪儿算哪儿”的情况。

企业高级领导，尤其是一把手，一定要充分重视并积极参与到 IT 战略规划的制定中。如果没有一把手发自内心的重视和支持 IT 战略规划，很容易流于形式，从而没有任何作用。

在进行 IT 战略规划的过程中，可能会从企业的各个层次、各个部门听到一些反对意见。反对的情况也可能有很多种形式，如“谨慎论”者觉得信息化建设的失败率高，要谨慎从事；“实际论”者认为信息化从长远来看，当然要做，但现在的时机还不成熟；“怀疑论”者认为信息化解决不了企业的问题，反而劳民伤财；有些反对者可能担心信息化会打破现有的管理和权力分配格局等。

出现这些反对意见很正常，也有一定的合理性，高层领导要充分重视这些意见，多多沟通，最后达成共识，这是 IT 战略规划的一个重要作用。一个达成共识的、没有很多创新的方案要远远好于一个有很多创新，但迟迟不能达成共识和落实的方案。

IT 战略规划包括以下内容。

（1）企业现状和远景。

（2）业务流程现状。包括存在的问题和在新信息技术下的重组。

（3）信息化建设的可行性研究。也就是从管理、技术、经济方面，进行可行性分析，看看中短期是否有必要进行大规模信息化建设。

（4）如果可以进行信息化建设，就要制定 MIS 的目标和总体结构，并对相关信息技术发展进行预测。例如，预测今后 Internet 和无线网络的发展趋势。

（5）近期规划，一般是一年以内的具体规划，研究具体做什么，如制定 IT 具体架构、聘请软件公司开发软件等。

要制定好 IT 战略规划，需要采取以下措施。

（1）成立规划领导小组。一般来说，需要在一轮信息化建设开始前进行 IT 战略规划，此时应成立项目组，因此规划领导小组往往是项目组的高层核心人员，由企业中的一把手和业务骨干组成。

（2）聘请咨询公司或顾问。

（3）进行人员培训。培训主要针对企业的中高级管理层进行，目的是让他们了解 MIS 为管理带来的变革。

（4）规定进度。这是为了对过程进行严格管理。

13.1.2　安东尼模型和诺兰模型

1. 安东尼模型

1965 年，安东尼等企业管理专家通过对欧美制造业长达十五年的大量实践观察和验证，创立了制造业经营管理业务流程及信息系统构架理论，即著名的“安东尼模型”。该理论认为，经营管理业务活动及企业管理系统可分为战略规划、战术决策和业务处理三个层次。

（1）战略规划层：为最高管理层，是指诸如企业组织目标的设定与变更、为实现该目标所采取的资源规划和预算过程。

（2）战术决策层：又叫管理控制层，是中间管理层，是为实现企业目标，使企业能够有效地获得并利用资源的具体过程。

（3）业务处理层：又叫运行控制层，是下层管理层，是确定某特定业务能够被有效地、高效地执行的全部过程。

安东尼模型如图 13 －2 所示。

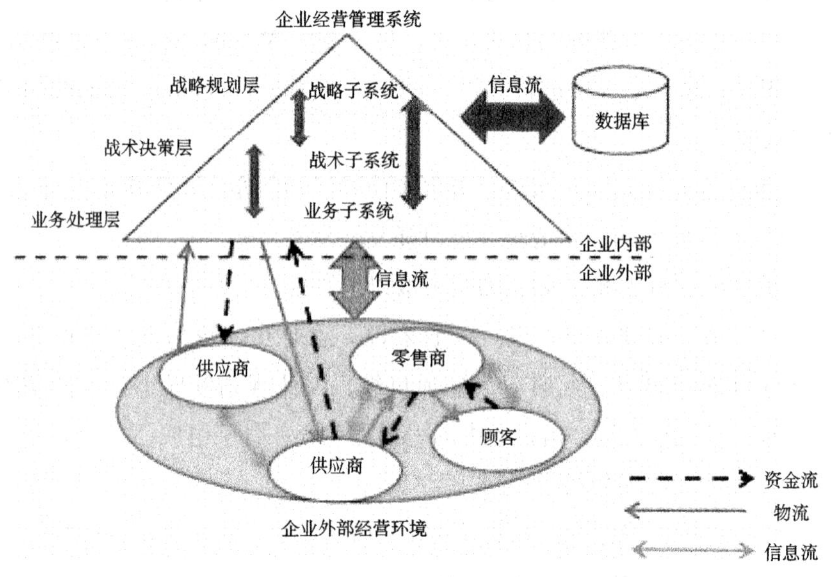

图 13 －2　安东尼模型示意图

安东尼等人通过对以组装加工业务为主的制造企业的观察研究发现，其管理系统业务流程包括了物流、资金流和信息流的双向流动。首先，物流的流程一般体现在从采购部件到产品销售出去的整个过程之中，是自上游向下游流动。其次，资金流的流向与物流相反，是从下游向上游流动。最后，信息流的流动过程要复杂得多。信息流在与物流、资金流互补的同时，又起着管理企业整体活动的作用。

安东尼模型是现代企业管理信息系统的开山鼻祖。与以往其他管理信息系统的本质区别在于，安东尼模型包含和考虑了企业内外部环境因素的相互关联和影响，反映了企业内外供应链的物流、资金流、信息流的真实情况，蕴含了供应链管理的思想。

随着时代的进步，管理信息系统功能已经在安东尼模型基础上不断加以扩展和完善。虽然现在已经进入到网络和电子商务时代，但是 MIS 理论的核心还是安东尼模型。

2. 诺兰模型

1973 年，美国管理信息系统专家诺兰和吉布森通过对 200 多个公司、部门发展信息系统的实践和经验的总结，提出了著名的诺兰模型。1980 年诺兰又对模型进行了完善。诺兰模型如图 13－3 所示。

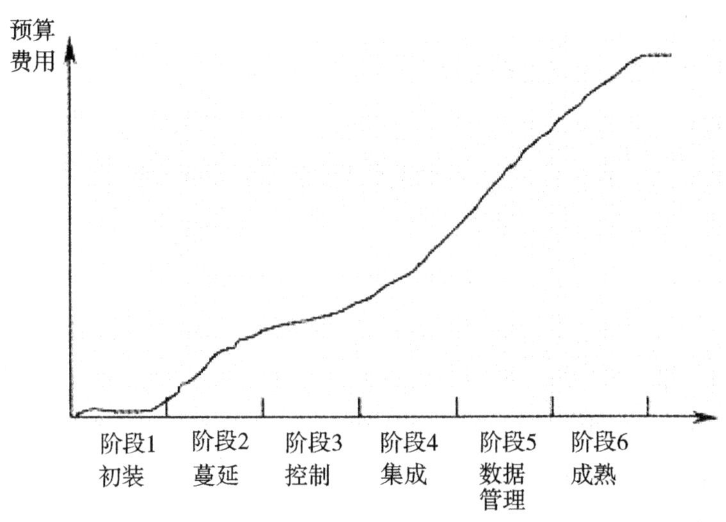

图 13－3　诺兰模型

诺兰认为，任何组织由手工信息系统向以计算机为基础的信息系统发展时，都存在着一条客观的发展道路和规律。诺兰将这条道路划分为六个阶段，分别是初装、蔓延、控制、集成、数据管理和成熟阶段。并强调任何组织在实现以计算机为基础的信息系统时，都必须从一个阶段发展到下一个阶段，不能实现跳跃式发展。

诺兰模型的初装阶段，是指组织购买第一台计算机并初步开发管理程序的阶段。此时各个职能部门（如财务）的专家致力于发展他们自己的系统。随着信息技术的应用初见成效，信息系统（管理应用程序）开始扩散，这就进入了蔓延阶段。然后，出于控制数据处理费用的需要，管理者开始召集不同部门的用户组成委员会，对整个组织的系统建设进行统筹规划，这就是控制阶段。诺兰认为，控制阶段是实现从以计算机管理为主到以数据管理为主的转化的关键阶段，一般发展较慢。

当进入第四阶段，也就是集成阶段时，一般要重新购买大量硬件设备，并对软件进行大规模重新设计，因此预算费用将急剧增长。集成阶段是一个质的飞跃，因为组织开始使用数据库和远程通信技术，努力整合现有的信息系统。

此后将进入数据管理阶段，组织开始全面考察和评估信息系统建设的各种成本和效益，全面分析和解决信息系统投资中各个领域的平衡与协调问题。但在 20 世纪 80 年代，美国尚处于第四阶段，因此诺兰未能对数据管理阶段进行详细描述。

最后，系统将进入第六阶段，也就是成熟阶段。

诺兰模型继承了安东尼提出的层次型模型，总结了信息系统发展的经验和规律。诺兰阶段模型对信息系统的建设起到了一定的指导作用，也就是在开发或制定信息系统的规划时，应该首先明确本组织目前处于哪一阶段，进而根据该阶段特征来指导 MIS 建设。

但是，诺兰模型也容易误导管理者，让人幻想有一劳永逸的解决方案。管理者会认为当信息系统的建设完成第四阶段后，就不再需要对信息技术进行大规模投资了，因为第五阶段就是更好地进行数据管理，只要做得足够好就可以进入成熟阶段了，这显然不正确。尤其是 20 世纪

80 年代以来，信息技术一直在迅猛发展，何时进入“成熟期”，今天看来还是遥遥无期的。现在学者们基本上认为，这个模型过于简单了。

虽然诺兰模型存在一些弊端，但它对于 IT 在组织中的角色演进的描述还是有价值的。

13.2　IT 战略规划方法

企业信息化战略的研究是伴随着企业自身发展的要求以及 IT 及其应用不断发展、变化而逐步深入的。从 20 世纪 60～80 年代初期，IT 在企业中的应用经历了一个重要的飞跃，从数据处理时期进入管理信息系统时期。到了 20 世纪 80 年代中期，在美国很多企业，IT 已经成为核心技术，信息化管理更多地进入了企业战略管理层面。

常见的 IT 战略规划方法有关键成功因素法（Key/Critical Success Factors，K/CSF）、企业系统规划法（Business Systems Planning，BSP）、战略目标集转化法（Strategy Set Ttransformation，SST）和战略一致性模型（Strategy Alignment Model，SAM），此外还有应用系统组合法（Application Portfolio Approach，APA）、信息工程法（Information Engineering，IE）、战略栅格法（Strategic Grid，SG）、战略系统规划法（Strategic System Planning，SSP）、价值链分析法（Value Chain Analysis，VCA）等。本书讲解前四种。

13.2.1　KSF 或 CSF——关键成功因素法

1970 年，美国哈佛大学的教授威廉姆·泽尼（William Zani）提出了以关键成功因素法（Key Success Factors，KSF，也经常写成 Critical Success Factors，CSF）为依据来确定系统需求的一种信息系统总体规划的方法。十年后，麻省理工学院教授约翰·罗卡特（John Rockart）把 KSF 提升为管理信息系统的战略，用以满足高层管理的信息需求，特别是解决那些每月收到大量计算机生成的报表却几乎找不到任何有价值信息的问题。

所谓关键成功因素，是指那些对组织能否成功实现目标起决定作用的因素。关键成功因素法就是通过分析，找出这些关键因素，然后再围绕它们来确定系统的需求，并进行规划的过程。它包括以下几个步骤。

（1）确定组织的战略目标。

（2）识别所有成功因素。主要是分析影响战略目标的各种因素和影响这些因素的子因素。

（3）确定关键成功因素。不同行业的关键成功因素各不相同。即使是同一个行业的组织，由于各自所处的外部环境的差异和内部条件的不同，其关键成功因素也不尽相同。

（4）确定各关键成功因素的性能指标和评估标准的数据。

详见图 13－4 所示。

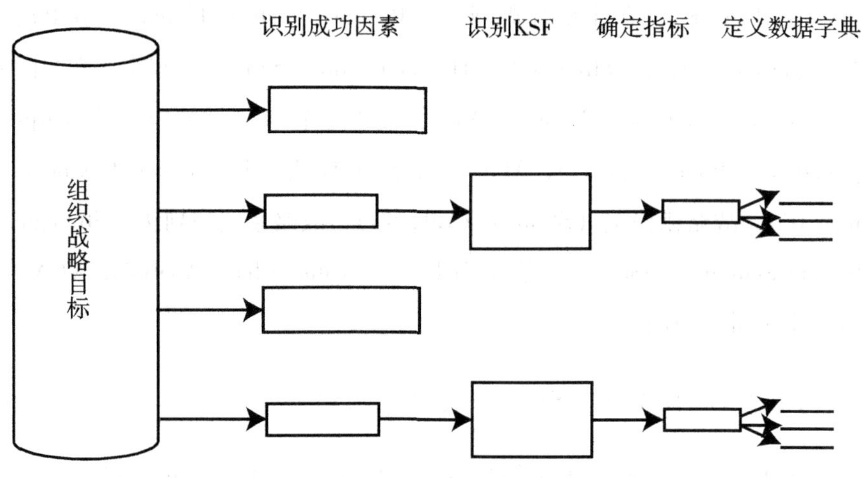

图 13－4　关键成功因素法

关键成功因素法的初始目标是帮助高层管理者确定他们所需的信息，以进行有效的规划和控制。

对于关键成功因素的性能指标和评价标准，常常用关键业绩指标

（Key Performance Indicator，KPI）来描述和度量。它是把对业绩的评估简化为对几个关键指标的考核，把员工的绩效与关键指标进行比较的评估方法。关键业绩指标必须符合 SMART 原则，即：具体（Specific）、可度量（Measurable）、可实现（Achievable）、相关性（Rclevant）和时限性（Time-based）。这种方法的优点是标准比较鲜明，易于做出评估；缺点是对简单的工作制定标准难度较大，缺乏一定的定量性；而且只考虑一些关键指标，对于其他内容缺少评估。

利用关键成功因素法，可将公司财务战略绩效评价指标体系分为以下三个层面。

第一个层面为财务战略层。按照公司财务战略组成内容的不同，这一层面又分为筹资战略、投资战略和股利分配战略。

第二个层面为关键因素层。关键因素是指在评级体系中对评价成功起关键作用的因素。对于公司财务战略绩效评价来说，其评价的核心内容是对各财务战略实施的投入产出效率的评价，具体表现为以下两个方面。

（1）各项财务战略实施能否使公司资金使用效率最大化。

（2）各项财务战略实施能否使公司保持良好的财务关系。

因此，可选取资金效率、资金风险、资金成本和财务关系为关键因素，围绕这四个因素综合确定公司财务战略的绩效。

第三个层面为关键业绩指标层。这里的关键业绩指标是能反映某一关键因素财务本质的重点指标。该指标层既包括定量的财务类指标，也包括定性的非财务类指标。其中定量指标主要反映各财务战略实施的成本与效果，如资金成本、总资产周转率等。定性指标主要反映战略方向、财务关系以及战略与环境的适应性等内容，如优势与劣势、公司提供信息的及时性与有用性等指标。因此该指标体系为定量指标与定性指标的有机结合体。这一层面，将关键因素分解为具体的财务战略评价指标。这三个层面之间的关系如图 13 -5 所示。

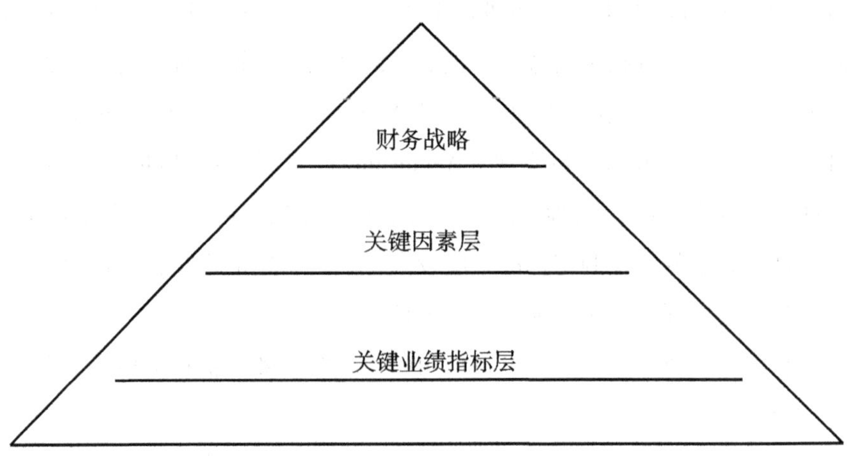

图 13－5　财务战略三层绩效评价指标体系

在进行 IT 战略规划时，首先要了解企业的发展战略及相关问题，然后是识别企业的关键成功因素及性能指标和评价标准，再围绕这些因素确定信息系统需求，进行信息系统规划，最终促进企业战略目标的实现。这个过程形成了一个闭环，如图 13－6 所示。

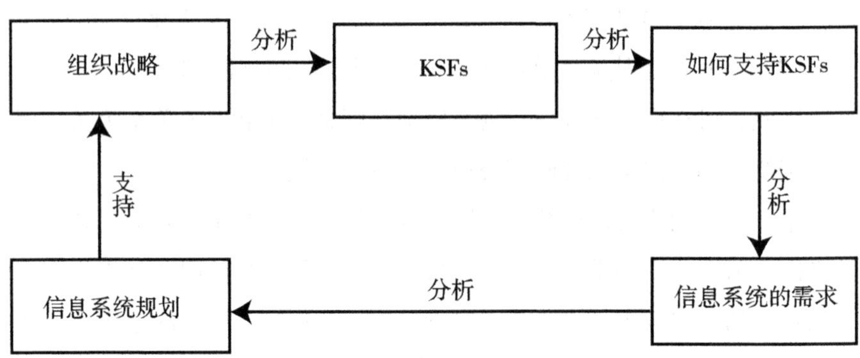

图 13－6　用关键成功因素法进行信息系统规划

关键成功因素法的优点是能够突出重点因素，并为这些因素建立良好的衡量标准。然后据此开发对管理者有意义的数据库和信息系统，这样就可以限制收集和分析那些非必要数据的成本。

但关键成功因素法的缺点是相对粗糙，它过分注重管理者而不是整个组织的信息需求，而且没有推荐或采用一种数据结构来完成 IT 战略规划和信息需求分析。

13.2.2　BSP——企业系统规划法

20 世纪 70 年代，IBM 公司提出了企业系统规划法（Business Systems Planning，BSP），旨在帮助企业制定信息系统的规划，以满足企业近期和长期的信息需求。BSP 是较早运用面向过程管理思想的 IT 规划方法，也是目前影响最广的方法。其基本思路是要求所建立的信息系统支持企业目标，表达所有管理层次的要求，向企业提供一致性信息，对组织机构的变革要具有适应性，即把企业目标转化为信息系统战略的全过程。

1. BSP 的思路和优点

BSP 从企业目标入手，逐步将企业目标转化为管理信息系统的目标和结构，从而更好地促进企业目标的实现。图 13－7 是企业系统规划法的思路。

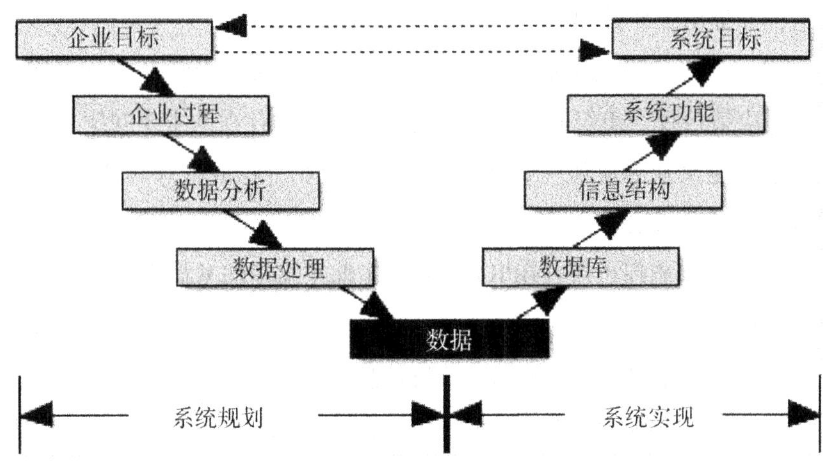

图 13－7　企业系统规划法的主要思路

企业系统规划法是一种结构化方法，采用 BSP 应遵循以下基本原则。

（1）必须支持企业的战略目标。为此，需要企业高层管理人员的积极参与和大力支持，这也是规划成败的关键。在规划的开始阶段，一般需要建立一个委员会，由企业高层管理人员组成。委员会需要明确规划的方向和范围。在该委员会下有一个规划组（或项目组），在战略规划阶段全时工作，负责具体的规划活动。

（2）应当表达出企业各个管理层次的需求，这不仅需要设置委员会和规划组，还需要调查人员深入各个管理层次，详细调查。

（3）应该向整个企业提供一致信息，信息需要结构化。

（4）应该经得起组织机构和管理体制的变化。使信息系统具有对环境变更的适应性。即使将来企业的组织机构或管理体制发生变化，信息系统的体系结构也不会受到太大的冲击。

（5）先“自上而下”识别和分析，再“自下而上”设计。

2. BSP 的工作步骤

用 BSP 制定规划是一项系统工程，具体的工作步骤如下。

（1）准备工作。成立由最高领导牵头的委员会，下设一个规划研究组，并提出工作计划。

（2）调研。规划组成员通过查阅资料，深入各级管理层，了解企业有关决策过程、组织职能和部门的主要活动和存在的主要问题，

（3）定义业务流程（又称业务过程、企业过程或管理功能组）。这是 BSP 方法的核心。

（4）业务流程再造（BPR）。在现有业务流程的基础上，找出哪些流程是正确的；哪些流程是低效的，需要在信息技术支持下进行优化处理；还有哪些流程不适合采用计算机信息处理，应当取消。

（5）定义数据类。数据类是指支持业务过程所必需的逻辑上的相关数据。对数据的分类是按业务过程进行的，即分别从各项业务过程的角度将与该业务过程有关的输入数据和输出数据按逻辑相关性整理出来

归纳成数据类。

（6）定义信息系统的总体结构。目的是刻画未来信息系统的框架和相应的数据类。其主要工作是划分子系统。

（7）确定总体结构中的优先顺序。即对信息系统总体结构中的子系统，按先后顺序排出开发顺序。

（8）完成 BSP 研究报告，提出建议书和开发计划。

BSP 的实施步骤如图 13 - 8 所示。

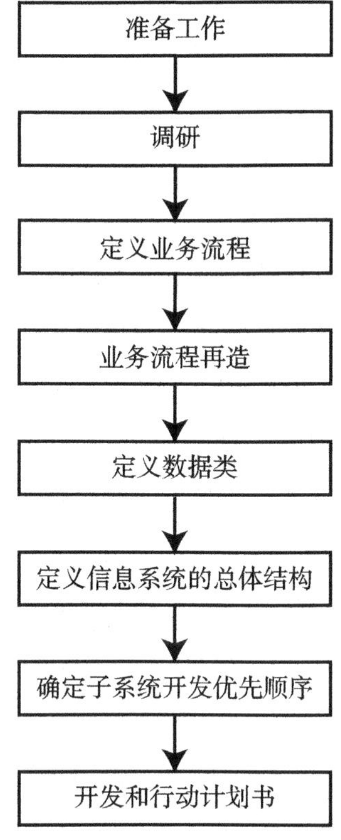

图 13 - 8　BSP 的主要思路

企业系统规划法的优点是可以制定出企业未来信息系统的总体规划，保证信息系统独立于企业的组织结构。但它有以下问题。

（1）BSP 的核心是识别业务流程。但在识别流程阶段过于注重局部，没有强调从全局上描述整个企业的业务流程。在定义数据类时，同样没有从全局上考虑整个数据流程。

（2）BSP 在需求分析阶段带有一定的盲目性。例如在识别流程时，它要求尽可能地列出更多流程，导致后期分析工作艰巨，也因此增加了对企业问题的评价和子系统划分的难度。

3. U/C 矩阵

BSP 法将流程和数据类两者作为定义企业信息系统总体结构的基础，具体做法是利用 U/C（Use/ Create）矩阵，这是 IBM 公司于 20 世纪 70 年代初伴随 BSP 提出的一种系统化的聚类分析方法。

具体过程是，首先要进行系统化的分析，建立一个矩阵，矩阵中的列表示数据类，行表示业务流程（反过来也行，不影响本质）。然后在矩阵中填入字母 U（Use）或 C（Create），表示相应过程对相应数据类的使用和创建。如果某流程既不创建也不使用某类数据，相应交叉点就什么都不填。第三步就是调整矩阵行列位置，让“C”尽量处于对角线上，并让尽量多的“U”靠近“C”，从而划分出子系统。因为“U”和“C”靠近的业务如果划到一个部门里，可以提高工作效率。

例 13－1 某公司对其业务和数据进行调查，划分出 16 个数据类和 18 项业务流程，如表 13－1 和表 13－2 所示。

表 13－1 **某公司业务和数据调查**

数据类 功能	计划	财务计划	产品	零件规格	材料表	材料库存	成本库存	任务单	设备负荷	物资供应	工艺流程	客户	销售区域	订货	成本	职工
经费计划	C	U												U	U	
财务规划	U	C													U	U
资产规模		U														
产品预测			U									U	U			
产品设计开发	U		C	C	C							U				
产品工艺			U	U	U	U										

续表

功能＼数据类	计划	财务计划	产品	零件规格	材料表	材料库存	成本库存	任务单	设备负荷	物资供应	工艺流程	客户	销售区域	订货	成本	职工
库存控制						C	C	U		U						
调度			U				U	C	U		U					
生产能力计划									C	U	U					
材料需求			U		U	U				C						
操作顺序								U	U	U	C					
销售管理		U	U				U					C	U	U		
市场分析		U	U									U	C	U		
订货服务			U				U					U	U	C		
发运		U	U				U						U	U		
财务会计	U	U	U				U					U		U		U
成本会计	U	U	U											U	U	
用人计划																C
业绩考评																U

在表 13－1 中，已经填上了“U”和“C”，表示某项业务使用某类数据。然后调换各行和各列的位置，让“C”尽量处于对角线上，并让尽量多的“U”靠近“C”，进而划分出子系统，如表 13－2 所示。

表 13－2　某公司根据业务和数据调查划分子系统

功能	＼数据类	计划	财务计划	产品	零件规格	材料表	原材料库存	成品库存	工作令	机器负荷	材料供应	操作顺序	客户	销售区域	订货	成本	职工
经营计划	经费计划	C	U													U	
	财务规划	U	C													U	U
	资产规模		U														
技术准备	产品预测	U		U									U	U			
	产品设计开发	U		C	C	U							U				
	产品工艺			U	U	U	U										

续表

功能 \ 数据类		计划	财务计划	产品	零件规格	材料表	原材料库存	成品库存	工作令	机器负荷	材料供应	操作顺序	客户	销售区域	订货	成本	职工
生产制造	库存控制						C	C	U		U						
	调度			U					C	U							
	生产能力计划									C	U	U					
	材料需求			U		U					C						
	操作顺序								U	U	U	C					
销售	销售区域管理			U									C		U		
	销售			U									U	C	U		
	订货服务			U									U		C		
	发运			U				U							U		
财会	通用会计			U									U				U
	成本会计														U	C	
人事	人员计划																C
	人员招聘/考核																U

本例只是一个很粗略的例子，在实际应用中，U/C 矩阵可能会很复杂。

建立 U/C 矩阵后，一定要对 U/C 矩阵的正确性进行以下三方面的检验。

（1）完备性检验。具体的数据项（或类）必须有一个产生者（即“C”）和至少一个使用者（即“U”），否则 U/C 矩阵是不完备的。这个检验可使我们及时发现表中的功能或数据项的划分是否合理，以及“U”“C”元素有无填错或填漏的现象。

（2）一致性检验。是指对具体的数据类，有且仅有一个产生者（“C”）。如果某类数据有多个产生者，将会给后续开发工作带来混乱。

（3）无冗余性检验。即表中不允许有空行空列。

U/C 矩阵的优点是提供了一种结构化的方法来划分子系统，缺点是只适合中小组织分析或大型组织的粗略分析。因为大型组织至少有几百类数据和上千种业务，画 U/C 矩阵将使工作量成指数增加，甚至根本画不出来。如果先分成若干个小型组织，然后再用 U/C 矩阵分别求解，则事先划分的小型组织是否合理，将缺乏理论上的证明，只能靠人的洞察力去判断。

13.2.3　SST——战略目标集转化法

战略目标集转化法（Strategy Set Transformation，SST）是威廉·金（William King）于 1978 年提出的，该方法把战略目标看成一个信息集合，识别组织的战略集合，然后转化为 IT 战略。使用战略目标集转化法可以分以下两步走。

（1）需要识别组织的战略目标集合。

组织的总体战略目标在通常情况下均可以分解为几项主要的支持性子目标，而这些更为具体的子目标需要企业的某些主要业务流程的支持，才能在一定程度上达成。因此，在本环节需要完成以下工作。

①组织高层确立总体战略目标。

②由组织（中）高层将战略目标分解为主要的支持性子目标。

③将组织的主要业务流程与支持性子目标之间建立关联。

在分解战略目标时可采用按部门分解的层次图方式，如图 13－9 所示。

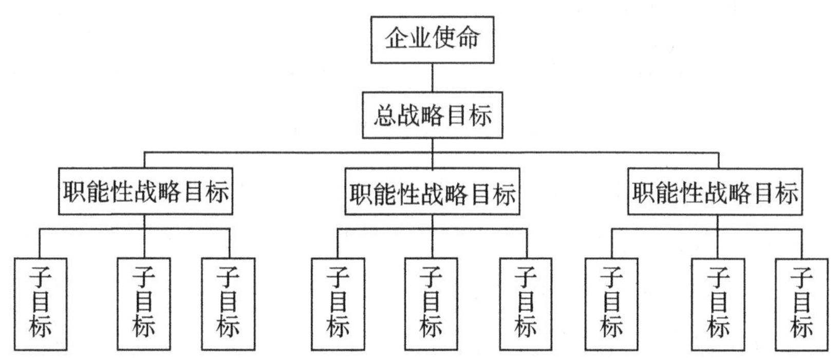

图 13－9　按职能部门分解战略目标

但考虑到可能会进行业务流程和部门重组，所以更常用的是采用鱼骨图方式，如图 13－10 所示。

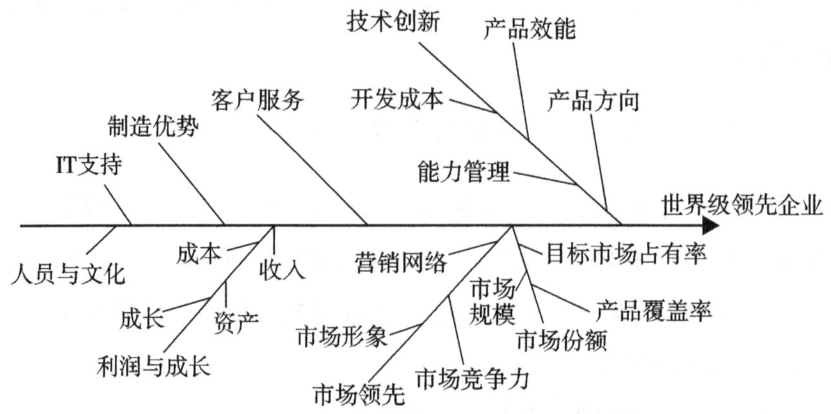

图 13－10　战略目标分解鱼骨图示例

在分解战略目标时要考虑人的因素。具体地说，要描绘出组织各类人员的结构（如经理、雇员、顾客、供应商、竞争者等），识别每类人员的目标、使命和战略。

（2）将组织的战略集合转化为 IT 战略。IT 战略包括目标、约束、设计原则等。转化过程包括对应组织战略集的每个元素识别对应的 IT 战略约束，然后提出整个信息系统的结构，如图 13－11 所示。

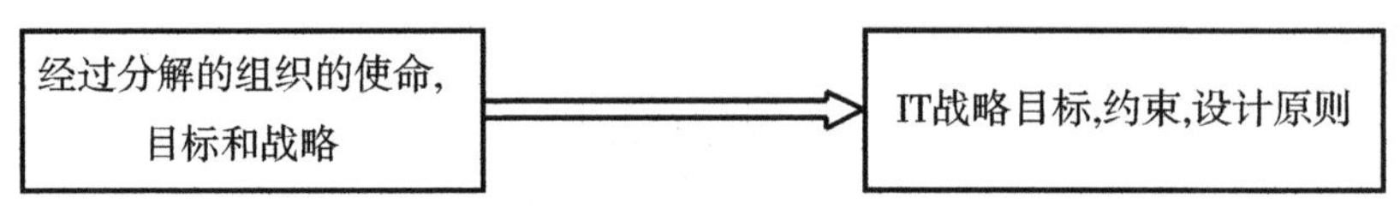

图 13－11　战略目标转化图

战略目标集转化法从不同类别人员的角度识别管理目标，反映了不同层次的需求，然后把这些需求转化为信息化战略。由于从不同层次出发，所以该方法能保证目标比较全面，疏漏较少。但是，也正由于需要考虑不同层次人员的需求，该方法在使用过程中不能突出战略的重点。

现在比较一下这三种 IT 战略规划方法。

KSF 法能抓住主要矛盾，突出重点。用 KSF 法所确定的目标和传统的方法衔接得比较好，但是一般只对管理者有利。

BSP 法虽然也首先强调目标，但它没有明显的目标引出过程，而是通过管理人员对业务流程的分析，得到 IT 战略目标。组织目标到 IT 战略目标的转换，可以通过 U/C 矩阵分析得到，但绝不能把 BSP 法的中心内容当成 U/C 矩阵。

SST 法反映了各种人的需求，而不是只反映管理者的需求。而且，SST 法给出了按这种要求分层，然后转化为信息系统目标的结构化方法。它能保证目标比较全面，疏漏较少，但它在突出重点方面不如 KSF 法。

可以把这三种方法结合起来使用，叫作“CSB 法”（即 CSF、SST 和 BSP 结合）：先用 CSF 方法确定组织目标，然后用 SST 方法补充完善，并将这些目标转化为信息系统目标；用 BSP 方法校核两个目标，并确定信息系统的结构，这样就弥补了单个方法的不足。当然，这也削弱了单个方法的灵活性，使得 IT 战略规划过于复杂。

应该说，迄今为止，IT 战略规划还没有一种十全十美的方法。由于战略规划本身的非结构性，可能永远也找不到一个通用的、步骤明确的方法。进行任何一个组织的 IT 战略规划，都要灵活运用所学知识，具体问题具体分析。

13.2.4　战略一致性模型

1993 年，美国麻省理工学院的汉德森（Henderson）和印度学者文卡特拉曼（Venkatraman）等人提出了战略一致性模型（Strategic Alignment Model，SAM）。两人认为，企业信息化战略投入的价值难以体现的首要原因在于企业的运营战略与 IT 战略之间缺少一致性关系，而且企业缺少一个动态的操作流程，来保证运营战略与 IT 战略之间持久的一致性关系。因此，他们提出了一套进行 IT 战略规划的思考架构，以帮助企业实现业务战略与信息化战略的一致性，框架结构如图 13 – 12 所示。

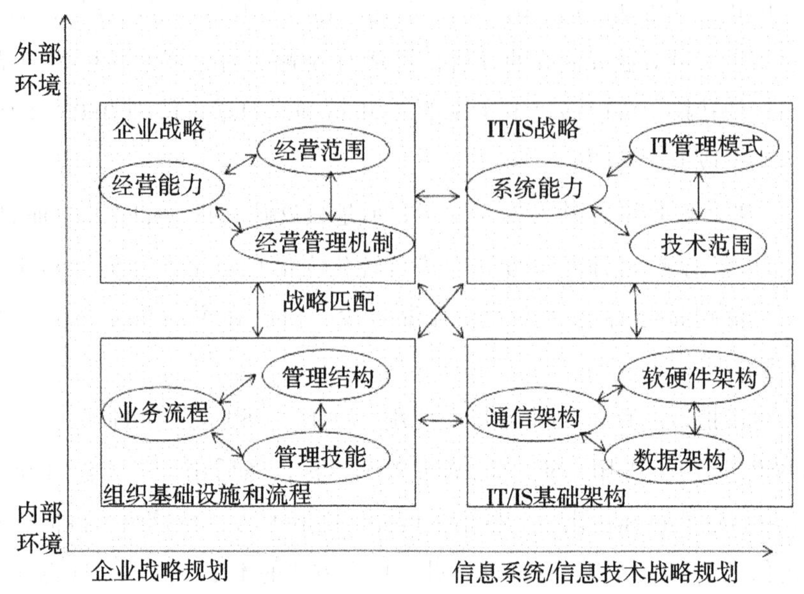

图 13 – 12　战略一致性模型

两人认为，战略一致性包括“内容”和“过程”两个方面。前者指 IT 战略规划与企业中需要达到一致性的要素，如组织结构、IS 结构、IT 基础设施、企业战略类型、管理模式、IT 人员等；后者则是战略一致性的实现路径，即企业战略规划与 IT 战略规划的具体实现手段，如 K/CSF、BSP、SST 等。

然后，汉德森认为各种战略对应的模型和方法，事实上都是以权变思想为基础的竞争模型，即内容和结构必须在某种程度上相互适应，这样才是企业获得良好绩效的前提。在此基础上，他们提出的模型得到了学者们的广泛认可，经常被称为 Henderson – Venkatraman SAM，简称为 SAM。

1. SAM 的四大域及相互关系

在 SAM 模型中包含四个域：企业战略、IT/IS（Information System）

战略、组织基础设施和流程、IT/IS 基础设施。

（1）企业战略是指一个公司对产品和市场在竞争领域的定位选择问题，包括企业的经营范围、经营能力和管理机制三个方面。

（2）IT/IS（Information System）战略是指企业在 IT 市场中的定位选择，包括企业对 IT 技术的范围、系统能力和管理机制方面的选择。

（3）组织流程构架是指企业的内部资源，它对企业所选择的市场竞争战略提供有效的支持，体现资源整合战略观，包括管理基础设施、业务流程、管理技能三个方面。

（4）IT/IS 基础设施包括软硬件设施、通信系统架构和技术基础设施的数据架构三个方面，它根据业务运作和 IT 战略来确定企业目前和未来的信息系统的应用需求。

传统的思维方式可能会割裂图 13－12 中左右部分的联系。相比之下，战略一致性模型要求，企业的信息主管（往往是 CIO 或 CTO）不能只把目光停留在右上角的 IT 战略方格内，而更应该考虑它与其他三者间的相互关系和影响。

2. 信息化建设的三条路线

参照战略一致性模型，企业在进行信息化建设时，会采取以下三种不同的路线。

（1）根据现有的业务流程和组织直接提出信息化需求，信息技术部门按照业务部门各自的需求分别实施。如财务部门提出财务电算化的需求，运作部门提出库存管理的需求，信息技术部门会分别独立实施，即各部门的组织与业务流程→信息架构。这是处于信息化管理初级阶段的企业的典型做法，类似于原型法，基本上对应了诺兰模型的前两个阶段。

（2）企业制定整体的经营战略，业务流程和组织进行变革（业务流程再造与组织重构）。然后由不同的业务部门分别提出信息化需求，分别独立地与信息技术部门协作实施，即经营战略→分别考虑组织与业务流程→信息架构。

（3）企业根据整体的经营战略，通盘考虑组织和业务流程，确定各业务部门的信息化需求，制定全局的信息技术战略，统一规划，分步实施。即经营战略→通盘考虑组织与业务流程→信息技术战略→信息架构。这种方法，本质上等同于结构化生命周期法。

这三条路线的比较如表 13－3 所示。

表 13－3 战略一致性路线比较

	路线 1	路线 2	路线 3
IT 投资与战略的一致	未考虑	有所考虑	考虑
业务流程和组织的优化	未考虑	考虑	考虑
信息架构的集成	未考虑	未考虑	考虑
信息架构的应变能力	未考虑	未考虑	考虑

不难看出，只有路线 3 整体考虑了信息技术应用过程中的三个重要影响因素：企业经营战略、业务流程组织、信息架构（集成和应变能力）。而 IT 战略如同桥梁，使企业信息化建设、信息系统的架构与企业经营战略保持一致。

因此，企业和组织应根据自己的战略，认真审视信息与信息技术的作用，思考自身发展的规划。战略规划是非结构化决策。每个企业在组织结构、企业文化、企业 IT 经验、信息资源可用性方面都不相同，因此提出一种通用的、十全十美的规划方法是不可能的。对于企业来说，重要的是具体情况具体分析，从各种方法中选取可取的思想，加以灵活应用，保持 IT 战略与组织发展战略的协调一致。

13.3 需求分析

IT 战略规划完成后，就要进行更具体的工作——需求分析了。

13.3.1 需求分析概论

所谓需求分析（Requirements Analysis，Demand Analysis，Analysis

of Demand)，就是对企业的组织结构、业务流程进行极为详细的分析，包括各个部门的具体业务、业务流程各环节的处理细节、输入什么数据、得到什么结果、经过什么人审批，都要进行仔细分析。

虽然在 IT 战略规划中已经进行了可行性研究，粗略了解了用户的需求，甚至还提出一些方案，但是，可行性研究的基本目的是用较小的成本、在较短的时间内确定是否存在可行的解法，因此很多细节被忽略了。然而在进行具体的 IT 建设时，却不能遗漏任何一个微小的细节，所以可行性研究用不能代替需求分析，它实际上并没有准确地回答“系统必须做什么?”的问题。

需求分析的任务并不是确定系统该“怎么做”的问题，这是下一步系统分析与设计（又叫系统开发）的工作。也就是说，需求分析确定“做什么”，是系统开发的基础，系统开发确定“怎么做”。

需求分析的质量，关系到系统开发的成败和最终信息化建设的成败。

1. 需求分析的特点

需求分析是一项重要的工作，也是最困难的工作。该阶段工作有以下特点。

（1）用户与开发人员很难进行交流。

目前，我国的需求分析一般是由软件开发人员对企业的业务活动进行分析。软件开发人员不一定了解具体业务，又不可能在短期内搞清楚；而用户不熟悉计算机应用的有关问题，加上担心上马了 MIS 后自己会丢掉饭碗，所以可能不愿意配合，交流时存在障碍。

因此，在需求分析前对用户进行教育和培训是很有必要的。

（2）用户的需求是动态变化的。

对于一个大型组织来说，用户很难精确完整地提出它的功能和性能要求。一开始只能提出一个大概、模糊的要求，只有经过长时间的反复认识才能逐步明确。用户经常会在系统开发甚至软件试运行时，还提出新的要求，这无疑会给软件开发带来困难。

（3）系统变更的代价呈非线性增长。

需求分析是软件开发的基础。假定在该阶段发现一个错误，解决它需要用一小时的时间，到设计、编程、测试和维护阶段解决，则要花几倍甚至几十倍的时间。

因此，需求分析一定要充分和用户沟通，要做得非常细致。

2. 需求分析阶段的工作任务

一般来说，需求分析需要按顺序做以下工作。

（1）了解组织结构。

组织结构是一个组织（企业、部门等）的组成以及各组成部分之间隶属关系的结构，通常用组织结构图来表示。

对于大企业来说，组织结构图很复杂，因此需要分层次来画。例如可以把工厂作为一个实体，画在企业的顶级组织结构图中，然后对于工厂内部再画详细的组织结构图。图 13－13 就是某房地产公司的组织结构图。

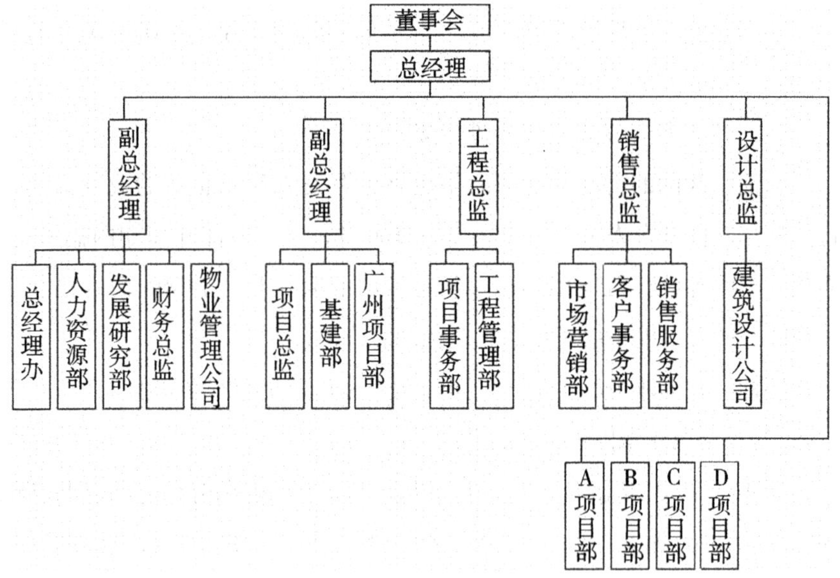

图 13－13　组织结构图

（2）了解业务流程。

要详细了解各个业务流程。如果企业的业务流程很多，可以从核心部门和核心流程开始，例如从仓储物流开始，然后由里到外，由主要到次要，逐渐调查完所有业务流程。

在调查业务流程时，要注意物料的变换（如原料加工得到阶段性产品），注意数据的产生、变换和存储，注意业务单据的流向，注意业务流程各阶段的责任人，他们的责任是什么，会对业务流程产生什么影响（如审批通过或不通过）。因此在调查业务流程时，要画业务流程图、数据流程图和 E－R 图。本节将分小节详细讲解这些内容。

了解业务流程的目的是：深刻理解企业的各种运作细节，为系统开发作准备；并要发现不合理的流程，为业务流程再造作准备。

（3）建立物料编码体系。

企业中有原料、产品、零件等多种实体，为了在 MIS 中将各种实体区分开，并为了方便信息的存储、检索和使用，必须对它们进行编码，即用不同的代码与各种物料建立一一对应的关系。

在 ERP 等 MIS 系统中，编码体系一旦建立就不可更改，因为它是辨别各种物料的基石。因此，对实体尤其是工业生产中的产品、零部件进行编码，一开始就要统筹规划。这是一项很烦琐的工作，但如果了解业务流程的工作做得好，会对建立良好的编码体系有极大帮助。

关于编码体系的详细内容，将在本节讲解。

（4）进行业务流程再造（BPR）和组织机构调整。

在进行物料编码的同时或后期，可以针对目前企业的问题，调整业务流程和组织结构。当然，可能也要适当对物料编码进行修改。

前面早已讲过，BPR 是企业信息化的成败关键。如果企业不能让先进的软硬件技术充分发挥作用，而是让 ERP 等 MIS 系统去适合现有的落后管理体制，信息化建设基本会失败。

BPR 在本书中已经详细讲过，不再赘述。在进行组织机构调整时要注意以下方面。

①要以流程尤其是重要流程为中心，以充分提高流程工作效率。

②清晰界定负责人的岗位职责。

③实现现有人力资源的高效配置。

进行完 BPR 和机构调整后，企业已经为上马新的 MIS 做好了管理上的准备。此时，如果需求分析是由软件公司做的，就要提交一份需求分析报告，包括以上几部分内容，以确定项目的精确范围，由客户签字生效；如果需求分析是企业内部的信息部门做的，也要由高层领导签字生效。签字的目的，是在一定时期内固化需求，不能进行大的改动了，否则会严重影响后续工作。

图 13 – 13 是某房地产公司以前的组织架构。由于同时上马的房地产项目越来越多，所以管理起来越来越不方便。该组织结构存在以下问题。

①缺乏多项目统领管理的部门。

②职能部与项目部管理定位不明晰。

③单项目策划功能缺失。

由此还产生了新的管理问题，例如公司多项目管理中的计划管理、成本管理、进度控制都存在不少问题。因此，咨询公司在深入了解企业管理之后，构建了企业“职能制 + 项目制”的复合组织结构，突出解决了统筹和管控企业多项目运作的问题，主要变动有以下几个方面。

①在企业管理层面设立项目管理中心，负责多项目管理。

②将原来的工程部改制为项目管理部，统一协调项目实施阶段的管理，包括质量管理、安全管理、文明施工等，以及多项目之间与规划、预算、市场部门之间的衔接协调。

③完善企业项目管理矩阵式组织格局。

④完善职责和梳理流程。

改造后的组织结构如图 13 – 14 所示。

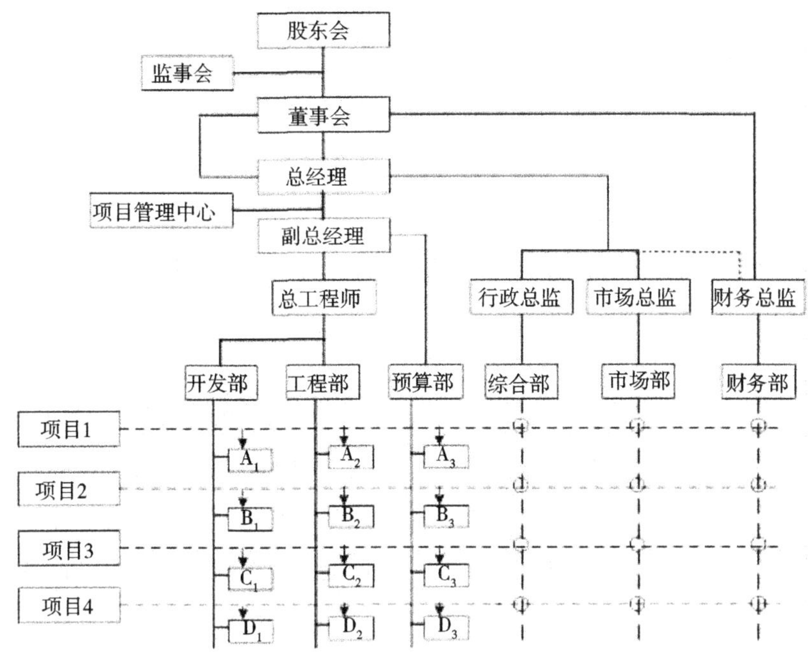

图 13－14　调整后的组织结构图

13.3.2　控制客户的需求

企业在进行信息化建设时，一定要在需求分析阶段配合开发人员和咨询公司的调研工作，认真做好需求分析。如果企业自身不重视，今后提出大的改动，所有相关方都会非常疲惫和烦恼。本节将站在软件公司的立场，看看它们该如何控制用户的需求，本节主要内容来自刘义军 2004 年 3 月在网上发表的关于需求控制的文章，写得非常精彩，本书作者仅作了稍许改动。我们学习之后，可以更全面地了解需求分析。

凡是做过不止一个国内项目的项目主管人员，可能都经历过这种场合：公司的销售人员兴冲冲地拿来一份与客户签订的合同交给你，声称这项目又搞定了，但是当你拿过合同（或者任务委托书）来一看，关于项目范围的说明只有寥寥数行，要么是一些高举高打的套话，要么只说项目都包含什么样的模块，而对具体的业务只是一两句话就完事儿了，假如是一位身经百战的管理者，并且对于项目的具体业务还比较熟悉，那还可以。但如果不是这样，该如何开始这个项目呢？还有一种情况，客户在项目进程中，不断对移交的系统提出修改意见；更可气的是，有些问题开始提出更改，某一天客户忽然发现情况不对，又要求你给改回来，看起来客户的需求总是无穷无尽，作为项目的承担者该如何应对这种令人沮丧的局面呢？

1. 客户需求为何过度膨胀

作为项目的承担者，在规定时间内用有限的资源来保质保量地完成项目，让公司和最终客户都满意，是其神圣职责。但是为了让客户满意，就要满意客户所有的需求吗？不断满足客户的需求会不会导致项目失败？那又该怎么办？为了弄清楚这些问题，首先应该找到这些问题发生的根源。

（1）签订合约的时候，项目范围描述不清楚。

这是最常见的问题之一，也正是由于早期的这些问题没有引起项目组的足够重视，导致后期项目无穷无尽地修改。

（2）客户和项目组对写成纸面文件的需求理解不一致。

这种情况也较常见，虽然客户已经确认了项目组提交的项目范围说明书，项目组也是完全按照这个文件规定的内容做的，但是客户还要求改，当项目组拿着纸面的文件与客户对质的时候，才发现客户也认可该需求。但是同一件事情，客户的认知和项目组的认知完全不同。举个简单的例子：客户要求系统能够电子签名，项目组的成员就模拟了一个能够在系统中自动产生客户的签名，但是当移交给客户时才发现，客户要求的电子签名实际上是想把原来手写签名的工作也移植到电子化的系统中，让领导能够通过画图的方式，在文档中应该签字的地方产生一个手写签名！有时候就是当初一点点疏忽，导致项目后期大量修改甚至项目延期。

（3）客户总有在结项之前把每一件事情都做得淋漓尽致的初衷。

一般来讲，在项目结项之前，客户都会把所有的想法尽量逼着项目组解决，因为一般的客户都会这么想：一旦结项了，再想找项目组成员对业务系统进行修改可就难了。因为 IT 公司人员流动性强的特点，即使以后能够找到承包商，当初做项目的项目组成员也不一定在了；或者很多公司因为业务繁忙，已经顾不得原来已经结款的客户了。

（4）项目组人员总是无条件迁就客户，对客户有求必应。

这种做法的出发点是好的，但是实际上不一定能达到目的。一般的客户需求都是无底洞，这样做会对整个项目带来很多负面影响。当然，假如过分控制客户的需求，客户肯定也不会满意。

2. 解决办法

针对上述项目问题以及发生的原因，结合以前一些项目的经验教训，我感觉可以通过以下几点来有效屏蔽客户需求过度膨胀的问题，让项目完成得更加漂亮。

（1）未雨绸缪。

项目初期一定要制定清楚的目标和项目范围，并且让项目主要相关人（最重要的当然是最终客户了）确认。

不管通过什么途径？得到的项目，作为项目主管，在项目前期可以分三步走。

第一个想到的问题应该是“为什么”，也就是客户做项目的目的，知道这些以后，才能在工作中更加想客户所想，不至于方向错误，最终争取达到双赢的局面。

知道了“为什么”以后，接下来就要非常清楚地知道“做什么”。一个比较好的办法是用一两句非常简洁的话概括出整个项目，并且能够用这种方法概括出项目的各个子任务，并且能够让前台业务人员和后台研发人员都心领神会，说明项目主管对项目的内容在大方向上已经有很好的把握了。

最后就要弄明白“怎么做”了。对于比较生疏的项目来讲，这一阶段工作量比较大，在这个阶段多花点精力绝对值得。当然，根据具体的情况，也可以在需求分析阶段简化一些不必要的工作，这需要项目主管具备平衡那些彼此冲突的项目目标的能力。

值得注意的是，在需求整理完毕、形成文档以后，最好先让项目组人员把自己总结的需求跟客户具体地讲一遍。在实际操作中，这种做法不仅能够把项目人员与客户在业务层面的歧义问题数量大大降低，还可以很好地发现潜在的问题，并且把握一些沟通技巧，也会让客户更深刻地感觉到软件商对他们的重视，另外，假如项目前期的需求分析人员对技术不了解，根据实际情况，最好在需求每次提交给客户前与研发人员沟通，以便更加准确地界定工作量，避免给客户不必要的承诺。

总之，有效计算出项目范围将会占用一定的时间，但是同样会节省资源、资金，避免项目今后出现令人头疼的问题。

另外一个很值得注意的问题是：项目的需求经过几次确认后，要让有权力的客户确认，最好有书面签字。这个有说服力的文件会在以后客户发生需求变更的时候起到很好的作用。很显然，因为客户已经签字确认，总是反悔肯定理亏，即便因为业务变化，不得不对项目进行大的调整，以至于项目延期，也会使项目组处于有利地位，不至于让自己的公司非常不满，甚至可以以此为依据来要求客户重新考虑项目经费。

当然，对于客户来讲，能听到项目组人员对需求分析的详细讲解，可以更好地理解需求，也会以此作为以后交付产品的依据，消除不必要的疑虑，做到心里有数，因此领导签字的文件对双方具有同等约束力，对双方都有好处。

（2）灵活应变：碰到变更要与客户沟通。

经常有这种情况，项目都已经执行到最后阶段了，客户忽然提出新的要求，或者要求对已有需求进行更改。这会让项目主管非常为难：一方面要尽量满足客户的需求，另一方面又不能对系统做太大改动，影响进度计划。发生这种情况，除了和需求分析阶段有关以外，还说明在后面的实施过程中没有与客户密切联系，缺乏沟通。

从客户心理来分析。由于软件的特殊性，客户通常非常关注后期的服务，尤其是在国内做的软件，绝大多数都是与实际业务紧密相连的。作为项目管理者，非常忌讳在做项目的过程中对客户置之不理，而最后交付的时候才与客户突然大量接触。本来后期的实施过程出现问题的可能性最大，之前与客户又比较生疏，很可能会造成非常大的风险。比较稳妥的办法就是在项目进程中，也要让项目组与客户保持联系，相互了解，建立更加融洽和谐的沟通气氛，为以后重要的实施移交阶段可能与客户发生的冲突做好准备。

值得一提的是：在项目进程中，要阶段性地给客户展示项目的进展情况，让客户对项目有更加直观的认识，也能及早地发现并解决问题，免除后患。在不断沟通的过程中，应该让客户体会到：项目组时时站在客户角度，让客户的主要负责人也能深深感觉到他们是项目组的重要组成部分，荣辱与共，并且项目组能为客户提供完善持续的后续服务。

即使前期工作做得很好，在很多情况下，需求变更还是不可避免的。项目主管应该通过良好的沟通机制，随时把握变更情况和可能发生的变更。一旦发生变更，项目组一定要冷静处理问题，一般可以按照产品分析→成本/收益分析→备选方案→专家判定这四个步骤来评估需求变更，并且尽快形成项目范围变更的书面说明书，它是以后项目决策的基础。当然，比较稳妥的办法还是让客户对明显发生的变更做出确定（选择签字最好），尤其是在评估了变更可能导致的工作量增加以后，让客户了解到过多的变更可能造成项目延期，客户也要负责任。

在客户提出需求变更的时候，一定要把握沟通技巧，不要总是无条件迁就客户，一般来说，客户对 IT 不太了解，他们认为很简单的事情，可能要花费项目组大量的无谓精力，所以千万不要认为客户所说的就一定是他想得到的！大部分客户需求都是第一时间忽然脑海里冒出的火花，所以项目组人员要冷静分析一下：客户到底想要实现什么目的，抓住问题的本质。一般来说，实现客户本质的需求有很多种办法。

在与客户的沟通中，一定要避免与客户正面冲突。在初期认真倾听客户意见，多问一些“您还有什么想法”之类的问题，等客户把他的想法都表述清楚以后，项目组成员最好迅速评估一下客户的建议，假如实现起来实在太困难，可以给客户一些更加中肯的提议，多问些“您看这样行不行？其实可以达到同样的目的”之类的问赠，最后还有一个重要的过程，就是要与客户确认这次沟通的结论。

总之，平衡那些彼此冲突的项目目标，是项目管理的一种能力。看起来简单，但实际很复杂，项目主管在项目进程中要学会如何对常见变更进行控制，控制客户需求的肆意膨胀，保证项目健康稳定地进行。一些要点如下。

①在项目启动时，客户要批准通过，以确定一个新阶段的开始。

②在范围计划编制的过程中，要制定一份说明书描述具体做什么。

③在项目范围定义中，要把项目的主要部分分成更小的部分。

④在范围审核时，需要验收项目的范围。

⑤需要对项目范围变更进行监督。

由此可以充分看出，企业自身的管理水平和重视程度，将决定信息化建设的成败。

13.4 需求分析工具

进行需求分析，除了画组织结构图之外，一般还需要画业务流程图、数据流程图和 E－R 图，以及编写物料编码和数据字典。

13.4.1 业务流程图

业务流程图（Transaction Flow Diagram，TFD），就是用一些规定的

符号和连线来表示某个具体业务处理过程的图。业务流程图要按照业务的实际处理步骤和过程绘制。换句话说，就是用图形方式来反映实际业务处理过程的“流水账”。绘制出业务流程图，对理顺和优化业务流程极有帮助。

业务流程图有多种画法。从本质上说，这些画法大同小异。一个组织在画业务流程图前要商定用统一的符号，以便大家都能很好地理解和沟通。本书主要使用 Microsoft Visio 和 Microsoft Word 的流程图符号，因为 Visio 是目前用得最广的绘流程图软件，而 Word 是用得最广的字处理软件。

在 Visio 和 Word 中，一些常用流程图符号如图 13－15 所示。

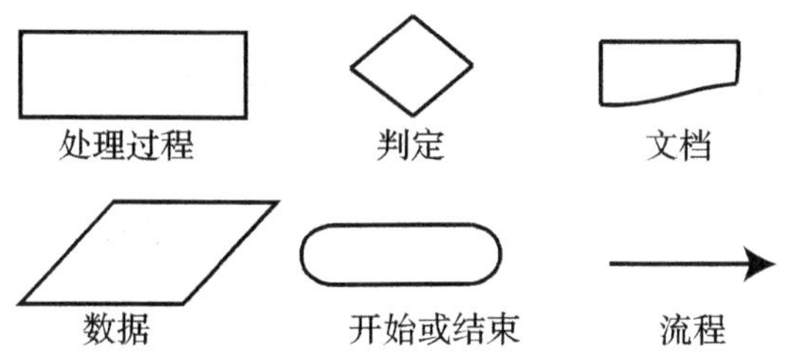

图 13－15　一些表示业务流程图的符号

请注意，在 Visio 和 Word 中，并无表示人员和部门的流程图符号，而业务流程必然和人员、部门有紧密联系，因此，现在一般都是画跨职能流程图。跨职能流程图显示流程中各步骤之间的关系以及执行它们的职能单位（部门或人）。跨职能流程图可以清楚地表达流程的运作情况，而且容易学习。跨职能流程图分为垂直和水平布局两种，垂直布局偏重于职能单位，水平布局则更强调进程本身。在垂直布局中，职能单位的带区自上而下，以垂直方式放置；在水平布局中，职能单位的带区以水平方式放置。

例 13－2 秘书编写公文，写好后交给副主任审核，如果没通过，则返回给秘书继续写；如果通过，则交给主任审核。主任如果没通过，则返回副主任，如果通过，则发布公文。

这是一个简单的流程。如果用尽量简化的水平跨职能流程图来画，则如图 13－16 所示。

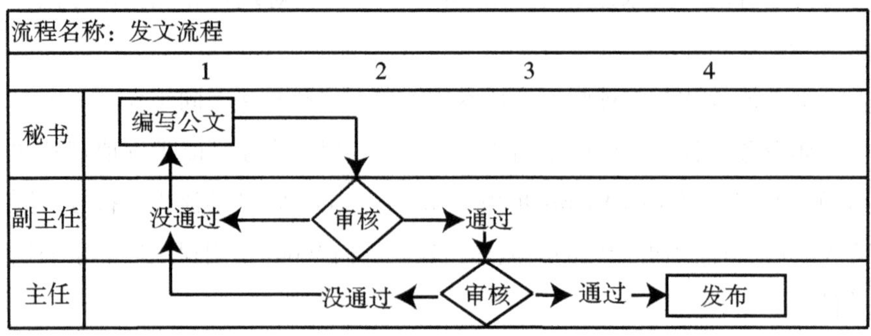

图 13－16　水平跨职能流程图

例 13－3 在某工厂，车间填写领料单到仓库领料，仓库管理人员（库长）根据用料计划审批领料单。未批准的领料单退回车间，已批准的领料单则看看库存是否有货，若有货，则通知车间前来领料，并登记用料流水账，否则通知采购员缺货。采购员根据缺料通知，查阅订货合同单，若已订货，则向供货单位发出催货请求，否则就临时申请补充订货。供货单位发货后，立即向订货单位发出提货通知，采购员收到提货通知单后，就可办理入库手续。然后是库工验收入库，并通知车间领料。

这是一个比较复杂的业务过程，用垂直跨职能流程图来画则如图 13－17 所示。

为了便于读者理解，这里对图 13－17 做出以下说明（水平图类似）。

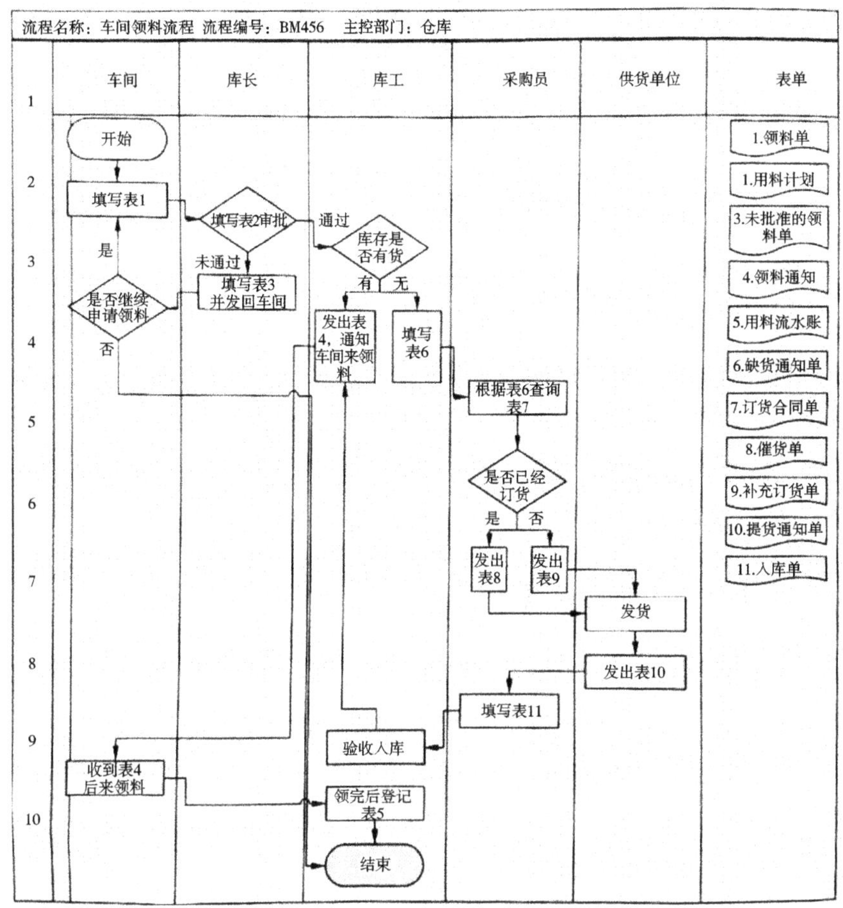

图 13－17　垂直跨职能流程图

（1）图中将职能单位水平排列，矩形表示业务处理。矩形属于哪一个职能单位，就说明是哪一个职能单位的行为。流程在各职能单位之间流转。

（2）流程图最左边一列有一系列数字，大致表示处理的顺序，主要是便于阅读，但如果遇到闭环流程，则某些处理未必按时间顺序。本例就有一个闭环流程。

（3）流程图最右边一列，列出了本流程用到或创建的各种表单或文档。表单需要编号，这里采用简单数字并从 1 开始。当职能单位处理某表单时，就在矩形框里写上表单编号。

（4）即使使用跨职能流程图，对于同一个流程也没有固定画法。

（5）流程顶部有一些说明，例如定义了流程名称、编号、主控部门等。一般来说需要给流程编号，但对流程的说明也没有统一规定。

还有一些业务流程图，是把文档图标画在行为矩形框里，并标明文档号。

例 13－4 某软件厂商参加企业信息化建设的招标工作流程是：项目跟踪组（跟踪所潜在客户）领取招标文件，然后由部门领导进行分析、评估和决策，建立项目投标组，然后由项目投标组编制投标文件。然后对照招标文件，对投标文件汇标（项目组自己讨论），再把两份文件交给部门领导审核，然后参加投标。投标之后要跟踪客户进展，无论成败，都要以招标文件和投标文件为基础，进行投标后总结。

13.4.2 数据流程图

在业务流程图中，数据是相对静态的，附着在业务流程之上，在很多情况下还需要专门跟踪数据的走向，此时就要画数据流程图。

数据流程图（Data Flow Diagram，DFD）是描述系统数据流程的工具，它将数据独立抽象出来，通过图形方式描述信息的来龙去脉和实际流程。数据流程图包括以下几个部分。

（1）指明数据存在的数据符号，用于表示外部实体。

（2）指明对数据处理的处理符号，这些符号也可指明该处理所用到的机器功能。

（3）数据流走向的流线符号。

（4）使于读、写数据流程图的特殊符号。

画图时需要注意，在处理符号的前后，都应是数据符号。数据流程图以数据符号开始和结束。

还是以 Visio 和 Word 为主，一些常用的数据流程图符号如图13－18所示。

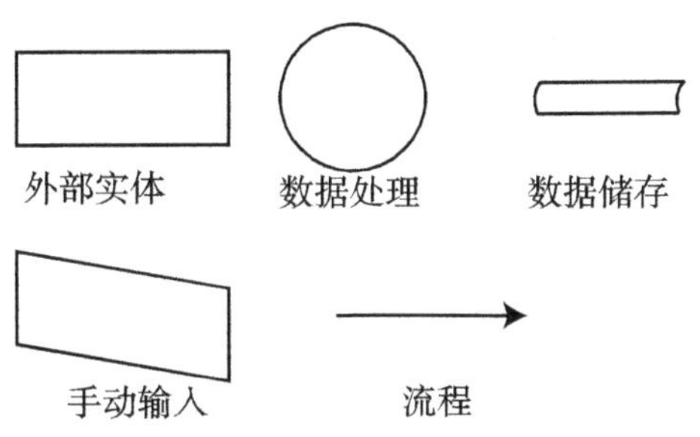

图 13－18　一些表示数据流程图的符号

如果数据流程图很复杂，可以采用分层来画。分层 DFD 有顶层、中间层、底层之分。对于复杂的大系统，有时可以分七八层，画数据流程图包含以下基本原则。

（1）数据流程图上所有图形符号必须是前面所说的四种元素。

（2）数据流必须封闭在外部实体之间，外部实体可以是一个，也可以是多个。

（3）处理过程至少有一个输入数据流和一个输出数据流。

（4）任何一个数据流子图必须与它的父图上的一个处理过程对应，两者的输入数据流和输出数据流必须一致，即所谓“平衡”。

（5）数据流程图上的每个元素都必须有名字。

例 13－5 对本章例 13－3 画数据流程图。

本例比较复杂，可以先画顶层数据流程图，如图 13－19 所示。

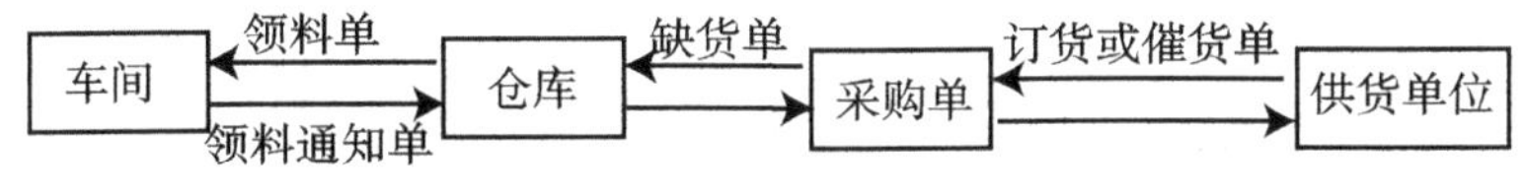

图 13－19　领料数据流程图

例 13－6 销售系统的功能就是把货物销售给用户。但在细节上，销售处理需要首先判定订货处理方式，根据用户信用情况（查信用表）、库存情况（查库存表）和赊购金额，将订单按以下方式处理：①如果没货，等有货后再发货，输出数据流（订货单）为 D1。②可以赊购，立即发货，同时修改库存表，输出数据流（订货单）为 D2。③要求先付款，输出数据流为 D3。

13.4.3 E－R 图

如果说业务、数据流程图是动态的，E－R 图就是静态的。在进行需求分析时，既需要画动态的流程图，也需要画静态的 E－R 图。

E－R 图又称 E－R 模型，全称是实体关系模型（Entity－Relation-Ship Model），它是需求分析阶段经常使用的工具，是 P. P. S. Chen 于 1976 年提出的。

1. 三个“世界”

要学习 E－R 模型，需要先了解三个“世界”。现实世界的事物无穷无尽，形态千差万别，将现实世界的事物及其联系转化为计算机及数据库所允许的形式的过程，一般要经过三个阶段，或者说要通过三个“世界”。

首先，分析现实世界中的事物及其联系；其次，将现实世界中的客观事物抽象为信息世界中的实体；最后，再将实体转化为 DBMS 支持的数据世界中的数据，如图 13－20 所示。

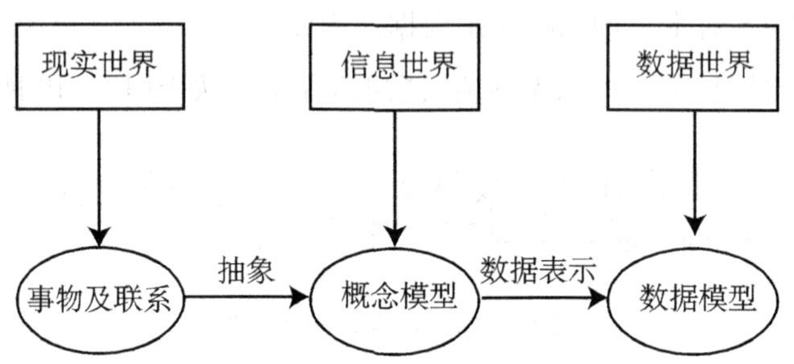

图 13－20　三个“世界”之间的关系

其中，面向客观世界、面向用户的数据模型称为概念数据模型，简称概念模型。它是现实世界的直接抽象，强调其表达能力和易理解性，要求用户和设计者都能理解，另一个是面向 DBMS 的、用以刻画实体在数据库中的存储形式及实体之间的联系的模型，称为逻辑数据模型，简称数据模型。

概念模型是对现实世界的第一层抽象，是按用户的观点对事物建立的模型，是用户和数据库设计人员之间进行交流的工具。

2. 几个术语

建立概念模型，需要了解以下几个术语。

（1）实体（Eetity）。客观存在的、可以相互区别的事物，称为实体。实体可以是具体的对象，如一本书、一个人；也可以是抽象的对象，如一次旅游、一场辩论。

具有相同性质的多个实体可以组成集合，称为实体集。例如，全班学生可以看成一个学生实体集，全系学生可以看成一个更大的学生实体集。

请注意，这里的实体和本书前面讲的计算机网络中的实体不同。在计算机网络中，实体是进程或程序，是一个软件概念，而这里的实体是对现实世界中的事务的抽象。

（2）联系（Relationship）。实体集之间的关系称为联系。例如，学生和老师实体集之间，存在着“讲授”联系；学生实体集和课程实体集之间，存在着“选课”联系。

实体之间的联系有 3 种：一对一、一对多、多对多。例如，如果一个学生只能固定坐一个课桌，一个课桌只能坐一个学生，则课桌实体和学生实体之间就是一对一的联系；如果一个学生只能属于一所学校，而一所学校可以包含多名学生，则学校实体和学生实体之间的联系就是一对多联系；如果一名学生可以选多门课程，一门课程也可以有多名学生听课，则学生实体和课程实体之间就是多对多联系。

一对一、一对多、多对多联系的数学定义如下：假设有两个实体集 X 和 Y，如果 X 中的每一个实体最多和 Y 中的一个实体有联系，Y 中的每一个实体也最多和 X 中的一个实体有联系，则称 X 与 Y 是一对一联系（简记为1∶1）如果X中的每一个实体和Y中的任意个（包括0个）实体有联系，而Y中的每一个实体最多和X中的一个实体有联系，则称X与Y是一对多联系（简记为1∶m）；如果X中的每一个实体和Y中的任意一个（包括0个）实体有联系，Y中的每一个实体也和X中的任意一个实体有联系，则称X与Y是多对多联系（简记为m∶n）。

（3）属性（Attribute）。实体或联系所具有的特征，称为属性。实体可以有多个属性，例如，学生实体可以用学号、姓名、性别、年龄、系别等属性来描述。

（4）关键字（Key）。能够唯一标识出实体集中的各个实体的某个属性或属性组合，称为关键字。例如，学号可以作为学生实体集的关键字。姓名一般不能作为关键字，因为可能有重名者存在。

3. E－R模型

长期以来，使用最广泛的概念模型就是E－R模型，或称E－R图。在E－R图中，用矩形框表示实体集，菱形框表示联系，椭圆形框表示属性。

例 13－7 考察学生和考试成绩所组成的系统。学生有学号、姓名等属性，某学生和他取得各门课的成绩之间是一对多联系，联系方式是考试，而成绩实体又包括学号（唯一标识是哪个学生的成绩）、科目、成绩等属性。可以用图13－21表示该系统的概念模型。

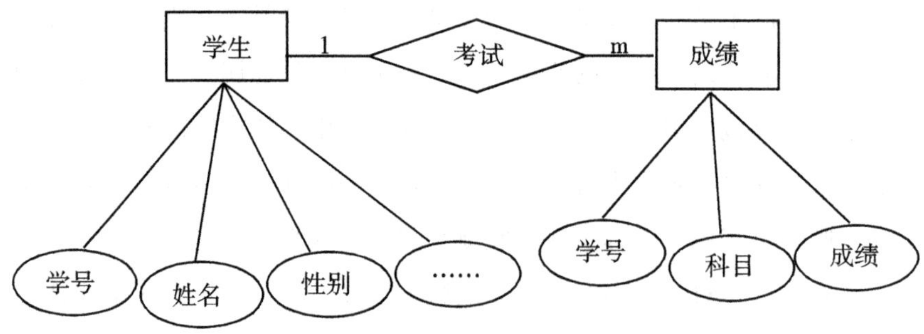

图13－21　学生与考试成绩实体的E－R图

例 13－8 一个学生可以选修多门课程，一门课程可以由多名学生选修，学生和课程之间是多对多联系，如图 13－22 所示。

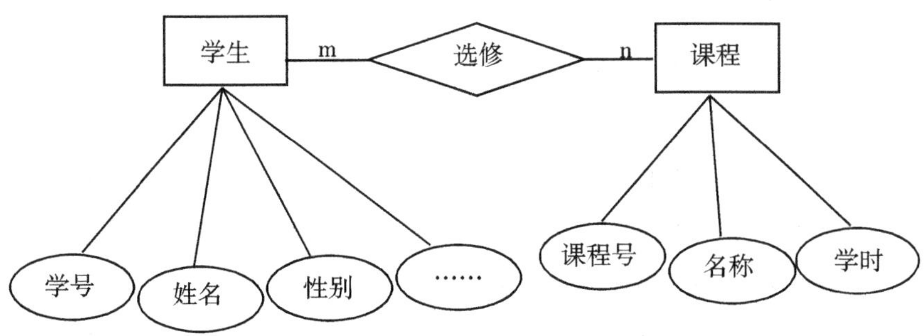

图 13－22　学生与课程实体的 E－R 图

当三个或三个以上的实体发生联系时，应仔细分析它们之间的联系。例如，一个供应商可以给多个项目供应多种材料，每个项目可以由多个供应商供货，每样材料也可由不同的供应商提供。因此，供应商、项目、材料实体之间存在着多对多联系。

这里，联系“供应”也有属性。这是合理的，因为供应商为某个项目供应某类材料的数量，不属于任一实体，只适合于作为联系的属性。

13.4.4　物料编码

在确定实体的各种属性时，一般来说需要给每一种不同的实体一个唯一的编码，尤其是在 ERP 中，需要对物料进行编码。物料编码是计算机系统对物料的唯一识别代码，是以简短的文字、符号来代表物料、品名、规格或类别的一种管理工具。

1. 物料编码的重要性

很多行业，尤其是制造业，物料类型繁多，型号各异，物料的申购、催货、收发、盘点、存储等工作相当频繁。因此，需要为每一种物料定义一个唯一编码。为了做好这项工作，需要首先确定物料编码的总体原则。定义物料编码原则是MIS实施的重中之重，是信息系统最基础的工作，因为编码一旦确定和使用，就再也无法修改和删除。例如BOM中的各种物料，都要用物料编码跟踪，所以物料编码可以说是信息系统的DNA，器官坏了可以移植，一旦DNA出问题了，病就非常难治了。

说得夸张一点，物料编码好坏和质量的高低，决定了一个软件系统的好坏和质量。好的物料编码原则及编码体系，可以让MIS和企业管理体系井井有条、一目了然、规范高效。一个不好的编码原则和编码体系，也可以让企业管理陷入一团乱麻。

在实际工作中，物料编码是件非常烦琐的工作。如果企业还没有用MIS统一管理，可能有几十个小系统在运营，彼此是完全独立的，所以各自的物料编码系统都不同。同一样东西，在库房一个叫法，在生产线是另一个叫法，而且量纲也不一样，这种情况很常见。而且各部门都对自己的叫法习惯了，很难改变使用惯性。因此，统一物料编码不仅仅是技术工作，而且也要做好充分的协调工作，甚至MIS都要做一些妥协（严格来说这么做不合适，但在局部可以做一个附加的编码转换系统）。

案例分析

某企业上ERP，软件公司由于人手紧张，而且觉得难度不大，老项目经理负责更重要的项目去了，新来了个项目经理继续负责实施。项目经理接手时，BOM已经编了一段时间，所以他没有再过问物料编码原则的事。

过了一段时间，ERP初步完成，开始试运行。试运行没两天，所有ERP使用部门都开始沸腾了，因为找不到物料编码，找到了也普遍出错，现状差点失控，各部门说ERP中的物料叫法他们不知道是什么东西，他们的物料在ERP中找不到相应的名称、规格，所以没办法做了。于是，软件公司不得不将客户以前的物料编码导入ERP，可是这会导致一物多码，业务部门要求保留后面导入的物料编码，但先前的编码人肯定不愿意，毕竟 BOM 的录入花了大家很长时间和大量心血。

最后，软件公司还是折中设计了物料编码。

2. 物料编码的总体原则

因此，物料编码最好遵循以下原则。

（1）唯一性：即物料编码不能重复，且同一编码只能代表一种物料。保证编码的唯一性，是编码的根本原则。

（2）简单性：代码结构要简单明了，位数少（一般不超过 20 位），没有必要在编码中体现所有的物料信息。

（3）易用性：便于使用，容易记忆。

（4）分类展开性：如果物料种类繁多，物料编码大分类后还要加以细分。可以考虑使用数字或英文字母。

（5）完整性：所有物料都应有物料编码可归类。

（6）一贯性：物料编码要有一贯性，如以年限分类为标准时，就应一直沿用下去。

（7）伸缩性：要考虑到未来新产品的发展以及产品规格的变更，因此要预留物料的伸缩余地。物料编码必须便于扩充，扩充后不会引起原来的体系混乱。

（8）组织性：物料编码可依其编码的系统，作井然有序的组织与排列，以便随时可从物料编码查知某项物料账卡或数据。

（9）效率性：要适宜计算机处理，适宜快速录入和辨认，因此不要将编码设计得太长。

3. 物料编码方法

目前常用的物料编码方法主要有下列几种：阿拉伯数字法、英文字母法、暗示法和混合法。

（1）阿拉伯数字法。

顾名思义，阿拉伯数字法以阿拉伯数字作为物料编码，用一个或数个阿拉伯数字代表一项物料，具体又可分为下列几种。

①连续数字编码法。又称顺序码，是先将所有物料依某种方式大致排列，然后自1号起依顺序编码的方法。

②分级式数字编码法。又称区间码，是先将物料主要属性分为大类并编定其号码，再将各大类根据次要属性细分为较次级的类别，并编定其号码的方法。

区间码的优点是清楚可靠，排序、分类、检索等操作用计算机实现的效率较高。但编码长度较大。

③区段数字编码法。是介于连续数字编码法与分级式数字编码法之间的方法，使用位数比分级式数字编码法更少，而仍能达到物料编码的目的。

例 13－9 假设物料有64种，分为5大类，分别是：A类12项，B类10项，C类17项，D类15项，E类10项，合计64项。这种情况如果采用分级式数字编码法，必须3位数，但如果改为区段数字编码，则仅需二位数即可，如表13－4所示。

表13－4　区段数字编码举例

类别	分配编码	剩余备用编码
A类	12项（01－18）	6项
B类	10项（19－34）	5项
C类	17项（35－62）	10项
D类	15项（63－84）	6项
E类	10项（85－99）	4项

④国际十进制分类法（Universal Decimal Classification，UDC）。这种方法由美国的杜威（M. Dewey）于1876年首创，其方法新颖独到，可以无限展开，颇受欧洲大陆国家的重视。后经众多专家的研究与发展，最后成为国际十进制分类法，目前已被许多国家采用为国家分类法。

该方法是将所有物料分为十大类，分别用 0 到 9 表示，然后每大类物料再划分为十个中类，再用 0 到 9 表示。如此进行下去，按金字塔形态展开。如果编码超过三位数字，应该加“.”符号划分。

例 13 - 10 采用国际十进制分类法的例子如表 13 - 5 所示。

表 13 - 5　国际十进制分类法举例

6	应用科学	621.882	螺丝，螺帽
62.	工业技术	621.882.2	各种小螺丝
621.	机械工业技术	621.882.21	金属用小螺丝
621.8	动力传动	621.882.215	丸螺丝
621.88	挟具	621.882.215.3	平螺丝

国际十进制分类法可以无限展开，任何新物料编码均可插入到原有物料编码系统中，而不会混淆原有编码系统。但这种方法会让编码趋长，而且没有暗示作用，可谓美中不足。

（2）英文字母法。

也就是以英文字母作为物料编码的方法，但英文字母中 I、O、Q、S、Z 等字母，与阿拉伯数字 1、0、9、5、2 等容易混淆，所以可以不用。除此之外还有 21 个字母可用，因此可以代表更多种类。

（3）暗示法。

暗示法是指物料编码代表物料的意义，可以从编码本身联想出来。又可分为字母暗示法和数字暗示法。

字母暗示法是从物料的字母当中，选取重要且有代表性的一个或数个英文字母（通常取主要文字的第一个字母）作为编码的方法，例如：VC = Variable Capaciter（可变电容器）；IC = lntegrated Circuit（集成电路）；SW = Switch（开关），等等。

数字暗示法是直接以物料的数字为物料编码的号码，或将物料的数字按照一个固定规则转化成物料编码的号码。例如，41cm49cm 的铜板可以编码为410490。

(4) 混合法。

混合法是联合使用以上几种方法的编码方法，用得相当普遍。

另外，每个行业的产品和原材料都有自己的特点，具有很强的专业性。因此在制定编码原则时，一定要深入了解行业知识。

案例分析

对于PCB（Printed Circuit Board，印制电路板）行业而言，作为层板压合的覆铜板、铜箔、纤维（P片）称为主材，而油墨、干膜、药水是必不可少的辅料。物料编码的第一步是对物料进行分类，并确定分类码。按物料形态及作用，可以将PCB物料分为以下十类，且每个类型都以其英文缩写为分类编码。

覆铜板（CB），铜箔（CF），纤维（PP），油墨（IN），干膜（DF），药水（MT），钻嘴（DR），维修用品（MA），消耗品（OT），产成品（FP）。

下面为覆铜板定义编码规则。覆铜板是PCB行业最主要的材料，其编码规则一般要考虑铜板型号、铜板性质、铜板水印、铜板厚度、铜面厚度、铜板尺寸、板料颜色等因素，因此覆铜板的编码是PCB行业物料编码最复杂也是最困难的工作。

经过思考，可以定义覆铜板的编码规则是：铜板型号+性质+有无水印+铜板厚度+铜面厚度+尺寸+板料颜色。例如，钢板S1141，双面有水印，1.50mm2/20Z 41cm49cm 黄料，可以编为：CB01DY15020011，如图13-23所示。

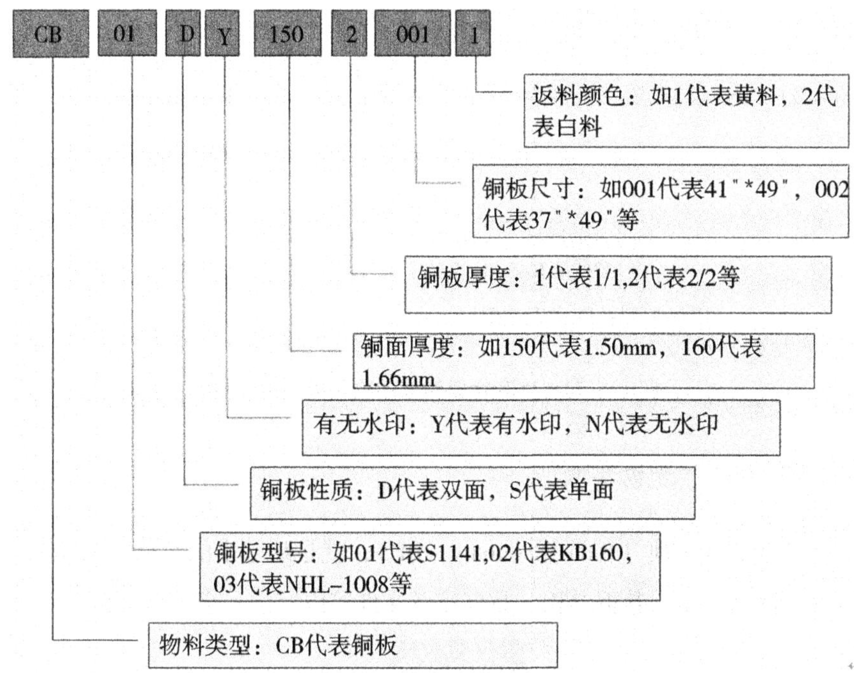

图 13－23　PCB 行业铜板的物料编码举例

本规则定义的编码共 14 位，可以完整地反映物料属性和特点，并有良好的扩展性。

在铜板尺寸方面，也有人喜欢把铜板长宽尺寸直接作为编码，如 41cm49cm 的铜板，编码为 410490。虽然编码长度增加了三位，但编码更加直观。这也可以。

又如，油墨的编码将要考虑其型号、颜色和所用工序。根据工序区分油墨用途，也是 PCB 行业的特别之处。经过思考，可以定义油墨的编码规则是：油墨型号 + 油墨颜色 + 所用工序。

例知，油墨 R－500G－32B 白色湿菲林用，可以编为 IN010102，如图 13－24 所示。

这里不必关注行业知识，只需关注编码规则的制定即可。

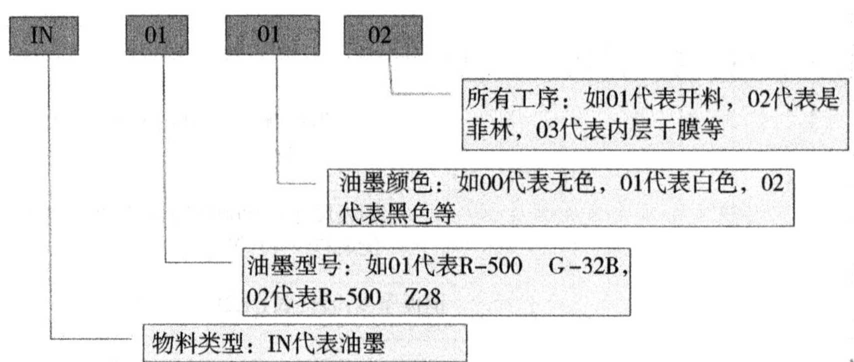

图 13－24 PCB 行业油墨的物料编码的举例

13.4.5 数据字典

所谓数据字典（Data Dictionary，DD），就是从基本的数据元素出发，定义了数据元素、数据结构、数据流及文件等内容的一个详细文档。

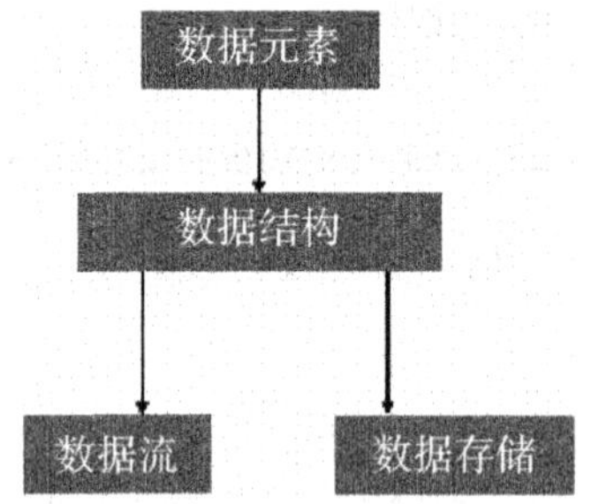

图 13－25 DD 中数据的层次关系

数据字典中的层次关系如图 13－25 所示，其内容包含以下几项。

（1）数据项（数据元素）：数据的最小单位。

（2）数据结构：多个数据项或数据结构的一个组合体，用于描述数据项之间的关系。

（3）数据流：由一个或一组固定的数据项或数据结构组成。

（4）处理逻辑：定义数据流程图中最底层的处理逻辑。

通常，在数据字典的定义中可能出现的符号及其含义包括以下几种

（设 x 和 a、b 都是数据元素）。

x = a + b　　　　x 由 a 和 b 构成

x = ［alb］　　　x 由 a 或 b 构成

x = （a）　　　　数据元素 a 在 x 中可出现，也可不出现

x = ｛a｝　　　　x 由 0 个或多个重复的 a 构成

①数据项。

定义数据项时，一般要定义数据项的名称、别名和简述，也要定义数据类型和取值范围。

例如：

数据项编号：AF1

名称：产品编号

别名：1 号动力车间的产品编号

简述：某种产品类型的编号

数据类型及长度：字符型，12 位

取值范围：未定义

又如：

数据项名称；PK25

名称：凭证号

别名：凭证号

简述：无

数据类型及长度：字符型，9 位

取值范围："00000000" ~ "99999999"

②数据结构。

多个数据项可以组成一个数据结构，例如职工基本情况由以下几个数据项组成。

数据结构编号：ZG03

名称：职工基本信息

简述：职工基本信息

数据结构组成：职工编号，姓名，性别，出生日期，入职时间，所属部门编号

至于数据结构中每一个数据项的数据类型和长度，可以在数据项中定义，也可以直接在数据结构中定义。

数据结构编号：ZG03

名称：职工基本信息

简述：职工基本信息

数据结构组成：职工编号（char（10）），姓名（char（8）），性别（char（2）），出生日期（date），入职时间（date），所属部门编号（integer）

这样更加清晰。

数据结构定义好之后，也可以用它定义其他更复杂的数据结构。

③数据流。

主要说明数据流是由哪些数据项和数据结构组成的，还要说明数据流的名称、来源、去向和数据流量等。

数据流编号：LA05

名称：银行对账单

简述：银行的对账单

组成：月份 + 日期 + 银行支票 + 金额

来源：开户银行

去向：资金管理组

流量：3 天大约 2 张，每张约 40 笔数据

④处理逻辑。

说明底层数据流的输入数据、输出数据及其处理逻辑等。

处理逻辑编号：CLA21

输入数据：A2I 的物料清单和各种实际物料数量

输出数据：A21的最低成品数

处理逻辑：每种实际物料数量除以物料清单上的相应物料数，得到相应的成品数最小值就是A21的最低成品数。和一般的词典类似，数据字典中的各种条目，都按编号顺序排列，以方便使用。当然，不允许两个条目的编号相同。

数据字典主要包含这四项内容，但这并不是固定的，在实践中，由于有数据流程图，所以可能不会建立数据流，也可能会把处理逻辑放入业务流程图或数据流程图，以简化数据字典。但另一方面，可能还会增加数据的逻辑存储结构、外部实体等定义。

数据字典的建立和维护是件细致而复杂的工作。大型MIS系统的需求分析，在数据字典上投入的工作量是相当可观的。

13.4.6　描述处理逻辑的工具

在业务流程图或数据流程图中，如何更清晰地表示处理逻辑，是需求分析阶段需要学习的内容。如果用文字表达处理逻辑，可能会比较烦琐，而且难以读懂。为了让管理人员、系统分析员和以后的程序员都能接受，一般来说，可以用决策树、决策表和结构化的伪代码加以描述。

1. 决策树

决策树就是用树形结构来表示判断，又称判断树。

例13－11 有一笔100万元的资金，有两种方案：一是存入银行，每年可获得7%的利息；二是投资实业，年获利20万元，概率是0.2；年获利10万元，概率是0.5；年亏损15万元，概率是0.3。请问是存入银行还是投资？

本题可用决策树来做，如图13－26所示。

存银行利润＝100＊7%＝7万元

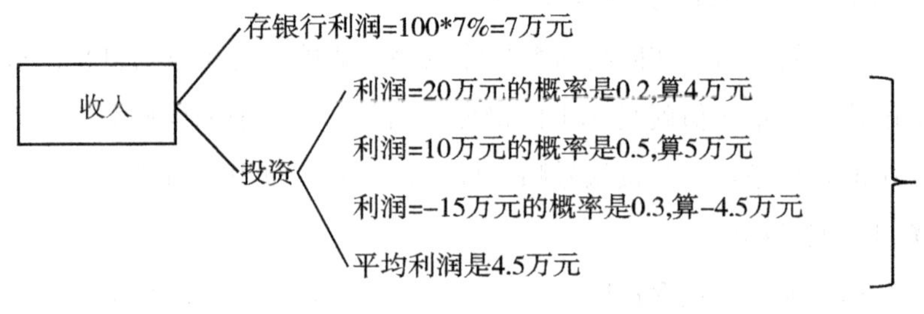

图 13-26　**决策树**

可以看出，存银行的利润是 7 万元，而投资的平均利润是 4.5 万元，所以应该存银行。

决策树的缺点是当条件多时，不容易画清楚整个判断过程。

2. 决策表

决策表是采用表格方式来表示处理逻辑的工具，又称判断表。

例 13-12 下游客户欠款的情况是比较常见的。如果此时下游客户又来要货，业务员的处理方式应该遵循以下条件。

（1）如果欠款时间≤60 天，并且需求量≤库存量，立即发货。

（2）如果欠款时间≤60 天，但需求量 > 库存量，则先按库存发货，进货后再补发。

（3）如果 60 天 < 欠款时间≤180 天，并且需求量≤库存量，则先付清欠款，再发货。

（4）如果 60 天 < 欠款时间≤180 天，但需求量 > 库存量，则先付清欠款，再按库存发货，进货后再补发。

（5）如果欠款时间 > 180 天，则需先付清欠款，如果需求量≤库存量，则本次先款后货，也就是预付款，再发货。

（6）如果欠款时间 > 180 天，则需先付清欠款，如果需求量 > 库存量，则本次先款后货，款到后先按库存发货，进货后再补发。

本题看似条件众多，但条件有规律，而且可以采取不同的策略，策略是以下几种单独策略的一种或组合：①发货。②先按库存发货，进货后再补发。③付清欠款。④预付款。

因此，可以设计决策表，如表 13 –6 所示。

表 13 –6　业务员给客户发货的策略表

需求量≤库存量			需求量＞库存量		
t≤60	60＜t≤180	t＞180	t≤60	60＜t≤180	t＞180
①	③①	③④①	②	③②	③④②

注：t 为欠款时间，各种基本策略如下。

①发货。②先按库存发货，进货后再补发。③付清欠款。④预付款。

3. 结构化的伪代码表示法

伪代码（Pseudo Code）接近于真实的高级编程语言，但又不是，因此叫伪代码。用于更好地描述处理逻辑。伪代码必须结构清晰、代码简单、可读性好，一般要近似自然语言。

所谓“结构化”是指用伪代码描述处理逻辑时，必须采用结构化程序设计的顺序、选择、循环三种结构，而不能有跳转指令。

例 13 –13 对于例 12，用伪代码书写算法，如下所示。

```
If          需要量≤库存量
  If        欠款时间≤30 天
    then      发货
else
    if（欠款时间＞60 天）and（欠款时间≤180 天）
      付清欠款，发货
else
      付清欠款，预付款，发货
    End if
End if
else
```

```
    If      欠款时间≤30 天
        Then   先按库存发货，进货后再补发
else
        if（欠款时间 >60 天）and（欠款时间≤180 天）
else
        付清欠款，预付款，先按库存发货，进货后再补发
          End if
        End if
End if
```

书写伪代码一般要采用缩进方式，也就是内层处理逻辑要更加靠右，以体现更分明的层次感，读起来一目了然。

例 13－14 某企业要对员工加工资，工作 10 年以上的，基本工资加 30%；工作 10 年以下的，基本工资加 25%，请用伪代码写出处理逻辑。

本题要用到循环结构，示例代码如下。

```
打开员工工资表，走到第一条记录
While          （员工工资表还没处理完）{对当前记录的员工工龄作判断}
   If          工龄 >10 年
               基本工资加 30%
Else
               基本工资加 25%
End if
前进到下一条员工记录
```

这里，用“while（） { }”表示一个循环体，小括号中是循环条件，大括号中是循环体。

一旦循环条件不能得到满足，就退出循环体。

用伪代码书写处理逻辑是程序员常用的方法，而且对伪代码的语法

并没有严格。例如上面的条件和循环处理，只要写得通顺，怎么写都行。

本章小结

本章以企业为主，详细讲解 IT 战略规划和需求分析。IT 战略规划和需求分析是 MIS 建设的两个重要阶段，这两个阶段的知识，要比第 8 章更偏重于管理，非计算机专业人员经过必要的学习，都可以掌握。

章节练习

一、思考题

1. 什么是 IT 战略规划？它又分哪两个层面？

2. 什么是安东尼模型？

3. 什么是诺兰模型？它有什么积极意义和局限性？

4. 什么是关键成功因素法？

5. 什么是战略目标集转化法？

6. 根据战略一致性模型，信息化建设有哪三条路线？

7. 分析本章 X 公司的 IT 战略规划，它用了哪些战略规划方法？是否是严格的企业系统规划法？

8. 什么是需求分析？需求分析阶段的任务是什么？

9. 软件公司为什么要控制用户的需求？该如何控制？

10. 需求分析的描述工具有哪些？

11. 什么是业务流程图和数据流程图？

12. 什么是 E－R 图？

13. 什么是物料编码？编码都有哪些规则？

14. 数据字典包括哪些内容？它的作用是什么？

二、画图与分析题

1. 假设学生实体集的属性是学号、姓名、性别、出生日期、所属学院、所属系，图书实体集的属性是书号、书名、作者、译者、单价、出版日期。一个学生可以借多本书，一本书可以被多个学生借。请画出E－R图。

2. 学生去图书馆借书和还书的业务流程是：持借书证到图书馆，挑书，然后在借书部借书。最多可以借5本，当学生要借书时，图书管理员先扫描学生借书证号码，系统会自动显示出他能否借书。如果有过期的书（超过三个月未还），或者借书数量已满5本，则不能借书，必须还掉再借。如果借书超期，则按每本每天1角钱罚款，缴完罚款并归还超期书后，才可借书。如果书丢了，则按原价5倍赔偿。罚款和赔偿全都交到图书馆财务部，录入罚款和赔偿文档。

学生每借出一本书，该学生的借书数量就多一本，反之就少一本。同时图书馆的库存也发生变化。

需要修改相关文档。

画出借书和还书的业务流程图和数据流程图，并画出罚款的决策树和决策表，并尽量用伪代码写罚款算法。

某大型商业集团的企业信息化建设

最近，某大型商业集团的老总在企业信息化建设中遇到一些困惑：2000年年初在“要么电子商务，要么无商可务”的形势下，曾花费50多万元建立了一个网上交易平台，但一直没有发挥实际的作用。于是，请求互联网战略专家进行诊断。

专家的意见是：由于缺乏企业信息化战略的总体规划，现有的电子商务平台和公司的业务严重脱节，应该从企业总体经营战略的角度考虑，将企业上网和电子商务纳入到信息化战略规划中，用信息化战略来指导企业的电子商务进程才能发挥互联网的最大价值。

参考文献

[1] Jeffrey L. Whitten，Lonnie D. Bentley. 系统分析与设计导论［M］. 肖刚，孙慧，译. 北京：机械工业出版社，2007.

[2] 刘仲英. 管理信息系统［M］. 北京：高等教育出版社，2006.

[3] 刘鹏. 管理信息系统［M］. 武汉：武汉大学出版社，2004.

[4] 郝晓玲. 信息系统开发——方法、案例与实验［M］. 北京：清华大学出版社，2012.

[5] 左美云. 管理信息系统的开发与管理教程［M］. 北京：清华大学出版社，2005.

[6] 张全. 信息系统原理与应用［M］. 北京：清华大学出版社，2011.

[7] 闪四清. 管理信息系统教程［M］. 北京：清华大学出版社，2003.

[8] 刘兰娟. 信息系统分析与设计［M］. 北京：电子工业出版社，2002.

[9] 薛华成. 管理信息系统［M］. 北京：清华大学出版社，2000.

[10] 宋金珂，高丽华. Vc++程序设计基础教程［M］. 北京：清华大学出版社，2010.

[11] 徐卫克. Access2010 基础教程［M］. 北京：中国原子能出版社，2012.

[12] 杨继萍. Visio 2010 图形设计从新手到高手［M］. 北京：清华大学出版社，2010.

[13] 唐晓波. 管理信息系统［M］. 北京：科学出版社，2005.

[14] 周继红，张洪. 管理信息系统［M］. 上海：上海财经大学出版

社，2012.

[15] 周贺来，张恺，吕琦．管理信息系统实用教程［M］．北京：北京大学出版社，2012.

[16] 郭东强．现代管理信息系统［M］．3 版．北京：清华大学出版社，2013.

[17] 李兴国．管理信息系统案例［M］．北京：清华大学出版社，2010.

[18] 朱顺泉．管理信息系统——理论、应用、实验［M］．北京：清华大学出版社，2011.

[19] 熊励，李昱瑾．企业信息化融合——基于 SCM、ERP、CRM 集成［M］．北京：清华大学出版社，2012.

[20] 王珊，陈红．数据库系统原理教程［M］．北京：清华大学出版社，2012.

[21] 王靖．管理信息系统［M］．重庆：重庆大学出版社，2015.

[22] 庄玉良．管理信息系统［M］．北京：机械工业出版社，2011.

[23] 陈智高．管理信息系统［M］．北京：化学工业出版社，2011.

[24] 陈伟达．管理信息系统［M］．北京：科学出版社，2011.

[25] 范并思．管理信息系统［M］．上海：华东师范大学出版社，2011.

[26] 李兴国．管理信息系统案例［M］．北京：清华大学出版社，2011.

[27] 李静．管理信息系统实验教程［M］．北京：北京师范大学出版社，2011.

[28] 李永平．管理信息系统［M］．2 版．北京：科学出版社，2012.

[29] 哈格．信息时代的管理信息系统［M］．严建援，等译．8 版．北京：机械工业出版社，2013.

[30] 赵鹏．管理信息系统［M］．重庆：重庆大学出版社，2014.